적천수 정설

김찬동 金讚東

· 1950년 경북 달성 출생, 장로교신학대학교 졸업
· 한국추명학회 정회원 · 광진구 지부장, 한국역술학회 정회원
· 추명학 연구와 동양철학 학술연구로 감사패와 표창장을 여러 차례 받음
· 수년간 성경 · 불경 · 논어 · 명리학 연구
· 현재 역산철학원 원장
  일본의 동경 · 경도 등을 여행하며 일본풍수학 연구 중

저서에는 『역산성명학』(삼한), 『이렇게 하면 좋은 운이 온다』(삼한), 『역산비결』(삼한), 『복을 부르는 방법』(삼한), 『연해자평정설』(정음), 『명리정설』(정음), 『팔자고치는 법』(미래문화사), 『나도 돈 벌 수 있다』(생각하는백성), 『사주운명학의 정설』(명문당), 『운명으로 본 인생』(명문당) 등이 있다.

전화 02)455-3204 | 016-9292-3207

적천수 정설

1판 1쇄 인쇄일 | 2008년 1월 26일
1판 1쇄 발행일 | 2008년 2월 6일

발행처 | 삼한출판사
발행인 | 김충호
지은이 | 김찬동

신고 연월일 | 1975년 10월 18일
신고 번호 | 제305-1975-000001호

411-776 경기도 고양시 일산서구 일산동 1654번지
산들마을 304동 2001호

대표전화 (031) 921-0441
팩시밀리 (031) 925-2647

값 34,000원
ISBN 978-89-7460-123-2 03180

적천수 정설

김찬동 편역

삼
한

 적천수(滴天髓)는 명나라 개국공신인 유백온(劉伯溫) 선생이 처음으로 저술하였다. 그후 진소암(陳素庵) 선생이 주석을 달아 적천수집요(滴天髓輯要)라는 이름으로 발간하였고, 그 다음 임철초(任鐵樵) 선생이 적천수(滴天髓)에 주석을 달아 적천수천미(滴天髓闡微)라는 이름으로 발간하였고, 그 다음에 서낙오(徐樂吾) 선생이 다시 해설하여 적천수징의(滴天髓徵義)라고 이름을 달았다.

 이렇게 여러 사람이 각각 자신의 주장을 내세워 적천수(滴天髓)를 해설하여 오늘날에는 많은 분량이 되었다. 그러나 원래 유백온(劉伯溫) 선생이 저술한 적천수(滴天髓)의 원문은 내용이 그렇게 많지가 않다. 저자는 적천수(滴天髓) 원문을 보고 30년 역학(易學)의 경험을 총동원하여 감히 해설해 보았다.

 물론 백퍼센트 정확하다고 주장하고 싶지는 않다. 다만 한국과 일본을 오가며 상담하면서 얻은 것을 중점으로 실제 살아 있는 경험담을 함께 실었다. 공부하는 학생들에게는 많은 도움이 될 것이라 생각한다. 오류가 발견되면 사정없이 충고해주기 바란다. 누구의 충고라도 감사히 받아들이겠다.

역산 김찬동

제 I 부. 천간지지(天干地支)

제 Ⅳ부. 사주총론 (四柱總論)

제 V부. 징험(徵驗)

천간지지(天干地支)

1장. 통신송(通神頌)

1. 욕식삼원(欲識三元)

■ 원 문

욕식삼원만법종(欲識三元萬法宗)

선관제재여신공(先觀制裁與神功)

■ 직 역

　삼원(三元) 만법(萬法)의 종(宗)을 욕식(欲識)한다면 제재(帝載)와 여(與)하여 신공(神功)을 선관(先觀)하라.

■ 한자풀이

欲(하고자할 욕) 識(알 식) 元(으뜸 원) 法(법 법)

宗(마루 종) 觀(볼 관) 帝(임금 제) 載(실을 재) 與(줄 여)

神(신령 신) 功(공로 공)

■ 풀 이

 우주의 천지만법의 근본원리를 알려면 먼저 천지의 이치가 작용하는 섭리를 관찰해야 한다. 우주의 근본은 태극(太極)인데, 태극(太極)은 먼저 음양(陰陽)을 생산했으니 음양(陰陽)이 기본이다. 즉 태양(太陽)과 태음(太陰)으로 구성되었다. 음양(陰陽)은 다시 오행(五行)을 생산했으니 즉 목화토금수(木火土金水)이다. 그리고 오행(五行)은 다시 만물을 생산한 것이다.

■ 해 설

 삼원(三元)이란 천원(天元)·지원(地元)·인원(人元)을 말한다. 사주에서 말하는 천간(天干)은 천원(天元), 지지(地支)는 지원(地元), 지지(地支) 안에 있는 암장(暗藏)은 인원(人元)이 된다.

 제재(帝載)란 음양(陰陽)은 본래 태극(太極)을 말하는데, 태극(太極)을 일러 제재(帝載)라 하는 것이고, 삼라만상의 근본을 말한다. 따라서 제재(帝載)는 태극(太極)과 같은 뜻이다.

 신공(神功)이란 태극(太極)에서 음양(陰陽)이 나오고, 음양(陰陽)에서 오행(五行)이 나오고, 오행(五行)에서 사계절이 파생되면서 발생하는 것을 말한다.

 따라서 삼원(三元)의 근본을 알려면 먼저 우주의 근본인 태극(太極)의 제재(帝載)와 오행(五行)의 신공(神功)을 바르게 이해해야 한다. 태극(太極)에 대하여 좀더 자세하게 설명하기 위하여 도표를 첨부하니 참고하기 바란다.

태극 조견표

	太極(宇宙. 法道. 大自然. 하나님)											
大陰陽	太陽						太陰					
五行	木		火		土				金		水	
天干	甲	乙	丙	丁	戊		己		庚	辛	壬	癸
地支	寅	卯	巳	午	辰	戌	未	五	申	酉	亥	子
小陰陽	陽	陰	陽	陰	陽	陽	陰	陰	陽	陰	陽	陰
月	1	2	4	5	3	9	6	12	7	8	10	11
節氣	立春	驚蟄	立夏	亡種	淸明	寒露	小暑	小寒	立秋	白露	立冬	大雪

*천간(天干) : 甲 乙 丙 丁 戊 己 庚 辛 壬 癸

2 곤원합덕(坤元合德)

■ 원 문

곤원합덕기함통(坤元合德機緘通)

오기편전론길흉(五氣偏全論吉凶)

■ 직 역

곤원(坤元)과 합덕(合德)과 기함(機緘)을 통하여 오기(五氣)의 편전(偏全)으로 길흉을 논한다.

■ 한자풀이

坤(땅 곤) 元(으뜸 원) 合(합할 합) 德(덕 덕) 機(기틀 기)

緘(봉할 함) 通(통할 통) 氣(기운 기) 偏(치우칠 편)
全(완전할 전) 論(말논할 논) 吉(길할 길) 凶(흉할 흉)

■ 풀 이

 땅의 근본은 덕의 기틀을 종합하여 통하는데, 통하는 오기(五氣) 즉 오행(五行)이 어느 한쪽으로 치우쳐 있는가, 아니면 온전하게 갖추었는가를 보고 길흉화복을 논한다. 하늘과 땅으로 구성된 그것 들의 작용이나 기능은 모두 오행(五行)에 포함되어 있기 때문이다. 따라서 사주를 볼 때 사주의 구성이 골고루 들고 중화를 이루면 길복이 많고, 반대로 어느 한쪽으로 치우쳐 있으면 흉화가 많은 것 으로 본다. 천간(天干)과 지지(地支)가 각각 한 번씩 배합하면 육 십갑자(六十甲子)가 된다. 그리고 지지(地支)에는 암장(暗藏)된 장 간(藏干)이 있다. 장간(藏干)으로 지지(地支)의 기운을 알 수 있다.

육십갑자 조견표

甲子	乙丑	丙寅	丁卯	戊辰	己巳	庚午	辛未	壬申	癸酉
甲戌	乙亥	丙子	丁丑	戊寅	己卯	庚辰	辛巳	壬午	癸未
甲申	乙酉	丙戌	丁亥	戊子	己丑	庚寅	辛卯	壬辰	癸巳
甲午	乙未	丙申	丁酉	戊戌	己亥	庚子	辛丑	壬寅	癸卯
甲辰	乙巳	丙午	丁未	戊申	己酉	庚戌	辛亥	壬子	癸丑
甲寅	乙卯	丙辰	丁巳	戊午	己未	庚申	辛酉	壬戌	癸亥

* 지지(地支) : 子 丑 寅 卯 辰 巳 午 未 申 酉 戌 亥

지지장간 조견표

地支	初氣	中氣	正氣
子	壬 10일 3분	0	癸 20일 3분
丑	癸 9일 3분	辛 3일 1분	己 18일 6분
寅	戊 7일 2분	丙 7일 2분	甲 16일 5분
卯	甲 10일 3분	0	乙 20일 6분
辰	乙 9일 3분	癸 3일 1분	戊 18일 6분
巳	戊 5일 2분	庚 9일 2분	丙 16일 5분
午	丙 10일 3분	己 10일 1분	丁 10일 3분
未	丁 9일 3분	乙 3일 2분	己 18일 6분
申	己 7일 2분	戊 3일 10분 壬 3일 10분	庚 16일 5분
酉	庚 10일 3분	0	辛 20일 6분
戌	辛 9일 3분	丁 3일 1분	戊 18일 6분
亥	戊 9일 2분	甲 7일 2분	壬 16일 5분

3. 대천이지(戴天履地)

■ 원 문

대천이지유인귀(戴天履地唯人貴)

순즉길혜흉즉패(順則吉兮凶則悖)

■ 직 역

대천(戴天) 이지(履地)에서 유(唯) 인(人) 귀(貴)하니 순(順)한 즉 길(吉)이고 흉(凶)한 즉 패(悖)이다.

■ 한자풀이

戴(머리에일 대) 履(신을 이) 唯(오직 유) 兮(어조사 혜)

悖(어그러질 패)

■ 풀 이

하늘을 머리에 이고 땅을 밟고 있는 것 중에는 인간·동물·식물 등 많지만 그 가운데서 사람이 가장 귀하다. 사람은 만물의 영장이다. 만물의 영장인 사람이 순리를 따르면 길복이 많고, 그렇지 않고 이치를 거스르면 흉화가 많이 따른다. 즉 세상천지 만물 중에 사람이 제일 귀중하니 사주의 명식을 보아 순하고 화합하면 길복이 많고, 역행하고 상충(相沖)이 많으면 흉화가 많이 따른다. 세상만사가 오행(五行)의 작용에 포함되지 않은 것이 없다. 그것을 분류하면 수없이 많지만 대략 살펴보면 다음의 오행분류조견표와 같다.

4. 요여인간(要與人間)

■ 원 문

요여인간개농외(要與人間開聾聵)

순패지기수리회(順悖之機須理會)

■ 직 역

인간(人間)의 농(聾) 외(聵)를 개(開)함이 중요하니 순패(順悖)의 기(機)를 수리회(須理會)하라.

오행 조견표

	木	火	土	金	水
五運	風	熱	濕	燥	寒
五臟	肝臟	心臟	脾臟	肺臟	腎臟
五腑	膽	小腸	胃腸	大腸	膀胱
五方	東	南	中	西	北
五季	春	夏	換節氣	秋	冬
五竅	目	舌	口	鼻	耳
五主	筋	血	肉	皮	骨
五色	靑	赤	黃	白	黑
五音	呼	笑	歌	哭	呻
五味	酸	苦	甘	辛	鹹
五臭	노린내	단내	고소한내	비린내	썩은내
五志	怒	喜	思	悲	恐
五畜	犬	羊	牛	鷄	豚
五穀	麻	麥	稷	米	豆
天干	甲乙	丙丁	戊己	庚辛	壬癸
地支	寅卯	巳午	辰戌丑未	申酉	亥子
數理	3, 8	2, 7	5, 10	4, 9	1, 6

■ 한자풀이

要(구할 요) 聾(귀머거리 농) 聵(배내귀머거리 외)

悖(어그러질 패) 須(모름지기 수)

■ 풀 이

역학은 사람이 귀가 어둡고 눈이 먼 것을 알고 열어주는 학문이라야 비로소 정도(正道)와 사도(邪道)의 참된 길을 자각하게 된다. 즉 역학을 연구하는 목적은 무지한 인간들의 눈과 귀를 열어주어 흉화를 피하고 길복을 찾아가도록 인도하는 것이다. 때문에 사주를 보아 순수하고 진실하며 화합하는가, 아니면 역행하며 상충(相沖)이 많은가를 자세히 이해하고 깨달아야 한다. 오행(五行)이 서로 만나 여러 가지 변화를 일으켜 왕(旺)·상(相)·휴(休)·수(囚)·사(死)로 변한다.

왕상휴수사 조견표

日干	木	火	土	金	水
木日	旺	休	囚	死	相
火日	相	旺	休	囚	死
土日	死	相	旺	休	囚
金日	囚	死	相	旺	休
水日	休	囚	死	相	旺

旺: 비겁(比劫)　相: 인성(印星)　休: 식상(食傷)
囚: 재성(財星)　死: 관성(官星)

5. 이승기행(理承氣行)

■ 원 문
이승기행기유상(理承氣行其有常)
진혜퇴혜의억양(進兮退兮宜抑揚)

■ 직 역
이(理)를 승(承)하고 기(氣)를 행(行)함에 유상(有常)한 것은 진(進)과 퇴(退)를 억양(抑揚)해야 한다.

■ 한자풀이
承(이을 승) 氣(기운 기) 兮(어조사 혜) 宜(마땅할 의)
抑(누를 억) 揚(날릴 양)

■ 풀 이
자연의 만물은 법칙의 이치를 타고 기운이 운행하므로 항상 변한다. 그리고 만물은 때로는 전진하기도 하고, 후퇴를 하기도 하고, 적절하게 억제하기도 하고, 부조(扶助)하기도 한다. 즉 아침에는 태양이 뜨고 저녁에는 지며, 또 일 년은 춘하추동의 사계절로 변하고, 생노병사를 따라 돌아간다. 천지의 이치가 이러하니 기운이 운행하는 것은 일정한 법칙이 있다. 나아감과 물러남과 억제함과 부조(扶助)함이다. 때문에 사계절의 변화를 오행(五行) 간지(干支)에 비추어 자세히 살펴보면 길흉화복을 판단할 수 있다. 그리고 동서남북의 사방과 팔방으로 나뉘고 각 방위마다 고유한 기운이 있다.

팔방위 운세 조견표

방위	地支	운세	기운	질병
동	卯	희망	발전, 실전, 행동	수족, 신경, 간장, 호흡
동남	辰巳	재능	인기, 통솔, 변애	소장, 수족, 어깨뼈
남	午	명예	승진, 명예, 신용	두통, 얼굴, 심장
남서	未申	애정	결혼, 기품, 직업	복부, 비장, 소화
서	酉	사교	이성, 교우	폐장, 치아, 생식기
북서	戌亥	축재	권위, 재산, 건강	폐장, 골격, 상처, 기력
북	子	주거	주택, 덕심, 부하	골수, 위장, 귓병
북동	丑寅	가족	부부, 형제, 자녀	관절, 비염, 요통, 복부

6. 배합(配合)의 간지(干支)

■ 원 문

배합간지자세상(配合干支仔細詳)

단인화복여재상(斷人禍福與災祥)

■ 직 역

간지(干支)를 배합하여 자세히 상(詳)하고 인(人)의 화복(禍福)과 재상(災祥)을 단(斷)한다.

■ 한자풀이

配(짝 배) 仔(자세할 자) 細(기늘 세) 詳(자세할 상)

斷(끊을 단) 災(재앙 재)

■ 풀 이

 사주를 뽑아놓고 천간(天干)과 지지(地支)의 배합과 구성을 자세히 살펴보면 길흉화복을 정확히 알 수 있다. 사람의 길복과 흉화의 내용을 바르게 알기 위해서는 반드시 사주의 구성요소를 상세하게 살펴야 한다. 사주를 보지 않고는 길흉화복을 논할 수 없다. 그리고 운의 흐름이 쇠퇴하는지 왕성하는지를 보고, 또 용신(用神)과 희신(喜神)을 찾아 강건한지 허약한지를 살피고, 또 재앙을 몰고 오는 기신(忌神)과 구신(仇神)과 한신(閑神)의 동태를 살펴야 한다. 사주팔자를 보는 방법은 오직 용신(用神)의 강약을 보는 것이다. 용신(用神)을 찾지 않으면 운명을 감정할 수 없기 때문이다. 때문에 사주를 모르면서 인생의 길흉화복을 논한다는 것은 언어도단이라고 할 수 있다.

1) 용신(用神)이 매우 강하면 큰 재벌이 된다.

년	월	일	시								
乙	丁	庚	丁	丙	乙	甲	癸	壬	辛	庚	己	戊
卯	亥	申	丑	戌	酉	申	未	午	巳	辰	卯	寅

 본명은 전 현대그룹 정주영 회장의 사주이다. 경금(庚金) 일주(日柱)가 해(亥)월에 태어나 실령(失令)하여 신약(身弱)하다. 조후(調候)로 보아 월간(月干) 정화(丁火)가 용신(用神)인데, 을묘목(乙卯

木)의 도움으로 매우 강하다. 용신(用神)이 강하면 강할수록 큰 인물이 된다. 을묘목(乙卯木)은 경금(庚金) 일주(日主)에서 보면 재성(財星)이니 재물복이 아주 많다. 그래서 큰 기업을 경영하며 많은 재물을 지닐 수 있었던 것이다.

본명에서는 화(火)는 용신(用神), 목(木)은 희신(喜神), 수(水)는 기신(忌神), 토(土)는 희신(喜神), 금(金)은 한신(閑神)이다. 즉 지지(地支)의 진사오미신(辰巳午未申)과 천간(天干)의 병정무기경(丙丁戊己庚)은 길하고, 지지(地支)의 술해자축인(戌亥子丑寅)과 천간(天干)의 임계갑(壬癸甲)은 흉하다. 그리고 신유(辛酉)와 을묘(乙卯)는 한신(閑神)이다. 사주를 정확하게 보려면 용신(用神)·희신(喜神)·한신(閑神)·구신(仇神)·기신(忌神)을 정확하게 구분해야 한다. 이렇게 사주만 보고도 그 사람의 그릇 크기와 어디에 쓰일지, 언제 발복할 것인지 등 인생 전반을 자세하게 알 수 있다.

2) 7번 결혼했으나 7번 모두 실패한 여인의 사주

년	월	일	시							
癸	辛	甲	癸	壬	癸	甲	乙	丙	丁	戊
酉	酉	申	酉	戌	亥	子	丑	寅	卯	辰

갑목(甲木) 일주(日主)가 유(酉)월생이니 실령(失令)하여 신약(身弱)한데, 지지(地支)가 모두 관살(官殺)이니 흉한 사주가 되었다.

따라서 어려서 부모를 잃고 고아로 살다가 20세에 결혼했지만 남편은 백수건달에 폭력만 행사하는 무뢰한이었다. 견디다 못해 이혼하고 몇 년 뒤에 재혼했지만 재혼한 남편도 건강이 좋지 않아 2년 만에 죽었다. 3번째 남편은 교통사고로 죽었고, 4번째 남편은 감옥에서 죽었다. 7번 결혼했지만 모두 실패하였다. 그녀는 왜 이렇게 힘들어야만 했을까. 사주를 보니 파란만장을 피할수 없는 명조이다. 전생에 업장이 무겁다고밖에 달리 할 말이 없었다.

7. 오양개양 (五陽皆陽)

■ 원 문

오양개양병위최(五陽皆陽丙爲最)

오음개음계위지(五陰皆陰癸爲至)

■ 직 역

오양(五陽)은 모두 양(陽)인데 병(丙)이 최고이며, 오음(五陰)은 모두 음(陰)인데 계(癸)가 지(至)이다.

■ 한자풀이

陽(볕 양) 皆(모두다 개) 爲(위할 위) 最(가장 최) 至(이를 지)

■ 풀 이

5가지의 양간(陽干)인 갑병무경임(甲丙戊庚壬)은 모두 양(陽)의 기운이 있는데 병화(丙火)가 가장 강하고, 5가지의 음간(陰干)인 을정기신계(乙丁己辛癸)에서는 계수(癸水)가 가장 음(陰)의 기운이 강하다. 운명학의 원류를 찾아보면 모두 주역(周易)에 닿아 있다. 복희(伏羲)가 만든 선천팔괘(先天八卦)는 체(體)가 되는 것으로 하늘과 땅을 주인으로 삼았고, 문왕(文王)이 만든 후천팔괘(後天八卦)는 물과 불이 주인이다. 음양(陰陽)의 강약을 나누면 먼저 양(陽)의 천간(天干) 중에서는 병화(丙火)가 가장 양기운이 강하고, 음(陰)의 천간(天干) 중에서는 계수(癸水)가 가장 강하다.

1) 갑목(甲木)이 용신(用神)인 경우

년	월	일	시							
甲	壬	辛	己		癸	甲	乙	丙	丁	戊	己
寅	申	酉	丑		酉	戌	亥	子	丑	寅	卯

신금(辛金) 일주(日主)가 신(申)월생이며, 일지(日支)에 또 유금(酉金)이 있고 시주(時柱)에 기축(己丑)이 있어 신강(身强)하다. 용신(用神)은 년간(年干) 갑목(甲木)인데 정재(正財)이니 재물복이 많아 사업가로 크게 성공하였다. 년주(年柱)에 용신(用神)이 들어 선조가 물려준 유산이 많았다. 갑목(甲木)이 용신(用神)이므로 행운에서도 갑목(甲木)이나 을목(乙木)운이 드는 것이 가장 길하다. 행운이란 대운(大運)과 년운(年運)을 포함하여 말한다.

2) 을목(乙木)이 용신(用神)인 경우

```
년  월  일  시
壬  己  癸  乙        庚辛壬癸甲乙丙
申  酉  亥  卯        戌亥子丑寅卯辰
```

계수(癸水) 일주(日主)가 유(酉)월에 태어났고, 년주(年柱)에 임자(壬子)가 들어 신강(身强)하다. 많은 수(水)를 설기(洩氣)시켜야 하므로 시간(時干) 을목(乙木)이 용신(用神)이다. 용신(用神)이 시주(時柱)에 들었으니 자녀운과 말년운이 좋다. 재물운은 재성(財星)이 없어 별로였으나 자녀가 성공하여 노년에는 의식주가 풍부하였다. 사주 중에서 용신(用神)이 든 기둥에는 길복이 많이 따른다. 즉 년주(年柱)에 용신(用神)이 들면 선조덕이 많고, 월주(月柱)에 들면 부모와 형제덕이 많고, 일주(日柱)에 들면 배우자복이 많고, 시주(時柱)에 들면 자식복이 많다.

3) 병화(丙火)가 용신(用神)인 경우

```
년  월  일  시
辛  己  丁  丙        庚辛壬癸甲乙丙
酉  亥  卯  午        子丑寅卯辰巳午
```

정화(丁火) 일주(日主)가 해(亥)월에 태어나 실령(失令)하여 신약(身弱)하다. 조후(調候)하려면 시간(時干) 병화(丙火)가 용신(用神)이고, 기토(己土)와 묘목(卯木)은 희신(喜神)이다. 이 사주의 좋은 점은 금생수(金生水) 수생목(水生木) 목생화(木生火) 화생토(火生土) 토생금(土生金)으로 마치 물이 돌듯이 빙빙 도는 것이다. 따라서 평생 복록이 많았다. 남편은 고관대작이었고 자식은 모두 출세와 성공하였다. 시간(時干)의 병화(丙火) 용신(用神)은 시지(時支) 오화(午火)와 일지(日支) 묘목(卯木)에 통근(通根)하여 강하다. 용신(用神)이 강한 사람은 길복이 많고 그릇이 크다.

4) 정화(丁火)가 용신(用神)인 경우

년	월	일	시							
丁	壬	己	甲		癸	甲	乙	丙	丁	戊	己
卯	子	酉	戌		丑	寅	卯	辰	巳	午	未

기토(己土) 일주(日主)가 자(子)월에 태어나 실령(失令)하여 신약(身弱)하다. 사주가 너무 추워 조후(調候)가 시급하다. 년간(年干) 정화(丁火)가 용신(用神)인데 묘목(卯木)이 통근(通根)하여 튼튼하고, 정임(丁壬)이 합하여 목(木)이 되니 더 좋다. 합되어 용신(用神)이나 희신(喜神)이 되면 좋으나 기신(忌神)이 되면 흉하다. 정화(丁火)와 병화(丙火), 기토(己土)와 무토(戊土)가 모두 길하다.

5) 무토(戊土)가 용신(用神)인 경우

```
년  월  일  시
壬  庚  辛  戊        辛壬癸甲乙丙丁
子  戌  亥  子        亥子丑寅卯辰巳
```

본명은 신금(辛金) 일주(日主)가 술(戌)월에 태어나 득령(得令)했으나 수(水)가 너무 많아 신약(身弱)하다. 무엇보다 물을 막는 것이 시급하니 시간(時干) 무토(戊土)가 용신(用神)이고, 조후(調候)하려면 화(火)도 필요하다. 년주(年柱)에 임자(壬子)가 있고 일지(日支)와 시지(時支)에 해자(亥子)가 있으니 마치 홍수가 난 것 같다. 따라서 가장 먼저 제방을 해야 하니 기토(己土)보다는 무토(戊土)가 더 필요하다.

6) 기토(己土)가 용신(用神)인 경우

```
년  월  일  시
辛  己  辛  己        庚辛壬癸甲乙丙
卯  亥  卯  丑        子丑寅卯辰巳午
```

본명은 신금(辛金) 일주(日主)가 해(亥)월에 태어나 실령(失令)했는데, 년지(年支)와 일지(日支)에 묘목(卯木)이 득세(得勢)하여 매우 신약(身弱)하다. 월간(月干)과 시간(時干)의 기토(己土)로 용신(用神)을 삼아 일주(日主) 신금(辛金)을 부조(扶助)해야 좋다. 기토(己土)가 용신(用神)이고, 신금(辛金)은 희신(喜神)이다. 대운(大運)이나 년운(年運)에서 화(火)를 만나도 희신(喜神)이 된다. 수(水)는 기신(忌神)이고, 목(木)은 구신(仇神)이다. 천간(天干)에는 용신(用神)과 희신(喜神)이 투간(透干)했으나 지지(地支)에서는 모두 기신(忌神)이 득세(得勢)하여 빛좋은 개살구처럼 유명무실한 명조가 되었다. 이런 사주를 외화내빈격(外華內貧格)이라고 한다.

7) 경금(庚金)이 용신(用神)인 경우

```
년  월  일  시
甲  丙  壬  庚        丁 戊 己 庚 辛 壬 癸
寅  寅  寅  戌        卯 辰 巳 午 未 申 酉
```

본명은 임수(壬水) 일주(日主)가 인(寅)월에 태어나 실령(失令)했는데, 년주(年柱)에 갑인(甲寅)과 일지(日支)에 인목(寅木)이 있어 설기(洩氣)가 너무 심하다. 사주를 중화시키려면 신약(身弱)한 일주(日柱)를 도와주고, 많은 인목(寅木)을 제극(制剋)해야 하므로 시간(時干) 경금(庚金)이 용신(用神)이다. 용신(用神)이 시주(時柱)에 든 사람은 대기만성한다. 이 사람도 초년과 청년기에는 파란이 많았으나 말년에 발복하였고 편안하게 임종하였다.

8) 신금(辛金)이 용신(用神)인 경우

```
년  월  일  시
癸  乙  癸  辛        丙丁戊己庚辛壬
卯  卯  卯  酉        辰巳午未申酉戌
```

계수(癸水) 일주(日主)가 묘(卯)월에 태어나 월간(月干)에 을목(乙木)이 있고, 년지(年支)에 묘목(卯木)이 있어 목기(木氣)가 크게 득세(得勢)했으나 시주(時柱) 신유금(辛酉金)이 부조(扶助)하여 좋은 사주가 되었다. 이때는 시간(時干)의 신금(辛金)으로 용신(用神)을 삼아 많은 목기(木氣)를 억제하고, 약한 일주(日主)를 보호해야 한다. 설기(洩氣)가 심하면 우선 인성(印星)으로 부조(扶助)해야 한다. 용신(用神)은 사주에 문제가 있을 때 해결하는 것이다.

9) 임수(壬水)가 용신(用神)인 경우

```
년  월  일  시
壬  乙  癸  戊        丙丁戊己庚辛壬
申  巳  巳  午        午未申酉戌亥子
```

본명은 계수(癸水) 일주(日主)가 사(巳)월에 태어나 실령(失令)하였고, 일지(日支)에 사화(巳火)가 있고, 시지(時支)에 오화(午火)가 있으니 화(火)는 태왕하고 일주(日柱)는 허약하다. 그나마 다행인 것은 년간(年干)에 임수(壬水)가 있어 약한 일주(日主)를 부조(扶助)하고, 강한 불길을 제압하니 중화를 이루어 좋아진 것이다. 임수(壬水) 용신(用神)은 신금(申金)에 통근(通根)하여 흔들리지 않고 강하다. 년주(年柱)는 조상궁으로 나무에 비유하면 뿌리에 해당하는데, 용신(用神)이 들어 조상덕이 많았고 재산을 물려받을 수 있었다. 그러나 자식에게 빨리 넘겨 주었는데 다 날려버려 말년이 처량하였다. 차라리 상속을 늦게 해주었다면 좋았을 것이다. 이런 경우를 선부후빈격(先富後貧格) 사주라고 한다.

10) 계수(癸水)가 용신(用神)인 경우

년	월	일	시		丁	戊	己	庚	辛	壬	癸
丁	丙	癸	癸		未	申	酉	戌	亥	子	丑
未	午	卯	亥								

이 사주는 앞의 것과 비슷하다. 계수(癸水) 일주(日主)가 오(午) 월에 태어나 실령(失令)하였고, 년주(年柱)에 정미(丁未)가 들고, 월간(月干)에 병화(丙火)가 들고, 일지(日支)에 묘목(卯木)이 들어 목화(木火) 기운이 강하다. 화(火)를 억제하고 중화시키려면 수(水)가 필요하니 시간(時干) 계수(癸水)가 용신(用神)이고, 금(金)은 희신(喜神)이다. 년주(年柱)와 월주(月柱)에 기신(忌神)이 들어

부모 유산은 없었지만 혼자 힘으로 크게 성공하였다. 재물복과 자식복도 많고 중년과 말년에 크게 발복하였다. 이런 경우를 선빈후부형 사주라고 한다.

8. 오양종기 (五陽從氣)

■ 원 문

오양종기불종세(五陽從氣不從勢)

오음종세무정의(五陰從勢無情義)

■ 직 역

오양(五陽)은 기(氣)에 종(從)하고 세(勢)에 불종(不從)하며 오음(五陰)은 세(勢)에 종(從)하며 정의(情義)가 없다.

■ 한자풀이

從(쫓을 종) 氣(기운 기) 不(아닐 불) 勢(기세 세) 義(옳을 의)

■ 풀 이

양간(陽干)인 갑병무경임(甲丙戊庚壬)은 세력을 따르지 않고 기운을 따른다. 음간(陰干)인 을정기신계(乙丁己辛癸)는 세력을 따르면 인정과 정의가 없다. 즉 양간(陽干)은 독립심이 강하여 혼자 있어도 다른 세력을 따르지 않으므로 좀처럼 종격(從格)이 되지 않는다. 그러나 음간(陰干)은 독립심이 약하여 일주(日主)가 약하면 본분을 지키지 못하고 다른 세력을 따라 종격(從格)이 된다.

1) 악전고투하는 사주

년	월	일	시							
戊	庚	甲	癸		辛	壬	癸	甲	乙	丙	丁
申	申	申	酉		酉	戌	亥	子	丑	寅	卯

본명은 갑목(甲木) 일주(日主)가 신(申)월에 태어나 신약(身弱)한데, 지지(地支)에 금기(金氣)가 득세(得勢)하여 갑목(甲木) 일주(日主)가 고립무원이 되었다. 그러나 갑목(甲木) 일주(日主)는 양간(陽干)이므로 어려운 가운데서도 금기(金氣)를 따르지 않고 본분을 굳게 지키며 정격(正格) 사주가 되었다. 즉 수목(水木)운은 길하고 화토금(火土金)운은 흉하다. 그나마 다행인 것은 수목(水木)운으로 흘러 기사회생한 것이다. 그러나 워낙 사주가 흉하여 파란만장한 일생을 보냈다. 본명은 토금(土金)운을 만나면 대흉하다.

2) 자기의 명을 버리고 강한 세력을 따라가는 사주

년	월	일	시							
庚	乙	乙	丙		丙	丁	戊	己	庚	辛	壬
戌	酉	酉	戌		戌	亥	子	丑	寅	卯	辰

본명은 을목(乙木) 일주(日主)가 유(酉)월에 태어났고, 년주(年柱)에 경술(庚戌)이 있고, 일지(日支)에 유금(酉金)이 들어 금기(金氣)가 태왕하다. 일주(日主)는 월간(月干)과 시간(時干) 을목(乙木)의 도움을 받지만 많은 금기(金氣)에 대항할 수 없고, 시간(時干) 병화(丙火)는 신강(身强)할 때는 도움을 주지만 이 사주처럼 일주(日柱)가 태약하면 오히려 흉작용을 한다. 더구나 을목(乙木)은 화초이니 강한 도끼와 대검을 감당하지 못한다. 따라서 자기의 명을 버리고 금기(金氣)를 따라 종격(從格) 사주가 되었다. 금(金)이 용신(用神), 토(土)는 희신(喜神), 목(木)은 기신(忌神), 수(水)는 구신(仇神)이다. 이 사주를 정격(正格)으로 보아 신약(身弱)으로 생각하고 목(木)이 좋다고 판단하면 안된다.

3) 태양인데 홀로 외롭게 바다를 비추는 사주

년	월	일	시							
丁	壬	丙	己		癸	甲	乙	丙	丁	戊	己
亥	子	辰	丑		丑	寅	卯	辰	巳	午	未

본명은 병화(丙火) 일주(日主)가 자(子)월에 태어나 실령(失令)하여 신약(身弱)하다. 월간(月干)에 임수(壬水)가 투간(透干)하고, 년지(年支)에 해수(亥水), 일지(日支)에 자수(子水), 시지(時支)에 축토(丑土)가 해자축수(亥子丑水) 방합(方合)을 이루어 수(水)는 매

우 왕하고, 병화(丙火) 일주(日主)는 매우 약하다. 일견 종격(從格)으로 보이나 일주(日主) 병화(丙火)는 양화(陽火)이고, 또 일지(日支)의 진(辰) 을목(乙木)이 생조(生助)하여 종(從)하지 않는다.

병화(丙火) 일주(日主)는 홀로 외롭게 바다를 비추는 태양이다. 이 사주는 신약(身弱)으로 보고 목화(木火)운이 길하고, 금수(金水)운은 흉하다고 판단해야 한다. 그러나 대운이 마침 목화(木火)운으로 흘러 비록 사주 원국이 고약하여 여러 차례 재혼하며 파란을 거듭했으나 그래도 장수하며 편안하게 임종하였다.

4) 명월(明月)의 열기가 태양에 미치지 못하는 사주

년	월	일	시								
庚	戊	丁	庚	己	庚	辛	壬	癸	甲	乙	丙
戌	子	亥	子	丑	寅	卯	辰	巳	午	未	申

본명은 정화(丁火) 일주(日主)가 자(子)월에 태어나 실령(失令)하여 신약(身弱)하다. 년간(年干)에 경금(庚金), 일지(日支)에 해수(亥水), 시지(時支)에 자수(子水)가 있으니 수(水)가 너무 왕하다. 일주(日主) 정화(丁火)는 해(亥)에 갑목(甲木)이 들고, 술(戌)에 정화(丁火)가 있지만 많은 금수(金水)의 기세를 감당하기 어려워 자기의 명을 버리고 종하였다. 즉 수(水)는 용신(用神), 금(金)은 희신(喜神), 화(火)는 기신(忌神), 목(木)은 구신(仇神)이다. 이런 사

주를 종관살격(從官殺格)이라고 한다. 정화(丁火)는 명월(明月)인데 열기가 태양에 미치지 못한다.

대운을 보니 천간(天干)은 금수(金水)운이나 지지(地支)가 목화(木火)운이라 길보다 흉이 더 많았다. 대운의 길흉을 볼 때 역술가에 따라 천간(天干)을 5년, 지지(地支)를 5년으로 보기도 하고, 또 천간(天干)을 4년, 지지(地支)를 6년으로 보기도 하고, 또 천간(天干)을 3년, 지지(地支)를 7년으로 보기도 한다. 필자는 천간(天干)을 4년, 지지(地支)를 6년으로 보는 것이 더 정확하다고 생각한다.

5) 무토(戊土)는 자기의 사명을 지킨다.

```
년  월  일  시
壬  癸  戊  壬        甲乙丙丁戊己庚辛
戌  丑  子  子        寅卯辰巳午未申酉
```

본명은 무토(戊土) 일주(日主)가 축(丑)월에 태어나 동토(凍土)의 큰 산이다. 년간(年干)에 임수(壬水)와 월간(月干)에 계수(癸水)가 들고 일지(日支)에 자수(子水)가 들어 재성(財星)이 강하며, 동토이니 사주가 너무 차갑다. 만일 음일간(陰日干)이라면 금수(金水)운에 종(從)했을 것이나, 무토(戊土)는 큰 산이며 양일간(陽日干)이고 년지(年支)에 술토(戌土)가 들어 종하지 않는다. 시베리아 벌판 같은 땅이지만 무토(戊土)는 자기의 사명을 지킨다.

즉 화토(火土)운이 길하고 금수(金水)운은 흉하다. 일주(日主)가 매우 약하고 종격(從格)이 되지 않으니 일주(日主)와 용신(用神)이 너무 약하다. 년지(年支) 술토(戌土)가 용신(用神)인데 겨우 명맥만 이어갈 정도이다. 따라서 일생 파란이 많고 고전하며 발복하지 못하였다. 차라리 종격(從格)이 되었으면 유리했을 것이다. 여기서도 보다시피 양일간(陽日干)은 좀처럼 종하지 않고, 음일간(陰日干)은 쉽게 종한다. 인간 세상에서 보더라도 의지가 굳은 사람은 어려움을 잘 견디지만 그렇지 못한 사람은 쉽게 주변의 세력에 따라간다. 역학이란 자연의 이치를 글로 나타낸 것이다.

6) 종격(從格)인지 정격(正格)인지 구분하기 애매하면 자랑할만한 사주가 못된다.

년	월	일	시							
己	乙	己	乙	丙	丁	戊	己	庚	辛	壬
酉	亥	酉	亥	子	丑	寅	卯	辰	巳	午

본명은 기토(己土) 일주(日主)가 해(亥)월에 태어나 실령(失令)하고, 년지(年支)와 일지(日支)에 유금(酉金)이 득세(得勢)하여 매우 신약(身弱)하다. 년간(年干)에 기토(己土)가 있지만 강한 금수(金水)의 기세를 당하지 못한다. 따라서 기토(己土) 일주(日主)는 자기의 본래 명을 버리고 금수(金水)운을 종한다. 따라서 금수(金水)

운은 길하고 화토(火土)운은 흉하다.

기토(己土)는 음일간(陰日干)이므로 자력심과 독립심이 약하여 자신의 명을 지키지 못한다. 종재격(從財格)이 되었는데 대운의 흐름이 목화(木火)운으로 흘러 발전하는데 장해가 많았다. 종격(從格)이 되려면 완전한 종격(從格)이 되는 것이 좋다. 어떤 사주든 종격(從格)인지 정격(正格)인지를 구분하기 애매하면 별로 자랑할 만한 사주가 못되고, 대부분 흉화가 많다.

7) 대운이 좋으면 기사회생한다.

```
년  월  일  시
乙  戊  庚  戊        己 庚 辛 壬 癸 甲 乙 丙
卯  寅  寅  寅        卯 辰 巳 午 未 申 酉 戌
```

본명은 경금(庚金) 일주(日主)가 인(寅)월에 태어나 실령(失令)하였고, 년주(年柱)에 을묘(乙卯)와 일지(日支)와 시지(時支)에 인목(寅木)이 자리하여 목기(木氣)가 너무 태왕하다. 일견 종재격(從財格)으로 보이나 종격(從格)이 아니라 신약(身弱) 사주이다. 경금(庚金) 일주(日主)는 양금(陽金)이고, 월간(月干)과 시간(時干)에서 무토(戊土)가 생조(生助)하여 종하지 않기 때문이다. 신약(身弱)하니 중화시키려면 신약(身弱)한 일주(日主)를 돕고 많은 인목(寅木)을 제극(制剋)해야 한다. 따라서 경금(庚金)이 용신(用神)이고, 토(土)는 희신(喜神)이다. 일주(日主)가 너무 약하여 평생 재산과 관재구설과 남자문제로 고통을 당하였다. 그러나 말년인 신유금(申酉金)운에 발복하여 노복이 따랐고, 편안하게 임종하였다. 즉 대운이 좋아 기사회생한 것이다.

8) 음일간(陰日干)은 독립심이 약하여 쉽게 다른 세력을 따라간다.

```
년  월  일  시
癸  乙  辛  辛          丙丁戊己庚辛壬
卯  卯  卯  卯          辰巳午未申酉戌
```

본명은 신금(辛金) 일주(日主)가 묘(卯)월에 태어났고, 월간(月干)에 을목(乙木)이 있고 지지(地支)가 전부 묘목(卯木)이라 목기(木氣)가 크게 득세(得勢)하였다. 시간(時干)에 신금(辛金)이 부조(扶助)하여 신약(身弱) 사주처럼 보이나 종재격(從財格)이다. 신금(辛金)은 음일간(陰日干)이니 독립심이 약하여 시간(時干)에 신금(辛金)의 동료가 있어도 도움을 받지 못하고 목기(木氣)에 종하였다. 따라서 목(木)이 용신(用神), 수(水)는 희신(喜神), 금(金)은 기신(忌神), 토(土)는 구신(仇神)이다. 이처럼 종격(從格)이 되면 정격(正格)과 반대로 길흉이 변한다. 종격(從格)이니 시간(時干) 신금(辛金)은 오히려 장해물이 된다. 즉 진종격(眞從格)이 아니라 가종격(假從格)이다.

9) 죽음에서 절처봉생(絕處逢生)으로 살아난 사주

년 월 일 시
壬 乙 壬 丙   丙丁戊己庚辛壬
辰 巳 午 午   午未申酉戌亥子

본명은 임수(壬水) 일주(日主)가 사(巳)월에 태어나 실령(失令)하였고, 일지(日支)와 시지(時支)에 오화(午火)가 들어 화(火)가 태왕하고 일주(日柱)는 매우 허약하다. 화(火)가 태왕하고 일주(日主)는 허약하니 종격(從格)으로 보인다. 그러나 임수(壬水)는 양간(陽干)이며 대해수(大海水)이고, 년간(年干)에 임수(壬水)가 들고 년지(年支)에 진토(辰土)가 들어 진(辰)에 계수(癸水)가 있어 종하지 않고 신약(身弱) 사주가 되었다. 즉 절처봉생(絕處逢生)으로 죽음에서 살아난 사주이다.

본명은 년간(年干) 임수(壬水)가 용신(用神)인데 지지(地支)에 통근(通根)하는 뿌리가 없어 용신(用神)이 많이 흔들리며 불안하다. 수(水)는 용신(用神), 금(金)은 희신(喜神), 화(火)는 기신(忌神), 목(木)은 구신(仇神)이다. 용신(用神)이 불안하여 평생 재물과 여자문제로 고통이 끊이지 않았다. 다행히 대운이 금수(金水)운으로 흘러 단명하지 않고 비실비실하면서도 오래 살았다.

종격(從格)에 가까운 사주가 정격(正格)이 되면 인생이 파란만장하다. 무슨 일을 해도 되는 것이 없고 매사가 용두사미다. '귀신은

속여도 사주는 못 속인다'는 말이 있다. 이런 사람은 독립사업을
하면 반드시 망하니 봉급자가 되는 것이 낫다.

10) 종격(從格)이 되려면 진종격(眞從格)이 되어야 길하다.

년	월	일	시						
丁	丙	癸	戊	丁	戊	己	庚	辛	壬 癸
巳	午	巳	午	未	申	酉	戌	亥	子 丑

본명은 계수(癸水) 일주(日主)가 오(午)월에 태어나 사주에 모두
화(火)가 있으니 종격(從格)인데, 장해물이 하나도 없으니 진종격
(眞從格)이다. 종격(從格)이 되려면 차라리 진종격(眞從格)이 되어야
좋다. 종격(從格)이니 화(火)가 용신(用神), 목(木)은 희신(喜神),
수(水)는 기신(忌神), 금(金)은 구신(仇神)이다. 그러나 종격(從格)
은 항상 좋을 수 없다. 대운의 흐름은 길어야 20년 정도이므로 기
신(忌神)운에 크게 당하기 때문이다. 역시 해(亥) 대운에 남편이
사업을 크게 실패하여 함께 매장되고 말았다.

2장. 천간론(天干論)

1. 갑목(甲木)의 성질

■ 원 문

갑목참천탈태요화(甲木參天脫胎要火)

춘불용금추불용토(春不容金秋不容土)

화치승룡수탕기호(火熾乘龍水蕩騎虎)

지윤천화식립천고(地潤天和植立千古)

■ 직 역

갑목(甲木)은 참천(參天)하고, 태(胎)에서 탈(脫)할 때는 화(火)가 필요하고, 춘(春)은 금(金)을 불용(不容)하고, 추(秋)는 토(土)를 불용(不容)하며, 화(火)가 치(熾)하면 승룡(乘龍)하고, 수(水)가 탕(蕩)하면 기호(騎虎)하고, 지지(地支)가 윤(潤)하며 천(天)이 화(和)하면 천고에 식립(植立)한다.

■ 한자풀이

參(간여할 참) 脫(벗을 탈) 胎(아이밸 태) 容(얼굴 용)

熾(불성할 치) 乘(탈 승) 湯(넘어질 탕) 騎(말탈 기)

虎(호랑이 호) 潤(젖을 윤) 植(심을 식)

■ 풀 이

갑목(甲木)은 대림목(大林木)이니 하늘을 향하여 솟아오르는 기질이 있는데, 겨울철에는 무조건 병화(丙火)인 태양이 필요하다. 봄에는 금(金)이 상충(相沖)하는 것을 용서하지 않고, 가을에는 토(土)가 상충(相沖)하는 것을 용서하지 않는다. 화(火)가 너무 강하면 지지(地支)에 진(辰)이 있는 것을 기뻐하고, 수(水)가 너무 강하면 지지(地支)에 인(寅)이 있는 것을 기뻐한다. 지지(地支)에 수(水)의 근원인 해(亥)와 진(辰)이 있어 뿌리가 튼튼하고, 천간(天干)이 조화로우면 영원히 넘어지지 않는다.

■ 갑목(甲木)

과실양목(果實陽木)	양기왕성(陽氣旺盛)
적극전진(積極前進)	개척정신(開拓精神)
희망원대(希望遠大)	강건용맹(强健勇猛)
독립태과(獨立太過)	백절불굴(百折不屈)
활발활동(活潑活動)	공적충실(公的忠實)
혈기급성(血氣急性)	의리후덕(義理厚德)
근면성실(勤勉誠實)	이성심강(異性心强)

투쟁재난(鬪爭災難) 언행태과(言行太過)

갑목(甲木)의 성정은 과실을 맺는 양목(陽木)이며 양기가 왕성하고, 적극적으로 전진하며 개척정신이 강하다. 꿈이 원대하며 강건하고, 용맹하며 독립적이고, 태과하며 어려움을 만나도 백절불굴의 정신으로 극복한다. 활발하며 활동적이고, 공적으로 충실하며 혈기가 급하고, 후덕하며 의리가 있다. 직업에 성실하며 근면하고, 이성에 대한 마음이 강하다. 투쟁적이며 언행이 태과하다.

1) 갑목(甲木) 일주(日主)가 목(木)이 용신(用神)인 경우

년	월	일	시							
壬	戊	甲	甲		己	庚	辛	壬	癸	甲	乙
戌	申	戌	戌		酉	戌	亥	子	丑	寅	卯

갑목(甲木) 일주(日主)가 신(申)월에 태어났고, 월간(月干)에 무토(戊土)가 있고 년지(年支)와 일지(日支)와 시지(時支)에 술토(戌土)가 들어 토(土)가 강건하다. 토(土)가 너무 많아 갑목(甲木)이 흙에 묻힐 판이다. 많은 토(土)를 억제해야 중화되므로 시간(時干) 갑목(甲木)을 용신(用神)으로 삼아 목극토(木剋土)한다. 갑목(甲木)이 용신(用神)이고, 조후(調候)시키려면 수(水)보다 화(火)가 더 필요하니 화(火)가 희신(喜神)이다. 목화(木火)는 길하고, 토금

(土金)은 흉하다. 화(火)는 반길반흉하니 한신(閑神)이다. 비견(比肩)이 용신(用神)이고 시간(時干)에 들어 재물복이 있다. 재다신약(財多身弱) 사주라 여자문제가 좀 복잡하였다. 그러나 갑인(甲寅) 대운 이후에는 길복이 많이 따랐다.

2) 갑목(甲木) 일주(日主)가 화(火)가 용신(用神)인 경우

년	월	일	시							
乙	丁	甲	丙		戊	己	庚	辛	壬	癸	甲
丑	亥	子	寅		子	丑	寅	卯	辰	巳	午

갑목(甲木) 일주(日主)가 해(亥)월에 태어나 득령(得令)하고, 해자축(亥子丑) 방합(方合)을 이루니 사주가 너무 차가워 불이 없으면 당장 얼어 죽을 지경이다. 조후(調候)하려면 당장 불이 필요하니 시간(時干) 병화(丙火)가 용신(用神)이다. 병화(丙火) 용신(用神)은 갑인목(甲寅木)의 부조(扶助)를 받아 용신(用神)이 왕강(旺强)하다. 용신(用神)이 왕강하면 부귀영화가 많이 따른다. 따라서 명예운이 좋았고 자녀가 효도하였다. 그러나 일지(日支) 신금(申金)이 편관(偏官)이며 한신(閑神) 작용을 하니 남편은 무해무덕하였다. 관살(官殺)이 혼잡하여 부부갈등과 관재구설로 마음고생이 많았다. 그러나 노년에는 자녀덕에 호의호식하였다.

3) 갑목(甲木) 일주(日主)가 금(金)이 용신(用神)인 경우

년	월	일	시							
辛	庚	甲	甲	己	戊	丁	丙	乙	甲	癸
酉	寅	寅	子	丑	子	亥	戌	酉	申	未

갑목(甲木) 일주(日主)가 인(寅)월에 태어났고, 시간(時干)에 갑목(甲木)과 일지(日支)에 인목(寅木)이 들어 목기(木氣)가 왕강하다. 왕성한 목기(木氣)를 제압하려면 금(金)이 필요하다. 월간(月干) 경금(庚金)이 용신(用神)이고, 토(土)는 희신(喜神)이다. 편관(偏官)이 용신(用神)이니 관운이 있어 초년에 등과하여 이름을 날렸다. 또 조상과 부모의 유산을 많이 물려받았다. 그러나 대운을 보니 초년과 청년기에는 미미했지만 술(戌) 대운부터 발복하여 고관대작이 되었다. 이런 사주를 선빈후부형(先貧後富形)이라 한다.

4) 갑목(甲木) 일주(日主)가 수(水)가 용신(用神)인 경우

년	월	일	시							
壬	丙	甲	乙	丁	戊	己	庚	辛	壬	癸
午	午	午	亥	未	申	酉	戌	亥	子	丑

본명은 갑목(甲木) 일주(日主)가 오(午)월생이니 설기(洩氣)하여

신약(身弱)하다. 월간(月干)에 병화(丙火)가 투간(透干)하고, 년지(年支)와 일지(日支)에 오화(午火)가 들어 화(火)가 태왕하다. 물을 빨리 공급받지 않으면 나무가 말라죽는다. 다행히 년간(年干)에 임수(壬水)가 있고, 시지(時支)에 해수(亥水)가 들어 고사를 면하였다. 수(水)가 용신(用神)이고 금(金)은 희신(喜神)이며 목화(木火)는 흉하다. 이 사주는 년간(年干) 임수(壬水)와 시지(時支) 해수(亥水)가 너무 멀리 있어 제대로 부조(扶助)하지 못하는 것이 문제이다. 따라서 몇 차례 가정이 깨지고 재물이 사라졌다. 그러나 임자(壬子) 대운부터는 다시 발복하여 안정을 찾았다. 이처럼 대운이 중요하다.

2 을목(乙木)의 성질

■ 원 문

을목수유규양해우(乙木雖柔 刲羊解牛)

회정포병과봉승후(懷丁抱丙 跨鳳乘猴)

허습지지기마역우(虛濕之地 騎馬亦憂)

등라계갑가춘가추(藤蘿繫甲 可春可秋)

■ 직 역

을목(乙木)은 비록 유(柔)하나 양(羊)과 우(牛)를 규해(刲解)하며, 정(丁)을 회(懷)하고, 병(丙)을 포(抱)하며, 봉후(鳳猴)를 과승(跨

乘)하며, 허습(虛濕)한 지지(地支)는 마(馬)를 기(騎)해도 역시 우
(憂)하며, 등라(藤蘿)가 계갑(繫甲)하면 춘(春)도 가(可)하고 추
(秋)도 가(可)하다.

■ 한자풀이

雖(비록 수) 柔(부드러울 유) 刲(찌를 규) 鳳(새 봉)

猴(원숭이 후) 虛(빌 허) 濕(축축할 습) 亦(역시 역)

藤(등나무 등) 蘿(무 라) 繫(맬 계)

■ 풀 이

  을목(乙木)은 화초이니 유순하나 지지(地支)에서 미(未)와 축(丑)
을 제압하는 힘이 있다. 그러나 천간(天干)에서 무기(戊己)가 오면
힘을 쓰지 못한다. 정(丁)과 병(丙)을 보면 두려움 없이 포용하고,
신(申)과 유(酉)를 보아도 두려워하지 않는다. 봉(鳳)은 새인데 여
기서는 닭이며 유(酉)를 뜻한다. 지지(地支) 해자축(亥子丑)의 습
한 곳에서는 오(午)가 있어도 역시 근심이 있다. 갑(甲)과 나란히
있으면 일 년 중 어느 계절에도 크게 곤란한 일은 없다.

■ 을목(乙木)

화초음목(花草陰木) 음기왕성(陰氣旺盛)

소극자중(消極自重) 현실만족(現實滿足)

희망근소(希望近小) 유화온순(柔和溫順)

독립불급(獨立不及) 우회작전(迂回作戰)

자중관찰(自重觀察) 공적불급(公的不及)
온정유순(溫情柔順) 이해타산(利害打算)
기회주의(機會主義) 이성심약(異性心弱)
색정재난(色情災難) 언행불급(言行不及)

을목(乙木)의 성정은 화초이며 음목(陰木)이다. 음기가 왕성하며 소극적이고, 자중하며 현실에 만족한다. 꿈을 작고 가까운 데 두며, 유화하며 온순하다. 독립정신이 불급하며 우회적으로 작전한다. 매사에 자중하며 관찰력이 강하고, 공적인 면은 약간 불급하며 온정심이 있고, 유순하며 이해타산적이다. 기회주의적인 성향이 강하고, 이성에 대한 마음이 약하며, 색정의 재난이 많고 언행이 불급하다.

1) 을목(乙木) 일주(日主)가 목(木)이 용신(用神)인 경우

년	월	일	시							
壬	戊	乙	丙	己	庚	辛	壬	癸	甲	乙
子	申	未	戌	酉	戌	亥	子	丑	寅	卯

을목(乙木) 일주(日主)가 신(申)월에 태어났고, 월간(月干)에 무토(戊土)가 있고, 일지(日支)에 미토(未土)와 시지(時支)에 술토(戌土)가 들어 토(土)가 강건하다. 토(土)가 너무 많아 을목(乙木)은 흙에 묻힐 입장이니 토(土)를 억제해야 중화되므로 일주(日主)

인 을목(乙木)을 용신(用神)으로 삼아 목극토(木剋土)한다. 목(木)이 일주(日主)에만 있으니 일주(日主) 을목(乙木)으로 용신(用神)을 삼는다. 을목(乙木)이 용신(用神)이면 수(水)는 희신(喜神)이니, 수목(水木)이 길작용을 하고 토금(土金)은 흉작용을 한다. 화(火)는 반길반흉하니 한신(閑神)이다. 을목(乙木)은 비록 허약하나 년주(年柱) 임자(壬子)가 부조(扶助)하니 안전하다. 재다신약(財多身弱)이라 재물과 여자문제가 좀 복잡하였다. 그러나 해(亥) 대운부터 길하여 길복이 많이 따랐다.

2) 을목(乙木) 일주(日主)가 화(火)가 용신(用神)인 경우

년	월	일	시							
乙	丁	乙	丙	戊	己	庚	辛	壬	癸	甲
丑	亥	丑	子	子	丑	寅	卯	辰	巳	午

을목(乙木) 일주(日主)가 해(亥)월에 태어나 득령(得令)하였고, 지지(地支)에 해자축(亥子丑) 방합(方合)을 이루어 사주가 너무 차가워 당장 얼어 죽을 지경이다. 불이 당장 필요하니 시간(時干) 병화(丙火)가 용신(用神)인데, 을정(乙丁)이 부조(扶助)하여 왕강하다. 용신(用神)이 왕강하면 부귀영화가 많이 따르니 명예운이 좋았고 자녀가 효도하였다. 시주(時柱)는 자녀궁인데 병화(丙火)는 용신(用神)이라 길하나, 자수(子水)는 기신(忌神)이라 흉하다. 이런

경우에는 자녀가 둘이면 하나는 효도하나 하나는 불효한다.

3) 을목(乙木) 일주(日主)가 금(金)이 용신(用神)인 경우

년	월	일	시							
辛	庚	乙	己		己	戊	丁	丙	乙	甲	癸
卯	寅	卯	卯		丑	子	亥	戌	酉	申	未

  을목(乙木) 일주(日主)가 인(寅)월에 태어났고, 시간(時干) 지지
(地支)가 모두 인묘(寅卯)가 득세(得勢)하여 목기(木氣)가 대단하
다. 많은 목기(木氣)를 제압하려면 금(金)이 필요하니 월간(月干)
경금(庚金)이 용신(用神)이고, 토(土)는 희신(喜神)이다. 경금(庚
金) 정관(正官)이 용신(用神)이라 길하나, 문제는 지지(地支)에 용
신(用神)의 뿌리인 통근(通根)이 없어 길복이 오래 가지 못한다.
용신(用神)이 무근(無根)이면 인내심이 부족하여 매사 용두사미가
된다. 이 사람도 매사 말만 앞서고 결과가 없었다.

4) 을목(乙木) 일주(日主)가 수(水)가 용신(用神)인 경우

년	월	일	시							
壬	丙	乙	丁		丁	戊	己	庚	辛	壬	癸
申	午	巳	亥		未	申	酉	戌	亥	子	丑

을목(乙木) 일주(日主)가 오(午)월에 태어나 설기(洩氣)가 심하여 신약(身弱)하다. 월간(月干)에 병화(丙火)가 투간(透干)하고, 일지(日支)에 사화(巳火)가 들어 화(火)가 왕강하다. 을목(乙木)은 화초인데 물을 빨리 공급받지 못하면 말라죽는다. 다행히 년간(年干)에 임수(壬水)가 있고, 시지(時支)에 해수(亥水)가 들어 고사를 면하였다. 용신(用神) 임수(壬水)는 신금(申金)의 부조(扶助)를 받아 강하다. 따라서 선조의 음덕이 많아 초년에는 호의호식하였다. 수(水)가 용신(用神)이고 금(金)은 희신(喜神)이며 목화(木火)는 흉하다. 이 사주의 문제는 일지(日支)에 기신(忌神)이 들어 아내덕이 없는 것이다. 부부간에 의견 차이 때문에 주야로 대립하였다. 일지(日支)는 부부궁이기 때문이다.

3. 병화(丙火)의 성질

■ 원 문
병화맹렬기상모설(丙火猛烈欺霜侮雪)
능하경금봉신반겁(能煆庚金逢辛反怯)
토중생자수창현절(土衆生慈水猖顯節)
호마견향갑래성멸(虎馬犬鄕甲來成滅)

■ 직 역
병화(丙火)는 맹렬하여 상(霜)을 기(欺)하며 설(雪)을 모(侮)하고,

능히 경금(庚金)을 하(煆)하고, 신(辛)을 봉(逢)하면 반대로 겁(怯)하며, 토(土) 중에서 생자(生慈)하고, 수(水)가 창(猖)하면 절(節)을 현(顯)하고, 호(虎)와 마(馬)와 견(犬)의 고향이며, 갑(甲)이 내(來)하면 성멸(成滅)시킨다.

■ 한자풀이

猛(사나울 맹) 欺(속일 기) 侮(업신여길 모) 煆(불사를 하)

怯(겁낼 겁) 慈(사랑할 자) 猖(미칠 창) 顯(나타날 현)

成(이룰 성) 滅(멸망할 멸)

■ 풀 이

병화(丙火)는 태양의 열기이니 맹렬하여 가을의 서리도 겨울의 눈보라도 두려워하지 않는다. 능히 경금(庚金)을 녹이는 힘이 있으나 신금(辛金)을 만나면 병신합수(丙辛合水)하여 병화(丙火)의 열기가 식으니 두려워한다. 토(土) 중에서 생명을 탄생시키고 수(水)가 많아 홍수가 나도 병화(丙火)를 약화시킬 수는 없다. 지지(地支)에 인오술(寅午戌)이 병화(丙火)의 고향이고, 갑(甲)이 오면 불에 태워 소멸시킨다.

■ 병화(丙火)

태양양화(太陽陽火) 혈기대노(血氣大怒)

진취기상(進就氣象) 백절불굴(百折不屈)

명랑쾌활(明朗快活) 솔선수범(率先垂範)

진보신형(進步新型)　행동과감(行動果敢)

용두사미(龍頭蛇尾)　자기과시(自己誇示)

자신만만(自信滿滿)　이상주의(理想主義)

외강내약(外强內弱)　광대활동(廣大活動)

다변장식(多辯粧飾)　언행태과(言行太過)

　병화(丙火)의 성정은 태양의 양화(陽火)이다. 혈기가 왕성하며 진취적인 기상이 있고, 어려움을 당해도 백절불굴의 정신으로 극복한다. 성격이 명랑하며 쾌활하고, 매사 솔선수범적하며 진보적이다. 새로운 것을 좋아하며 과감하게 전진한다. 그러나 말만 앞세우는 용두사미격이 되기 쉽고, 자신을 과시하며 이상주의적이다. 겉으로는 강건하나 속으로는 허약하고, 활동력이 넓으며 변화가 많다. 장식을 좋아하며 언행이 태과하다.

1) 병화(丙火) 일주(日主)가 목(木)이 용신(用神)인 경우

```
년  월  일  시
乙  甲  丙  戊        乙 丙 丁 戊 己 庚 辛
亥  申  戌  戌        酉 戌 亥 子 丑 寅 卯
```

　병화(丙火) 일주(日主)가 신(申)월에 태어나 실령(失令)하여 신약(身弱)하다. 시간(時干)에 무토(戊土)가 들고, 일지(日支)와 시지

(時支)에 술토(戌土)가 들었으니 토(土)가 너무 많다. 많은 토(土)를 제극(制剋)해야 중화되니 월간(月干) 갑목(甲木)이 용신(用神)이고, 수(水)는 희신(喜神)이며, 화(火)는 한신(閑神)이다. 수목(水木)은 길하고 토금(土金)은 흉하다. 재물복은 많으나 일지(日支) 술토(戌土)가 구신(仇神)이라 남편과 불화가 잦았다. 또 시주(時柱)의 무술(戊戌)이 구신(仇神)이니 말년에 자녀의 근심이 많았다.

2) 병화(丙火) 일주(日主)가 화(火)가 용신(用神)인 경우

년	월	일	시								
戊	癸	丙	己		甲	乙	丙	丁	戊	己	庚
子	亥	午	丑		子	丑	寅	卯	辰	巳	午

병화(丙火) 일주(日主)가 해(亥)월에 태어나 실령(失令)하여 신약(身弱)하다. 지지(地支)는 해자축(亥子丑) 방합(方合)을 이루어 수(水)가 대단하다. 사주가 마치 꽁꽁 얼어붙은 형상이다. 불이 당장 필요하니 일지(日支) 오(午) 병화(丙火)가 용신(用神)이고, 정화(丁火)·무토(戊土) 순으로 유리하다. 관살(官殺)이 혼잡하여 관재구설이 좀 많지만 계수(癸水) 정관(正官)만이 투간(透干)한 것이 다행이다. 또 무계(戊癸)가 합하여 화(火)로 변하니 문제가 모두 무마되었다. 특히 좋은 것은 일지(日支)에 오화(午火)가 들어 아내의 내조로 많은 이익을 보고 가정이 화목하였다.

3) 병화(丙火) 일주(日主)가 금(金)이 용신(用神)인 경우

년	월	일	시							
癸	乙	丙	辛	丙	丁	戊	己	庚	辛	壬
亥	卯	戌	卯	辰	巳	午	未	申	酉	戌

병화(丙火) 일주(日主)가 묘(卯)월에 태어나 득령(得令)하여 신강(身强)하다. 월간(月干)에 을목(乙木)이 있고, 시지(時支)에 묘목(卯木)이 들고, 년주(年柱) 계해수(癸亥水)는 을묘목(乙卯木)을 생하여 목기(木氣)가 더 왕성하다. 많은 목기(木氣)를 제극(制剋)해야 중화되므로 시간(時干) 신금(辛金)이 용신(用神)이고, 경금(庚金) 무토(戊土)가 필요하다. 대개 시(時)에 용신(用神)이 들면 자녀운과 말년운이 좋다. 또 일지(日支) 술토(戌土)가 희신(喜神)이니 남편운도 좋고, 수생목(水生木) 목생화(木生火) 화생토(火生土) 토생금(土生金)으로 사주가 마치 물 흐르듯 순행하니 복록이 많았다. 이 사람은 평민의 딸로 태어났으나 고관의 부인이 되었다.

4) 병화(丙火) 일주(日主)가 수(水)가 용신(用神)인 경우

년	월	일	시							
戊	丁	丙	壬	己	庚	辛	壬	癸	甲	乙
午	巳	申	辰	午	未	申	酉	戌	亥	子

병화(丙火) 일주(日主)가 사(巳)월에 태어나 득령(得令)하여 신강
(身强)하다. 그리고 월간(月干)에 정화(丁火), 년지(年支)에 오화
(午火)가 들어 화(火)가 매우 왕하다. 강한 불길을 잡아야 중화를
이루니 물이 필요하다. 따라서 시간(時干) 임수(壬水)가 용신(用
神)이고, 그 다음은 계수(癸水)와 신금(申金)이 유리하고, 지지(地
支)에서는 자수(子水)·해수(亥水)·유금(酉金)이 유리하다. 그러
나 병화(丙火)·정화(丁火)·사화(巳火)·오화(午火)·진토(辰土)
는 흉하다. 이 사람은 초년에는 고생했으나 열심히 노력하여 자수
성가한 선빈후부형이다.

4. 정화(丁火)의 성질

■ 원 문
정화유중내성소융(丁火柔中內性昭融)
포을이효합임이충(抱乙而孝合壬而忠)
왕이불렬쇠이불궁(旺而不烈衰而不窮)
여유적모가추가동(如有嫡母可秋可冬)

■ 직 역
정화(丁火)는 유(柔)한 가운데 소명(昭明)하게 융화하고, 을(乙)
을 포(抱)하여 효(孝)를 낳고, 임(壬)과 합(合)하여 충(忠)을 낳으
며, 왕(旺)해도 불열(不烈)하며, 쇠(衰)해도 궁색하지 않고, 적모(嫡

母)가 유(有)함과 여(如)하고, 추(秋)도 가하고 동(冬)도 가한다.

■ 한자풀이

昭(밝을 소) 融(화할 융) 抱(안을 포) 而(말이을 이)
旺(왕성할 왕) 衰(쇠할 쇠) 窮(다할 궁) 如(같을 여)
嫡(정실 적) 可(옳을 가)

■ 풀 이

 정화(丁火)는 명월이므로 부드러운 어머니 같은 성품이다. 정직하고 양순하면서도 사물을 밝게하며 조화시킨다. 을(乙)을 포용하여 효자를 낳고, 임(壬)과 합하여 충신을 만든다. 정(丁)은 왕성해도 격심하지 않고, 쇠약해도 큰 곤란은 없다. 만약 사주에 인수(印授)인 갑(甲)과 인(寅)이 있으면 가을도 겨울도 무난하다.

■ 정화(丁火)

야월음화(夜月陰火) 온화안정(溫和安定)
안정유화(安定柔和) 현실주의(現實主義)
음정성품(陰靜性品) 타인의종(他人依從)
수구구형(守旧旧型) 행동유연(行動柔軟)
사두용미(蛇頭龍尾) 언동주의(言動注意)
침착안정(沈着安定) 현실주의(現實主義)
외약내강(外弱內强) 협소활동(狹小活動)
시기질투(猜忌嫉妬) 언행불급(言行不及)

정화(丁火)의 성정은 밤하늘의 밝은 달이며 음화(陰火)이다. 천성이 온화하며 안정을 좋아하고, 유화적이며 현실을 중요시한다. 음적인 성품이라 조용하고 남에게 의지하며 따르는 기질이 있고, 옛것을 지키려는 성향이 강하며 행동이 유연하다. 머리는 뱀이나 꼬리는 용이고 언동이 침착하며 안정적이고 현실적이다. 겉으로는 약한 것 같으나 속으로는 강건하고, 활동력은 좁으면서 남을 시기질투하며 언행이 불급하다.

1) 정화(丁火) 일주(日主)가 목(木)이 용신(用神)인 경우

```
년  월  일  시
甲  癸  丁  甲        甲 乙 丙 丁 戊 己 庚
戌  酉  未  辰        戌 亥 子 丑 寅 卯 辰
```

정화(丁火) 일주(日主)가 유(酉)월에 태어나 실령(失令)하였고, 월간(月干)에 계수(癸水)가 있고, 년지(年支)에 술토(戌土)가 들어 신약(身弱)하다. 또 일지(日支)에 미토(未土)가 들고, 시지(時支)에 진토(辰土)가 들어 사주에 토(土)가 넘친다. 이런 경우는 많은 토(土)를 억제하는 시간(時干) 갑목(甲木)이 용신(用神)이다. 즉 목화(木火)운이 길하고 금수(金水)운은 흉하다. 사주에 식상(食傷)이 태왕하면 설기(洩氣)가 많아 자녀운·부하운·음식운이 불리하고, 식품문제로 불리한 일을 당한다. 또 식상(食傷)이 너무 많으면 사기성이 많으나 인성(印星)이 식상(食傷)을 제압하면 억제된다.

2) 정화(丁火) 일주(日主)가 화(火)가 용신(用神)인 경우

년	월	일	시							
乙	丁	丁	己	戊	己	庚	辛	壬	癸	甲
卯	亥	酉	酉	子	丑	寅	卯	辰	巳	午

정화(丁火) 일주(日主)가 해(亥)월에 태어나 실령(失令)하였고, 일지(日支)와 시지(時支)에 모두 유금(酉金)이 차지하여 금(金)이 강하다. 조후(調候)하려면 병화(丙火)가 필요하지만 없으니, 정화(丁火)로 용신(用神)을 삼아 금(金)을 녹여 기구를 만드니 길한 사주가 되었다. 아무리 필요해도 사주에 없으면 용신(用神)을 삼을 수 없으니, 있는 것 중에서 가장 유력한 것을 택한다. 년지(年支)에 묘목(卯木)이 들어 목생화(木生火)하니 정화(丁火) 용신(用神)이 강하고, 용신(用神)이 강하니 부귀영화가 많이 따른다. 따라서 재물복이 많아 부자로 살았다. 그러나 남편은 육신(六神)으로는 관살(官殺)인데 해수(亥水)는 기신(忌神)이고, 위치로 보면 일지(日支) 유금(酉金)이니 구신(仇神)이다. 따라서 남편은 별 도움이 되지 않으면서 바람을 많이 피웠다. 이런 유형의 사주는 돈 많은 과부팔자이다.

3) 정화(丁火) 일주(日主)가 금(金)이 용신(用神)인 경우

```
년  월  일  시
丙  辛  丁  庚        壬癸甲乙丙丁戊
戌  卯  卯  子        辰巳午未申酉戌
```

정화(丁火) 일주(日主)가 묘(卯)월에 태어나 득령(得令)하여 신강(身強)하다. 목기(木氣)가 많아 신강(身強)하니 금(金)이 용신(用神)이다. 그런데 이 사주는 월간(月干)에 신금(辛金)이 투간(透干)하였고, 또 시간(時干)에 경금(庚金)이 투간(透干)하였다. 이럴 경우에는 어느 것을 취해야 옳을까? 그것은 월지(月支)에 달려 있다. 월지(月支)를 보니 묘(卯)월이다. 묘(卯)월은 화초이니 가위로 다듬어야 한다. 따라서 용신(用神)은 월간(月干) 신금(辛金)이다. 만일 인(寅)월이고 갑인목(甲寅木)이 대림목이면 가위로는 어려우니 경금(庚金)이 필요하다. 목(木)이 기신(忌神)에 해당하니 갑을인묘(甲乙寅卯)는 모두 흉하다.

```
년  월  일  시
丙  庚  丙  辛        辛壬癸甲乙丙丁
戌  寅  寅  卯        卯辰巳午未申酉
```

이 사주는 앞의 것과 비슷한데, 다만 용신(用神)이 신금(辛金)이 아니라 경금(庚金)이다. 즉 인(寅)월생이고 일지(日支)에 인목(寅木)이 들어 대림목을 이루었다. 따라서 도끼가 필요하니 월(月) 경금(庚金)이 용신(用神)이다. 물론 신금(辛金)도 도움이 되지만 경금(庚金)만은 못하다.

4) 정화(丁火) 일주(日主)가 수(水)가 용신(用神)인 경우

년	월	일	시							
辛	癸	丁	壬	甲	乙	丙	丁	戊	己	庚
巳	巳	酉	寅	午	未	申	酉	戌	亥	子

정화(丁火) 일주(日主)가 사(巳)월에 태어났고, 년지(年支)에 사화(巳火)가 들고, 시지(時支)에 인목(寅木)이 들어 신강(身强)하다. 불이 많아 신강(身强)하니 불을 억제하는 물이 필요하다. 따라서 월(月) 계수(癸水)가 용신(用神)이고, 금(金)은 희신(喜神)이다. 시간(時干)에 임수(壬水)가 있지만 정임합목(丁壬合木)하여 기신(忌神)으로 변하여 사용하기 어렵다. 남편에 해당하는 편관(偏官)이 용신(用神)이고, 또 남편궁에 해당하는 일지(日支)에 희신(喜神)이 들어 남편복이 많았다. 남편은 일찍 등과하여 시랑(侍郎)이 되었고, 재물도 많아 만인이 부러워하는 귀부인의 대우를 받았다.

5. 무토(戊土)의 성질

■ 원 문

무토고중기중차정(戊土固重旣中且正)

정흡동벽만물사명(靜翕動闢萬物司命)

수윤물생화조물병(水潤物生火燥物病)

여재간곤파충의정(如在艮坤怕冲宜靜)

■ 직 역

 무토(戊土)는 견고하며 중후하고, 기중(旣中)해도 차정(且正)하고, 정(靜)해도 흡(翕)하며, 동(動)하면 벽(闢)하고, 만물을 사명(司命)하며, 수(水)가 습윤(濕潤)하면 만물을 생하고, 화조(火燥)하면 만물의 질병이다. 만약 간방(艮方)이나 곤방(坤方)에 있으면 파충(怕冲)하여 정(靜)함이 의당하다.

■ 한자풀이

固(굳을 고) 旣(이미 기) 翕(합할 흡) 闢(열 벽) 司(맡을 사)

潤(젖을 윤) 燥(마를 조) 艮(어긋날 간) 怕(두려워할 파)

冲(빌 충)

■ 풀 이

 무토(戊土)는 큰 산이므로 아버지 같은 성품이다. 천성이 견고하며 중후하고, 항상 중앙에서 만물을 정리정돈하며 정도를 지킨다.

정(靜)하면 조화를 이루고, 동(動)하면 개벽하며, 만물이 생장하게 조정하고, 수(水)가 자윤(滋潤)하면 만물을 생산하고, 화(火)가 건조하면 만물을 병들게 한다. 지지(地支)에서 축(丑)과 미(未)가 상충(相沖)해도 크게 흔들리지 않는 고집이 있다.

■ 무토(戊土)

태산양토(太山陽土)	천성조급(天性躁急)
용맹과도(勇猛過度)	단도직입(單刀直入)
사고단순(思考單純)	자존심강(自尊心强)
외면강건(外面强健)	내면충실(内面充實)
희망원대(希望遠大)	인내집착(忍耐執着)
매사적극(每事積極)	공사충실(公事忠實)
의리중시(義理重視)	대기과욕(大器過慾)
지배관리(支配管理)	언행태과(言行太過)

무토(戊土)의 성정은 큰 산의 양토(陽土)이다. 천성이 조급하며 용맹이 과도하고, 매사에 단도직입적이다. 사고가 단순하여 실수가 많고, 자존심이 강하여 남에게 고개를 숙이지 못한다. 겉으로는 강건하고 속으로는 충실하다. 희망이 원대하며 통이 크고, 인내심이 많으며 집착도 강하다. 매사 적극적이며 공사에 충실하다. 의리를 중요하게 여기며 그릇이 크지만 욕심도 많다. 남을 지배하며 관리하려 하고 언행이 태과하다.

1) 무토(戊土) 일주(日主)가 목(木)이 용신(用神)인 경우

```
년  월  일  시
丙  戊  戊  甲        己庚辛壬癸甲乙
子  戌  戌  寅        亥子丑寅卯辰巳
```

무토(戊土) 일주(日主)가 술(戌)월에 태어났고, 년간(年干)에 병화(丙火)가 들고, 월간(月干)에 무토(戊土)가 들고, 일지(日支)에 술토(戌土)가 들어 일주(日主)가 매우 강하다. 토(土)가 많아 신강(身强) 사주가 되었기 때문에 토(土)를 제압하는 목(木)이 필요하다. 따라서 시간(時干) 갑목(甲木)이 용신(用神)이다. 토금수(土金水)운은 흉하고, 조후(調候)로 보아 화(火)는 이롭다. 년지(年支)에 자수(子水)가 들어 초년부터 부모의 유산으로 재물이 많았고, 편관(偏官)이 용신(用神)이니 관운이 들어 늦게 돈을 주고 등과하였다. 그러나 일지(日支)의 부부궁이 불리하여 부부간에는 불화가 많았고, 외도를 많이 하였다.

2) 무토(戊土) 일주(日主)가 화(火)가 용신(用神)인 경우

```
년  월  일  시
己  丙  戊  乙        丁戊己庚辛壬癸
丑  子  子  卯        丑寅卯辰巳午未
```

본명은 어느 돈많은 과부의 사주이다. 무토(戊土) 일주(日主)가 자(子)월에 태어났고, 일지(日支)에 자수(子水)가 들고, 년지(年支)에 축토(丑土)가 들어 신약(身弱)하다. 조후(調候)하려면 월간(月干) 병화(丙火)가 용신(用神)이다. 을목(乙木)·정화(丁火)·무토(戊土)는 길하고, 임수(壬水)·계수(癸水)·신금(辛金)은 흉하다. 남편이 사업으로 많은 돈을 벌고는 사고로 죽었다. 돈많은 과부가 되어 불륜한 생활을 많이 했으나 올바른 남자는 한 번도 만나지 못하였다. 그러나 말년에는 자녀들이 성공하여 노복이 많았다.

3) 무토(戊土) 일주(日主)가 금(金)이 용신(用神)인 경우

년	월	일	시							
甲	丁	戊	庚	戊	己	庚	辛	壬	癸	甲
寅	卯	辰	申	辰	巳	午	未	申	酉	戌

본명은 무토(戊土) 일주(日主)가 묘(卯)월에 태어났고, 지지(地支)에 인묘진목(寅卯辰木) 방합(方合)을 이루니 목(木)이 태왕하다. 많은 목(木)을 제극(制剋)해야 중화를 이루니 시간(時干) 경금(庚金)이 용신(用神)이고, 토(土)는 토생금(土生金)하니 희신(喜神)이다. 관살(官殺)이 많은데 기신(忌神)에 해당하여 관재구설이 많았다. 그러나 경금(庚金) 용신(用神)이 강하여 어려울 때 귀인을 만났다. 전반기에는 고통이 많았지만 후반기에는 길복이 많았다.

4) 무토(戊土) 일주(日主)가 수(水)가 용신(用神)인 경우

```
년  월  일  시
丙  癸  戊  甲        甲 乙 丙 丁 戊 己 庚
子  巳  午  寅        午 未 申 酉 戌 亥 子
```

본명은 무토(戊土) 일주(日主)가 사(巳)월에 태어났고, 년간(年干)에 병화(丙火)가 들고, 일지(日支)에 오화(午火)가 있어 신강(身强)하다. 용신(用神)은 월간(月干) 계수(癸水)인 것 같으나 무계(戊癸)가 합화(合火)하여 기신(忌神)으로 변하니 년지(年支) 자수(子水)가 용신(用神)이다. 용신(用神)은 천간(天干)에 투간(透干)해야 길복이 많은데, 투간(透干)하지 못하여 아쉽다. 그러나 재물복은 상당히 많아 읍내에서 제일 큰 부자라는 소리를 들었다. 재성(財星)은 용신(用神)이라 재물과 여자덕을 보는데 문제는 일지(日支)이다. 일지(日支) 오화(午火)는 기신(忌神)에 해당하니 본처와는 원수처럼 사이가 나쁘고 아무 도움이 되지 못했지만, 밖에서는 양귀비 같은 미인들을 첩으로 두며 출세하는데도 도움이 많이 되었다. 만약 일지(日支)에 자수(子水)가 들고 년지(年支)에 오화(午火)가 들었으면 본처는 이롭고, 외첩은 해로웠을 것이다.

6. 기토(己土)의 성질

■ 원 문

기토비습중정축장(己土卑濕中正蓄藏)

불수목성불외수광(不愁木盛不畏水狂)

화소화회금다금광(火少火晦金多金光)

고요물왕의조의방(苦要物旺宜助宜幫)

■ 직 역

　기토(己土)는 비습(卑濕)하며 중심의 정(正)을 축적하여 저장하고, 목(木)이 성함을 수(愁)하지 않으며, 수(水)가 광(狂)해도 불외(不畏)하고, 화(火)가 소(少)하면 화(火)를 회(晦)하며, 금(金)이 다(多)하면 금(金)을 광(光)하고, 만물이 왕하면 고요하며, 의당 조(助)하고 방(幫)한다.

■ 한자풀이

卑(낮을 비) 蓄(쌓을 축) 藏(감출 장) 愁(근심 수)

畏(두려워할 외) 狂(미칠 광) 晦(그믐 회) 助(도울 조)

宜(마땅할 의) 幫(도울 방)

■ 풀 이

　기토(己土)는 옥토(沃土)이니 어머니와 같은 성품이다. 항상 습기를 포함하며 중정(中正)을 축적하여 저장하고, 목(木)이 왕성함을 근심하지 않는다. 또 수(水)가 많아 홍수가 나도 두려워하지 않는다. 화(火)가 적으면 병화(丙火)를 그믐으로 하고, 금(金)이 많으면 금(金)이 빛난다. 만물이 왕성하려면 고통이 따라도 의당 도와주고 빛나게 해준다.

■ 기토(己土)

전답음토(田畓陰土)	천성유순(天性柔順)
용기불급(勇氣不及)	심사숙고(深思熟考)
사고복잡(思考複雜)	자존심약(自尊心弱)
외면온유(外面溫柔)	내면충실(内面充實)
의심경계(疑心警戒)	중도변심(中途變心)
매사소극(每事消極)	이기주의(利己主義)
이익중시(利益重視)	소기리기(小器利己)
세력의종(勢力依從)	언행불급(言行不及)

기토(己土)의 성정은 전답의 옥토이며 음토(陰土)이다. 천성이 유순하며 착하고, 용기가 불급하며 매사 심사숙고한다. 사고가 복잡하며 자존심이 약하여 이익에 따라 행동한다. 겉으로는 온유하나 속으로는 자기를 지키는 일에 충실하다. 남을 의심하여 경계하고, 중도에 변심하는 경우도 있다. 매사 소극적이며 이기적이다. 비교적 이익을 중요하게 생각하고, 그릇이 작은 편이다. 강한 세력을 의지하며 따라가고, 언행이 불급하다.

1) 기토(己土) 일주(日主)가 목(木)이 용신(用神)인 경우

년	월	일	시						
庚	甲	己	甲	乙	丙	丁	戊	己	庚	辛
戌	申	未	戌	酉	戌	亥	子	丑	寅	卯

본명은 기토(己土) 일주(日主)가 신(申)월에 태어나 실령(失令)했으나, 년지(年支)에 술토(戌土)가 들고, 일지(日支)에 미토(未土)가 들고, 시지(時支)에 술토(戌土)가 들어 신강(身强)하다. 용신(用神)은 시간(時干) 갑목(甲木)이다. 물론 월간(月干) 갑목(甲木)도 있지만 갑경상충(甲庚相沖)하여 허약하므로 시간(時干) 갑목(甲木)을 취한다. 그러나 시간(時干) 갑목(甲木)도 갑기합토(甲己合土)하여 용신(用神)을 합거(合去)하니 사주가 혼탁하다. 이 사람은 평생 무슨 일을 해도 성공하지 못했다. 또 용신(用神)이 갑목(甲木)이면 용신(用神)을 돕는 희신(喜神)인 수(水)라도 강해야 되는데, 희신(喜神)인 수(水)도 없다. 따라서 매사 용두사미격이라 실직하였다.

2) 기토(己土) 일주(日主)가 화(火)가 용신(用神)인 경우

년	월	일	시						
己	丙	己	甲	丁	戊	己	庚	辛	壬	癸
卯	子	丑	子	丑	寅	卯	辰	巳	午	未

기토(己土) 일주(日主)가 자(子)월에 태어나 실령(失令)하여 신약(身弱)하다. 일지(日支)에 축토(丑土)가 들고, 시지(時支)에 자수(子水)가 들어 사주가 너무 차갑다. 따라서 조후(調候)하려면 월간(月干) 병화(丙火)가 용신(用神)이고, 목(木)은 희신(喜神)이며, 토(土)는 많은 물을 막는 역할을 하니 희신(喜神)이니, 금수(金水)운은 흉하다. 여명은 관살(官殺)을 남편으로 보는데 시간(時干) 갑목(甲木)은 정관(正官)이며 남편이다. 일견 남편복이 많아 보이지만 그렇지 않았다. 왜냐하면 남편궁인 일지(日支)에 축토(丑土)가 들고 기신(忌神)에 해당하기 때문이다. 따라서 부부 사이에 갈등이 많았다. 남편은 항상 첩의 집에 가버려 생과부 신세가 되고 말았다.

3) 기토(己土) 일주(日主)가 금(金)이 용신(用神)인 경우

년	월	일	시							
乙	己	己	庚	庚	辛	壬	癸	甲	乙	丙
未	卯	卯	午	辰	巳	午	未	申	酉	戌

기토(己土) 일주(日主)가 묘(卯)월에 태어났고, 일지(日支)에 묘목(卯木)이 들고, 년간(年干)에 을목(乙木)이 투간(透干)하여 신약(身弱)하다. 그러나 월간(月干)에 기토(己土), 년지(年支)에 미토(未土), 시지(時支)에 오화(午火)가 있어 약하지 않다. 시간(時干) 경금(庚金)이 용신(用神)이고, 토(土)는 희신(喜神)이다. 식상(食

傷)으로 관살(官殺)을 제압하여 중화되었으니 식상제살격(食傷制殺)이다. 따라서 목(木)은 기신(忌神), 수(水)는 구신(仇神), 화(火)는 한신(閑神)이다. 관살(官殺)이 기신(忌神)에 해당하고, 남편궁에 해당하는 일지(日支)에 기신(忌神)이 들어 부부사이는 좋지 못했다. 그러나 자식이 총명하고 등과하여 말년에는 복록이 많았다.

4) 기토(己土) 일주(日主)가 수(水)가 용신(用神)인 경우

년	월	일	시								
庚	壬	己	己	癸	甲	乙	丙	丁	戊	己	
午	午	酉	巳	未	申	酉	戌	亥	子	丑	

본명은 기토(己土) 일주(日主)가 오(午)월에 태어났고, 시간(時干)에 기토(己土), 년지(年支)에 오화(午火), 시지(時支)에 사화(巳火)가 들어 신강(身强)하다. 화(火)가 많아 물이 필요하니 월간(月干) 임수(壬水)가 용신(用神)인데, 년간(年干)에 경금(庚金)과 일지(日支)에 유금(酉金)이 부조(扶助)하여 강하다. 용신(用神)이 강하면 큰 인물이 되며 복록이 많은데, 이 사람도 사업가로 성공하여 많은 재산을 모았다. 또 일지(日支) 유금(酉金)이 희신(喜神)이니 아내의 내조도 좋았고, 식상(食傷)이 희신(喜神)이니 자식복도 많았다. 이런 사주는 대개 부귀영화가 많이 따른다.

7. 경금(庚金)의 성질

■ 원문

경금대살강강위최(庚金帶殺剛强爲最)

득수이청득화이예(得水而淸得火而銳)

토윤즉생토건즉취(土潤則生土乾則脆)

능승갑형수어을매(能勝甲兄輸於乙妹)

■ 직역

경금(庚金)은 항상 살기가 있고, 강강(剛强)함에는 최강이며, 수(水)를 득(得)하면 청(淸)하고, 화(火)를 득(得)하면 예리하며, 토(土)가 윤(潤)하면 생(生)하고, 토(土)가 건(乾)하면 취약하며, 갑(甲)의 형을 능히 이겨도 을(乙)의 누이에게는 수합(輸合)한다.

■ 한자풀이

帶(띠 대) 殺(죽일 살) 剛(굳셀 강) 强(강할 강) 勝(이길 승)

銳(날카로울 예) 脆(무를 취) 輸(나를 수) 於(어조사 어)

妹(누이 매)

■ 풀이

경금(庚金)은 강철이니 숙살의 기운이 있어 항상 살기가 많고 무섭다. 오행(五行) 중 강강(剛强)함에는 최강이다. 수(水)를 얻으면 씻어주니 청(淸)해지고, 화(火)를 얻으면 단련해주니 예리하다. 토

(土)가 윤택하면 금(金)을 생하여 더 강해지고, 반대로 토(土)가 건조하면 금(金)이 약해져 묻힌다. 갑(甲)은 극하여 능히 이겨도 을(乙)에게는 을경합(乙庚合)되어 도와준다.

■ 경금(庚金)

대철양금(大鐵陽金)	자존심강(自尊心強)
자신자만(自信自慢)	매사전진(每事前進)
적극활동(積極活動)	의리과도(義理過度)
난봉돌파(難逢突破)	호언장담(豪言壯談)
동정봉사(同情奉仕)	내심개방(內心開放)
신경우둔(神經愚鈍)	자화자찬(自畵自讚)
사고단순(思考單純)	유명무실(有名無實)
강건정상(強健頂上)	언행태과(言行太過)

경금(庚金)의 성정은 강철의 양금(陽金)이다. 자존심이 강하여 남에게 굽히지 못하고, 자신감과 자만심도 많으며, 매사 전진적이다. 적극적이며 의리가 과도하고, 어려운 일도 돌파하며 호언장담을 잘한다. 동정심이 많아 봉사를 잘한다. 속으로는 개방적이라 숨기는 것이 없고, 신경은 우둔하며 자화자찬하는 경향이 많다. 사고가 단순하여 실수를 많이 하며 유명무실하다. 강건하며 항상 정상을 달리려 하고, 언행이 태과하다.

1) 경금(庚金) 일주(日主)가 목(木)이 용신(用神)인 경우

년	월	일	시	
甲	甲	庚	己	乙丙丁戊己庚辛
戌	戌	戌	卯	亥子丑寅卯辰巳

경금(庚金) 일주(日主)가 술(戌)월에 태어났고, 시간(時干)에 기토(己土), 년지(年支)에 술토(戌土), 일지(日支)에 술토(戌土)가 들어 신강(身强)하다. 용신(用神)은 년간(年干) 갑목(甲木)이다. 갑목(甲木)이 용신(用神)이면 을목(乙木)·축토(丑土)·자수(子水)·묘목(卯木)·진토(辰土)는 모두 희신(喜神)이고, 토(土)와 금(金)은 기신(忌神)이다. 재성(財星)이 용신(用神)이므로 재물복이 많다. 사주에서 술(戌)과 해(亥)는 천문성(天門星)이므로 정신적인 분야인 스님·종교인·역술인·무속인 등으로 많이 나간다.

간명할 때 중점으로 볼 것은 일지(日支)이다. 일지(日支)는 배우자궁이므로 일지(日支)의 육신이 어떤 작용을 하느냐에 따라 행복과 불행이 좌우된다. 즉 일지(日支)에 용신(用神)이나 희신(喜神)이 들면 길복이 많고, 기신(忌神)이나 구신(仇神)이 들면 흉화가 많다.

2) 경금(庚金) 일주(日主)가 화(火)가 용신(用神)인 경우

년	월	일	시
丙	己	庚	丁
寅	亥	戌	丑

戊丁丙乙甲癸壬
戌酉申未午巳辰

본명은 경금(庚金) 일주(日主)가 해(亥)월 축(丑)시에 태어나 신약(身弱)하다. 그러나 월간(月干)에 기토(己土)가 있고, 일지(日支) 술토(戌土)가 부조(扶助)하여 약하지 않다. 따라서 조후(調候)하려면 년간(年干) 병화(丙火)가 용신(用神)이다. 병화(丙火) 용신(用神)은 인목(寅木)에 통근(通根)하여 강하다. 년주(年柱)는 조상궁이니 조부모 때부터 상당한 부자였고, 많은 유산을 물려받았다. 일지(日支) 술토(戌土)는 구신(仇神)에 해당하니 부부간에 갈등이 많았고, 금수식상격(金水食傷格)에 해당하니 호색가였다.

3) 경금(庚金) 일주(日主)가 금(金)이 용신(用神)인 경우

년	월	일	시
庚	己	庚	己
寅	卯	子	卯

庚辛壬癸甲乙丙
辰巳午未申酉戌

본명은 경금(庚金) 일주(日主)가 묘(卯)월에 태어나 실령(失令)하였고, 년지(年支)에 인목(寅木), 시지(時支)에 묘목(卯木)이 들어 신약(身弱)하다. 신약(身弱) 사주는 무엇 때문에 신약(身弱)이 되 었는지 살펴야 한다. 이 사주는 목(木)이 많기 때문이니 중화하려 면 목(木)을 제극(制剋)해야 한다. 따라서 금극목(金剋木)이 필요 하니 년간(年干) 경금(庚金)은 용신(用神), 토(土)는 희신(喜神), 목(木)은 기신(忌神), 수(水)는 구신(仇神)이다. 간명법은 용신(用 神)과 기신(忌神)을 분명하게 찾아 판단해야 한다. 용신(用神)과 기신(忌神)을 정확하게 찾지 않고 간명한다는 것은 엉터리이다.

4) 경금(庚金) 일주(日主)가 수(水)가 용신(用神)인 경우

년	월	일	시							
乙	壬	庚	壬	癸	甲	乙	丙	丁	戊	己
酉	午	午	午	未	申	酉	戌	亥	子	丑

본명은 경금(庚金) 일주(日主)가 오(午)월에 태어나 실령(失令)하 였고, 일지(日支)와 시지(時支)에 오화(午火)가 들어 신약(身弱)하 다. 많은 불길에 경금(庚金)이 녹아내릴 지경이다. 그러나 다행히 월간(月干)과 시간(時干)에 임수(壬水)가 있어 경금(庚金) 일주(日 主)를 보호한다. 지지(地支)의 오화(午火)는 모두 관살(官殺)이므 로 남편이 폭력이 심하여 이혼하였고, 재혼했지만 역시 백수건달을 만나 고생하다 또 이혼하고 재혼하였다. 그러나 식상(食傷)이 용신

(用神)에 해당하여 자식복은 있었다. 씨가 다른 자식 셋을 두었으나 말년에는 자식덕에 큰 문제없이 여생을 마쳤다.

8. 신금(辛金)의 성질

■ 원 문

신금연약온윤이청(辛金軟弱溫潤而淸)

외토지다요수지영(畏土之多樂水之盈)

능부사직능구생령(能扶社稷能救生靈)

열즉희모한즉희정(熱則喜母寒則喜丁)

■ 직 역

신금(辛金)은 연약하며 온난하고 습윤하면서도 청하고, 토(土)가 다(多)함을 외(畏)하고, 수(水)가 영(盈)함을 요(樂)하며, 사직(社稷)을 능히 부조(扶助)하고, 생령(生靈)을 능히 구제하며, 열(熱)한 즉 모(母)를 희(喜)하고, 한(寒)한 즉 정(丁)을 희(喜)한다.

■ 한자풀이

軟(연할 연) 溫(따뜻할 온) 畏(두려워할 외) 樂(좋아할 요)

盈(찰 영) 扶(도울 부) 社(사직 사) 稷(기장 직) 靈(신령 령)

寒(차가울 한)

■ 풀이

신금(辛金)은 보석이니 신중하며 정밀하다. 천성은 연약하며 온난하고, 습윤하면서도 청하다. 토(土)가 많으면 묻히므로 두려워하고, 수(水)가 넘치게 많으면 즐거워한다. 토(土)를 설기(洩氣)시켜 수(水)를 능히 도울 수 있고, 이로운 기계가 되어 많은 사람을 어려움에서 구한다. 과열하면 무토(戊土)를 좋아하고, 차가우면 따뜻한 정화(丁火)를 좋아한다. 사람에게 반드시 필요한 기물들이다.

■ 신금(辛金)

보석음금(寶石陰金) 자존심약(自尊心弱)
자중정숙(自重靜肅) 매사관찰(每事觀察)
소극활동(消極活動) 의리불급(義理不及)
난봉후퇴(難逢後退) 자폭자기(自暴自棄)
자기보존(自己保存) 내심폐문(內心閉門)
신경예민(神經銳敏) 자중자제(自重自制)
사고복잡(思考複雜) 무명유실(無名有實)
유순저하(柔順低下) 언행불급(言行不及)

신금(辛金)의 성정은 보석이며 음금(陰金)이다. 자존심이 약하며 정숙하고, 매사 관찰하는 기질이 많다. 소극적인 활동으로 실수가 적고, 의리는 불급하나 매사 현실적이며 판단력이 있다. 어려움을 당하면 무조건 전진하지 않고 사태의 추이를 보아 후퇴하며 가능성이 없는 일은 일찍 포기한다. 자기를 지키는 능력이 강하고, 내심은 굳게 닫는다. 신경이 예민하며 자중하고, 행동을 자제할 줄 안다. 사고가 복잡하며 무명유실이고, 유순하며 저자세이고, 언행이 불급하다.

1) 신금(辛金) 일주(日主)가 목(木)이 용신(用神)인 경우

년	월	일	시							
壬	庚	辛	乙	辛	壬	癸	甲	乙	丙	丁
寅	戌	丑	未	亥	子	丑	寅	卯	辰	巳

본명은 신금(辛金) 일주(日主)가 술(戌)월에 태어나 득령(得令)하였고, 월간(月干)에 경금(庚金)이 투간(透干)하고, 일지(日支)에 축토(丑土)가 있고, 시지(時支)에 미토(未土)가 들어 신강(身强)하다. 많은 토(土)를 억제하려면 목(木)이 필요하니 시간(時干) 을목(乙木)이 용신(用神)이다. 목(木)이 용신(用神)이면 계수(癸水)·갑목(甲木)·병화(丙火)는 모두 희신(喜神)이고, 경금(庚金)·신금(辛金)·무토(戊土)는 기신(忌神)이다. 편재(偏財)가 용신(用神)이고 년지(年支)에 인목(寅木)이 있으니 재물복이 많아 사업가로 성공하였다. 지지(地支)에 토(土)가 많으면 행동이 둔하며 느리고 경주를 잘 못한다.

2) 신금(辛金) 일주(日主)가 화(火)가 용신(用神)인 경우

년	월	일	시
辛	丁	辛	丁
卯	酉	卯	酉

戊己庚辛壬癸甲
戌亥子丑寅卯辰

본명은 신금(辛金) 일주(日主)가 유(酉)월에 태어났고, 년간(年干)에 신금(辛金)이 들고, 시지(時支)에 유금(酉金)이 중복되어 신강(身强)하다. 월간(月干) 정화(丁火)를 용신(用神)으로 삼아 강한 금(金)을 제압하니 좋아졌다. 정화(丁火) 용신(用神)은 년지(年支)와 일지(日支) 묘목(卯木)으로 부조(扶助)하니 강하다. 편관(偏官)이 용신(用神)이고, 일지(日支)에 희신(喜神)이 들어 남편복이 많다. 남편은 일찍 등과하여 고관이 되었고, 또 재성(財星)이 길하여 재물복도 많았다. 묘유(卯酉)가 상충(相沖)하나 정화(丁火)가 유금(酉金)을 억제하고, 또 정화(丁火)의 부족함을 지지(地支) 묘목(卯木)이 생조(生助)하니 기묘하게 좋은 사주가 되었다.

3) 신금(辛金) 일주(日主)가 금(金)이 용신(用神)인 경우

년	월	일	시
辛	辛	辛	辛
卯	卯	卯	卯

庚己戊丁丙乙甲
寅丑子亥戌酉申

본명은 천간(天干)은 모두 신금(辛金)이고, 지지(地支)는 모두 묘목(卯木)이라 신약(身弱)하다. 용신(用神)은 신금(辛金)이고, 토(土)는 희신(喜神)이며, 계수(癸水)·갑목(甲木)·병화(丙火)는 모두 기신(忌神) 역할을 한다. 천간(天干)은 모두 길하나 지지(地支)가 모두 기신(忌神)이라 흉하다. 고로 빛좋은 개살구 형상으로 유명무실하다. 재성(財星)이 기신(忌神)에 해당하여 여자문제가 복잡하였고, 재물문제도 많았다. 이런 사주를 양신성상격(兩神成象格)이라 하지만 정격(正格)으로 보아 신약(身弱) 사주이다.

4) 신금(辛金) 일주(日主)가 수(水)가 용신(用神)인 경우

년	월	일	시							
丙	癸	辛	己		壬	辛	庚	己	戊	丁	丙
酉	巳	巳	亥		辰	卯	寅	丑	子	亥	戌

본명은 신금(辛金) 일주(日主)가 사(巳)월에 태어나 실령(失令)하였고, 년간(年干)에 병화(丙火)가 투간(透干)하고, 일지(日支)에 사화(巳火)가 들어 신약(身弱)하다. 신약(身弱) 사주는 대개 인성(印星)이나 비겁(比劫)이 부조(扶助)하면 길작용을 한다. 그러나 이 사주는 다르다. 월간(月干) 계수(癸水), 즉 식상(食傷)이 용신(用神)이다. 왜냐하면 화(火)가 태왕하여 우선 강한 불을 끄는 것이 시급하다. 따라서 월(月) 계수(癸水)가 용신(用神)이고, 금(金)은

희신(喜神)이니, 해자축(亥子丑)운에 발복한다. 그리고 병화(丙火) 정관(正官)이 투간(透干)하여 기신(忌神)에 해당하고, 일지(日支) 사화(巳火)가 역시 기신(忌神)에 해당하여 남편복이 없다. 결혼하 여 1년도 넘기지 못하고 헤어지고 재혼했지만 또 이별하였다. 3번 결혼하여 3번 모두 이혼하고 독수공방하며 눈물로 세월을 보냈다. 그러나 자식인 식상(食傷)이 용신(用神)에 해당하여 자식덕에 말 년은 평안하게 살다 생을 마쳤다.

9. 임수(壬水)의 성질

■ 원 문

임수통하능설금기(壬水通河能洩金氣)

강중지덕주류불체(剛中之德周流不滯)

통근투계충천분지(通根透癸冲天奔地)

화즉유정종즉상제(化則有情從則相濟)

■ 직 역

임수(壬水)는 하(河)로 통하며 금(金)을 능히 설기(洩氣)하고, 강 한 중에도 덕이 있고, 주류(周流)하며 불체(不滯)하고, 계수(癸水) 가 투간(透干)하면 통근(通根)·충천(冲天)·분지(奔地)하고, 화 (化)한 즉 유정(有情)하고, 종(從)한 즉 서로 상제(相濟)한다.

■ 한자풀이

通(통할 통) 河(강물 하) 洩(새나갈 설) 流(흐를 유) 滯(막힐 체)
根(뿌리 근) 透(통할 투) 奔(달릴 분) 從(좇을 종) 濟(건널 제)

■ 풀이

　임수(壬水)는 큰 바닷물이니 금(金)을 능히 설기(洩氣)시킨다. 강하면서도 덕이 있고, 항상 흘러 멈추는 일이 없다. 계수(癸水)가 천간(天干)에 투간(透干)하여 통근(通根)하고, 수(水)가 너무 많으면 무서운 수해를 입는다. 간합(干合)하면 종격(從格)으로 변할 수 있다. 어떤 오행(五行)이나 너무 많거나 적으면 피해가 있다.

■ 임수(壬水)

대해양수(大海陽水)　관대다능(寬大多能)
원만인자(圓滿仁慈)　동정충만(同情充滿)
인의후덕(仁義厚德)　의리봉사(義理奉仕)
재질풍부(才質豊富)　광대사교(廣大社交)
분수태과(分數太過)　융통풍부(融通豊富)
단독처리(單獨處理)　박력전진(迫力前進)
포용광대(包容廣大)　용기자만(勇氣自慢)
대사능숙(大事能熟)　언행태과(言行太過)

　임수(壬水)의 성정은 큰 바다의 양수(陽水)이다. 천성이 관대하며 다능하고, 원만하며 인자하다. 동정심이 많으며 인자하고, 정의감이 많으며 의리가 강하다. 봉사를 잘하며 재질이 풍부하고, 광대하며 사교성이 좋다. 융통성이 좋으나 때로는 남을 기만하며 단독으로 처리하고, 분수를 넘는 일이 많다. 박력이 있으며 전진적이고, 포용심이 많아 남을 잘 용서하고, 용기가 넘치며 자만심이 많다. 큰 일을 능숙하게 잘 처리하나 언행이 태과하다.

1) 임수(壬水) 일주(日主)가 목(木)이 용신(用神)인 경우

년	월	일	시							
甲	甲	壬	辛		乙	丙	丁	戊	己	庚	辛
戌	戌	戌	亥		亥	子	丑	寅	卯	辰	巳

본명은 년월일(年月日) 지지(地支)에 모두 술토(戌土)가 있으니 토(土)가 넘친다. 임수(壬水) 일주(日主)가 발복하려면 소토(消土)시켜 중화를 이루어야 한다. 목극토(木剋土)하니 월(月) 갑목(甲木)이 용신(用神)이고, 계수(癸水)·을목(乙木)·병화(丙火)는 희신(喜神) 작용을 한다. 그리고 술토(戌土)가 기신(忌神)이면 경금(庚金)과 신금(辛金)도 기신(忌神)이다. 편관(偏官)이 기신(忌神)에 해당하여 관재구설이 끊이지 않으며 망신을 많이 당했고, 술(戌) 정화(丁火)가 암장(暗藏)되어 재물을 많이 모으지 못했다. 아내궁도 불리하여 중년에 상처하고 노년을 쓸쓸하게 보내야만 했다. 그러나 아들이 둘이 효심이 많아 임종은 편안하게 맞았다.

2) 임수(壬水) 일주(日主)가 화(火)가 용신(用神)인 경우

년	월	일	시
甲	丙	壬	庚
午	子	子	子

乙甲癸壬辛庚己
亥戌酉申未午巳

본명은 돈많은 과부의 사주이다. 임수(壬水) 일주(日主)가 자(子) 월에 태어났고, 지지(地支)에 수(水)가 많아 신강(身强)하다. 월간 (月干) 병화(丙火)가 용신(用神)이고, 목(木)은 희신(喜神), 수(水) 는 기신(忌神), 금(金)은 구신(仇神)이다. 남편인 관살(官殺)이 없고, 또 일지(日支) 자수(子水)는 기신(忌神)이니 남편복 없는 팔자이다. 일찍 결혼하여 다복하게 잘 살다가 남편이 사고로 죽었다. 남편이 남겨놓은 재산으로 생활하며 불륜을 많이 범하였다.

3) 임수(壬水) 일주(日主)가 금(金)이 용신(用神)인 경우

년	월	일	시
甲	丁	壬	庚
寅	卯	申	戌

戊己庚辛壬癸甲丙
辰巳午未申酉戌亥

본명은 지지(地支) 인묘(寅卯)가 방합(方合)을 이루니 임수(壬水) 일주(日主)는 설기(洩氣)가 심하다. 시간(時干) 경금(庚金)을 용신으로 삼아 약한 일주(日主)를 부조(扶助)하고, 많은 목(木)을 억제하니 흉이 길로 변하였다. 년주(年柱)와 월주(月柱)에 기신(忌神)이 자리하고, 일주(日柱)와 시주(時柱)는 용신(用神)이 자리하였다. 따라서 전반기에는 고전했으나 후반기에는 발복하였다. 아내궁에 해당하는 일지(日支)에 용신(用神)이 들어 아내복이 많았고, 시주(時柱)에도 용신(用神)이 들어 자식복과 손자복도 많았다. 남명에서 재성(財星)은 처첩인데 편재(偏財)인 병화(丙火)가 인(寅)에 들어 있어 첩은 재물만 빼가고, 술(戌) 정화(丁火)는 정재(正財)인데 용신(用神) 자리에 있어 본처는 내조를 잘 하는 현모양처였다.

4) 임수(壬水) 일주(日主)가 수(水)가 용신(用神)인 경우

년	월	일	시							
庚	壬	壬	丙	辛	庚	己	戊	丁	丙	乙
申	午	午	午	巳	辰	卯	寅	丑	子	亥

본명도 돈많은 과부의 사주이다. 월지(月支)와 일지(日支)와 시지(時支)에 오화(午火)가 깔려 있고, 시간(時干) 병화(丙火)가 투간(透干)하여 불길이 너무 강하다. 그러나 월간(月干)에 비견(比肩)인 임수(壬水)가 투간(透干)하여 강한 불을 끈다. 임수(壬水) 용신(用神)은 년주(年柱) 경신금(庚申金)의 생조(生助)로 강하여 돈이 많았다. 그러나 남편성인 관살(官殺) 토(土)가 없고, 또 남편궁에

해당하는 일지(日支) 오화(午火)는 기신(忌神)이니 남편복이 없어 일찍 이혼하고 독수공방하였다. 각자무치(角者無齒)라는 말이 있다. 뿔이 강한 짐승은 이빨이 강하지 않다는 말이다. 즉 하늘은 두 가지 큰 복을 다 주지 않는다는 뜻이다.

10. 계수(癸水)의 성질

■ 원문
계수지약달어천진(癸水至弱達於天津)
득룡이윤공화사신(得龍而潤攻化斯神)
불수화토불론경신(不愁火土不論庚辛)
합무견화화상사진(合戊見火化象斯眞)

■ 직역
계수(癸水)는 지극히 약하며 천진(天津)에 도달하고, 용(龍)을 얻으면 윤이 나며 공사신(攻斯神)으로 화하고, 화토(火土)를 수(愁)하지 않고 경신(庚辛)을 논하지 않으며, 무계합(戊癸合)하여 화(火)를 보면 화상(化像)이 사진(斯眞)된다.

■ 한자풀이
達(통달할 달) 津(나루 진) 潤(젖을 윤) 攻(공격할 공)
斯(어조사 사) 神(신령 신) 合(합할 합) 成(이룰 성) 見(볼 견)
化(될 화) 象(코끼리 상) 眞(참 진)

■ 풀이

계수(癸水)는 우로(雨露)의 수(水)이다. 천성이 냉정하며 정직하고 유약하다. 계수(癸水) 일주(日主)가 진(辰)월생이면 운이 좋고, 또 하늘에서 내리는 비와 이슬이니 만물이 자라는 모든 공로가 계(癸)에서 나온다. 화(火)와 토(土)를 만나도 두려워하지 않고, 경(庚)과 신(辛)의 생조(生助)를 받는 일이 없다. 무계(戊癸)가 합하여 화(火)를 보면 언제나 화격(化格)으로 변하여 다른 세력을 잘 따라간다.

■ 계수(癸水)

우로음수(雨露陰水)	협소불용(狹小不容)
편견편애(偏見偏愛)	동정계산(同情計算)
냉정박덕(冷情薄德)	도량협소(度量狹小)
이기주의(利己主義)	협소사교(狹小社交)
분수불급(分數不及)	융통흠여(融通欠如)
의견교환(意見交換)	관용미진(寬容未盡)
포용불급(包容不及)	용기불급(勇氣不及)
소사능숙(小事能熟)	언행불급(言行不及)

계수(癸水)의 성정은 우로(雨露)의 음수(陰水)이다. 천성이 정직하며 진실하나 생각이 좁고 관용이 없다. 편견과 편애가 있고, 동정심이 있으나 계산적이다. 착하지만 냉정하며 박덕하고, 도량이 좁으며 이기적이다. 자신의 분수를 지키는데 불급하며 융통성이 부족

하고, 정직하나 원만하지 못하다. 포용력이 부족하여 친구가 많지 않고, 원칙적이라 사람들과 충돌이 잦다. 용기가 부족하여 큰 일을 맡으면 우왕좌왕하고, 언행이 부족하나 작은 일은 잘 처리한다.

1) 계수(癸水) 일주(日主)가 목(木)이 용신(用神)인 경우

년	월	일	시						
甲	甲	癸	癸	乙	丙	丁	戊	己	庚	辛
戌	戌	未	亥	亥	子	丑	寅	卯	辰	巳

계수(癸水) 일주(日主)가 술(戌)월에 태어났고, 년지(年支)에 술토(戌土)가 들고, 일지(日支)에 미트(未土)가 들어 신약(身弱) 사주이나, 술(戌)월이면 물이 더 필요하지 않고, 시주(時柱)에 계해수(癸亥水)가 자리하여 신약(身弱)하지 않다. 토(土)가 많아 질병이 되니 제토(除土)가 급하여 목극토(木剋土)가 필요하니 월간(月干) 갑목(甲木)이 용신(用神)이고, 병정화(丙丁火)는 희신(喜神)이다. 따라서 금수(金水)운은 흉하고, 목화(木火)운은 길하다. 상관(傷官)이 용신(用神)이니 두뇌가 총명하며 모사와 지혜가 있다. 재물복은 넉넉하지 못했으나 처세는 능하였다. 지지(地支)에 토(土)가 많아 행동이 느리고 우둔하였다. 일지(日支)에 미토(未土)가 들고, 미(未)에 정화(丁火)가 들어 길작용을 하니 아내는 양호하였다.

2) 계수(癸水) 일주(日主)가 화(火)가 용신(用神)인 경우

년	월	일	시							
己	丙	癸	甲	丁	戊	己	庚	辛	壬	癸
亥	子	丑	寅	丑	寅	卯	辰	巳	午	未

본명은 계수(癸水) 일주(日主)가 자(子)월에 태어나 득령(得令)하여 신강(身强)하다. 지지(地支)에 해자축(亥子丑) 방합(方合)을 이루어 천지가 꽁꽁 얼어붙었다. 태양의 조사(照射)가 없으면 만물이 동사하고 만다. 월(月) 병화(丙火)가 용신(用神)이고, 목(木)은 희신(喜神)이다.

육친의 길흉을 볼 때는 육신과 위치를 함께 살펴야 한다. 특히 부부운은 일지(日支)에 더 중점을 두어야 한다. 즉 재성(財星)이 아무리 길작용을 해도 일지(日支)에 기신(忌神)이 들면 아내복이 없다. 부부관계는 행복과 불행을 좌우하는데 큰 역할을 한다. 따라서 일지(日支)의 길흉을 먼저 살펴볼 필요가 있다.

3) 계수(癸水) 일주(日主)가 금(金)이 용신(用神)인 경우

년	월	일	시							
甲	丁	癸	庚	戊	己	庚	辛	壬	癸	甲	乙
午	卯	卯	申	辰	巳	午	未	申	酉	戌	亥

본명은 계수(癸水) 일주(日主)가 묘(卯)월에 태어나 실령(失令)하였다. 년월간(年月干)에 갑을목(甲乙木)이 들고, 일지(日支)에 묘목(卯木)이 들어 설기(洩氣)가 매우 심하다. 그러나 다행인 것은 시주(時柱)에 경신금(庚申金)이 있는 것이다. 경금(庚金)은 많은 갑목(甲木)을 제압하고, 또 허약한 일주(日柱)를 부조(扶助)하니 흉이 길하게 변하였다. 따라서 금(金)이 용신(用神)이다. 경금(庚金)이 용신(用神)이면 천간(天干)에서는 기토(己土)·무토(戊土)·신금(辛金)이 희신(喜神) 작용을 하고, 지지(地支)에서는 오화(午火)·미토(未土)·유금(酉金)·술토(戌土)가 희신(喜神) 작용을 한다. 년지(年支)에 오화(午火)가 들어 재물복은 많았으나 부부운이 좋지 않아 갈등이 많았다. 시주(時柱)에 경신금(庚申金) 용신(用神)이 들어 자녀운이 길하고 말년운도 좋았다.

대운의 흐름도 화토금(火土金)운에서 발복한다. 목(木)운이 가장 흉하고, 다음은 수(水)운이 흉하다. 신약(身弱) 사주이지만 수(水)가 구신(仇神)에 해당한다. 왜냐하면 수(水)가 들면 식상(食傷)인 목(木)을 생조(生助)하기 때문이다.

4) 계수(癸水) 일주(日主)가 수(水)가 용신(用神)인 경우

년	월	일	시							
庚	壬	癸	丙		辛	庚	己	戊	丁	丙	乙
寅	午	丑	辰		巳	辰	卯	寅	丑	子	亥

계수(癸水) 일주(日主)가 오(午)월에 태어나 실령(失令)하였고, 시간(時干)에 병화(丙火)가 투간(透干)하였고, 년지(年支)에 인목(寅木)이 들어 목생화(木生火)하여 화(火)가 태왕하여 신약(身弱) 사주가 되었다. 맹렬한 불길을 잡아야 중화되니 월(月) 임수(壬水)가 용신(用神)이다. 임수(壬水)가 용신(用神)이면 천간(天干)에서는 신금(辛金)과 계수(癸水)가 희신(喜神) 역할을 하고, 지지(地支)에서는 유금(酉金)·술토(戌土)·해수(亥水)·자수(子水)·축토(丑土)가 희신(喜神) 역할을 한다. 이 사주의 좋은 점은 일지(日支) 축토(丑土)가 통근(通根)하여 용신(用神)이 고갈되지 않는 것이다. 또 일지(日支)는 남편궁에 해당하니 남편복이 많았다. 재물복도 많았고 자녀들도 총명하여 오복을 모두 구비한 명조이다.

11. 천간(天干)의 명칭

甲木	乙木	丙火	丁火	戊土
大林木	花草	太陽	明月	太山
己土	庚金	辛金	壬水	癸水
沃土	大鐵	寶石	江河	雨露

3장. 지지론(地支論)

1. 양지지(陽地支)와 음지지(陰地支)

■ 원문

양지동차강(陽支動且强) 속달현재상(速達顯災祥)

음지정차전(陰支靜且專) 부태매경년(否泰每經年)

■ 직역

　양지(陽支)가 동(動)하여 강(强)하고 속달(速達)에 재상(災祥)을 현(顯)하여 음지(陰支)가 정(靜)하여 또 전(專)하고 부태매(否泰每)에 년(年)을 경(經)한다.

■ 한자풀이

且(또 차) 速(빠를 속) 災(재앙 재) 祥(상서로울 상)

靜(고요할 정) 專(오로지 전) 否(아닐 부) 泰(클 태) 每(매양 매)

經(날실 경)

■ 풀 이

양지(陽支)는 인진오신술자(寅辰午申戌子)이며 동적이라 강하고 빠르게 길흉화복의 작용을 하지만, 음지(陰支)는 묘사미유해축(卯巳未酉亥丑)이며 정적이라 오로지 년(年)을 지나면서 분명하며 천천히 나타난다.

1) 양지(陽支)는 속성속패한다.

년	월	일	시							
庚	壬	丙	丙	癸	甲	乙	丙	丁	戊	己
寅	午	子	申	未	申	酉	戌	亥	子	丑

본명은 병화(丙火) 일주(日主)가 오(午)월에 태어나 득령(得令)하고, 시간(時干)에 병화(丙火)가 들고, 년지(年支)에 인목(寅木)이 들어 목화(木火)가 대단하다. 용신(用神)은 월(月) 임수(壬水)이고, 금(金)은 희신(喜神)이다. 지지(地支)가 모두 양지(陽支)인 인목(寅木)·오화(午火)·신금(申金)·자수(子水)이다. 따라서 매우 동적이며 강하고 빠르게 길흉화복이 나타났다. 즉 성공도 실패도 매우 빨랐다. 일생을 두고 보아도 어느 때는 성공하여 명진사해하고, 어느 때는 패가망신하기를 몇 차례 반복하였다.

2) 음지(陰支)는 정적이며 우둔하고 세밀하며 인내심이 많아 길게
　 가는 성질이 있다.

년	월	일	시		
己	己	癸	癸	庚辛壬癸甲乙丙	
卯	巳	未	亥	午未申酉戌亥子	

　계수(癸水) 일주(日主)가 사(巳)월에 태어나 실령(失令)하고, 년
월간(年月干)에 기토(己土)가 투간(透干)하여 일주(日柱)를 극하
고, 년지(年支) 묘목(卯木)이 설기(洩氣)하고, 일지(日支)에 미토
(未土)가 들어 일주(日柱)를 또 극하니 신약(身弱)하다. 용신(用
神)은 시간(時干) 계수(癸水)인데 시지(時支) 해수(亥水)가 생조
(生助)하여 강하다. 그런데 음지지(陰地支)로 구성되어 매우 정적
이며 조용하고 즉시 표현하지 않는다. 또 태세(太歲)가 바뀌면서
길흉화복이 분명하며 천천히 나타났다. 음(陰) 간지(干支)는 정적
이며 우둔하고, 세밀하며 인내심이 많아 길게 가는 성질이 있다.

3) 양지(陽支) 사주는 작용이 매우 강하며 빠르다.

년	월	일	시		
戊	戊	丙	丙	己庚辛壬癸甲乙	
子	午	寅	申	未申酉戌亥子丑	

본명은 병화(丙火) 일주(日主)가 오(午)월에 태어났고, 시간(時干)에 병화(丙火)가 투간(透干)하여 생조(生助)하고, 또 일지(日支)에 인목(寅木)이 생조(生助)하니 신강(身强)하다. 용신(用神)은 년지(年支) 자수(子水)이고, 희신(喜神)은 금(金)이다. 길복이 많으려면 용신(用神)과 희신(喜神)이 가까이 있어야 하는데 너무 멀리 있다. 또 모두 양(陽) 간지(干支)로 구성되어 있다. 사주가 모두 양(陽) 간지(干支)이면 동적이라 매우 강하고 빠르게 속성속패하는 성질이 있다. 따라서 길흉화복도 빠르게 나타난다. 즉 초년에는 부모의 유산을 많이 물려받아 호의호식하며 자랐으나 중년에 크게 실패하여 걸인이 되었다. 그러나 악전고투 끝에 성공하여 과거의 명성을 회복하였다.

4) 음지(陰支) 사주는 정적이라 작용이 느리다.

년	월	일	시							
丁	丁	癸	辛	戊	己	庚	辛	壬	癸	甲
卯	未	丑	酉	申	酉	戌	亥	子	丑	寅

본명은 계수(癸水) 일주(日主)가 미(未)월에 태어나 실령(失令)하였다. 년월간(年月干) 정화(丁火)가 일주(日主)를 극하나 일주(日主)는 힘이 소모되고, 년지(年支) 묘목(卯木)은 설기(洩氣)하여 신약(身弱)하다. 화(火)가 많아 신약(身弱)하니 용신(用神)은 축(丑)

계수(癸水)이고, 금(金)은 희신(喜神)이다. 용신(用神)은 암장(暗藏)되었으나 희신(喜神)은 투간(透干)하였다. 또 용신(用神)보다 희신(喜神)이 더 강하다. 용신(用神)보다 희신(喜神)이 더 강하면 자신보다 부하나 자식이 더 성공하여 도움을 받는다.

이 사람은 평범한 가정주부였지만 남편이 등과하여 출세하였고 자식이 모두 성공하였다. 그녀는 남편과 자식덕에 중년과 말년이 다복하였다. 이 사주는 간지(干支)가 모두 음(陰)으로 구성되어 작용이 즉시 나타나지 않고 태세(太歲)가 바뀌면서 분명하고 천천히 나타난다. 대개 여자들은 남편에게 폭력을 당해도 즉시 표현하지 않고 마음에 깊이 묻어두었다가 세월이 많이 지난 다음에 기회가 오면 폭발한다.

2 상충(相沖)의 성질

■ 원 문
천전유자가(天戰猶自可) 지전급여화(地戰急如火)
합유의불의(合有宜不宜) 합다불위기(合多不爲奇)

■ 직 역
천간(天干)의 전쟁은 오히려 가(可)하고 지지(地支)의 전쟁은 급한 불같으니, 합(合)이 유정(有情)하기도 하고 무정(無情)하기도 하니 합(合)이 많으면 기이하지 못하다.

■ 한자풀이

戰(전쟁 전) 猶(오히려 유) 急(급할 급) 如(같을 여) 火(불 화)
合(합할 합) 宜(옳을 의) 不(아닐 불) 多(많을 다) 奇(기이할 기)

■ 풀 이

 천간(天干)의 전쟁은 지지(地支)에서 조화시켜주면 싸움이 그칠
가능성이 많으나, 지지(地支)의 전쟁은 매우 무섭고 불처럼 급하다.
또 합을 해도 마땅한 경우가 있고 마땅하지 않는 경우가 있으니,
합이 많다고 무조건 좋은 것은 아니다. 즉 합하여 용신(用神)이 되
면 더 좋아지나, 기신(忌神)이 되면 더 흉해진다.

1. 천간(天干)의 전쟁

 천간(天干) 상충(相沖)은 10가지가 있는데 다음과 같다.

甲庚	乙辛	丙壬	丁癸	戊甲	己乙	庚丙	辛丁	壬戊	癸己

1) 갑경상충(甲庚相沖)

년	월	일	시							
乙	庚	甲	丙	辛	壬	癸	甲	乙	丙	丁
酉	辰	子	寅	巳	午	未	申	酉	戌	亥

 본명은 월간(月干) 경금(庚金)과 일주(日主) 갑목(甲木)이 갑경

(甲庚) 상충(相沖)으로 싸우고 있다. 천간(天干)의 전쟁은 합이 되거나 지지(地支)에서 조화시켜주면 싸움이 그칠 가능성이 많다. 즉 경금(庚金)과 갑목(甲木) 사이에 수(水)가 들어가 금생수(金生水) 수생목(水生木)하면 싸움을 말릴 수 있다. 또 년간(年干)에 을목(乙木)이 투간(透干)하여 을경(乙庚)이 합하여도 싸움은 중지된다. 경금(庚金) 용신(用神)은 유금(酉金)과 진토(辰土)의 생조(生助)로 강하다. 따라서 등과하여 종3품 벼슬을 하였다.

2) 정계상충(丁癸相沖)

년	월	일	시							
壬	丁	癸	戊	戊	己	庚	辛	壬	癸	甲
申	未	卯	午	申	酉	戌	亥	子	丑	寅

본명은 천간(天干)에서 정계(丁癸)가 상충(相沖)하여 전쟁이 일어났는데, 일지(日支) 묘목(卯木)이 싸움을 말린다. 즉 수생목(水生木) 목생화(木生火)하는 것이다. 또 정임(丁壬)이 합하여 싸움을 말리고, 무계(戊癸)가 합하여 싸움을 말리니 별로 걱정할 것이 없다. 천간(天干)의 전쟁은 지지(地支)에서 잘 조화시켜주면 막을 수 있다. 계수(癸水) 일주(日主)가 미(未)월에 태어나 실령(失令)하였고, 월간(月干) 정화(丁火)가 일주(日主)를 극하여 기력이 소모되고, 일지(日支) 묘목(卯木)이 일주(日主)를 생하니 역시 기력이 많

이 소모된다. 그리고 시간(時干) 무토(戊土)와 오화(午火)가 일주(日主)를 극하여 신약(身弱)하다. 그러나 년간(年干)에 임수(壬水)가 투간(透干)하여 부조(扶助)하고, 신금(申金)이 일주(日主)를 생하여 흉함을 막아준다. 임수(壬水) 용신(用神)은 신금(申金)의 부조(扶助)로 약하지 않다. 따라서 등과하여 정5품에 해당하는 현령(縣令)에 올랐다.

2. 지지(地支)의 전쟁

지지(地支) 상충(相沖)에는 6가지가 있는데, 매우 무섭고 불같이 급하다.

子午	丑未	寅申	卯酉	辰戌	巳亥

1) 자오상충(子午相沖)

년	월	일	시							
乙	戊	壬	乙		丁	丙	乙	甲	癸	壬	辛
亥	子	午	巳		亥	戌	酉	申	未	午	巳

본명은 월지(月支) 자수(子水)와 일지(日支) 오화(午火)가 자오상충(子午相沖)하여 큰 싸움이 벌어졌다. 자수(子水)는 년지(年支) 해수(亥水)의 도움을 받아 강하고, 오화(午火)도 사화(巳火)의 도

움으로 강하다. 자오상충(子午相沖)이 극심하여 유(酉) 대운 임자(壬子)년에 부모에게 물려받은 많은 유산을 다 날리고 알거지가 되었다. 즉 지지(地支) 상충(相沖)은 매우 무섭고 불같이 급하다.

임수(壬水) 일주(日主)가 자(子)월에 태어나 득령(得令)하였고, 년지(年支)에 해수(亥水)가 들어 신강(身强)하다. 용신(用神)은 오(午) 병화(丙火)인데 시간(時干)에 을목(乙木)이 있고, 시지(時支)에 사화(巳火)가 들어 용신(用神)이 강하다. 청년시절에 사업을 한 번 파산했지만 다시 오(午) 대운 병오(丙午)년에 성공하여 잃어버린 재산을 일부 찾았다.

2) 묘유상충(卯酉相沖)

년	월	일	시							
甲	丁	丁	己	戊	己	庚	辛	壬	癸	甲
寅	卯	酉	酉	辰	巳	午	未	申	酉	戌

본명은 월지(月支) 묘목(卯木)과 일지(日支) 유금(酉金)이 한 치 양보도 없이 팽팽하게 싸우고 있다. 묘목(卯木)이 월지(月支)에 있는데다가 갑인목(甲寅木)의 부조(扶助)로 강하고, 또 유금(酉金)은 기토(己土)와 시지(時支)의 유금(酉金)의 부조(扶助)로 대단하다. 지지(地支)의 전쟁은 매우 무섭고 불같이 급하다. 고로 오(午) 대운 을묘(乙卯)년에 큰 사고를 당하여 죽다가 살아났다. 즉 목(木)

은 기신(忌神)이고, 화(火)는 구신(仇神)이기 때문이다. 금(金)은 용신(用神)이고, 토(土)는 희신(喜神)이다. 그러다 용신(用神)이 길하여 유(酉) 대운 신유(辛酉)년에 큰 부자가 되었다. 부모에게 물려받은 것이라고는 가난뿐이였지만 열심히 노력하여 자수성가하였다. 이런 유형의 사주를 선빈후부형이라고 한다.

3. 간합(干合)의 변화

천간(天干)의 합을 간합(干合)이라고 하는데 5가지가 있다. 간합(干合)은 역학에서 부부유정의 형상이라고 하여 음양(陰陽) 화합의 이치를 방법화한 것이다. 즉 십간(十干) 중에서 5개의 양간(陽干)이 각각 그 순위를 5계단씩 간격을 두고 음간(陰干)과 합을 하는 것을 말한다. 합한 결과가 용신(用神)이나 희신(喜神)이 되면 더 좋고, 기신(忌神)이나 구신(仇神)이 되면 더 흉해진다.

1) 갑기합토(甲己合土)

갑기합토(甲己合土)는 중정지합(中正之合)이라고 하는데, 용신(用神)에 해당하면 분수를 지키며 성품이 관대하여 타인과 화합을 잘하며 존경을 받는다. 그러나 기신(忌神)에 해당하면 책임감이 없고 간계한 지혜가 능하며 박정하다.

▶ 갑기합토(甲己合土)가 길한 경우

년	월	일	시							
戊	甲	己	辛	乙	丙	丁	戊	己	庚	辛
子	子	亥	未	丑	寅	卯	辰	巳	午	未

　본명은 기토(己土) 일주(日主)가 자(子)월에 태어나 실령(失令)하여 신약(身弱)하다. 년지(年支)에 자수(子水)와 일지(日支)에 해수(亥水)가 들어 마치 홍수가 난 것 같다. 물을 막으려면 년간(年干) 무토(戊土)가 용신(用神)이고, 화(火)는 희신(喜神)이다. 갑기(甲己)가 합하여 토(土)를 이루었다. 용신(用神)이 토(土)인데 합이 다시 토(土)가 되어 좋아졌다. 무(戊) 대운에 발복하여 큰 부자가 되었다. 합하여 용신(用神)이나 희신(喜神)이 되면 더 좋아진다.

▶ 갑기합토(甲己合土)가 흉한 경우

년	월	일	시							
己	甲	己	甲	乙	丙	丁	戊	己	庚	辛
未	戌	亥	戌	亥	子	丑	寅	卯	辰	巳

　본명은 지지(地支)가 온통 토(土)판이다. 토(土)는 기신(忌神), 금(金)과 화(火)는 구신(仇神), 용신(用神)은 갑목(甲木), 수(水)는 희

신(喜神)이다. 그런데 더 흉한 것은 갑기합토(甲己合土)이다. 토
(土)가 많아 혼탁한데 합하여 토(土)가 더 늘어나니 더 흉해졌다.
기토(己土) 일주(日主)가 술(戌)월에 태어나 득령(得令)하여 신강
(身强)하다. 많은 토(土)를 제압해야 하니 월간(月干) 갑목(甲木)
이 용신(用神)인데, 기토(己土)와 합하여 자신의 사명을 잃어 허약
하다. 더구나 용신(用神)이 합거(合去)하여 우왕좌왕하고, 일지(日
支) 해수(亥水)도 구신(仇神) 역할을 한다. 이 사람은 부부갈등이
심하다 무(戊) 대운에 남편과 이별하고 한숨으로 세월을 보냈다.

2) 을경합금(乙庚合金)

  을경합금(乙庚合金)은 인의지합(仁義之合)이라고 하는데, 사주에
있으면 과감하며 강직하고 후덕하다. 을경(乙庚)이 합하여 용신(用
神)이나 희신(喜神)으로 변하면 정의감과 의협심이 강하다. 그러나
기신(忌神)이나 구신(仇神)으로 변하면 난폭하며 남을 무시하거나
학대하는 등 성격이 괴팍하다.

▶ 을경합금(乙庚合金)이 길한 경우

년	월	일	시							
戊	乙	庚	庚	丙	丁	戊	己	庚	辛	壬
寅	卯	辰	辰	辰	巳	午	未	申	酉	戌

본명은 경금(庚金) 일주(日主)가 묘(卯)월에 태어나 실령(失令)하였고, 지지(地支)에서 인묘진(寅卯辰)이 방합(方合)을 이루어 신약(身弱)하다. 많은 목(木)을 제압하려면 시간(時干) 경금(庚金)이 용신(用神)인데 진토(辰土)의 부조(扶助)를 받아 강하다. 그런데 을경(乙庚)이 합하여 다시 금(金)이 되니 용신(用神)은 더 강해져 많은 재물을 모아 평생 부유하게 살았다. 그리고 아내복도 많아 아내가 양귀비 같은 미인이었고, 첩도 모두 선녀같이 아름다웠다. 이처럼 합의 결과가 용신(用神)이나 희신(喜神)이 되면 길복이 많다.

▶ 을경합금(乙庚合金)이 흉한 경우

년	월	일	시							
戊	庚	乙	己	己	戊	丁	丙	乙	甲	癸
午	申	酉	卯	未	午	巳	辰	卯	寅	丑

본명은 을목(乙木) 일주(日主)가 신(申)월에 태어나 실령(失令)하였고, 년간(年干) 무토(戊土)와 월간(月干) 경금(庚金)이 투간(透干)하고, 일지(日支)에 유금(酉金)이 들어 신약(身弱)하다. 목(木)이 용신(用神), 수(水)는 희신(喜神), 금(金)은 구신(仇神), 토(土)는 구신(仇神)이다. 사주에서 기신(忌神)이 너무 강하면 흉화가 많은데, 더 흉한 것은 을경(乙庚)이 합하여 금(金)으로 변한 것이다. 합의 결과가 기신(忌神)이 되니 흉화가 더 심하다. 육신으로 관살

(官殺)은 남편인데 기신(忌神)에 해당하고, 또 남편궁에 해당하는 일지(日支)에 기신(忌神)이 들어 부부궁이 아주 흉하다. 이 사람은 4번 결혼하여 4번 모두 실패하였다. 첫 남편은 불치병으로 죽었고, 두 번째 남편은 사고로 죽었고, 세 번째 남편은 자살하였고, 네 번째 남편은 행방불명되었다.

3) 병신합수(丙辛合水)

병신합수(丙辛合水)는 위엄지합(威嚴之合)이라고 하는데, 사주에 있으면서 용신(用神)에 해당하면 관대하며 다능하고, 원만하며 인자하고, 동정심이 많아 약자를 잘 돕는다. 의리가 강하여 봉사를 잘 하고, 재질이 풍부하며 대인관계가 넓다. 그러나 기신(忌神)에 해당하면 분수를 넘는 일이 있고, 남을 기만하며 호색가 기질이 많다.

▶ 병신합수(丙辛合水)가 길한 경우

년	월	일	시							
庚	辛	丙	辛	壬	癸	甲	乙	丙	丁	戊
午	巳	子	卯	午	未	申	酉	戌	亥	子

본명은 병화(丙火) 일주(日主)가 사(巳)월에 태어나 동기(同氣)이니 생조(生助)하여 득령(得令)하였고, 년지(年支)에 오화(午火)가 들고, 시지(時支) 묘목(卯木)이 도와주니 신강(身强)하다. 강한 불

길을 잡아야 중화를 이루니 일지(日支) 자수(子水)가 용신(用神)이다. 더 길한 것은 병신(丙辛)이 합하여 수(水)가 되어 용신(用神)의 힘을 보태준 것이다. 고로 등과도 하고 재물도 많이 모아 부러움의 대상이 되었다.

▶ 병신합수(丙辛合水)가 흉한 경우

년	월	일	시							
庚	丁	丙	辛	戊	己	庚	辛	壬	癸	甲
子	亥	子	卯	子	丑	寅	卯	辰	巳	午

본명은 병화(丙火) 일주(日主)가 해(亥)월에 태어나 수극화(水剋火)하여 실령(失令)하였고, 년지(年支)와 일지(日支)에 자수(子水)가 들어 신약(身弱)하다. 물이 너무 많아 수(水)가 병(病)인데 또 병신(丙辛)이 합하여 수(水)가 되니 더 흉해졌다. 관재구설로 여러 차례 감옥에 들어가기도 했고, 또 호색기질 때문에 색정문제로 부부간에 갈등을 많이 겪다가 결국 파경에 이르렀다. 그러나 시지(時支)가 길하여 비실거리면서도 오래 살았다.

4) 정임합목(丁壬合木)

정임합목(丁壬合木)은 인수지합(仁壽之合)이라고 하는데, 사주에 들고 용신(用神)에 해당하면 인자하며 남이 잘되는 것을 기뻐하고,

봉사하면서 사람들과 조화를 잘 이룬다. 그러나 기신(忌神)에 해당하면 인자하지 않으며 시기와 질투심이 많고, 간교하며 사악한 지혜로 남을 모함하며 친한 사이를 이간시킨다.

▶ 정임합목(丁壬合木)이 길한 경우

년	월	일	시							
己	壬	丁	辛	癸	甲	乙	丙	丁	戊	己
酉	申	卯	亥	酉	戌	亥	子	丑	寅	卯

　정화(丁火) 일주(日主)가 신(申)월생이라 실령(失令)하였고, 년지(年支)에 유금(酉金)이 들고, 시지(時支)에 해수(亥水)가 들어 신약(身弱)하다. 용신(用神)은 일지(日支) 묘목(卯木)인데, 해묘(亥卯)가 반합(半合)하여 목국(木局)을 이루고, 또 정임합목(丁壬合木)하여 길복이 많아졌다. 남편은 등과하고 부부사이가 좋았다. 이처럼 합하여 용신(用神)이나 희신(喜神)이 되면 더 좋아진다.

▶ 정임합목(丁壬合木)이 흉한 경우

년	월	일	시							
壬	壬	丁	壬	癸	甲	乙	丙	丁	戊	己
申	寅	卯	寅	卯	辰	巳	午	未	辛	酉

본명은 정화(丁火) 일주(日主)가 인(寅)월에 태어났고, 지지(地支)에 목(木)이 많아 신강(身强)하다. 년지(年支) 신금(申金)이 용신(用神)인데 인신(寅申)이 상충(相沖)하여 용신(用神)이 허약하다. 더 흉한 것은 정임합목(丁壬合木)으로 기신(忌神)이 더 흉해진 것이다. 이 사람은 부부간에 불화가 계속되다가 결국 파경하고, 또 사업이 실패하여 부모가 물려준 많은 재산을 모두 날리고 말았다.

5) 무계합화(戊癸合火)

무계합화(戊癸合火)는 무정지합(無情之合)이라고도 하는데, 사주에 들고 용신(用神)이나 희신(喜神)에 해당하면 지혜가 총명하며 예의를 중요시하고, 남들에게 덕담을 잘한다. 그러나 기신(忌神)이나 구신(仇神)에 해당하면 무지몽매하며 예의범절을 모르고, 구업을 많이 범하며 경거망동하여 원망을 많이 듣는다.

▶ 무계합화(戊癸合火)가 길한 경우

년	월	일	시						
癸	癸	戊	丙	壬	辛	庚	己	戊	丁	丙
酉	亥	寅	辰	戌	酉	申	未	午	巳	辰

본명은 무토(戊土) 일주(日主)가 해(亥)월에 태어나 실령(失令)하여 신약(身弱)하다. 용신(用神)은 시간(時干) 병화(丙火)이고, 목

(木)은 희신(喜神)이다. 병화(丙火) 용신(用神)은 인목(寅木)의 부조(扶助)를 받아 강하다. 더 좋은 것은 무계(戊癸)가 합하여 화(火)로 변하니 용신(用神)이 더 강해져 길복이 많아진다. 이 사람은 천 석이 넘는 지방의 갑부였고, 아내는 현숙하였다. 또 사주가 금생수(金生水) 수생목(水生木) 목생화(木生火) 화생토(火生土)하여 생생불식(生生不息)하니 사주가 마치 물 흐르듯 한다.

▶ 무계합화(戊癸合火)가 흉한 경우

년	월	일	시							
丙	癸	戊	戊	甲	乙	丙	丁	戊	己	庚
申	巳	午	午	午	未	申	酉	戌	亥	子

본명은 무토(戊土) 일주(日主)가 사(巳)월에 태어나 득령(得令)하여 신강(身强)하다. 화(火)가 태왕하니 용신(用神)은 월간(月干) 계수(癸水)인데, 무계(戊癸)가 합하여 용신(用神)이 사라졌다. 결국 신(申) 임수(壬水)를 용신(用神)으로 삼으나 많은 화(火)에 포위되어 사주가 혼탁해졌다. 합의 길흉은 합을 한 결과가 용신(用神)에 해당하느냐, 기신(忌神)에 해당하느냐에 따라 달라진다. 본명에서는 기신(忌神)을 도와주는 형상이 되어 흉이 더 많아졌다. 이 사람은 어려서는 부모덕에 호의호식했지만 성인이 되면서 가정이 깨졌고, 물려받은 유산을 모두 날리고 말았다.

3. 생방파동(生方怕動)

■ 원 문

생방파동고의개(生方怕動庫宜開)

패지봉충자세추(敗地逢沖仔細推)

지신지이충위중(支神只以冲爲重)

형여천혜동부동(刑與穿兮動不動)

■ 직 역

생방(生方)의 동(動)을 파(怕)하고, 고(庫)의 개(開)를 의(宜)하고, 패지(敗地)가 봉충(逢沖)하면 자세히 추리한다. 지신(支神)은 단지 충(沖)을 중하게 여기며, 형(刑)과 천(穿)을 여(與)하여 동(動)하고 자 하나 부동(不動)이다.

■ 한자풀이

怕(두려워할 파) 敗(패배할 패) 庫(창고 고) 推(추진할 추)

只(다만 지) 以(써 이) 刑(형벌 형) 穿(뚫을 천) 兮(어조사 혜)

■ 풀 이

인신사해(寅申巳亥)는 생지(生地)인데 변동을 두려워하고, 진술축미(辰戌丑未)는 고지(庫地)인데 상충(相沖)하여 개문(開門)을 좋아하고, 자오묘유(子午卯酉)는 왕지(旺地)이니 상충(相沖)한다. 십이지지(十二地支)는 상충(相沖)을 중요하게 여기고, 형(刑)과 천(穿)

은 변동하기도 하고 변동하지 않기도 한다.

1. 생지(生地)의 길흉

1) 생지(生地)가 변동을 두려워하는 경우

년	월	일	시	
戊	甲	甲	癸	乙丙丁戊己庚辛
寅	寅	寅	酉	卯辰巳午未辛酉

본명은 갑목(甲木) 일주(日主)가 생지(生地)인 인(寅)월에 태어났다. 인방(寅方)에 태어난 갑목(甲木)이 대운이나 년운에서 인(寅)을 만나면 매우 흥하다. 인신사해(寅申巳亥)는 생지(生地)이며 역마성(驛馬星)이라 함부로 움직이니 시지(時支) 유금(酉金)으로 제극(制剋)해야 한다. 생지(生地)가 다시 생지(生地)운으로 변동하면 매우 흥하니 갑인(甲寅)이나 을묘(乙卯)년을 만나면 대흥하다.

2) 생지(生地)가 변동을 두려워하는 경우

년	월	일	시	
丙	丙	戊	庚	乙甲癸壬辛庚己
申	申	申	申	未午巳辰卯寅丑

본명은 무토(戊土) 일주(日主)가 신(申)월에 태어나 실령(失令)하여 신약(身弱)하다. 용신(用神)은 월간(月干) 병화(丙火)인데, 지지(地支)에 통근(通根)하지 못하여 불리하다. 가을의 생지(生地)인 신(申)월에 태어나 설기(洩氣)가 매우 심하다. 다시 대운이나 년운에서 신(申)을 만나면 크게 패한다. 초년에는 제법 출세하는 것 같더니 중년부터 기울기 시작하여 신(辛) 대운 임신(壬申)년에 크게 망하였다.

2. 고지(庫地)의 길흉

1) 고지(庫地)가 상충(相沖)을 기뻐하는 경우

년	월	일	시							
庚	己	丁	丙	庚	辛	壬	癸	甲	乙	丙
子	丑	未	午	寅	卯	辰	巳	午	未	申

본명은 정화(丁火) 일주(日主)가 축(丑)월에 태어나 실령(失令)하였고, 년지(年支)에 자수(子水)가 들어 신약(身弱)하다. 용신(用神)은 시간(時干) 병화(丙火)이다. 월지(月支) 축토(丑土)는 고지(庫地)인데 일지(日支) 미토(未土)가 축미(丑未)와 상충(相沖)하니 개운되었다. 이 사람은 결혼 후 아내덕으로 재물이 많이 늘었고, 승진하여 나중에는 현감이 되었다. 진술축미(辰戌丑未)는 고지(庫地)인

데, 고지(庫地)는 창고를 말한다. 창고의 문을 열어야 안에 있는 보물을 꺼내 쓸 수 있다. 창고의 문을 여는 것이 곧 충(沖)이다. 다시 말해 진(辰)월생은 행운에서 술(戌)이 들어와 진술(辰戌)이 상충相沖)하면 운이 열리고, 술(戌)월생은 진(辰)이 들어와 진술(辰戌)이 상충相沖)하면 운이 열리고, 미(未)월생은 축(丑)이 들어와서 축미(丑未)가 상충(相沖)하면 운이 열린다.

2) 고지(庫地)가 상충(相沖)을 기뻐하는 경우

년	월	일	시							
壬	庚	乙	己	辛	壬	癸	甲	乙	丙	丁
戌	戌	卯	卯	亥	子	丑	寅	卯	辰	巳

본명은 을목(乙木) 일주(日主)가 술(戌)월에 태어나 실령(失令)하였고, 월간(月干)에 경금(庚金)이 들고, 년지(年支)에 술토(戌土)가 들어 신약(身弱)하다. 용신(用神)은 일지(日支) 묘목(卯木)이다. 용신(用神)이 지지(地支)에 들고 천간(天干)에 투간(透干)하지 못하여 명예운이 약하나 용신(用神)이 강하여 안전하다. 술(戌)월생이니 행운에서 진(辰)을 만나면 진술(辰戌)이 상충(相沖)하여 창고문이 열려 개운된다. 고로 묘(卯) 대운의 갑진(甲辰)년에 진술(辰戌)이 상충(相沖)하여 창고 두 곳이 한꺼번에 열려 많은 재물이 들어왔고, 그 재물을 다시 사업에 투자하여 크게 성공하였다.

3. 왕지(旺地)의 길흉

1) 왕지(旺地)가 상충(相沖)할 때 길한 경우

년	월	일	시
壬	壬	戊	戊
申	子	寅	午

癸甲乙丙丁戊己
丑寅卯辰巳午未

본명은 무토(戊土) 일주(日主)가 자(子)월에 태어나 실령(失令)하였고, 년월간(年月干)에 임수(壬水)가 투간(透干)하고, 년지(年支)에 신금(申金)이 들어 신약(身弱)하다. 용신(用神)은 시간(時干) 무토(戊土)이고, 화(火)는 희신(喜神)이다. 그러나 조후(調候)로 보면 오화(午火)가 거의 용신(用神) 역할을 한다. 화토(火土)운은 길하고, 금수(金水)운은 흉하다.

월지(月支) 자수(子水)와 시지(時支) 오화(午火)는 일지(日支) 인목(寅木)이 화해시켜 상충(相沖)되지 않는다. 그러나 행운에서 오화(午火)를 만나면 상충(相沖)이 된다. 즉 용신(用神)이 기신(忌神)을 상충(相沖)하면 크게 발복하는데, 오(午) 대운에 자오(子午)가 상충(相沖)하여 크게 발복하였다. 재물이 수천 석이 넘게 불어났고, 아름다운 첩도 많아졌으며, 총명한 자녀도 많이 두었다.

2) 왕지(旺地)가 상충(相沖)할 때 흉한 경우

년	월	일	시							
壬	丙	戊	戊	丁	戊	己	庚	辛	壬	癸
子	午	午	午	未	申	酉	戌	亥	子	丑

  본명은 무토(戊土) 일주(日主)가 오(午)월에 태어나 득령(得令)하
였고, 일지(日支)와 시지(時支)에 오화(午火)가 들어 신강(身强)하
다. 화(火)가 태왕하니 용신(用神)은 년간(年干) 임수(壬水)인데
자오(子午)가 상충(相沖)하니 용신(用神)이 위험하다. 과연 술(戊)
대운 갑오(甲午)년에 크게 망하였다. 즉 기신(忌神)이 용신(用神)
을 상충(相沖)하면 크게 실패한다. 그 후로는 다시 회복하지 못하
고 악전고투하다가 병사하였다. 이처럼 태왕한 기신(忌神)이 허약
한 용신(用神)을 상충(相沖)하면 크게 실패한다.

4. 암충(暗沖)

■ 원 문
암충암합우위희(暗沖暗合尤爲喜)
피충아충개충기(彼沖我沖皆沖起)
왕자충쇠쇠자발(旺者沖衰衰者拔)
쇠자충왕왕자발(衰者沖旺旺者發)

■ 직 역

 암충(暗沖)과 암합(暗合)를 희(喜)로 치는 것은 피(彼)가 아(我)를 충(沖)하자 모두 충(沖)이 기(起)하여 왕자(旺者)가 쇠자(衰者)를 충(沖)하면 쇠자는 발(拔)하고 쇠자가 왕자를 충하면 왕자는 발하기 때문이다.

■ 한자풀이

暗(어두울 암) 合(모일 합) 尤(더욱 우) 彼(저쪽 피) 我(나 아)
起(일어날 기) 皆(모두 개) 衰(쇠할 쇠) 拔(뺄 발) 旺(왕성할 왕)

■ 풀 이

 암장(暗藏)의 상충(相沖)과 합(合)은 기뻐하는데, 상대가 나를 상충(相沖)하거나 내가 상대를 상충(相沖)하면 모두 상충(相沖)이 일어난다. 여기서 용신(用神)은 자신이고, 기신(忌神)은 상대이다. 암장(暗藏)에 있는 것은 창고인데, 창고 안에 보물은 문을 열고 꺼내 사용해야 이롭다. 문을 여는 방법은 두 가지이다. 상충(相沖)하거나 합하는 것이다.

 상충(相沖)이나 합은 그 결과가 반드시 변동이 된다. 왕성한 자가 쇠약한 자를 상충(相沖)하면 쇠약한 자는 뿌리채 뽑히고, 쇠약한 자가 왕성한 자를 상충(相沖)하면 왕성한 자는 오히려 발전한다. 여기서 왕성한 자는 기신(忌神)을 말하고, 쇠약한 자는 용신(用神)을 말한다. 즉 기신(忌神)이 용신(用神)을 상충(相沖)하면 크게 흉하고, 용신(用神)이 기신(忌神)을 상충(相沖)하면 크게 발전한다.

1) 암장(暗藏)에서 상충(相沖)하여 길한 경우

년	월	일	시	
庚	己	丁	壬	庚辛壬癸甲乙丙
子	丑	未	寅	寅卯辰巳午未申

본명은 정화(丁火) 일주(日主)가 축(丑)월에 태어나 실령(失令)하였고, 년지(年支)에 자수(子水)가 들고, 년간(年干)에 경금(庚金)이 투간(透干)하여 신약(身弱)하다. 신약(身弱) 사주는 인성(印星)이나 비겁(比劫) 중에서 유력한 것이 용신(用神)인데, 이 사주는 불이 필요하니 인(寅) 병화(丙火)가 용신(用神)이다. 따라서 수(水)는 기신(忌神)인데 월지(月支) 축토(丑土)와 년지(年支) 자수(子水)는 자축(子丑)으로 방합(方合)을 이루어 수(水) 기운을 계속 공급하여 흉해졌다.

그러나 다행인 것은 축미(丑未)가 상충(相沖)하여 흉을 억제하는 것이다. 여기서 축미(丑未) 상충(相沖)은 암장(暗藏)의 충이다. 즉 축(丑) 계수(癸水)와 미(未) 정화(丁火)가 정계상충(丁癸相沖)을 한 것이다. 따라서 행운에서 미(未)운이 들어 축미(丑未) 상충(相沖)하면 운이 매우 좋아진다. 고로 사(巳) 대운 정미(丁未)년에 등과하고 운이 열렸다.

2) 암장(暗藏)에서 합하여 길한 경우

년	월	일	시						
戊	乙	辛	丁	丙	丁	戊	己	庚	辛	壬
寅	卯	卯	酉	辰	巳	午	未	申	酉	戌

본명은 신금(辛金) 일주(日主)가 묘(卯)월에 태어나 실령(失令)하였고, 인묘진(寅卯辰)이 방합(方合)하여 신약(身弱)하다. 용신(用神)은 시지(時支) 유금(酉金)인데, 묘(卯) 을목(乙木)과 유(酉) 경금(庚金)이 을경합금(乙庚合金)하여 도와주니 더 좋다. 합이 되어 용신(用神)이나 희신(喜神)이 되면 더 좋아진다. 암장(暗藏)의 합도 마찬가지이다. 기미(己未) 대운까지는 발복하지 못하다 경(庚)대운부터 발복하여 부귀영화를 누렸다. 역시 선빈후부형 사주이다.

3) 기신(忌神)이 용신(用神)을 상충(相沖)하면 흉하다.

년	월	일	시						
壬	壬	戊	壬	辛	庚	己	戊	丁	丙	乙
午	子	申	子	亥	戌	酉	申	未	午	巳

본명은 무토(戊土) 일주(日主)가 자(子)월에 태어나 사주에 수(水)가 넘쳐 신약(身弱)하다 용신(用神)은 년지(年支) 오화(午火)

인데, 자오상충(子午相沖)을 당하여 크게 고전하였다. 어느 사주이든 기신(忌神) 오행(五行)이 용신(用神) 오행(五行)을 상충(相沖)하면 크게 흉하다. 이 사주 역시 년지(年支) 오화(午火)는 용신(用神)이고, 월지(月支) 자수(子水)는 기신(忌神)이라 파란만장하였다. 결혼을 했으나 얼마 살지 못하고 소박을 맞고 쫓겨났고, 다시 재혼했지만 또 이별하였다. 이혼과 재혼을 여러 차례 거듭했지만 모두 실패하고 눈물로 세월을 보내야만 했다. 관살(官殺)이 남편인데 없으니 남편이 없는 명이다. 따라서 노력을 해도 행복한 가정을 꾸릴 수 없었다.

4) 용신(用神)이 기신(忌神)을 상충(相沖)하면 길하다.

년	월	일	시							
丁	丙	戊	辛	丁	戊	己	庚	辛	壬	癸
卯	午	子	酉	未	申	酉	戌	亥	子	丑

본명은 무토(戊土) 일주(日主)가 오(午)월에 태어나 화(火)가 많으니 신강(身强)하다. 용신(用神)은 일지(日支) 자수(子水)인데, 시지(時支) 신유금(辛酉金)이 생조(生助)하여 강하다. 물론 기신(忌神)인 오화(午火)보다는 조금 약하다. 오화(午火)는 년간(年干) 정화(丁火)와 월간(月干) 병화(丙火)와 년지(年支) 묘목(卯木)이 모두 부조(扶助)하여 매우 강하다. 반대로 일지(日支) 자수(子水)는

약하다. 용신(用神)이 기신(忌神)을 상충(相沖)하여 좋은 사주가 되었다. 즉 용신(用神)이 기신(忌神)을 상충(相沖)하면 길하고, 기신(忌神)이 용신(用神)을 상충(相沖)하면 흉하다. 일지(日支)에 용신(用神)이 들어 남편이 등과하였고, 부부금슬이 좋아 주야로 천국을 이루었다. 재물도 많아 주위 사람들이 부러워하는 귀부인이 되었다. 대운에서도 자(子) 대운에 자오(子午)가 상충(相沖)하여 크게 발복하여 부귀영화를 많이 누렸다.

4장. 십이지지론(十二地支論)

1. 인(寅)월생의 성정

정도고수(正道固守)　청렴공정(淸廉公正)

외강내유(外剛内柔)　대업기도(大業企圖)

왕성향상(旺盛向上)　의리강건(義理强健)

약자구제(弱者救濟)　동정후덕(同情厚德)

자존심강(自尊心强)　살신성인(殺身成仁)

매사신중(每事愼重)　상위야망(上位野望)

매사적극(每事積極)　희망발전(希望發展)

실천행동(實踐行動)　간담신경(肝膽神經)

인(寅)월생은 정도를 지키며 청렴하고 공정하다. 겉으로는 강하고 안으로는 온유하며 대업을 기도한다. 왕성하게 향상하며 의리에 강하고, 약자를 구제하며 동정심이 많다. 자존심이 강하며 살신성인의 덕이 있고, 매사 신중하며 상위에 오르려는 야망이 있다. 적극적이며 희망적이고 발전적이다. 말보다는 행동으로 나타내고, 질병은 간·담·신경 등을 조심해야 한다.

년	월	일	시								
甲	丙	庚	壬	丁	戊	己	庚	辛	壬	癸	甲
申	寅	寅	午	卯	辰	巳	午	未	申	酉	戌

경금(庚金) 일주(日主)가 인(寅)월에 태어나 실령(失令)하였다. 인(寅) 병화(丙火)가 월간(月干)에 투출(透出)하여 편관격(偏官格)이다. 일간(日干) 경금(庚金)이 용신(用神)이고, 길한 오행(五行)은 천간(天干) 병경신(丙庚申)이다. 병화(丙火)는 조후(調候)할 때 쓰고, 경금(庚金)은 강한 목기(木氣)를 억제할 때 쓴다. 경금(庚金) 일주(日主)가 강하니 재물복이 많고, 병화(丙火)가 투간(透干)하여 길작용을 하니 관운이 있다. 그러나 아쉬운 것은 일지(日支)에 인목(寅木)이 들고, 기신(忌神)에 해당하여 부부간에 종종 대립하였다. 가정이 화목하려면 일지(日支)에 용신(用神)이 들어야 한다.

년	월	일	시								
丙	庚	己	壬	己	戊	丁	丙	乙	甲	癸	壬
申	寅	酉	申	丑	子	亥	戌	酉	申	未	午

본명은 년간(年干)에 인(寅) 병화(丙火)가 투간(透干)하여 인수격
(印授格)이다. 금기(金氣)가 많아 신약(身弱)하므로 년간(年干)에
병화(丙火)가 용신(用神)이다. 인수(印授)가 용신(用神)이면 교육
계로 진출하면 좋은데, 이 사람은 서당의 훈장이 되었다. 이 사주에
서 목기(木氣)는 용신(用神)을 도와주니 길하고, 화기(火氣)는 병
화(丙火)가 용신(用神)이니 길하고, 토기(土氣)는 신약(身弱)하여
길하나 토생금(土生金)하여 흉으로 변하고, 금기(金氣)는 기신(忌
神)의 작용을 하니 가장 흉하고, 수기(水氣)는 용신(用神)과 상극
(相剋)하여 흉하나 기신(忌神)인 금기(金氣)를 설기(洩氣)하므로
한신(閑神) 작용을 한다.

2 묘(卯)월생의 성정

유화애교(柔和愛嬌) 대인화합(對人和合)

자유주의(自由主義) 경거망동(輕擧妄動)

이상희망(理想希望) 현실도피(現實逃避)

용두사미(龍頭蛇尾) 강약상반(强弱相半)

양면성품(兩面性品) 표현유연(表現柔軟)

허영사치(虛榮奢侈) 경제무시(經濟無視)

색정재난(色情災難) 희망발전(希望發展)

실천행동(實踐行動) 간담신경(肝膽神經)

묘(卯)월생은 온유하며 화합을 잘하고, 애교가 있고 자유주의적이나 약간은 경거망동하기도 한다. 이상이 높고 희망적이며, 때로는 현실을 도피하는 경향이 있고, 용두사미이다. 강한 면과 약한 면이 모두 있고, 성격도 양면성이 있어 속을 알기 어렵다. 표현이 유연하며 허영과 사치스런 면이 있고, 경제적인 면을 가볍게 생각하는 경향이 있다. 색정의 난이 있고, 희망적이며 발전적인 면이 많으며 실천과 행동을 한다. 건강은 간·담·신경 계통을 조심해야 한다.

년	월	일	시								
壬	癸	壬	癸	甲	乙	丙	丁	戊	己	庚	辛
申	卯	戌	卯	辰	巳	午	未	申	酉	戌	亥

본명은 임수(壬水) 일주(日主)가 묘(卯)월에 태어나 묘(卯)의 정기(正氣)가 을목(乙木)이니 상관격(傷官格)이다. 목기(木氣)가 많아 신약(身弱) 사주가 되었으니 년지(年支) 신금(申金)이 용신(用神)이다. 편인(偏印)이 용신(用神)이니 직장에서는 상사의 내조를 받는다. 학문과 인연이 길하고, 일지(日支) 술토(戌土)가 길작용을 하니 가정이 화목하다. 그러나 상관(傷官)이 흉작용을 하니 부하나 후배에게 배신을 당하거나 대립하는 어려움이 있다. 상관(傷官)이 기신(忌神)이니 재능을 발휘하기 어려우나 특별한 기술을 있으면 좋다. 이 사람은 철물을 다루는 철공기술자가 되었다.

년	월	일	시							
癸	乙	甲	庚	甲	癸	壬	辛	庚	己	戊	丁
巳	卯	申	午	寅	丑	子	亥	戌	酉	申	未

　본명은 갑목(甲木) 일주(日主)가 묘(卯)월에 태어나 양인격(羊刃格)이고, 목기(木氣)가 강하니 시간(時干) 경금(庚金)이 용신(用神)이다. 편관(偏官)이 용신(用神)에 해당하니 관운이 따른다. 경금(庚金) 용신(用神)이 투간(透干)하여 길하고, 일지(日支) 신금(申金)에 통근(通根)하니 용신(用神)이 강하다. 다만 시지(時支) 오화(午火)가 끊어진 것이 흠이다. 신유술(申酉戌)운은 길하고 인묘진(寅卯辰)운은 흉하다. 재성(財星)운이 약하여 재물운은 많지 않다. 일지(日支) 신금(申金)이 용신(用神)에 해당하니 아내덕이 있다. 선조운과 부모덕은 없었지만 처자덕은 있다. 경술(庚戌) 대운부터 용신(用神)운이니 발복하여 높은 자리까지 승진하였다.

3. 진(辰)월생의 성정

용기적극(勇氣積極)　유아독존(唯我獨尊)

대인불화(對人不和)　자기과시(自己誇示)

독선주의(獨善主義)　타인무시(他人無視)

총명재지(聰明才智)　외면유화(外面柔和)

내면엄정(內面嚴正)　용두사미(龍頭蛇尾)

다정다감(多情多感) 온정총명(溫情聰明)
길흉반복(吉凶反復) 재능인기(才能人氣)
명예신용(名譽信用) 장견수족(腸肩手足)

진(辰)월생은 용기 있고 적극적이며 유아독존적이다. 대인관계에서 불화를 자주 일으키며 자기를 과시하는 경향이 있고, 때로는 독선적이며 남을 무시한다. 재능과 지혜가 총명하고, 겉으로는 온유하며 화합하고, 속으로는 엄정하다. 용두사미격인 면이 있고 다정다감하며 온정이 있다. 길흉이 반복되며 재능과 인기가 있고, 명예와 신용이 있다. 건강은 내장·어깨·수족 등을 조심해야 한다.

```
 년  월  일  시
 甲  戊  庚  丙        己庚辛壬癸甲乙丙
 子  辰  午  戌        巳午未申酉戌亥子
```

본명은 경금(庚金) 일주(日主)가 진(辰)월생이니 옥토(沃土)에 대철(大鐵)이다. 화토(火土)운은 기신(忌神)에 해당하여 흉하고, 금수(金水)운은 용신(用神)에 해당하여 길하다. 년지(年支) 자수(子水)가 용신(用神)이니 경신임계(庚辛壬癸)운이 길하고, 갑을병정무기(甲乙丙丁戊己)운은 흉하다. 식신상관(食神傷官)이 용신(用神)에 해당하니 의식주 계통과 인연이 좋다. 화(火)운을 만나면 관재구설이 두렵고, 토(土)운을 만나면 만사가 불통이다. 갑을(甲乙)운에는 재물이 들어오고, 임계(壬癸)운에는 만사가 순조롭다.

년	월	일	시		己戊丁丙乙甲癸壬
乙	庚	丙	戊		己戊丁丙乙甲癸壬
丑	辰	寅	戌		卯寅丑子亥戌酉申

본명은 병화(丙火) 일주(日主)가 진(辰)월생이니 인수격(印授格)
이며 늦봄의 태양이다. 목화토(木火土)운은 흉하고, 금수(金水)운은
길하다. 년지(年支)의 축(丑) 계수(癸水)가 용신(用神)이고, 금(金)
은 희신(喜神)이다. 용신(用神)이 허약하니 큰 인물은 못되고, 정관
(正官)이 용신(用神)에 해당하니 공무원 계통이 좋은데 용신(用神)
이 미약하여 미관말직에 머물렀다. 용신(用神)의 강약에 따라 그릇
의 크기를 알 수 있다. 이 사람은 분수 외의 것을 탐내지 말고 작
은 이익에 만족하며 살아야 한다.

4. 사(巳)월생의 성정

심사숙고(深思熟考) 매사신중(每事愼重)

허영사치(虛榮奢侈) 감각예민(感覺銳敏)

선입관념(先入觀念) 표면담백(表面淡白)

지능명석(知能明晳) 연구왕성(研究旺盛)

논리이론(論理理論) 판단적중(判斷適中)

미적감각(美的感覺) 타인무시(他人無視)

호색기질(好色氣質) 명예성공(名譽成功)

활기신용(活氣信用) 목두심혈(目頭心血)

사(巳)월생은 신중하나 허영과 사치가 있다. 선입관이 많으나 감각이 예민하며 담백하고, 명석하며 연구심이 많다. 논리적이며 판단이 적중하고, 미적인 감각이 있으나 남을 무시한다. 때로는 호색기질이 있으나 명예를 중하게 생각하며 성공을 향해 전진하고, 활기와 신용이 있다. 건강은 눈·머리·심장·혈액을 조심해야 한다.

년	월	일	시								
丙	癸	丁	丁		甲	乙	丙	丁	戊	己	庚	辛
寅	巳	亥	未		午	未	申	酉	戌	亥	子	丑

본명은 정화(丁火) 일주(日主)가 사(巳)월에 태어나 득령(得令)했는데, 사(巳) 병화(丙火)가 투간(透干)하여 겁재격(劫財格)이다. 초여름의 명월이니 용신(用神)은 월(月) 계수(癸水)이고, 금(金)은 희신(喜神)이다. 아버지계의 선조가 배고픈 사람들에게 음식을 많이 보시한 공로가 있어 식복이 많고 의식주가 항상 풍족하다. 전생의 구업이 많아 항상 구설이 많다. 구업을 소멸하려면 구문견수(口門堅守)하고 삼사일언(三思一言)해야 한다. 또 정계상충(丁癸相沖)과 사해상충(巳亥相沖)이 있으니 언쟁을 피하는 것이 좋다.

```
년  월  일  시
丁  乙  戊  癸        甲癸壬辛庚己戊丁
未  巳  申  亥        辰卯寅丑子亥戌酉
```

본명은 무토(戊土) 일주(日主)가 사(巳)월에 태어났으니 초여름의
태산이다. 사(巳)의 정기(正氣)는 병화(丙火)이니 편인격(偏印格)
이다. 화기(火氣)가 많으니 수극화(水剋火)를 해야 중화되어 길하
므로 시간(時干) 계수(癸水)가 용신(用神)이고, 금(金)은 희신(喜
神)이다. 계수(癸水) 용신(用神)은 일지(日支) 신금(申金)과 시지
(時支) 해수(亥水)에 통근(通根)하여 강하니 만석꾼의 큰 부자가
되었다. 본명은 어머니계의 선조들이 음식보시를 많이 하였다. 그
러나 전생의 구업으로 관재구설과 언쟁이 따르니 조심해야 한다.
아내와 자식복이 많고 재물복도 많은 부귀한 명조이다.

5. 오(午)월생의 성정

사교능통 (社交能通) 상상풍부 (想像豊富)
정직솔직 (正直率直) 영속부족 (永續不足)
다혈감정 (多血感情) 호색기질 (好色氣質)
낭비지출 (浪費支出) 다사다난 (多事多難)
다정다감 (多情多感) 이목집중 (耳目集中)
언동직선 (言動直線) 허영사치 (虛榮奢侈)

활동기세 (活動氣勢) 명예성공 (名譽成功)

활기신용 (活氣信用) 목두심혈 (目頭心血)

오(午)월생은 사교에 능통하며 상상력이 풍부하다. 정직하며 솔직하나 영속적인 면이 부족하다. 다혈질이며 감정적이고, 호색기질이 많으며 낭비벽으로 지출이 많고 다사다난하다. 다정다감하며 남의 이목이 집중되는 것을 좋아하고, 언동이 직선적이며 허영과 사치심이 많다. 활동력이 강하며 명예를 중요시하고, 성공을 위하여 전전하며 활기가 넘치고 신용이 있다. 건강은 눈 · 머리 · 심장 · 혈액을 조심해야 한다.

년 월 일 시

戊 戊 甲 甲   己 庚 辛 壬 癸 甲 乙 丙

子 午 午 子   未 申 酉 戌 亥 子 丑 寅

한여름 갑목(甲木)이라 물이 많이 필요하니 년지(年支)와 시지(時支) 자수(子水)가 용신(用神)이다. 수(水)운은 80~100% 정도 길하고, 목(木)운은 50~60% 정도 길하고, 금(金)운은 40~50% 정도 길하고, 화(火)운은 80~100% 정도 흉하고, 토(土)운은 60~70% 정도 흉하다. 용신(用神)이 인수(印綬)이니 교육계통이 길하다. 만일 자영업을 한다면 식품과 관계있는 식당이 좋은데 생물을 취급하는 것이 길하다. 그리고 화기(火氣)가 태과하니 무례한 면이 있다.

```
년  월  일  시
己  庚  庚  甲        己戊丁丙乙甲癸壬
巳  午  寅  申        巳辰卯寅丑子亥戌
```

본명은 경금(庚金) 일주(日主)가 오(午)월에 태어나 신약(身弱)하
고, 오(午) 기토(己土)가 년간(年干)에 투출(透出)하여 인수격(印
授格)이다. 한여름 양금(陽金)이 화극금(火剋金)하니 경금(庚金)
일주(日主)가 불안하다. 강한 불길을 억제하려면 수(水)가 용신(用
神)이어야 하나 없다. 할 수 없이 시지(時支) 신(申) 임수(壬水)로
용신(用神)을 삼으니 용신(用神)이 미약하다. 용신(用神)이 약하니
큰 인물이 될 수 없다. 희신(喜神)은 금(金)이니 강하다. 즉 용신
(用神)은 미약하나 희신(喜神)은 강하다. 고로 철물·기계·금융
등에서 성공한다. 용신(用神)보다 희신(喜神)이 강하니 자신의 능
력보다 주위환경이나 부하의 도움이 더 좋다. 화기(火氣)가 넘치고
기신(忌神)에 해당하니 항상 관재구설을 조심해야 한다.

6. 미(未)월생의 성정

유화온건 (柔和穩健) 예의중시 (禮義重視)
심사숙고 (深思熟考) 기약다사 (氣弱多思)
전문기술 (專門技術) 외유내강 (外柔内剛)
매사소극 (每事消極) 애정결혼 (愛情結婚)

인의풍부 (仁義豊富) 매사신중 (每事愼重)

우유부단 (優柔不斷) 정밀사고 (精密思考)

고심독거 (苦心獨居) 안전주의 (安全主義)

기품직업 (氣品職業) 복위소화 (腹胃消化)

미(未)월생은 온유하며 화합할 줄 알고, 온건하며 예의를 중요시
한다. 인자함과 정의감이 풍부하고, 매사에 신중하나 기가 약하다.
생각이 많으며 정밀하나 우유부단하다. 전문적인 기술이 있고, 겉
으로는 온유하나 속으로는 강건하다. 곤고한 마음으로 홀로 거하기
도 하고, 매사 안전을 위주로 처신한다. 소극적인 면이 많고, 애정
으로 결혼에 임하며, 기품 있는 직업을 좋아한다. 건강은 복부·위
장·소화기관을 조심해야 한다.

년 월 일 시

庚 癸 辛 壬   甲乙丙丁戊己庚辛

寅 未 亥 辰   申酉戌亥子丑寅卯

본명은 신금(辛金) 일주(日主)가 미(未)월생이니 사막 가운데 놓
인 보석이다. 조후(調候)하려면 수기(水氣)가 필요하고, 억부(抑扶)
하려면 목기(木氣)가 필요하니 수목(水木)운이 길하다. 월(月) 계
수(癸水)가 용신(用神)이고, 년지(年支) 인목(寅木)은 희신(喜神)
이다. 용신(用神)이 투간(透干)하여 아름답고, 금기(金氣)가 보호하

니 용신(用神)이 안전하다. 년지(年支) 인목(寅木)이 희신(喜神)이
지만 경금(庚金)이 개두(蓋頭)하여 약간 불안하다. 화토(火土)운은
흉하고 수목(水木)운은 길한데, 해자축(亥子丑) 대운에서 재산을
많이 모았다.


```
년  월  일  시
辛  乙  丁  庚        甲癸壬辛庚己戊丁
未  未  丑  戌        午巳辰卯寅丑子亥
```


본명은 정화(丁火) 일주(日主)가 미(未)월생이니 사막에 뜬 명월
이다. 사막의 뜨거운 열기로 만물이 말라죽을 지경이니 수기(水氣)
가 시급하다. 고로 일지(日支)의 축(丑) 계수(癸水)가 용신(用神)
이다. 어떤 사주든 암장(暗藏)된 오행(五行)이 용신(用神)이면 좋
다고 할 수 없다. 일지(日支)에 용신(用神)이 암장(暗藏)되어 부부
사이는 좋지만 용신(用神)이 약하여 큰 인물은 될 수 없다. 다행인
것은 중년부터 목(木)운과 수운(水運)으로 흘러 큰 고통을 면하고
작게나마 발복하였다. 본명은 그릇이 작으니 큰 사업보다 봉급자
생활이 유리하다. 만일 자영업을 한다면 의식주 계통이 그나마 유
리하다.

7. 신(申)월생의 성정

명랑활달 (明朗活達) 상위지배 (上位支配)

권모술수 (權謀術數) 동정구제 (同情救濟)

욕망과도 (慾望過度) 강자대항 (强者對抗)

희노애락 (喜怒哀樂) 사교이성 (社交異性)

명예과욕 (名譽過慾) 성급경솔 (性急輕率)

대사편중 (大事偏重) 소사경솔 (小事輕率)

약자구제 (弱者救濟) 호색기질 (好色氣質)

복록화합 (福祿和合) 호흡대장 (呼吸大腸)

　신(申)월생은 명랑하며 활달하고, 지배욕이 강하다. 명예욕이 강하며 성격이 급하고 경솔한 면이 있다. 권모술수가 있으나 동정심이 있어 어려운 사람을 돕는다. 큰 일에는 투자를 하나 작은 일은 가볍게 여긴다. 욕망이 지나친 경향이 있고, 강자를 만나면 물러서지 않고 대항한다. 희노애락의 변화가 많으며 사교성이 좋고 이성을 좋아한다. 복록이 많아 여러 사람들과 화합한다. 건강은 호흡기·대장·골격 등을 조심해야 한다.

　년　월　일　시

　壬　戊　癸　丁　　　己庚辛壬癸甲乙丙

　寅　申　未　巳　　　酉戌亥子丑寅卯辰

계수(癸水) 일주(日主)가 신(申)월에 태어났으니 입추의 우로(雨露)이다. 다소 간명하기 어려우나 살다간 흔적을 보면 목(木)운이 가장 좋았고, 그 다음은 수(水)운이다. 즉 갑인(甲寅)과 을묘(乙卯) 대운에 많은 재물은 모았다. 이렇게 볼 때 용신(用神)은 년지(年支) 인목(寅木)이다. 신(申)월은 아직도 화기(火氣)가 많이 남은 때이니 불보다 물이 더 필요하다. 신(申)월은 한창 무더운 여름이니 수(水)운이 희신(喜神)이고, 화(火)운은 흉하다. 독자들은 이 사주를 많이 연구하기 바란다.

년	월	일	시								
癸	庚	甲	癸	己	戊	丁	丙	乙	甲	癸	壬
卯	申	戌	酉	未	午	巳	辰	卯	寅	丑	子

갑목(甲木) 일주(日主)가 신(申)월생이니 초가을 대림목이다. 편관격(偏官格)인데 성격이 과격하기도 했다. 금기(金氣)가 태왕하니 갑목(甲木) 일주(日主)가 용신(用神)이고, 시간(時干) 계수(癸水)는 희신(喜神)이니 수목(水木)이 좋다. 갑목(甲木)이 일간(日干)이며 용신(用神)이니 인자하며 관대하고 측은지심이 많았다. 그러나 금기(金氣)가 기신(忌神)이고 태과하여 때로는 난폭하며 잔인하기도 했다. 화기(火氣)는 한신(閑神) 역할을 하니 반길반흉이다. 갑경상충(甲庚相沖)이 있어 종종 관재구설이 따르고, 몸을 다치기도 했다. 그러나 중년부터 대운이 좋아 재물을 많이 모았다.

8. 유(酉)월생의 성정

표현풍부(表現豊富) 권모술수(權謀術數)

초조급성(焦燥急性) 유화애교(柔和愛嬌)

일방집착(一方執着) 허영사치(虛榮奢侈)

명랑쾌활(明朗快活) 사교이성(社交異性)

다재다능(多才多能) 희망원대(希望遠大)

자기고수(自己固守) 자유주의(自由主義)

이성유혹(異性誘惑) 낭비지출(浪費支出)

복록화합(福祿和合) 호흡대장(呼吸大腸)

 유(酉)월생은 표현력이 풍부하며 권모술수가 있고, 다재다능하며 희망이 크고 멀다. 성격이 조급하나 애교가 있고, 자신을 지키며 구속되는 것을 싫어한다. 일방적인 면에 집착하며 허영과 사치가 많고, 이성의 유혹에 잘 넘어간다. 비교적 명랑하며 쾌활하고 사교성이 좋아 이성과 교제를 잘한다. 복록이 많고 사람들과 화합을 잘한다. 건강은 호흡기·대장·골격 등을 조심해야 한다.

 년   월   일   시

 甲   癸   乙   丙   甲 乙 丙 丁 戊 己 庚 辛

 戌   酉   卯   戌   戌 亥 子 丑 寅 卯 辰 巳

본명은 을목(乙木) 일주(日主)가 유(酉)월에 태어났으니 중추에 핀 아름다운 꽃이다. 유(酉)월은 완전한 가을이니 을목(乙木)이 결실을 보려면 화기(火氣)가 필요하다. 고로 목화(木火)운은 길하고, 금수(金水)운은 흉하다. 아버지계의 선조가 적선공덕을 많이 쌓아 재물복과 아내복이 많았다. 시주(時柱)가 병술(丙戌)이니 자식 4명 중에 1명은 효자이나 3명은 효심이 별로 없다. 자녀운은 시주(時柱)의 길흉과 식상(食傷)을 본다. 관살(官殺)은 기신(忌神)에 해당하니 항상 관재와 법난을 조심해야 한다. 을목(乙木)은 아름다운 꽃과 화초이니 미용·사교·인내·화합 등과 인연이 좋다.

```
년  월  일  시
乙  乙  乙  乙     甲癸壬辛庚己戊丁
酉  酉  酉  酉     申未午巳辰卯寅丑
```

본명은 천간(天干)은 모두 을목(乙木)이고 지지(地支)는 모두 유금(酉金)이다. 신약(身弱)하니 을목(乙木)을 용신(用神)으로 삼고, 화(火)를 희신(喜神)으로 삼아 간명하면 적중한다. 어떤 사람은 이 사주를 양신성상격(兩神成象格)으로 보지만 그렇지 않다. 정격(正格)이며 신약(身弱) 사주로 봐야 한다. 용신(用神)이 4개나 들었으니 정신이 하나로 통일되기 어려워 항상 우왕좌왕하며 작심삼일이다. 지지(地支)가 온통 관살(官殺)이니 항상 관재구설과 법난·문서·송사 등에 패하고, 아내와 자식복이 약하다. 지지(地支)가 모두 기신(忌神)이니 사방천지 어디를 가도 일신을 의지할 곳이 없다.

9. 술(戌)월생의 성정

일편단심 (一片丹心) 정직의무 (正直義務)
상사헌신 (上士獻身) 주군충성 (主君忠誠)
고집불통 (固執不通) 대인불화 (對人不和)
보수기질 (保守氣質) 일심불변 (一心不變)
의리존중 (義理尊重) 맹신충성 (盲信忠誠)
애정풍부 (愛情豊富) 희생정신 (犧牲精神)
방위의식 (防衛意識) 축재권세 (蓄財權勢)
재산건강 (財産健康) 기력골격 (氣力骨格)

술(戌)월생은 마음이 한결 같고, 정직하며 의무에 충실하다. 상사를 위해 헌신하며 주군을 위해 충성을 다한다. 고집불통이며 대인관계에서 불화를 일으키고, 보수적인 기질이 많으며 일심불변의 마음이 있다. 의리를 존중하며 마음에 드는 상사를 만나면 맹신적으로 충성하고, 애정이 풍부하며 희생정신이 많다. 자신을 지키는 마음이 강하며 권위를 세우고, 재산에 애착이 많고 건강을 중요시한다. 건강은 기력 · 골격 · 피부 계통을 조심해야 한다.

년	월	일	시								
丙	戊	辛	乙	己	庚	辛	壬	癸	甲	乙	丙
寅	戌	丑	未	亥	子	丑	寅	卯	辰	巳	午

　본명은 신금(辛金) 일주(日主)가 술(戌)월에 태어났으니 만추의 보석이다. 늦가을이니 우선 화기(火氣)로 조후(調候)해야 한다. 따라서 년간(年干) 병화(丙火)가 용신(用神)이고, 목(木)은 희신(喜神)이다. 년주(年柱)에 용신(用神)과 희신(喜神)이 함께 있는 것으로 보아 선조대에 명문대가였음을 짐작할 수 있다. 정관(正官)이 용신(用神)이니 관운이 좋았고 재물복도 많았으나, 축술미(丑戌未) 삼형(三刑)이 들어 종종 감옥에 들어가기도 했다. 이 사람은 어머니계의 선조가 적선공덕을 쌓은 명조이다. 목화(木火)운이 길하고 금수(金水)운은 흉하다.

년	월	일	시								
壬	庚	甲	己	己	戊	丁	丙	乙	甲	癸	壬
辰	戌	辰	巳	酉	申	未	午	巳	辰	卯	寅

　갑목(甲木) 일주(日主)가 술(戌)월에 태어났으니 만추의 큰 나무이다. 술(戌)월이니 조후(調候)하려면 화기(火氣)가 필요하나 이 사주는 다르다. 지지(地支)에 토기(土氣)가 넘치니 설기(洩氣)하려면 금(金)과 수(水)가 필요하다. 따라서 년간(年干) 임수(壬水)가

용신(用神), 경금(庚金)은 희신(喜神), 목(木)은 구신(仇神), 화토(火土)는 기신(忌神), 금수(金水)는 길신이다. 지지(地支)에 토기(土氣)가 많으니 행동이 둔하다. 편인(偏印)이 용신(用神)이니 천직은 교육계이다. 자영업을 한다면 식품·철물·금융계통이 좋다.

10. 해(亥)월생의 성정

정직일관 (正直一貫) 직선맹진 (直線猛進)
의리인정 (義理人情) 외강내약 (外强內弱)
융통부족 (融通不足) 유연불급 (柔軟不及)
대인불화 (對人不和) 수전기질 (守錢氣質)
지출엄금 (支出嚴禁) 묵중언행 (墨重言行)
청산유수 (靑山流水) 형제박연 (兄弟薄緣)
가족중시 (家族重視) 주거재산 (住居財産)
덕심부하 (德心部下) 요도하체 (尿道下體)

해(亥)월생은 정직하며 맹진하고, 의리가 강하며 인정이 많다. 겉으로는 강한 것 같으나 속으로는 약하다. 융통성이 부족하며 유연성이 없고, 사람들과 화합하지 못하며 수전노 기질이 많다. 언행이 묵중하며 처세가 청산유수와 같고, 형제와 인연이 박하다. 가족관계를 중요시하며 집과 재산에 애착이 많고, 덕심이 있어 아랫사람들이 잘 따른다. 건강은 요도·하체·복부 계통을 조심해야 한다.

년　월　일　시

癸　癸　戊　壬　　　甲乙丙丁戊己庚辛

亥　亥　辰　戌　　　子丑寅卯辰巳午未

　본명은 무토(戊土) 일주(日主)가 해(亥)월에 태어났으니 입동의 큰 산이다. 조후(調候)로 보나 억부(抑扶)로 보나 화토(火土)가 필요하다. 용신(用神)은 일주(日柱) 무토(戊土)인데, 일지(日支)에 진토(辰土)가 통근(通根)하여 강하다. 그러나 시지(時支) 술토(戌土)는 통근(通根)하지 못했다. 진토(辰土)와 술토(戌土)는 정반대의 토(土)이다. 본명에서 진토(辰土)는 용신(用神)으로 길작용을 하지만, 술토(戌土)는 기신(忌神)으로 흉작용을 한다. 즉 진토(辰土)는 묘목(卯木)에 가깝고 술토(戌土)는 유금(酉金)에 가까운 토(土)이다. 진술축미(辰戌丑未)는 모두 토(土)이지만 성격이 많이 다르다. 본명에서는 일지(日支)에 진토(辰土)가 들어 남편복이 많았다. 만일 술토(戌土)가 들었으면 남편복이 없었을 것이다.

년　월　일　시

己　乙　己　辛　　　甲癸壬辛庚己戊丁

巳　亥　丑　未　　　戌酉申未午巳辰卯

　본명은 기토(己土) 일주(日主)가 해(亥)월에 태어나 실령(失令)하여 신약(身弱)하니 인성(印星)과 비겁(比劫)이 길하다. 초겨울의 옥토(沃土)이니 천성이 좋고 효심이 많다. 용신(用神)은 년간(年干) 기토(己土)이고, 조후(調候)하려면 년지(年支) 사화(巳火)가 길하니 화토(火土)가 좋은 사주이다. 본명에도 미토(未土)와 축토(丑土)가 있는데 길흉의 차이는 극과 극이다. 즉 미토(未土)는 용신(用神)이고, 축토(丑土)는 기신(忌神)이다. 미토(未土)는 오화(午火)에 가깝고, 축토(丑土)는 자수(子水)에 가깝다. 일지(日支) 축토(丑土)는 기신(忌神)이니 아내복이 없었지만, 시지(時支) 미토(未土)는 용신(用神)이니 자녀가 효성이 많았고 말년복이 많았다.

11. 자(子)월생의 성정

물질예민 (物質銳敏) 대인화합 (對人和合)

현실중시 (現實重視) 온정불급 (溫情不及)

과욕축재 (過慾蓄財) 의리불급 (義理不及)

명예박복 (名譽薄福) 주거재산 (住居財產)

판단정확 (判斷正確) 성급과단 (性急果斷)

성심불급 (誠心不及) 이기주의 (利己主義)

색정재난 (色情災難) 형제반목 (兄弟反目)

덕심부하 (德心部下) 용도하체 (尿道下體)

자(子)월생은 물질에 예민하며 사람들과 화합을 잘하고, 판단이 정확하며 성격이 급하고, 과감하게 단절한다. 현실을 중요하게 생각하며 온정은 없고, 성실하지 않으며 이기적이다. 재물에 욕심이 많으며 의리가 없고, 색정에 약하며 형제간에 반목한다. 명예운이 없고 집과 재산에 애착이 많다. 덕심이 많아 아랫사람이 잘 따른다. 건강은 요도·하체·복부를 조심해야 한다.

```
년   월   일   시
庚   戊   己   丙        己庚辛壬癸甲乙丙
子   子   未   寅        丑寅卯辰巳午未申
```

기토(己土) 일주(日主)가 자(子)월에 태어났으니 큰 바다의 전답이다. 즉 소금을 만드는 염전이라고 할 수 있다. 소금을 만들려면 우선 태양이 있어야 하니 시간(時干) 병화(丙火)가 용신(用神)이다. 기토(己土)나 무토(戊土)는 모두 제방할 때 필요하니 길신이다. 일지(日支)에 용신(用神)이 들고 시주(時柱)가 길하니 아내와 자식 복이 있었다. 아내는 책임감이 강한 현모양처이고, 자식들은 모두 효성이 있었다. 그러나 편재(偏財)와 정재(正財)가 혼잡하여 여자 문제가 다소 복잡하였다.

```
년   월   일   시
辛   庚   乙   甲        己戊丁丙乙甲癸壬
酉   子   酉   申        亥戌酉申未午巳辰
```

본명은 을목(乙木)이 자(子)월에 태어났으니 눈 속에 핀 꽃이다. 그런데 금기(金氣)가 너무 많아 신약(身弱)하다. 따라서 시간(時干) 갑목(甲木)이 70% 정도 길작용을 하니 용신(用神)이고, 월지(月支) 자수(子水)는 50% 정도 길작용을 하니 한신(閑神)이다. 조후(調候)하려면 화기(火氣)가 반드시 있어야 하는데 없으니 좋은 사주가 될 수 없다. 이 사람은 재물복이 약하여 항상 궁색하게 살았고, 또 아내와 자식복도 없었다.

12. 축(丑)월생의 성정

표현부족 (表現不足)	심중혼란 (心中混亂)
일방집착 (一方執着)	자의고수 (自意固守)
대인소극 (對人消極)	자존심강 (自尊心强)
고진감래 (苦盡甘來)	가족친자 (家族親子)
대인불화 (對人不和)	근면노력 (勤勉努力)
정직소박 (正直素朴)	기복다사 (起伏多事)
동정소심 (同情小心)	부부불화 (夫婦不和)
화목형제 (和睦兄弟)	관절비배 (關節鼻背)

축(丑)월생은 표현력이 부족하며 마음이 혼란하고, 대인관계에서 불화를 초래하나 근면하며 노력하고 성실함이 강하다. 일방적인 일에 집착하며 자신의 의지를 지키고, 정직하며 소박하나 기복이 많

다. 대인관계에서 소극적이며 자존심이 강하고, 동정심이 없으며 부부간에 불화한다. 대개 인생이 고진감래이며 가족과 친자를 소중하게 생각하고, 형제들과 화목을 중요시 한다. 건강은 관절·코·척추 등을 조심해야 한다.

년	월	일	시							
壬	癸	癸	癸	甲	乙	丙	丁	戊	己	庚	辛
午	丑	酉	亥	寅	卯	辰	巳	午	未	申	酉

계수(癸水) 일주(日主)가 축(丑)월에 태어나 동토(凍土)의 우로(雨露)이니 천지사방이 꽁꽁 얼어붙은 형상이다. 조후(調候)하려면 우선 태양이 필요하고, 또 많은 수기(水氣)를 년지(年支) 오화(午火)가 용신(用神)이다. 이 사람은 목기(木氣)가 부족하니 인자함과 포용력이 부족하고, 수기(水氣)가 태과하여 지혜가 넘치나 종종 나쁜 쪽으로 쓰기도 한다. 그러나 금기(金氣)가 안정되어 정의롭고 용감하며, 화기(火氣)도 중화를 이루어 예의범절이 바르며 동정심이 많다.

년	월	일	시							
癸	乙	丁	辛	甲	癸	壬	辛	庚	己	戊	丁
未	丑	亥	丑	子	亥	戌	酉	申	未	午	巳

본명은 지지(地支)가 온통 토(土)판이라 일견 종아격(從兒格)으로
보인다. 그러나 축토(丑土)는 습토(濕土)이고 미토(未土)는 조토
(燥土)이니 신약(身弱) 사주이다. 따라서 화(火)운이 길하고 수
(水)운은 흉하다. 정화(丁火) 일주(日主)는 허약하나 월(月) 을목
(乙木)이 투간(透干)하여 목생화(木生火)하고, 년지(年支)에 미토
(未土)가 들어 미(未) 정화(丁火)가 부조(扶助)하니 극심한 신약
(身弱)은 면하였다. 아내와 자식과의 인연이 박하여 이혼과 재혼을
거듭했지만 한 번도 좋은 인연을 만나지 못했다. 그러나 말년에는
대운이 화(火)운으로 향하여 무해무덕하게 장수하였다.

13. 십이지지(十二地支)의 명칭

寅月	卯月	辰月	巳月	午月	未月
立春, 初春	驚蟄, 中春	淸明, 晩春, 沃土	立夏, 初夏	芒種,中夏,용광로	小暑, 晩夏, 사막
申月	酉月	戌月	亥月	子月	丑月
立秋, 初秋	白露, 中秋	寒露, 晩秋	立冬, 初冬	大雪, 中冬	小寒, 晩冬, 凍土

5장. 간지총론(干支總論)

1. 십이운성론(十二運星論)

■ 원 문

양순음역지설(陽順陰逆之說) 낙서유행지용(洛書流行之用)

기리신유지야(其理信有之也) 기법불가집일(其法不可執一)

■ 직 역

　양(陽)은 순행하고 음(陰)은 역행한다는 말은 하도낙서(河圖洛書)에서 시작되었다. 그러나 이 법칙만을 고집하는 것은 불가하다. 건명(乾命)은 년간(年干)이 양(陽)이면 순행하고 음(陰)이면 역행한다. 곤명(坤命)은 년간(年干)이 양(陽)이면 역행하고 음(陰)이면 순행한다. 이것은 불변이나 이 법칙만을 고집하는 것은 마땅하지 않다. 우주에는 무궁무진하게 법칙이 많기 때문이다.

■ 한자풀이

順(순할 순) 逆(거스릴 역) 說(말씀 설) 洛(강물 락) 流(흐를 유)
理(이치 리) 信(믿을 신) 也(어조사 야) 法(법 법) 執(잡을 집)

■ 풀 이

  양(陽)의 오행(五行)은 순행하고 음(陰)의 오행(五行)은 역행한다
는 말은 하도낙서(河圖洛書)에서 시작하여 지금까지 쓰고 있다. 이
이론은 비판의 여지가 없으나 이 법칙 하나만을 만고불변의 이론
으로 받아들이기는 어렵다. 대운이 양(陽)은 순행하고 음(陰)은 역
행한다는 말은 옳지만 십이운성(十二運星)의 양순음역론(陽順陰逆
論)은 옳지 않다.

■ 십이운성(十二運星)

  십이운성(十二運星)이란 장생(長生)·목욕(沐浴)·관대(冠帶)·
건록(建祿)·제왕(帝旺)·쇠(衰)·병(病)·사(死)·묘(墓)·절
(絶)·태(胎)·양(養)을 말한다.

■ 십이운성(十二運星) 해설

① 장생(長生) : 모태에서 막 태어난 상태를 의미한다.

② 목욕(沐浴) : 태어난 후 목욕을 시키는 상태를 의미한다.

③ 관대(冠帶) : 관대를 두르고 결혼하는 상태를 의미한다.

④ 건록(建祿) : 장성하여 등과하는 상태를 의미한다.

⑤ 제왕(帝旺) : 일생 중 전성기를 의미한다.

⑥ 쇠(衰) : 극에 달하면 기울어 쇠약해지는 상태를 의미한다.

십이운성 조견표

일간 십이 운성	甲	乙	丙	丁	戊	己	庚	辛	壬	癸
長生	亥	午	寅	酉	寅	酉	巳	子	申	卯
沐浴	子	巳	卯	申	卯	申	午	亥	酉	寅
帶	丑	辰	辰	未	辰	未	未	戌	戌	丑
祿	寅	卯	巳	午	巳	午	申	酉	亥	子
旺	卯	寅	午	巳	午	巳	酉	申	子	亥
衰	辰	丑	未	辰	未	辰	戌	未	丑	戌
病	巳	子	申	卯	申	卯	亥	午	寅	酉
死	午	亥	酉	寅	酉	寅	子	巳	卯	申
墓	未	戌	戌	丑	戌	丑	丑	辰	辰	未
絶	申	酉	亥	子	亥	子	寅	卯	巳	午
胎	酉	申	子	亥	子	亥	卯	寅	午	巳
養	戌	未	丑	戌	丑	戌	辰	丑	未	辰

⑦ 병(病) : 쇠약지고 병든 상태를 의미한다.

⑧ 사(死) : 병들어 고통받다가 죽는 상태를 의미한다.

⑨ 묘(墓) : 죽어 무덤에 매장하는 상태를 의미한다.

⑩ 절(絶) : 생전의 인연과 끊어지는 상태를 의미한다.

⑪ 태(胎) : 모태에 다시 잉태되는 상태를 의미한다.

⑫ 양(養) : 모태에서 생명이 자라는 상태를 의미한다.

1) 십이운성(十二運星)은 당(唐)사주에서 들어온 잘못된 이론이다.

년	월	일	시							
丙	己	癸	壬	庚	辛	壬	癸	甲	乙	丙
寅	亥	亥	子	子	丑	寅	卯	辰	巳	午

본명은 계수(癸水) 일주(日主)가 해(亥)월생이며 지지(地支)가 온통 물판이다. 계(癸) 해수(亥水)는 제왕(帝旺)이다. 그러나 신강(身强) 사주이니 해수(亥水)는 기신(忌神)에 해당한다. 고로 해수(亥水)는 제왕(帝旺)이 아니라 사(死)에 해당하는 흉운이다. 이렇게 볼 때 십이운성(十二運星)은 당(唐) 사주에서 들어온 잘못된 이론이라는 것을 알 수 있다. 신강(身强) 사주인데 다행인 것은 년간(年干)과 시간(時干)에 병화(丙火)가 투간(透干)하여 조후(調候)를 잘 시켜주는 것이다. 어떤 사주든 길복이 많으려면 먼저 용신(用神)이 강해야 하고, 용신(用神)이 강하려면 용신(用神)이 천간(天

干)에 투간(透干)해야 하고, 또 지지(地支)에 잘 통근(通根)되어야
한다. 십이운성(十二運星)에서 건록(建祿)이니 제왕(帝旺)이니 하
는 것은 믿을 것이 못되는 이론이다.

2) 십이운성(十二運星)은 믿을 것이 못된다.

```
년  월  일  시
戊  乙  癸  癸        丙丁戊己庚辛壬
午  卯  卯  亥        辰巳午未申酉戌
```

본명은 계수(癸水) 일주(日主)가 묘(卯)월에 태어나 실령(失令)하
였고, 년지(年支)에 오화(午火)가 들고, 일지(日支)에 묘목(卯木)이
들어 신약(身弱)하다. 강한 목(木)을 억제하고 약한 일주(日柱)를
부조(扶助)하려면 금(金)이 필요한데 없다. 할 수 없이 시간(時干)
계수(癸水)를 용신(用神)으로 삼는다. 사주가 설기(洩氣)가 너무
심하니 단명을 예고한다. 그런데 이 사주를 십이운성(十二運星)의
법칙으로 풀이하면 월지(月支)와 일지(日支) 묘목(卯木)이 장생(長
生)에 해당하니 장수하고, 시지(時支) 해수(亥水)는 제왕(帝旺)에
해당하니 말년복이 많다고 할 수 있다. 그러나 이 사람은 무오(戊
午) 대운에 단명하였다. 이것을 보더라도 십이운성(十二運星)의 이
론은 믿을 것이 못된다.

2 천지순수(天地順粹)

■ 원 문

고천지순수이정수자창(故天地順粹而精粹者昌)

괴패혼난자망(天地乖悖混亂者亡)

불론유근무근(不論有根無根)

구요천복지재(俱要天覆地載)

■ 직 역

　고로 천지이법(天地理法)에 정수(精粹)하게 순종하는 자는 창성
하고, 천지이법에 괴패(乖敗)하게 혼란하며 역행하는 자는 패망한
다. 유근(有根)과 무근(無根)을 불론하고, 천복(天覆)과 지재(地載)
를 구요(俱要)한다.

■ 한자풀이

故(옛 고) 乖(어그러질 괴) 粹(순수할 수) 悖(어그러질 패)

亂(어지러울 난) 論(말할 논) 俱(함께 구) 覆(전복될 복)

載(실을 재)

■ 풀 이

　천지이법을 정직하며 진실하고 순수하게 순종하는 자는 번식하며
발전하고, 천지이법을 따르지 않고 혼란을 일으키며 비원리적으로
나아가 역행하는 자는 반드시 실패하여 고통이 따르고 사망한다.

공자께서 "순천(順天)자는 존(存)하고, 역천(逆天)자는 망(亡)한다"고 하였다. 유근(有根)과 무근(無根)을 떠나 천간(天干)은 지지(地支)를 잘 덮어야 하고, 지지(地支)는 천간(天干)을 잘 통근(通根)해야 한다. 즉 천간(天干)은 지지(地支)를 잘 보호해야 하고, 또 지지(地支)는 천간(天干)을 잘 부조(扶助)해야 좋은 사주가 된다.

1) 용신(用神)의 중요성

년	월	일	시							
己	丁	庚	庚	丙	乙	甲	癸	壬	辛	庚
亥	卯	申	辰	寅	丑	子	亥	戌	酉	申

본명은 경금(庚金) 일주(日主)가 묘(卯)월에 태어났고, 월간(月干)에 정화(丁火)가 투간(透干)하고, 년지(年支)에 해수(亥水)가 들어 목(木)이 강하다. 용신(用神)은 시간(時干) 경금(庚金)인데 일지(日支) 신금(申金)과 시지(時支) 진토(辰土)가 부조(扶助)하여 강하다. 용신(用神)이 강하면 부귀가 많이 따른다. 이 사람은 평생 큰 어려움 없이 길복이 많았고, 소년에 등과하여 국경 수비대장에 올랐다.

간명할 때 가장 중요한 것은 용신(用神)을 찾아 강한가 약한가를 보는 것이다. 다음은 용신(用神)이 어느 육신에 해당하는가에 따라 격을 정하고, 그 다음은 용신(用神)이 어느 위치에 있는가를 살핀다. 용신(用神)의 위치에 따라 육친의 길흉이 좌우되기 때문이다. 용신(用神)이 재관(財官)을 충분히 감당할 수 있는지 여부를 살피는 것이 중요하다. 용신(用神)을 정하지 않고는 간명할 수 없다.

2) 군비쟁재(群比爭財)의 형상

년	월	일	시							
丁	壬	壬	庚	癸	甲	乙	丙	丁	戊	己	庚
巳	子	子	子	丑	寅	卯	辰	巳	午	未	申

본명은 임수(壬水) 일주(日主)가 자(子)월에 태어나 수기(水氣)는 태왕하나 화기(火氣)가 매우 약하다. 따라서 많은 비겁(比劫)이 약한 재성(財星)은 파극(破剋)하여 군비쟁재(群比爭財)가 되었다. 고로 일생 한 번도 발복하지 못하고 무슨 일을 해도 실패하였다. 본명은 수(水)가 태왕하니 화(火)가 용신(用神)이지만 중간에 수(水)와 화(火)를 화해시켜 줄 목기(木氣)가 없는 것이 큰 결점이다. 만일 목(木)이 하나라도 있으면 좋은 사주가 되었을 것이다. 그리고 화(火)가 용신(用神)이지만 군비쟁재(群比爭財)를 당하여 행운에서 화(火)운을 만나도 대흉하다. 최하격 사주이다.

3) 지지(地支)는 천간(天干)보다 3배 강하다.

```
년  월  일  시
庚  壬  辛  甲        癸甲乙丙丁戊己
申  午  酉  午        未申酉戌亥子丑
```

본명은 화기(火氣)와 금기(金氣)가 비슷한 것 같지만 실상 지지(地支)는 천간(天干)보다 3배나 강하다. 그리고 월지(月支)는 다른 지지(地支)보다 2배 이상 강하다. 고로 신약(身弱) 사주가 되었다. 화(火)가 많아 신약(身弱)하니 용신(用神)은 월(月) 임수(壬水)이고, 금(金)은 희신(喜神)이다. 대운도 금수(金水)운에 발복하는데, 금수(金水)운으로 흘러 평생 영화를 누리며 부유하게 살았다. 상관(傷官)이 용신(用神)이니 식품과 의식주에서 성공하였다.

또 대운이 금수(金水)운으로 흘러 일찍 등과하여 승승장구하더니 지방의 관찰사가 되었다. 대운에서 볼 때 천간(天干)은 목화(木火)운이나 지지(地支)는 금수(金水)운이다. 앞에서 말한대로 천간(天干)은 지지(地支)에 비하여 힘을 30%밖에 발휘하지 못한다. 경(經)에 대운이 남동향(南東向)이니 서북향(西北向)이니 하는 말은 모두 대운의 지지(地支)를 두고 하는 말이다.

4) 재다신약(財多身弱)은 부잣집 걸인이 된다.

```
년  월  일  시
庚  壬  辛  辛        癸甲乙丙丁戊己
寅  午  卯  卯        未申酉戌亥子丑
```

신금(辛金) 일주(日主)가 오(午)월에 태어나 실령(失令)하여 신약(身弱)하다. 이 사주는 화기(火氣)도 강하지만 목기(木氣)가 더 강하여 강한 목(木)을 억제해야 하니 년간(年干) 경금(庚金)이 용신(用神)이고, 토(土)는 희신(喜神)이다. 임수(壬水)가 강한 불을 억제하는데 공을 세우지만 목(木)이 강하여 수생목(水生木)할 가능성이 많으므로 수(水)운을 만나면 처음에는 좋으나 나중에는 흉하다. 재다신약(財多身弱)이니 부잣집의 걸인이다. 본명은 희신(喜神)에 해당하는 토(土)가 하나도 없어 매우 흉한 사주가 된 것이다.

3. 양생음사(陽生陰死)

■ 원 문

양생음사(陽生陰死) 기론물집(其論勿執)

■ 직 역

양(陽)은 생(生)하고 음(陰)은 사(死)한다는 설도 고집하지 말라.

■ 풀 이

양기(陽氣)는 생육하고 음기(陰氣)는 사멸한다는 이론을 고집하지 말아야 한다. 때로는 양기(陽氣)가 사멸하고 음기(陰氣)가 생육하기도 한다. 우주는 무궁무진한데 오행(五行)으로만 모두 판단하려고 들지 말라. 예외는 얼마든지 있다. 즉 태양이 하나뿐이라고 생각한다면 좁은 생각이다. 태양은 은하계에서만도 72개가 넘고, 우주 전체에서는 수만 개가 넘는다고 한다. 가장 좋은 운은 양기(陽氣)와 음기(陰氣)가 적당히 조화를 이룬 것이다.

1) 양(陽)이 사(死)하는 경우

```
년  월  일  시
庚  壬  丙  甲        癸甲乙丙丁戊己
午  午  午  午        未申酉戌亥子丑
```

본명은 간지(干支)가 모두 양기(陽氣)로만 구성되었다. 즉 음양(陰陽)의 조화가 잘되지 않아 어려움이 많았다. 용신(用神)은 월간(月干) 임수(壬水)인데 지지(地支)에 통근(通根)하지 않고, 년간(年干) 경금(庚金)도 희신(喜神)이지만 통근(通根)하지 않았으니 용신(用神)과 희신(喜神)이 모두 허약하다. 이 사람은 결혼도 사업도 여러 번 실패하여 파란만장한 삶을 살았다. 사주 원국이 워낙 흉하여 대운이 좋아도 별 수 없었다. 즉 거지에게 대운이 온다해도 밥을 조금 더 얻어먹을 정도이다.

2) 음(陰)이 사(死)하는 경우

년	월	일	시
己	癸	辛	丁
卯	酉	酉	酉

甲乙丙丁戊己庚
戌亥子丑寅卯辰

본명은 모두 음기(陰氣)로만 구성되었다. 용신(用神)은 년지(年支) 묘목(卯木)인데 묘유(卯酉)가 상충(相沖)하여 파극(破剋)되었다. 부부간에 밤낮 싸우다 파경을 맞았고, 재혼했으나 역시 백수건달을 만났다. 시간(時干) 정화(丁火)가 편관(偏官)이지만 용신(用神) 역할을 잘못하니 년지(年支) 묘목(卯木)이 용신(用神)이고, 계수(癸水)·갑목(甲木)·병화(丙火)는 희신(喜神)이다.

3) 음양(陰陽)이 조화되어 길한 경우

년	월	일	시
甲	癸	丙	丙
戌	酉	寅	申

甲乙丙丁戊己庚
戌亥子丑寅卯辰

본명은 음양(陰陽)이 조화를 잘 이루었다. 병화(丙火) 일주(日主)

가 유(酉)월에 태어나 실령(失令)하고, 용신(用神)은 시간(時干) 병화(丙火)이고, 목(木)은 희신(喜神)이다. 병화(丙火) 용신(用神) 은 일지(日支) 인목(寅木)이 생조(生助)하여 용신(用神)과 희신(喜 神)이 모두 강하다. 이 사람은 현모양처를 만났고 만석꾼의 거부였 다. 또 등과하여 고관이 되었으니 오복을 모두 누린 셈이다. 비록 인신(寅申)이 상충(相沖)하지만 병화(丙火)가 신금(申金)을 억제하 여 말린다. 양기(陽氣)가 많아야 생동(生動)한다는 이론은 잘못된 것이고, 또 음기(陰氣)가 많으면 사멸한다는 이론도 고집할 필요가 없다. 우주는 넓고도 무궁무진한데 오행(五行)으로만 모두 판단하 려고 들면 안된다.

4. 천전일기 (天全一氣)

천전일기(天全一氣) 불가사지(不可使地)
덕막지재(德莫之載) 지전삼물(地全三物)
불가사천(不可使天) 도막지용(道莫之用)

■ 직 역

천(天)은 일기(一氣)로 전(全)하여도 지(地)가 사(使)하지 못하면 불가하고, 덕을 재(載)하는 것이 막(莫)이다. 지(地)는 삼물(三物) 이 전(全)하여도 천(天)이 수용하지 않으면 도(道)를 용(用)하는 것이 막(莫)이다.

■ 한자풀이

勿(말라할 물) 全(온전할 전) 使(하여금 사) 莫(없을 막)
載(실을 재) 道(길 도) 用(쓸 용)

■ 풀 이

천간(天干)이 하나의 기(氣)로 온전해도 지지(地支)에 통근(通根)
하지 못하면 능력을 발휘하지 못한다. 즉 천간(天干)이 일기(一氣)
로 완전해도 지지(地支)가 도와주지 않으면 아무 소용이 없다. 또
지지(地支)에 재관인(財官印)의 삼물이라도 천간(天干)에서 수용
하지 못하면 소용이 없다. 지지(地支)는 삼라만상이 완전해도 천간
(天干)에서 받아주지 않으면 쓸모가 없는 것이다.

1) 뿌리가 튼튼해야 꽃과 열매가 충실하다.

년	월	일	시							
乙	乙	乙	乙		丙	丁	戊	己	庚	辛	壬
酉	酉	酉	酉		戌	亥	子	丑	寅	卯	辰

본명은 천간(天干)을 보니 년월일시가 모두 을목(乙木)으로 되어
목기(木氣)뿐이고, 지지(地支)에 통근(通根)하지 못하여 아름다움
이 사라졌다. 인물은 양귀비 버금갈 정도이지만 어떤 남자를 만나
도 길게 가지 못하고 파경하였다. 열 번 넘게 결혼했지만 모두 성
격이 난폭하거나 무능하거나 애정이 없는 사람들이었다. 즉 천간

(天干)에 아무리 용신(用神)이 투간(透干)하여 아름답게 보여도 지지(地支)의 통근(通根)이 약하거나 뿌리가 상충(相沖)되면 흉하다. 뿌리가 튼튼해야 꽃과 열매가 충실한 법이다.

2) 홍로점설(紅爐點雪) 사주

년	월	일	시							
戊	戊	戊	戊		己	庚	辛	壬	癸	甲	乙
子	午	戌	午		未	申	酉	戌	亥	子	丑

본명은 화토(火土)가 가득한데 자수(子水)는 쇠약하고, 오화(午火)는 왕성하여 천지가 불길이며 태산이 중첩되었다. 자오(子午)가 상충(相沖)하여 오화(午火)가 더 강렬해지니 자수(子水)가 말라죽을 판이다. 한마디로 홍로점설(紅爐點雪)이다. 천간(天干)에 희신(喜神)이 없어 용신(用神) 자수(子水)를 보호하지 못한다. 초년 기미(己未)운에는 여러 가지 고통이 많았으나 금수(金水)운은 용신(用神)운이라 결혼도 하고 자녀도 낳아 다복하였다. 그러나 술(戌) 대운에 인오술(寅午戌)이 화국(火局)을 이루어 큰 화재를 당하여 다섯 식구가 모두 죽었다. 만약 천간(天干)에 희신(喜神)인 금수(金水)가 하나라도 투간(透干)하여 용신(用神)을 보호했다면 이와 같은 큰 화는 면했을 것이다. 즉 용신(用神)이 천간(天干)에 투간(透干)하면 지지(地支)에서 보호해야 길하고, 용신(用神)이 지지

(地支)에 들면 천간(天干)에서 희신(喜神)이 투간(透干)하여 보호해야 좋은 사주가 된다.

3) 용신(用神)이 천간(天干)에 투간(透干)하지 못하면 출세하지 못한다.

```
년  월  일  시
戊  戊  戊  戊        己 庚 辛 壬 癸 甲 乙
申  午  子  午        未 申 酉 戌 亥 子 丑
```

이 사주도 앞의 것과 비슷하다. 다만 년지(年支)에 신금(申金)이 있는 것이 다르다. 일지(日支) 자수(子水)가 용신(用神)이고, 금(金)은 희신(喜神)이다. 자수(子水) 용신(用神)은 천간(天干)에 많이 있는 무토(戊土)에게 토극수(土剋水)로 파극(破剋)을 당하고, 좌우에 있는 오화(午火)가 자오상충(子午相沖)하여 고립무원이다. 비록 년지(年支)에 신금(申金)이 있지만 오화(午火)가 중간에서 가로막아 방해하니 파란만장한 삶을 살았다. 특히 술(戌) 대운에 인오술(寅午戌)이 삼합(三合)하여 불길이 더 강해지니 사고와 배신을 당하며 많은 고통이 따랐다. 용신(用神)이 천간(天干)에 투간(透干)하지 못하면 마치 열매없는 나무처럼 출세하지 못한다. 사주에서 천간(天干)은 나무로 보고, 지지(地支)는 뿌리로 보면 이해가 빠를 것이다. 따라서 좋은 사주가 되려면 반드시 용신(用神)은 천간(天干)에 투간(透干)해야 하고, 투간(透干)한 용신(用神)은 지지

(地支)에서 통근(通根)하여 부조(扶助)해야 하고, 그리고 대운이 용신(用神)운으로 흘러가야 한다. 이렇게 3박자만 잘 맞으면 부귀영화를 누릴 수 있다.

4) 극설교가(剋洩交加)는 파란만장하다.

년	월	일	시							
辛	辛	辛	辛		庚	己	戊	丁	丙	乙	甲
卯	卯	卯	卯		寅	丑	子	亥	戌	酉	申

본명은 천간(天干)은 모두 신금(辛金)이고, 지지(地支)는 모두 묘목(卯木)이다. 지지(地支) 묘목(卯木)이 워낙 강하여 신금(辛金)이 감당하지 못한다. 재다신약(財多身弱)으로 용신(用神)은 신금(辛金)이다. 비록 천간이 모두 신금(辛金)이라 강한 것 같지만 지지(地支)에 통근(通根)하지 못하여 용신(用神)이 허약하다.

이 사람은 태어난 지 몇 년만에 부모가 모두 죽어 고아가 되었다. 그러다 어느 도사를 따라가 도술공부를 했다. 기축(己丑)과 무자(戊子) 대운에는 의식주가 풍족하게 지냈으나, 해(亥) 대운에 해묘미(亥卯未) 삼합(三合)을 이루어 목(木)이 되니 스승이 죽었고, 스승의 유산마저 도박과 주색으로 날리고 유리걸식하다 흥사하였다.

이 사주는 인성(印星)의 부조(扶助)를 얻지 못하고, 일주(日柱)가 약한 상태에서 많은 재성(財星)을 만나 패가망신한 것이다. 수(水)

는 약한 일주(日主)를 설기(洩氣)시키고, 강한 목(木)을 생조(生助)하니 극설교가(剋洩交加)가 되어 실패한 것이다. 신약(身弱) 사주에서 관살(官殺)이 강한데 식상(食傷)도 강하면 관살(官殺)이 약한 일주(日柱)를 파극(破剋)하고, 식상(食傷)이 약한 일주(日主)를 심하게 설기(洩氣)하니 극설교가(剋洩交加)가 되는 것이다. 이런 사주는 파란만장할 수밖에 없다.

5) 한 글자 차이로 길흉이 다르다.

년	월	일	시
辛	庚	甲	丙
卯	寅	辰	寅

己戊丁丙乙甲癸
丑子亥戌酉申未

본명은 인묘진(寅卯辰)이 방합(方合)을 이루어 목(木)이 태왕하다. 강한 목(木)을 제극(制剋)해야 중화되니 월간(月干) 경금(庚金)이 용신(用神)이다. 일지(日支) 진토(辰土)가 부조(扶助)하나 인묘진(寅卯辰)하여 오히려 목(木)을 도와주니 희신(喜神)이 미약하다. 토금(土金)운은 길하고 수목(水木)운은 흉하다. 토(土)운에는 토생금(土生金)하여 용신(用神)을 생조(生助)하니 길했으나, 수(水)운에는 수생목(水生木)하여 기신(忌神)을 생조(生助)하니 흉하였다. 병술(丙戌) 대운에는 강한 목(木)을 병화(丙火)가 유출시키고, 술토(戌土)는 용신(用神)을 생조(生助)하니 지현(知縣) 벼슬을 하였다. 이 사주의 결점은 용신(用神)을 생조(生助)하는 희신(喜神)이 너무 약한 것이다. 진토(辰土)가 토생금(土生金)하지만 진토(辰土)는 인묘진(寅卯辰)이 방합(方合)하여 희신(喜神) 역할을 제대로 못했다. 만일 일지(日支)에 진토(辰土)가 아니라 술토(戌土)가 있었다면 부귀영화가 더 많았을 것이다. 이처럼 글자 하나 차이로 길흉이 달라진다.

6) 진토(辰土)는 목(木)을 30%, 금(金)을 70% 생조(生助)한다.

년	월	일	시							
庚	庚	甲	丁	辛	壬	癸	甲	乙	丙	丁
寅	辰	寅	卯	巳	午	未	申	酉	戌	亥

본명도 지지(地支)가 인묘진(寅卯辰) 방합(方合)을 이루어 목(木)이 태왕하나, 월지(月支)가 진(辰)이라는 것이 앞의 사주와 다르다. 월간(月干) 경금(庚金)은 용신(用神)인데 진(辰)월이니 통근(通根)이 충분하다. 따라서 목(木)이 비록 강하지만 제극(制剋)할 수 있다. 신(申) 대운은 신왕살왕(身旺殺旺)하고 용신(用神)운이라 군수 벼슬을 했으나, 병(丙) 대운에 화극금(火剋金)으로 병화(丙火)가 용신(用神)을 파극(破剋)하여 벼슬에서 밀려났다. 앞의 사주와 비슷한 것 같으나 월지(月支)가 다르다. 즉 진토(辰土)는 목(木)을 30% 생조(生助)하고, 금(金)을 70% 생조(生助)한다.

5. 양승양위 (陽乘陽位)

■ 원 문

양승양위양기창(陽乘陽位陽氣昌) 최요행정안돈(最要行程安頓)

음승음위음기성(陰乘陰位陰氣盛) 환수도로광형(還須道路光亨)

■ 직 역

  양(陽)이 승(乘)하여 양위(陽位)에 양기(陽氣)는 창성하고, 최고로 중요한 행정은 안돈(安頓)이다. 음(陰)이 승(乘)하여 음위(陰位)에 음기(陰氣)는 창성하고, 모름지기 환(還)의 도로는 광형(光亨)이다.

■ 한자풀이

乘(탈 승) 程(단위 정) 頓(조아릴 돈) 還(돌아올 환)

須(모름지기 수) 亨(형통할 형)

■ 풀 이

  병정화(丙丁火) 일주(日主)가 사오미(巳午未)월에 태어나면 양기(陽氣)가 태왕하며 창성한데, 해자축(亥子丑)운으로 가면 길복이 많이 따른다. 임계(壬癸) 일주(日主)가 해자축(亥子丑)월에 태어나면 음기(陰氣)가 태왕하며 창성한데, 사오미(巳午未)운으로 가면 길복이 많이 따른다.

1) 대운이 좋아 발복한 사주

```
년  월  일  시
癸  丙  丙  庚        乙甲癸壬辛庚己
巳  辰  午  寅        卯寅丑子亥戌酉
```

본명은 목화(木火)운은 강하고 금수(金水)운은 매우 약하다. 그러나 월지(月支) 진토(辰土)가 강한 불길을 설기(洩氣)시키고, 진(辰) 중의 계수(癸水)가 년간(年干) 계수(癸水)를 생조(生助)하며 시간(時干) 경금(庚金)을 부조(扶助)하여 큰 흉은 면하였다. 즉 금수(金水)운은 길하고 목화(木火)운은 흉하다. 초년 을묘(乙卯)와 갑인(甲寅) 대운은 기신(忌神)이라 고난이 따랐으나, 계축(癸丑) 대운부터 용신(用神)운이라 서서히 운이 열려 십여만 금의 재산을 모았다. 사주의 격은 별로 자랑할 만한 것이 없지만 용신(用神)운으로 흘러 길복을 누린 것이다.

2) 평생 한 번도 성공하지 못한 사주

```
년  월  일  시
戊  乙  丙  庚        丙丁戊己庚辛壬
寅  丑  寅  寅        寅卯辰巳午未申
```

본명은 목(木)이 왕성하여 신강(身强)하다. 시간(時干) 경금(庚金)이 용신(用神)이고, 토(土)는 희신(喜神)이다. 경금(庚金) 용신(用神)은 병화(丙火)와 인목(寅木)의 상극(相剋)으로 파상(破傷)을 입어 고독하다. 년간(年干)에 무토(戊土)가 있지만 거리가 너무 멀어 부조(扶助)하기 어렵고, 월지(月支)에 축토(丑土)가 있지만 역시 멀다. 더구나 축(丑) 계수(癸水)는 수생목(水生木)하여 목기(木氣)을 더 생조(生助)할 뿐 용신(用神)을 도와줄 여력이 없다. 고로 사주가 흉하여 일생 무엇하나 성공한 것이 없었다. 더구나 일지(日支)에 기신(忌神)이 있으니 아내복도 없었다. 오(午) 대운에 인오술(寅午戌)이 합하여 화국(火局)을 이루니 화극금(火剋金)으로 용신(用神)을 파극(破剋)하여 광동성(廣東城)에서 죽었다.

3) 용신(用神)이 투간(透干)하고 지지(地支)에 통근(通根)해야 좋다.

년	월	일	시							
丙	己	乙	壬	庚	辛	壬	癸	甲	乙	丙
子	亥	酉	午	子	丑	寅	卯	辰	巳	午

본명은 을목(乙木)이 해(亥)월에 태어나 태양의 불이 필요하니 년간(年干) 병화(丙火)가 용신(用神)이다. 좋은 사주가 되려면 용신(用神)이 천간(天干)에 투간(透干)하고, 지지(地支)에 통근(通根)이 잘 되어야 한다. 이 사주는 용신(用神)이 병화(丙火)이니 천간

(天干)에 투간(透干)하였다. 그러나 통근(通根)은 시지(時支)에 오화(午火)가 있지만 거리가 너무 멀다. 고로 높은 벼슬은 못하고 봉강(封疆)에 머물렀다. 만일 년지(年支)에 오화(午火)가 들고 시지(時支)에 자수(子水)가 있었다면 더 높은 벼슬을 했을 것이다. 사주에 오행(五行)이 골고루 있는 것도 중요하지만 어느 위치에 들었느냐에 따라 길흉이 달라진다.

4) 동사(凍死)를 면하려면 태양이 시급하게 필요하다.

년	월	일	시						
己	丙	乙	壬	乙	甲	癸	壬	辛	庚	己
亥	子	丑	午	亥	戌	酉	申	未	午	巳

본명도 앞의 것과 비슷하다. 지지(地支)에 해자축(亥子丑) 방합(方合)을 이루어 수기(水氣)가 태왕하니 사주가 차갑다. 동사(凍死)를 면하려면 우선 태양이 필요하다. 고로 용신(用神)은 월간(月干) 병화(丙火)이고, 목(木)은 희신(喜神)이다. 용신(用神)이 투간(透干)한 것은 좋은데 용신(用神)을 부조(扶助)할 희신(喜神)이 지지(地支)에 통근(通根)되지 않았다. 시지(時支)에 오화(午火)가 있지만 임수(壬水)와 축토(丑土)에 갇혀 파극(破剋)당하여 용신(用神)을 부조(扶助)할 힘이 없다. 고로 서실(書室)에 묻혀 책만 읽다가 등과하지 못했다. 아내궁에 기신(忌神)이 들어 아내를 극하고

자식이 없었다. 임신(壬申) 대운에 수극화(水剋火)하니 용신(用神)
이 파극(破剋)당하여 젊은 나이에 죽었다.

6. 지생천자 (地生天者)

■ 원 문

지생천자천쇠파충(地生天者天衰怕冲)
천합지자지왕의정(天合地者地旺宜靜)

■ 직 역

지(地)가 천(天)을 생(生)하는 자(者)는 천(天)이 쇠(衰)하면 충
(沖)을 파(怕)하고, 천(天)이 지(地)와 합(合)하는 자는 지(地)가
왕(旺)하면 정(靜)을 의(宜)한다.

■ 한자풀이

衰(쇠할 쇠) 沖(충돌할 충) 旺(왕성할 왕)
宜(마땅할 의) 靜(고요할 정)

■ 풀 이

지지(地支)가 천간(天干)을 생조(生助)할 때 도와주는 지지(地支)
가 상충(相沖)되면 천간(天干)은 두려워한다. 또 천간(天干)이 지
지(地支)의 암장(暗藏)과 합할 때 지지(地支)가 왕성하면 천간(天
干)이 안정되어 기뻐한다. 즉 지지(地支)가 천간(天干)을 생조(生

助)하여 천간(天干)이 명을 보존하는 경우에는 도와주는 지지(地支)가 상충(相沖)되면 천간(天干)은 크게 두려워한다. 그리고 천간(天干)이 지지(地支)의 암장(暗藏)과 합을 하는 경우 그 암장(暗藏)된 지지(地支)가 왕성하면 천간(天干)이 기뻐한다.

1) 용신(用神)의 뿌리가 상충(相沖)한 사주

년	월	일	시								
甲	丁	戊	庚		戊	己	庚	辛	壬	癸	甲
午	卯	寅	申		辰	巳	午	未	申	酉	戌

본명은 무토(戊土) 일주(日主)가 묘(卯)월에 태어났고, 월(月)과 년지(年支)에 화기(火氣)가 들어 신강(身强)하다. 용신(用神)은 시간(時干)의 경금(庚金)이다. 용신(用神)은 천간(天干)에 투간(透干)하고, 지지(地支)에 통근(通根)해야 한다. 그런데 통근(通根)한 신금(申金)이 인신(寅申) 상충(相沖)을 당하여 통근(通根)하기 어렵다. 이 사람은 마치 다리를 다친 용사처럼 소리만 지를 뿐 행동은 없었다. 인신(寅申)이 상충(相沖)하여 용신(用神)도 강하지 못하다. 따라서 목화(木火)운은 기신(忌神)운이니 악전고투하다가 신유(申酉) 대운부터 용신(用神)운이니 고생을 면하고 안정기에 접어 들었다. 그나마 다행인 것은 일간(日干) 무토(戊土)가 용신(用神)을 생조(生助)하여 용신(用神)이 살아남은 것이다.

2) 용신(用神)이 온전하지 못한 사주

년	월	일	시
壬	乙	丙	甲	丙丁戊己庚辛壬
申	巳	寅	午	午未申酉戌亥子

본명은 병화(丙火) 일주(日主)가 사(巳)월생이고, 시간(時干)에 병화(丙火)가 투간(透干)하고, 일지(日支)에 인목(寅木)이 들고, 갑오(甲午)시에 태어나 신강(身强)하다. 용신(用神)은 년간(年干)의 임수(壬水)이고 금(金)은 희신(喜神)이니, 금수(金水)운은 길하고 목화(木火)운은 흉하다. 용신(用神) 임수(壬水)는 월간(月干)에 을목(乙木)이 투간(透干)하여 수생목(水生木)으로 기신(忌神)을 도와주니 길복이 흉으로 변하였다.

정미(丁未) 대운은 화(火)가 왕하여 과거에 응시했으나 떨어졌다. 오직 년지(年支) 신금(申金)만이 온전하다. 이 사주는 임수(壬水) 용신(用神)이 온전하지 못한 것이 문제이다. 월간(月干)에 을목(乙木)이 아니라 차라리 병화(丙火)가 있었으면 싸워 이겼을 것이다. 그러나 싸우지도 못하고 수생목(水生木) 목생화(木生火)로 용신(用神)을 설기(洩氣)하여 기신(忌神)을 도와주니 사주가 더 흉해진 것이다.

3) 평생 기복이 많은 종격(從格) 사주

```
년  월  일  시
己  辛  壬  乙        庚己戊丁丙乙甲
巳  未  午  巳        午巳辰卯寅丑子
```

본명은 임수(壬水) 일주(日主)가 양수(陽水)의 대해수(大海水)이지만 화(火)가 태왕하다. 그러나 미(未)월에 태어났고 사오미(巳午未)가 방합(方合)을 이루어 강한 불길을 막을 길이 없어 태왕한 불길인 재성(財星)을 종하니 종재격(從財格)이다. 목화(木火)운이 길하고 금수(金水)운이 흉하다. 정묘(丁卯)와 병인(丙寅) 대운이 용신(用神)운이니 사업으로 수만금의 재물을 축적하였다. 종격(從格)은 일생 기복이 심한 것이 특징이다. 왜냐하면 대운은 길어야 20년 정도밖에 이어지지 않기 때문이다. 종격(從格)이 기신(忌神)운을 만나면 정격(正格)보다 훨씬 더 많은 피해를 본다. 종격(從格)은 일생 평안하기 어렵다. 즉 굵고 짧게 사는 것이 특징이다.

4) 최악에 달하여 변한 종격(從格) 사주

```
년  월  일  시
己  丙  丁  庚        乙甲癸壬辛庚己
丑  子  丑  子        亥戌酉申未午巳
```

본명은 지지(地支)가 온통 물판이다. 정격(正格)으로 보면 당연히 월간(月干) 병화(丙火)가 용신(用神)이나 종격(從格)이다. 갑(甲) 대운에 목생화(木生火)하여 화(火)가 왕성하니 가산이 망했다. 만일 화(火)가 용신(用神)이었으면 망하지 않았을 것이다. 임신(壬申)과 계유(癸酉) 대운은 금수(金水)운인데 발복하여 오만금의 재물을 쌓았다. 이것을 보면 종관살격(從官殺格)이고 금수(金水)가 용신(用神)이다.

미(未) 대운에 화재로 재산을 절반 정도 잃었고, 오(午) 대운 무인(戊寅)년에 죽었다. 이 사람은 목화(木火)운에 흥하였고 금수(金水)운에 발복하였다. 결론은 종관살격(從官殺格)이다. 월간(月干)에 병화(丙火)가 투간(透干)했지만 지지(地支)에 통근(通根)하지 못하고, 년간(年干) 기토(己土)는 병화(丙火)를 설기(洩氣)시키니 기명종살격(棄命從殺格)이 된 것이다. 종격(從格)은 사람이 최악에 달하여 변한 것과 같다. 즉 부모에게 버림받은 아이가 양부모를 만나 다시 살아나는 것이 종격(從格)의 형상이다. 만일 이 사주에 목(木)이 하나라도 있었다면 종격(從格)이 될 수 없다.

7. 살인상생(殺印相生)

■ 원문

갑신무인진위살인상생(甲申戊寅眞爲殺印相生)

계축경인야좌양신흥왕(癸丑庚寅也坐兩神興旺)

갑신무인(甲申戊寅)은 제(是)는 살인상생(殺印相生)이 되고, 계축
경인(癸丑庚寅)은 역시 양신(兩神)이 모두 흥왕(興旺)이다.

■ 한자풀이

爲(위할 위) 殺(죽일 살) 印(도장 인) 神(귀신 신)

興(일어날 흥) 旺(왕성할 왕)

■ 풀 이

갑신무인(甲申戊寅)은 살(殺)과 인(印)이 함께 들어 상생이 되므
로 살인상생격(殺印相生格)이고, 계축(癸丑)과 경인(庚寅) 모두 왕
성하다. 즉 갑신(甲申)이면 신(申)에 기술임경(己戊壬庚)이 들어
있다. 경금(庚金)이 임수(壬水)을 생하고, 임수(壬水)는 갑목(甲木)
을 생한다. 그리고 무인(戊寅)도 마찬가지로 인(寅)에 무병갑(戊丙
甲)이 들어 있다. 갑목(甲木)이 병화(丙火)를 생하고, 병화(丙火)는
무토(戊土)를 생한다. 고로 살인상생격(殺印相生格)이다. 그리고 계
축(癸丑)은 축(丑)에 계신기(癸辛己)가 들어 있다. 고로 금수(金
水)가 모두 왕성하다. 경인(庚寅)은 인(寅)에 무병갑(戊丙甲)이 들
어 금(金)과 목(木)이 모두 왕성하다.

1) 오복을 모두 갖춘 좋은 사주

```
년  월  일  시
壬  己  甲  丙        庚辛壬癸甲乙丙
戌  酉  子  寅        戌亥子丑寅卯辰
```

본명은 갑목(甲木) 일주(日主)가 유(酉)월에 태어나 실령(失令)하여 신약(身弱)하다. 비록 금기(金氣)가 강하나 일지(日支)에 자수(子水)가 있어 관인상생(官印相生)이 되니 길하다. 용신(用神)은 일간 갑목(甲木)이고 화(火)는 희신(喜神)이 되어 용신(用神)을 부조(扶助)한다. 그리고 경금(庚金)·신금(辛金)·무토(戊土)는 기신(忌神)이다. 초년 경술신(庚戌辛)운은 기신(忌神)이라 어려운 운이지만 부모덕에 별 문제없이 성장했고, 수(水)운은 한신(閑神)이니 무난하여 상승하는 운이고, 목화(木火)운은 용신(用神)과 희신(喜神)의 운이라 벼슬이 관찰사에 올랐다. 비록 관살(官殺)이 혼잡하나 일주(日主)가 강하여 문제될 것이 없다.

또 년간(年干) 임수(壬水)와 시지(時支) 자수(子水)가 관인상생(官印相生)을 잘 시키니 사주가 더 좋아진 것이다. 만일 인수(印授) 없이 관살(官殺)이 혼잡하면 파란만장한 사주가 된다. 본명은 인수(印授)가 잘 포진하여 관인상생(官印相生)을 잘 시켜 좋아졌다. 이 사주는 오복을 모두 갖춘 좋은 명조이다.

2) 용신(用神)이 절각(折脚)되고 상충(相沖)된 사주

```
년  월  일  시
壬  己  甲  丙        庚辛壬癸甲乙丙
戌  酉  申  寅        戌亥子丑寅卯辰
```

이 사주는 앞의 것과 거의 비슷한데 단지 일지(日支) 신금(申金) 한 글자만 다르다. 신유(申酉)가 방합(方合)하여 금(金)이 더 강해졌다. 일지(日支)에 신금(申金)이 들어 관인상생(官印相生)을 시키지 못하고, 오히려 용신(用神)을 절각(折脚)하고 인신상충(相沖)을 시켜 흉한 사주가 되었다. 사주에 화기(火氣)가 하나도 없는 것이 결점이 되어 앞의 사주에 비해 격이 많이 떨어진다.

임자(壬子) 대운에 무과에 응시했으나 불합격했다. 앞의 사주는 관찰사까지 지냈지만 본명은 등과하지 못했다. 그것은 관살(官殺)이 혼잡한데 제극(制剋)할 화(火)가 없고, 용신(用神)이 앞의 사주보다 많이 허약하기 때문이다. 이처럼 글자 하나 차이로 길흉이 많이 달라진다. 오행(五行)을 모두 갖추어야 좋은 사주인데 그렇지 못한 것이 결점이다. 그러나 다행인 것은 시주(時柱)가 갑자(甲子)이니 말년은 관인상생(官印相生)이 되어 복을 누릴 수 있었다.

8. 상하귀호(上下貴乎)

■ 원문
상하귀호정화(上下貴乎情和)

좌우귀호기협(左右貴乎氣協)

■ 직역
상하에 유정하고 화합함을 귀히 하며 좌우에 기운이 협조함을 귀히 한다.

■ 한자풀이
貴(귀할 귀) 情(뜻 정) 和(화할 화) 協(협동할 협) 乎(어조사 호)

■ 풀이
천간(天干)과 지지(地支)가 유정하거나, 천간(天干)과 천간(天干)이 화합하거나, 지지(地支)와 지지(地支)가 화합하는 등 상하와 좌우에 희신(喜神)이 생조(生助)하면 가장 기뻐한다.

1) 간지(干支)가 유정(有情)한 사주

년	월	일	시							
甲	癸	丙	甲		壬	辛	庚	己	戊	丁	丙
子	酉	寅	午		申	未	午	巳	辰	卯	寅

본명은 기둥마다 간지(干支)가 모두 상생하여 유정하니 인정이 많고 만사 낙천적이었다. 병화(丙火) 일주(日主)가 유(酉)월생이라 실령(失令)하여 신약(身弱) 사주이다. 사주에 금기(金氣)가 많으니 목화(木火)운이 길하고 토금(土金)운은 흉하다. 어느 기둥이나 간지(干支)가 상생하면 강해진다. 예를 들어 갑자(甲子)는 갑신(甲申)보다 훨씬 더 강하다. 갑자(甲子)는 간지(干支)가 상생하여 살아 있는 나무이지만, 갑신(甲申)은 상하가 상충(相沖)하여 악전고투하는 나무이기 때문이다. 이 사람은 오(午) 대운에 등과하여 승승장구하다 목(木) 대운에 높은 관직에 올랐다. 일지(日支) 인목(寅木)이 용신(用神)에 해당하니 아내복과 재물복이 많았고, 인성(印星)이 용신(用神)에 해당하니 학문이 뛰어나고 장수하였다.

2) 천간(天干)이 화합하는 사주

년	월	일	시							
癸	癸	甲	丙		壬	辛	庚	己	戊	丁	丙
亥	亥	申	寅		戌	酉	申	未	午	巳	辰

본명은 년월(年月)의 계수(癸水)가 상생하고, 수(水)가 다시 일간(日干) 갑목(甲木)을 상생하고, 갑목(甲木)은 다시 용신(用神) 병화(丙火)를 상생하여 천간(天干)이 화합이 잘된다. 겉으로는 길복이 많아 보이나 지지(地支)에 인신상충(寅申相沖)이 있어 보이지

않는 근심이 많은 사주가 되었다. 즉 천간(天干)이 상생하고 지지(地支)가 상충(相沖)하면 겉으로는 화려하게 보이나 근심이 많다. 본명의 용신(用神)은 시간(時干) 병화(丙火)이고, 목(木)은 희신(喜神)이다.

이 사주는 인성(印星)이 왕하여 불리하나, 갑목(甲木) 일주(日主)와 시지(時支) 인목(寅木)이 많은 수기(水氣)를 설기(洩氣)하여 용신(用神)을 도와주니 좋아졌다. 다행인 것은 기미(己未) 대운부터 전화위복이 되어 부귀영화를 누렸다. 사주의 원국을 보고 길흉을 판단할 수 있다. 즉 년주(年柱)는 초년운, 월주(月柱)는 청년운, 일주(日柱)는 중년운, 시주(時柱)는 말년운을 나타낸다.

3) 지지(地支)가 화합하는 사주

년	월	일	시							
甲	庚	乙	丙		辛	壬	癸	甲	乙	丙	丁
午	午	丑	子		未	申	酉	戌	亥	子	丑

본명은 천간(天干)에 갑경상충(甲庚相沖)이 들어 겉으로는 약간 살벌해 보이나 지지(地支)에는 상생이 많다. 오오(午午)가 상생이고, 자축(子丑)이 합이다. 다만 축오(丑午)가 상극(相剋)일 뿐이다. 을목(乙木) 일주(日主)가 오(午)월에 태어나 설기(洩氣)가 심하니 시지(時支) 자수(子水)가 용신(用神)이다. 용신(用神)이 지지(地

支)에 있으니 명예는 얻기 어려우나 안전하다.

　용신(用神)이 투간(透干)하면 명예에 이롭지만 통근(通根)이 약하
면 불안하고, 용신(用神)이 지지(地支)에 들면 명예는 불리하나 안
전하다. 본명은 용신(用神)이 투간(透干)하지 못하여 능력을 발휘
하지 못하지만 의식주는 걱정 없이 살아갈 수 있다. 용신(用神)은
능력을 나타낸다. 따라서 용신(用神)이 강하면 능력이 많고, 무력
하면 능력이 없는 사람이 된다.

4) 상하에서 희신(喜神)이 생조(生助)하는 사주

년	월	일	시							
乙	己	己	辛	戊	丁	丙	乙	甲	癸	壬
卯	卯	亥	未	寅	丑	子	亥	戌	酉	申

　본명은 을목(乙木) 일주(日主)가 묘(卯)월에 태어나 득령(得令)하
였고, 목기(木氣)와 수기(水氣)가 많아 신강(身强)하다. 목(木)이
많아 신강(身强)하니 목(木)을 극해야 중화되므로 시간(時干) 신금
(辛金)이 용신(用神)이다. 신금(辛金) 용신(用神)은 월간(月干)과
일주(日主)가 기토(己土)이며, 시지(時支)가 미토(未土)이다. 고로
토(土)는 희신(喜神)인데 상하에서 용신(用神)을 보호하니 좋은 사
주가 되었다. 용신(用神)은 생명의 신이니 가장 중요한 오행(五行)
이고, 사람에게는 정신이라고도 할 수 있다. 사람이 정신이 흐리멍

텅하면 흉한 것처럼 용신(用神)은 상충(相沖)되거나 합거(合去)되거나 절각(折脚)되거나 개두(蓋頭)되면 안된다. 용신(用神)은 투간(透干)하고, 통근(通根)이 잘되고, 또 희신(喜神)의 보호를 받아야 길복이 많다. 용신(用神)이 강해야 유능한 사람이 된다.

5) 좌우에서 희신(喜神)이 생조(生助)하는 사주

년	월	일	시						
壬	丙	庚	庚	丁	戊	己	庚	辛	壬	癸
申	午	午	辰	未	申	酉	戌	亥	子	丑

본명은 경금(庚金) 일주(日主)가 오(午)월에 태어나 실령(失令)하였고, 화(火)가 많으니 신약(身弱)하다. 그러나 경금(庚金)은 임수(壬水)·신금(申金)·진토(辰土)의 부조(扶助)로 강하다. 고로 용신(用神)은 년간(年干)의 임수(壬水)이고, 금(金)은 희신(喜神)이다. 임수(壬水) 용신(用神)은 신금(申金)이 부조(扶助)하여 유정하니 길한 사주가 되었다. 즉 지지(地支)에 용신(用神)이 잘 통근(通根)된 것을 유정하다고 한다. 예를 들어 임수(壬水)가 용신(用神)일 때 용신(用神)이 든 간지(干支)가 임신(壬申)이면 유정하고, 갑목(甲木)이 용신(用神)일 때 용신(用神)이 든 간지(干支)가 갑자(甲子)이면 유정하고, 병화(丙火)가 용신(用神)일 때 용신(用神)이 든 간지(干支)가 병인(丙寅)이면 유정하다고 한다. 이 사주도 유정

하니 관운이 좋아 국경 수비대장이 되었다. 유정한 사주는 용신(用神)이 강하여 길복이 많다.

6) 용신(用神)이 무정(無情)한 사주

년	월	일	시							
壬	丙	乙	乙		丁	戊	己	庚	辛	壬	癸
午	午	卯	酉		未	申	酉	戌	亥	子	丑

본명은 화기(火氣)가 태왕하니 년간(年干) 임수(壬水)가 용신(用神)이다. 그러나 임수(壬水)가 강렬한 화기(火氣)에 둘러싸여 용신(用神)이 매우 약하다. 시지(時支)에 희신(喜神)인 유금(酉金)이 들어 통근(通根)하지만 서로 거리가 너무 멀어 도움을 주지 못하니 무정한 사주가 되었다. 즉 용신(用神)과 희신(喜神)의 거리가 멀어 유정하지 못하고, 또 희신(喜神)이 상충(相沖)되어 용신(用神)을 돕지 못한다. 용신(用神)이 천간(天干)에 투간(透干)해도 지지(地支)에서 통근(通根)이 잘되지 않으면 무정하다. 예를 들어 임수(壬水)가 용신(用神)일 때 용신(用神)이 든 간지(干支)가 임오(壬午)이면 무정하고, 갑목(甲木)이 용신(用神)일 때 용신(用神)이 든 간지(干支)가 갑신(甲申)이면 무정하고, 병화(丙火)가 용신(用神)일 때 용신(用神)이 든 간지(干支)가 병자(丙子)이면 무정하다고 한다. 이 사람은 사주가 무정하여 평생 백수건달이었다.

9. 시기소시 (始其所始)

■ 원 문

시기소시종기소종(始其所始終其所終)

수복부귀영호무궁(修復富貴永乎無窮)

■ 직 역

시(始)는 그 소(所)부터 시(始)하고, 종(終)은 그 소(所)부터 종(終)한다. 수복과 부귀는 영원하며 무궁하도다.

■ 한자풀이

始(처음 시) 終(마침 종) 富(부할 부) 壽(목숨 수) 窮(다할 궁)

■ 풀 이

시작할 곳에서 시작되고, 끝날 곳에서 끝난다면 시종(始終)이 어긋남이 없이 길복과 수명과 부귀가 평생 따른다. 즉 태어남은 타고난 사주팔자에 따라 태어나고, 또 죽음도 사주팔자대로 살다가 운이 끝나면 죽게 된다. 누구나 타고난 사주팔자를 벗어날 수 없다. 또 타고난 부귀와 복과 수명은 누가 빼앗아가지 못하고 대신할 수도 없다. 타고난 사람의 것으로 영원하며 무궁하다.

1) 마치 물이 흐르듯 막힘이 없는 사주

년	월	일	시	
壬	甲	丙	戊	乙丙丁戊己庚辛
申	辰	午	子	巳午未申酉戌亥

년간(年干) 임수(壬水)가 월간(月干) 갑목(甲木)을 생조(生助)하고, 갑목(甲木)은 병화(丙火) 일주(日主)를 생조(生助)하고, 병화(丙火)는 다시 시간(時干) 무토(戊土)를 생조(生助)하니 사주가 마치 물이 돌듯이 빙글빙글 돈다. 즉 생생불식(生生不息)이 되어 오복을 갖춘 좋은 사주가 되었다. 일찍 등과하여 승승장구하더니 2품까지 올랐다. 재물운도 좋아 수백만 석을 모았고, 80세 넘게 장수하였다. 평생 길운만 계속되어 어느 오행(五行)이 용신(用神)인지 구분이 안될 정도다. 굳이 용신(用神)을 정한다면 년간(年干) 임수(壬水)이고, 금(金)은 희신(喜神)이며, 나머지는 모두 한신(閑神)이다. 기신(忌神)이 없는 사주라 부귀영화를 모두 누린 것이다.

2) 생생불식(生生不息)으로 부귀영화를 많이 누린 사주

년	월	일	시	
戊	庚	癸	乙	辛壬癸甲乙丙丁
戌	申	亥	卯	酉戌亥子丑寅卯

본명도 앞의 것과 비슷하며 부귀영화를 많이 누릴 사주이다. 년주(年柱) 무술토(戊戌土)는 월주(月柱) 경신금(庚申金)을 생조(生助)하고, 경신금(庚申金)은 다시 일주(日柱) 계해수(癸亥水)를 생조(生助)하고, 계해수(癸亥水)는 다시 시주(時柱) 을묘목(乙卯木)을 생조(生助)하니 생생불식(生生不息)이다. 어느 한 곳 막힘없이 잘 유통되어 초년에 등과하여 승승장구하더니 태수(太守)까지 올랐다. 처첩의 복도 많아 1처와 2첩을 두었고, 자식은 13명인데 모두 등과하였다. 재물복도 많아 수백만 금을 축적하였고, 90세 넘게 장수하였다. 인간이 지닐 수 있는 복을 모두 갖춘 아주 좋은 명조이다. 이 사주는 시간(時干) 을목(乙木)이 용신(用神)이고, 수(水)는 희신(喜神)이다.

3) 인간의 오복을 모두 갖춘 사주

```
년  월  일  시
甲  丙  己  辛        丁戊己庚辛壬癸
子  寅  巳  未        卯辰巳午未申酉
```

본명은 년지(年支) 자수(子水)가 갑인목(甲寅木)을 생조(生助)하고, 갑인목(甲寅木)은 병사(丙巳)를 생조(生助)하고, 병사(丙巳)는 기미(己未)를 생조(生助)하고, 기미(己未)는 신금(辛金)을 생조(生助)하니 생생불식(生生不息)이다. 사주가 마치 물이 흐르듯 막힘없

이 잘 유통되니 오복을 모두 갖춘 명이 되었다. 일찍 등과하여 승
승장구하다가 최고의 벼슬까지 올랐고, 부부금슬도 매우 좋았으며,
자손들도 모두 등과하여 출세하였고, 재물복도 많아 수백만 금의
거부가 되었으며, 90세까지 장수하였다. 시간(時干) 신금(辛金)이
용신(用神)이고, 토(土)는 희신(喜神)이다.

형상격(形象格)

1장. 형상론(形象論)

1. 양기합이(兩氣合而)

■ 원문

양기합이성상(兩氣合而成象) 상불가파야(象不可破也)

오기취이성형(五氣聚而成形) 형불가해야(形不可害也)

■ 직역

두 가지의 기(氣)가 합하여 상(象)을 이루고, 상(象)이 파(破)함은
불가하며, 오기가 취(聚)하여 형(形)을 이루고 형(形)이 해(害) 입
음은 불가하다.

■ 한자풀이

兩(두 양) 破(깨뜨릴 파) 聚(모을 취)

害(해로울 해) 也(어조사 야)

■ 풀 이

 두 가지 기운으로 형상을 이루었을 때는 손상되면 안된다. 즉 명식이 양신성상격(兩神成象格)인 경우 두 가지 오행(五行)의 균형을 파극(破剋)하는 것은 불가하다. 오행(五行)의 기운이 모두 있는 사주도 형상이 손상되지 않아야 한다. 즉 명식이 일행득기격(一行得氣格)이면 오행(五行)이 상극(相剋)되어 형상을 극해(剋害)하는 것은 불가하다.

1) 양신성상격(兩神成象格) 사주

     년 월 일 시
     甲 丁 甲 丁   戊己庚辛壬癸甲
     午 卯 午 卯   辰巳午未申酉戌

 본명은 목화(木火)로만 구성되어 정격(正格)이 아니라 종격(從格)이고, 종격(從格) 중에서도 양신성상격(兩神成象格)이다. 이러한 종격(從格) 사주는 화(火)가 용신(用神)이고, 목(木)은 희신(喜神)이다. 행운에서도 역시 목화(木火)운이 길하고, 토금수(土金水)운은 흉하다. 종격(從格) 사주는 정격(正格)과는 길흉이 반대로 나타난다. 행운에서 금(金)운을 만나면 금극목(金剋木)하니 관재구설이 생기고, 수(水)운을 만나면 강한 화(火)를 상충(相沖)하니 건강에 이상이 생기고, 토(土)운을 만나면 목극토(木剋土)하니 재물손재를 피할 수 없다. 화(火)가 용신(用神), 목(木)은 희신(喜神), 금(金)은 기신(忌神), 토(土)는 구신(仇神)이다.

년	월	일	시							
丁	乙	丁	乙	甲	癸	壬	辛	庚	己	戊
卯	巳	卯	巳	辰	卯	寅	丑	子	亥	戌

이 사주도 앞의 것과 비슷하다. 목화(木火)로만 구성되어 양신성 상격(兩神成象格)이다. 정화(丁火) 일주(日主)가 사(巳)월에 태어나 득령(得令)하였고, 목(木)은 인성(印星)이니 인성(印星)과 비겁(比劫)으로만 구성되어 종강격(從强格) 사주이다. 종강격(從强格)이니 용신(用神)은 화(火)이고 목(木)은 희신(喜神)이다. 가장 흉한 운은 금(金)운인데, 금(金)은 화극금(火剋金) 금극목(金剋木)하니 대흉하다. 다음은 토(土)운인데 화토(火土)가 동행하는 병진(丙辰)이나 정미(丁未)는 별로 흉하지 않으나, 토금(土金)이 동행하면 대흉하다. 그리고 수(水)운도 수목(水木)이 동행하는 갑자(甲子)나 을해(乙亥)는 별로 흉하지 않으나, 금수(金水)가 동행하는 임신(壬申)이나 계유(癸酉)는 대흉하다.

년	월	일	시							
丙	甲	丙	甲	乙	丙	丁	戊	己	庚	辛	壬
午	午	午	午	未	申	酉	戌	亥	子	丑	寅

본명이 걸어간 행운을 살펴보면 다음과 같다. 초년 대운은 천간(天干)은 병정(丙丁)이나 지지(地支)는 신유(申酉)이다. 금(金)운에는 발복하지 못하다가 정(丁) 대운에 회시(會試)에 합격한 것을 보면 화(火)운이 길하다는 증거이다. 이 사람은 목(木)운과 화(火)운에는 길했고, 금(金)운과 수(水)운은 흉하였다. 그러면 목화(木火)가 용신(用神)이라는 결론이다. 종격(從格)이며 양신성상격(兩神成象格)이다. 그러나 안타깝게도 중년부터 수(水)운으로 흘러 관직에서 물러났고, 낙향하여 평생 후학을 양성하며 보냈다. 즉 대운이 따라주지 않아 한 번도 크게 발복하지 못했다.

2) 토금상관격(土金傷官格) 사주

년	월	일	시							
戊	辛	戊	辛	壬	癸	甲	乙	丙	丁	戊
辰	酉	辰	酉	戌	亥	子	丑	寅	卯	辰

본명은 토(土)와 금(金)이 반반으로 구성되어 토금상관격(土金傷官格)이다. 그러나 무토(戊土)가 양토(陽土)이니 강하고, 년주(年柱)에 무진(戊辰)이 들고 일지(日支)에 진토(辰土)가 들어 강하다. 따라서 종아격(從兒格)이 아니라 신약(身弱) 사주이다. 금기(金氣)가 많아 설기(洩氣)가 심하여 진묘목(辰卯木)이 용신(用神)이니, 목화토(木火土)운은 길하고 금수(金水)운은 흉하다.

초년은 수(水)운이라 발복하지 못하다가 병인(丙寅) 대운에 병화(丙火)가 용신(用神)이니 승진하였다. 종아격(從兒格)이 되려면 일주(日主)가 매우 약해야 한다. 즉 일주(日主)가 태약하여 자립하기 어려워야 자신의 명을 버리고 종아격(從兒格)이 되는 것이다. 그러나 무토(戊土) 일주(日主)가 강하니 정격(正格)으로 보아 신약(身弱) 사주로 간명해야 한다.

3) 본명이 걸어간 길을 보면 용신(用神)을 알 수 있다.

```
년  월  일  시
戊  癸  戊  癸        甲乙丙丁戊己庚
戊  亥  戊  亥        子丑寅卯辰巳午
```

본명은 수(水)와 토(土)가 반반으로 구성되었다. 초년 자축(子丑) 대운에는 발복하지 못하다가 병인(丙寅) 대운에 등과하여 정묘(丁卯)운에 승승장구하고, 무진(戊辰)·기사(己巳) 대운에는 벼슬이 군수까지 올랐다. 즉 목화(木火)운이 길하고 금수(金水)운은 흉하다. 이렇게 보면 종격(從格)인 양신성상격(兩神成象格)이 아니라 정격(正格)인 신약(身弱) 사주로 간명해야 한다는 결론이 나온다. 즉 술(戌) 정화(丁火)가 용신(用神), 목화(木火)운과 조토(燥土)는 희신(喜神), 금수(金水)운과 습토(濕土)는 흉운이다.

4) 화기(火氣)와 토기(土氣)가 대립하지만 월지(月支)가 미(未)월이라 신약(身弱)하다.

```
년  월  일  시
癸  己  癸  己        戊丁丙乙甲癸壬
亥  未  亥  未        午巳辰卯寅丑子
```

　본명은 년주(年柱)와 일주(日柱)는 계해(癸亥)이고, 월주(月柱)와 시주(時柱)는 기미(己未)이다. 양신성상격(兩神成象格)으로 보이나 정격(正格)으로 보아 신약(身弱) 사주로 간명해야 한다. 본명은 계수(癸水) 일주(日主)가 미(未)월생에 태어나 실령(失令)하여 신약(身弱)하고, 화기(火氣)와 토기(土氣)가 대립하지만 월지(月支)가 미(未)월이라 신약(身弱)하다. 년간(年干) 계수(癸水)가 용신(用神)이고 목(木)은 희신(喜神)이니, 수목(水木)운이 길하고 화토(火土)운은 흉하다.

　년주(年柱)에 용신(用神)이 들어 조부모대에는 집안이 부유했으나, 월주(月柱)에 기신(忌神)이 들어 부모대에 쇠약해졌고, 자신이 옛 명성을 다시 찾았다. 일지(日支)에 용신(用神)이 자리하니 아내복이 많아 아내덕으로 다시 일어선 것이다. 그러나 시주(時柱)에 기신(忌神)이 있어 자식은 별로 자랑할 것이 없다.

5) 수(水)가 태왕하면 갑목(甲木)은 부목(浮木)이 된다.

```
년  월  일  시
壬  壬  甲  戊        癸甲乙丙丁戊己
戌  子  子  辰        丑寅卯辰巳午未
```

수(水)가 태왕하여 갑목(甲木)이 부목(浮木)이 되었다. 그러나 시간(時干)에 무토(戊土)가 투간(透干)하여 범람하는 강한 수(水)를 막아 흉이 감소하였다. 무토(戊土) 용신(用神)은 진토(辰土)에 의지하지만 진토(辰土)는 신자진(申子辰)이 합하여 수국(水局)을 이루니 진흙이 되었다. 조후(調候)하려면 병화(丙火)가 필요하고 무병정기사오미(戊丙丁己巳午未)운은 모두 길하다. 그리고 임계갑해자축인(壬癸甲亥子丑寅)운은 모두 흉하다. 을묘(乙卯) 대운까지는 고전했으나 정사(丁巳) 대운에 발복하였다. 원국에 화(火)가 하나도 없는 것이 결점이다. 술(戌)에 정화(丁火)가 있지만 너무 약하여 아무 작용도 하지 못한다. 천간(天干)에 병화(丙火)가 투간(透干)하고, 지지(地支)에 오미(午未)가 들었으면 좋았을 것이다.

6) 진술축미(辰戌丑未)는 모두 토(土)이나 기운은 다르다.

```
년  월  일  시
戊  乙  甲  辛        丙丁戊己庚辛壬
寅  卯  辰  未        辰巳午未申酉戌
```

본명은 갑목(甲木) 일주(日主)가 묘(卯)월에 태어났고, 지지(地支)에 인묘진(寅卯辰)의 방합(方合)을 이루니 목(木)이 태왕하다. 시간(時干) 신금(辛金)이 미약하나 용신(用神)이니 기토(己土)·경금(庚金)·무토(戊土)는 길하고, 갑목(甲木)과 을목(乙木)은 흉하다. 병화(丙火)와 사화(巳火)는 구신(仇神)이고, 정화(丁火)와 오화(午火)는 한신(閑神)이다. 초년은 화토(火土)운이라 구신(仇神)운이니 공부를 못하며 고전하다가 기미(己未) 대운부터 조금씩 운이 열려 경신(庚申)·신유(辛酉)운에는 발복하였다. 진토(辰土)는 토생금(土生金)하여 60% 정도 길작용을 하지만, 인묘진(寅卯辰) 방합(方合)을 이루어 목(木)에 힘을 가세하므로 40%는 흉작용을 한다. 이처럼 진술축미(辰戌丑未)는 모두 토(土)이나 기운에는 많은 차이가 있다는 것을 잘 이해해야 한다.

7) 용신(用神)이 암장(暗藏)되면 그릇이 작은 사람이다.

년	월	일	시							
癸	乙	甲	乙		甲	癸	壬	辛	庚	己	戊
未	卯	戌	亥		寅	丑	子	亥	戌	酉	申

본명은 갑목(甲木) 일주(日主)가 묘(卯)월에 태어나 득령(得令)하였고, 해묘미(亥卯未)가 삼합(三合)하여 목국(木局)을 이루니 목(木)이 태왕하다. 왕목(旺木)을 제압하려면 금(金)이 필요한데 술

(戌) 중의 신금(辛金)밖에 없다. 따라서 용신(用神)은 신금(辛金)이나 암장(暗藏)되어 매우 약하고, 또 용신(用神)이 술(戌)에 암장(暗藏)되어 능력을 발휘하지 못하니 무슨 일을 해도 성공하지 못했다. 계축(癸丑)·임자(壬子) 대운은 흉운이라 부모의 유산을 많이 탕진하였고, 경술(庚戌) 대운부터 용신(用神)운이니 조금 안정되었다. 이 사람이 평생 한 번도 능력을 발휘하지 못한 것은 용신(用神)이 너무 약했기 때문이다. 용신(用神)이 암장(暗藏)되어 있으면 그릇이 작은 사람이다.

2 독상희행 (獨象喜行)

■ 원 문

독상희행화지(獨象喜行化地) 이화신요창(而化神要昌)

전상희행재야(全象喜行財也) 이재신요왕(而財神要旺)

■ 직 역

독상(獨象)은 화지(化地)에 행하기를 희(喜)하고, 화신(化神)은 창(昌)함을 요(要)하며, 전상(全象)이 재지(財地)에 행하기를 희(喜)하고, 재신(財神)은 왕(旺)함을 요한다.

■ 한자풀이

獨(홀로 독) 喜(기쁠 희) 昌(창성할 창)

而(말이을 이) 財(재물 재)

■ 풀 이

홀로 있는 형상은 변하는 운을 좋아하니 화신(化神)이 창성하기 때문이다. 또 완전한 형상이라면 재성(財星)운이 반가우니 재성(財星)이 왕성하기를 요한다. 즉 비겁(比劫)과 관살(官殺)의 양신성상격(兩神成象格)일 때는 비겁(比劫)이 강하면 재관(財官)을 기뻐하고, 관살(官殺)이 강하면 비겁(比劫)운을 기뻐한다. 비겁(比劫)과 재성(財星)의 양신성상격(兩神成象格)일 때는 비겁(比劫)이 강하면 식상(食傷)과 재성(財星)을 기뻐하고, 재성(財星)이 강하면 인성(印星)과 비겁(比劫)을 기뻐한다.

1) 극귀(極貴)하거나 극빈(極貧)하면 종격(從格) 사주이다.

년	월	일	시								
甲	丁	甲	丙		戊	己	庚	辛	壬	癸	甲
寅	卯	辰	寅		辰	巳	午	未	申	酉	戌

본명은 갑목(甲木) 일주(日主)가 묘(卯)월에 태어났고, 지지(地支)에 인묘진(寅卯辰) 방합(方合)이 있다. 다른 어떤 세력이 관여할 수 없으니 목화(木火)가 득세(得勢)한 종격(從格)이다. 즉 곡직인수격(曲直印授格)이다. 용신(用神)은 갑목(甲木), 수(水)와 화(火)는 희신(喜神), 금(金)과 토(土)는 흉하다. 사화(巳火) 대운은 희신(喜神)운이라 어려서 등과했으나, 금(金)운은 기신(忌神)운이

라 실직하고 다시 발복하지 못했다. 종격(從格)은 평생 평안할 수
없다. 왜냐하면 대운은 길어야 20년 정도 유지되기 때문이다. 그리
고 종격(從格) 사주는 모 아니면 도이니 최상격이거나 최하격이
된다. 극귀(極貴)하거나 극빈(極貧)한 팔자는 종격(從格)이 된다.

2) 사주에 없는 오행(五行)은 용신(用神)으로 삼을 수 없다.

년	월	일	시							
己	丁	戊	己		丙	乙	甲	癸	壬	辛	庚
未	丑	子	未		子	亥	戌	酉	申	未	午

본명은 무토(戊土) 일주(日主)가 축(丑)월에 태어나 신강(身强)하
다. 그러나 용신(用神)은 억부법(抑扶法)이 아니라 조후법(調候法)
으로 찾아야 한다. 즉 축(丑)월이므로 동토의 차가운 사주이다. 따
라서 월(月) 정화(丁火)가 용신이고 목(木)은 희신(喜神)이니, 목
화(木火)운은 길하고 금수(金水)운은 흉하다.
 년주(年柱)의 기미(己未)가 좋아 조상덕이 많았고, 월(月)에 용신
(用神)이 있어 부모덕도 많았다. 그러나 일지(日支) 자수(子水)가
기신(忌神)이라 아내덕은 없었다. 성격 차이로 이혼하고 재혼했으
나 역시 행복하지 못했다. 시주(時柱) 기미(己未)는 길신이니 자식
은 효성이 있었다. 용신(用神)은 사주에 있는 오행(五行) 중에서
찾아야 한다. 사주에 없는 오행(五行)은 용신(用神)이 될 수 없다.

3) 종격(從格)과 정격(正格)을 명확하게 구분해야 한다.

```
년  월  일  시
丙  甲  丙  甲        乙丙丁戊己庚辛
寅  午  戌  午        未申酉戌亥子丑
```

본명은 병화(丙火) 일주(日主)가 오(午)월에 태어났고, 지지(地支)에 인오술(寅午戌) 삼합(三合)으로 화국(火局)을 이루니 염상격(炎上格)이다. 따라서 목화(木火)운은 길하고, 금수(金水)운은 흉하다. 대운이 불행하게도 금수(金水)운으로 흘러 초년에는 공부가 잘되지 않았으나, 어렵게 무과에 나가 부장(副將)의 벼슬을 하였다. 그러나 해(亥) 대운에 수극화(水剋火)로 용신(用神)을 파극(破剋)하여 고전하다 경자(庚子) 대운에 전사하였다.

그동안 필자는 어느 책을 보아도 종격(從格)에 대한 시원한 답을 찾을 수 없었다. 정격(正格)이면 육신과 위치로 육친관계와 부귀유무를 상세하게 설명할 수 있지만, 종격(從格)은 그럴 수 없다. 많은 역학서를 보았지만 대부분 애매하게 설명해 놓았다. 즉 종격(從格)을 보고는 그릇의 크기를 간명할 수 없다. 앞으로 역학도들은 많이 연구하여 종격(從格)과 정격(正格)을 정확하게 구분하는 방법을 터득해야 할 것이다.

4) 잘못 풀리면 폭력배의 두목이 될 사주이다.

```
년  월  일  시
庚  乙  庚  庚        丙丁戊己庚辛壬
申  酉  戌  辰        戌亥子丑寅卯辰
```

본명은 을경(乙庚)이 합을 하고 신유술(申酉戌)이 방합(方合)을
이루니 금(金)이 태왕하여 종혁격(從革格)이 되었다. 토금수(土金
水)가 길한데 원국에 수(水)가 하나도 없으니 행운에서 목(木)을
만나면 대흉하다. 해자축(亥子丑) 대운은 길운이라 등과하여 참장
(參將) 벼슬을 하였다. 그러나 인(寅) 대운에 금극목(金剋木)하여
전사하였다. 종혁격(從革格)은 목화(木火)운이 가장 흉하다. 또 경
술(庚戌)과 경진(庚辰)은 괴강(魁罡)살인데, 사주에 있으면 용기가
있고 용감하지만 비명횡사하기 쉽다. 본명은 살기가 넘치니 무관이
나 경찰이 되면 좋으나 잘못 풀리면 폭력배가 될 수도 있다.

**5) 비겁(比劫)이 태과한데 식상(食傷)은 없고 재성(財星)을 만나면 군
비쟁재(群比爭財)가 된다.**

```
년  월  일  시
壬  辛  癸  壬        壬癸甲乙丙丁戊
子  亥  丑  子        子丑寅卯辰巳午
```

본명은 계수(癸水) 일주(日主)가 해(亥)월에 태어났고, 지지(地支)에 해자축(亥子丑) 수국(水局)을 이루니 윤하격(潤下格)이다. 수(水)운이 가장 길하고, 다음은 수(水)를 생조(生助)하는 금(金)운이고, 수(水)를 유통시키는 목(木)운도 좋다. 가장 흉한 운은 화(火)운이고, 다음은 토(土)운이다. 임자(壬子)·계축(癸丑) 대운은 용신(用神)운이라 일찍 등과하였고, 갑인(甲寅) 대운은 수(水)를 유통시키니 장원급제하였다. 을묘(乙卯) 대운도 길운이라 승승장구하여 현령(縣令)이 되었고, 승진을 거듭하였다. 그러나 병진(丙辰) 대운을 만나면서 장벽이 생겼다. 원국에 식상(食傷)이 없는데 병화(丙火)를 만나니 군비쟁재(群比爭財)가 일어나 병사하였다. 원국에 목(木)이 하나라도 있었으면 군비쟁재(群比爭財)는 면했을 것이다.

6) 용신(用神)이 투간(透干)하지 못하면 등과하지 못한다.

```
년  월  일  시
戊  丙  丁  甲        丁 戊 己 庚 辛 壬 癸
申  辰  卯  辰        巳 午 未 申 酉 戌 亥
```

본명은 정화(丁火) 일주(日主)가 진(辰)월에 태어났고, 일지(日支)에 묘목(卯木)이 들고, 시지(時支)에 진토(辰土)가 들고, 갑목(甲木)과 병화(丙火)가 투간(透干)하여 신강(身强)하다. 년지(年支) 신금(申金)이 용신(用神)인데, 신진(申辰)이 합하여 용신(用

神)이 더 강해졌다. 비록 용신(用神)이 투간(透干)하지 못하여 등과할 수 없었으나 재물운이 매우 좋았다. 관살(官殺)이 투간(透干)하지 못하여 관운이 없으니, 초년 사오미(巳午未) 대운에 공부를 하지 못하여 등과하지 못한 것이다. 경신(庚申)·신유(辛酉) 대운은 용신(用神)운이니 재물이 많이 들어왔다. 부모의 유산은 미미했지만 자수성가하여 재물을 축적하였다. 용신(用神)은 원국에 있는 오행(五行) 중에 중화를 가장 잘 시키는 것으로 정한다. 본명에서 진용신(眞用神)은 신유금(辛酉金)과 임해수(壬亥水)이고, 경신금(庚申金)과 계자수(癸子水)는 가용신(假用神)이며 희신(喜神)이다.

7) 유운득복(有運得福), 즉 운이 있으면 복이 있다.

년	월	일	시								
己	辛	丙	丁	庚	己	戊	丁	丙	乙	甲	癸
巳	未	午	酉	午	巳	辰	卯	寅	丑	子	亥

본명은 병화(丙火) 일주(日主)가 미(未)월에 태어났고, 지지(地支)에 사오미(巳午未) 화국(火局)을 이루어 화(火)가 태왕하다. 1번 용신(用神)은 계자수(癸子水)인데 없고, 2번 용신(用神)은 임해수(壬亥水)인데 역시 없다. 할 수 없이 신유금(辛酉金)을 용신(用神)으로 삼지만 가용신(假用神)이다. 본명도 수기(水氣)가 하나도 없는 것이 큰 결점이다.

초년 사오(巳午) 대운은 기신(忌神)운이라 일찍 부모를 잃고 고생하였고, 중년 정묘(丁卯)·병인(丙寅) 대운도 역시 기신(忌神)운이라 무슨 일을 해도 실패하여 백수건달로 지냈다. 그러나 노년 축(丑) 대운이 용신(用神)운이라 제법 많은 재물이 들어왔다. 재물이 있으니 자연히 여자가 따르는 법. 예쁜 첩을 하나 얻어 아들 둘을 얻어 희희낙락하였다. 그리고 갑자(甲子) 계해(癸亥) 대운도 용신(用神)운이라 많은 재물이 들어왔고, 90세를 넘게 장수하였다. 유운득복(有運得福). 운이 있으면 언젠가는 복이 들어온다는 말이다.

3. 형전자의 (形全者宜)

■ 원 문
형전자의 손기유여(形全者宜損其有餘)
형결자의 보기부족(形缺者宜補其不足)

■ 직 역
 형(形)이 완전한 자는 그 유여(有餘)가 손(損)하는 것을 의(宜)하며, 형이 결함된 자는 그 부족을 보(補)하는 것을 의(宜)한다.

■ 한자풀이
損(손해볼 손) 餘(남을 여) 缺(이즈러질 결)
補(도울 보) 足(발 족)

■ 풀 이

형상이 완전한 자는 그 넘치는 것을 덜어주는 것이고, 형상에 결함이 있는 자는 그 부족한 부분을 보태주는 것이다. 즉 형상이 완전하여 신강(身强)한 사주는 재성(財星)·관살(官殺)·식상(食傷)을 기뻐하고, 형상에 결함이 있어 신약(身弱)한 사주는 인성(印星)과 비겁(比劫)을 기뻐한다.

1) 진용신(眞用神)이 원국에 없는 것이 결점이다.

년	월	일	시								
丁	庚	庚	甲	己	戊	丁	丙	乙	甲	癸	壬
丑	戌	子	申	酉	申	未	午	巳	辰	卯	寅

본명은 경금(庚金) 일주(日主)가 술(戌)월에 태어났고, 월(月)에 경금(庚金)이 투간(透干)하고 시지(時支)에 신금(申金)이 들어 신강(身强)하다. 오행(五行)의 길흉을 살펴보면 먼저 을묘(乙卯)·병사(丙巳)가 들면 1번 용신(用神)이며 진용신(眞用神)인데 원국에 없는 것이 결점이다. 2번 용신(用神)은 갑인(甲寅)·정오(丁午)이다. 반대로 가장 흉한 오행(五行)은 신유(辛酉)이고, 다음은 경신무기임(庚申戊己壬)이다.

초년 기유(己酉) 무신(戊申) 대운은 기신(忌神)운이라 악전고투했으나, 정미(丁未) 대운부터는 희신(喜神)운이라 서서히 일어나기 시작하였고, 병오(丙午) 대운도 역시 희신(喜神)운이라 발복하였다. 을사(乙巳) 대운에는 의식주가 풍족하며 육친과도 화목하여 유유 자적하게 다복한 노년을 보냈다. 갑경(甲庚)이 상충(相沖)하여 갑목(甲木)이 비록 상해를 입었지만 일지(日支) 자수(子水)의 부조(扶助)로 강건하여 노복이 많았던 것이다.

2) 고통이 심하여 목을 매 자살한 사주

년	월	일	시								
戊	壬	庚	乙	癸	甲	乙	丙	丁	戊	己	庚
申	戌	申	酉	亥	子	丑	寅	卯	辰	巳	午

본명은 경금(庚金) 일주(日主)가 술(戌)월에 태어나 득령(得令)하여 강한데, 지지(地支)에 신유술(申酉戌) 방합(方合)과 을경합(乙庚合)이 있다. 다른 어떤 오행(五行)도 기력을 나타낼 수 없으니 토금(土金) 종강격(從强格)이 되었다. 금(金)이 가장 길하고, 다음은 토(土)와 수(水)이다. 가장 흉한 운은 목화(木火)운이다.

초년 해자축(亥子丑) 대운은 희신(喜神)운이니 부모덕에 호의호식하며 성장하였고, 부모의 유산도 많이 받았다. 그러다 병인(丙寅) 대운이 기신(忌神)운이라 사업을 실패하여 유산을 모두 탕진하였고, 부부 간에도 불화가 일어나 가정이 파경을 맞았다. 의식주가 어려울 정도로 완전히 망하여 유리걸식하다가 목을 매 자살하였다.

3) 용신(用神)이 미약하고 희신(喜神)이 강하면 자신의 능력보다 주
변환경이 좋다.

```
년  월  일  시
庚  辛  丙  乙        壬癸甲乙丙丁戊己
申  巳  午  未        午未申酉戌亥子丑
```

본명은 병화(丙火) 일주(日主)가 사(巳)월에 태어나 득령(得令)하
여 신강(身强)하다. 화기(火氣)가 많아 신강(身强)해졌으니 우선
물이 필요하다. 신(申) 임수(壬水)가 용신(用神)이고, 금(金)은 희
신(喜神)이다. 그러나 용신(用神)이 암장(暗藏)되어 약하고 희신
(喜神)인 금(金)이 용신(用神)보다 강하다. 용신(用神)이 미약하고
희신(喜神)이 강하면 자신의 능력보다 주위환경이 좋다는 뜻이니,
부모 형제나 친구나 친척의 도움으로 성공한다. 그리고 용신(用神)
이 미약하고 희신(喜神)이 강하니 독립사업은 불리하다.

이 사람은 남에게 의지하는 것이 유리하니 공무원이 되거나 대기
업에 들어가면 크게 성공할 수 있다. 혹자는 투간(透干)한 경금(庚
金)이나 신금(辛金)을 용신(用神)으로 삼으면 될 것처럼 말한다.
물론 금(金)보다 수(水)가 더 좋은 작용을 하니 틀린 말은 아니다.
용신(用神)이란 그 사주에서 가장 유력한 것을 취하는 것이다. 본
명에서 수기(水氣)는 80% 이상 길작용을 하지만, 금기(金氣)는 60
% 정도 길작용을 한다.

4) 관살(官殺)이 기신(忌神)에 해당하면 관재구설이 많다.

```
년  월  일  시
壬  癸  丙  丙        甲乙丙丁戊己庚
子  丑  午  申        寅卯辰巳午未申
```

본명은 관살(官殺)이 넘치는데 병화(丙火) 일주(日主)는 허약하다. 인성(印星) 목(木)이 하나도 없는 것이 결점이다. 인성(印星)이 있었다면 관인상생(官印相生)으로 흉변길이 되지만 인성(印星)이 없으니 관살(官殺)의 흉폭함을 모두 당하였다. 관살(官殺)이 기신(忌神)에 해당하면 법난을 비롯하여 관재구설이 많다.

갑인(甲寅) 을묘(乙卯) 대운은 희신(喜神)운이라 공부를 잘하며 재물도 넉넉하였으나, 진(辰) 대운에는 신자진(申子辰) 수국(水局)을 이루니 흉하여 처자식과 이별하였다. 그러다가 사오미(巳午未) 대운에 다시 발복했다가 노년인 신(申) 대운에 죽었다. 신약(身弱) 사주에 관살(官殺)이 태왕한데 인성(印星)이 없어 관인상생(官印相生)이 안되면 흉화가 크고 심하다.

5) 용신(用神)이 절각(折脚)되면 흉하다.

```
년  월  일  시
壬  壬  甲  庚        癸甲乙丙丁戊己
辰  寅  寅  午        卯辰巳午未申酉
```

본명은 갑목(甲木) 일주(日主)가 인(寅)월에 태어나 득령(得令)하였고, 수목(水木)이 많아 신강(身强)하다. 신강(身强)하면 용신(用神)은 재관(財官)이 1순위인데, 시간(時干) 경금(庚金)이 갑경상충(甲庚相沖)하고 경오(庚午)가 절각(折脚)되어 경금(庚金)은 용신(用神) 역할을 못한다. 고로 시지(時支) 오화(午火)가 강한 목(木)을 유통시켜 중화를 이루니 오화(午火)가 용신(用神)이다.

초년 계묘(癸卯) 갑진(甲辰) 대운은 목(木)운이니 기신(忌神)에 해당하여 여러 번 과거에 응시했으나 떨어졌고, 병오(丙午) 대운에는 목(木)을 유통시키니 10여만 석의 재산을 축적하였다. 이 사주는 경금(庚金)이 통근(通根)만 잘되었다면 당연히 80% 이상 길작용을 했을 것이다. 오화(午火)는 가용신(假用神))으로 60%만 길작용을 한다.

6) 노년에 의지할 곳이 없는 사주

년	월	일	시							
癸	甲	癸	辛	癸	壬	辛	庚	己	戊	丁
酉	子	亥	酉	亥	戌	酉	申	未	午	巳

본명은 계해(癸亥) 일주(日主)가 자(子)월에 태어나 득령(得令)하였고, 온통 금수(金水)운으로 구성되어 다른 어떤 오행(五行)도 힘을 쓰지 못한다. 강물이 넘쳐 범람할 지경이니 월간(月干) 갑목(甲

木)이 부목(浮木)이 되어 무용지물이 되었으니 금수(金水)로 구성된 종강격(從强格)이다.

계해(癸亥) 임술(壬戌) 대운은 용신(用神)운이라 부모덕에 호의호식하며 성장하였고, 신유(辛酉) 경신(庚申) 대운도 희신(喜神)운이라 발복하여 부유하였다. 그러나 기미(己未) 대운은 기신(忌神)운이라 가세가 기울기 시작하더니, 무오(戊午) 대운에 기신(忌神)운을 만나 완전히 망하였다. 노년에 일신을 의지할 곳 없는 파란만장한 인생이 된 것이다.

2장. 방국론(方局論)

1. 방시방혜 (方是方兮)

■ 원 문

방시방혜국시국(方是方兮局是局)

방요득방막혼국(方要得方莫混局)

■ 직 역

방(方)은 역시 방(方)이며 국(局)은 역시 국(局)이다. 방(方)의 요(要)는 방(方)을 득(得)하는 것이고, 국(局)은 혼(混)하지 말아야 한다.

■ 한자풀이

方(모 방) 是(옳을 시) 兮(어조사 혜) 局(판 국)

莫(없을 막) 混(섞일 혼)

■ 풀이

방(方)은 방(方)이며 국(局)은 국(局)이니 혼동해서는 안된다. 예를 들어 인묘진(寅卯辰)은 목방국(木方局), 사오미(巳午未)는 화방국(火方局), 신유술(申酉戌)은 금방국(金方局), 해자축(亥子丑)은 수방국(水方局)이다. 그리고 해묘미(亥卯未)는 목(木)의 삼합(三合), 인오술(寅午戌)은 화(火)의 삼합(三合), 사유축(巳酉丑)은 금(金)의 삼합(三合), 신자진(申子辰)은 수(水)의 삼합(三合)이다. 방합(方合)과 삼합(三合)이 함께 들었는데 종격(從格)이 아니라 정격(正格)이면 대개 불리하다.

1) 종격(從格)에 가까운 정격(正格) 사주는 대개 파란만장하다.

년	월	일	시							
甲	丁	庚	丙	戊	己	庚	辛	壬	癸	甲 乙
寅	卯	辰	子	辰	巳	午	未	申	酉	戌 亥

본명은 인묘진(寅卯辰)이 방합(方合)을 이루고, 신자진(申子辰)이 수국(水局)을 이루었다. 경금(庚金) 일주(日主)는 일지(日支)에 진토(辰土)가 들어 종격(從格)이 아니라 정격(正格)이다. 정격(正格)이면 토금(土金)이 길한데 목기(木氣)가 태과하여 경금(庚金)이 용신(用神)이다. 일지(日支)에 진토(辰土)가 통근(通根)하지만 방합(方合)과 삼합(三合)으로 흘러가니 통근(通根)이 미약하여 흉하다.

이 사람은 평생 남의 집에서 집사노릇을 하다 자신의 꿈을 펼칠 수 없었다. 이유는 용신(用神)이 약하고 통근(通根)이 약했기 때문이다. 이처럼 종격(從格)이 될 사주는 종격(從格)이 되는 것이 좋다. 종격(從格)에 가까운 정격(正格) 사주는 대개 파란만장하다.

2) 방합(方合)과 삼합(三合)이 혼잡한데도 길복이 많은 사주

```
년  월  일  시
甲  丁  戊  庚        戊己庚辛壬癸甲乙
寅  卯  辰  申        辰巳午未申酉戌亥
```

본명은 무토(戊土) 일주(日主)가 묘(卯)월에 태어나 실령(失令)하였고, 목(木)이 강하여 신약(身弱)하다. 지지(地支)에 인묘진(寅卯辰)이 방합(方合)을 이루었고, 일지(日支)에 진토(辰土)가 들고, 시지(時支)에 신금(申金)이 들어 신자진(申子辰) 삼합(三合)도 이루었다. 무토(戊土) 일주(日主)는 월간(月干)에 정화(丁火)와 인(寅) 병화(丙火)가 들고, 일지(日支)에 진토(辰土)가 들어 종격(從格)이 될 수 없으니 신약(身弱)하다. 목기(木氣)가 강하니 금(金)운이 가장 길하고, 다음은 토(土)운이고, 그 다음은 화(火)운이다. 가장 흉한 운은 목(木)운이고, 그 다음은 수(水)운이다.

이 사람은 초년과 청년기의 사오미(巳午未)운이 희신(喜神)운이라 등과하여 승승장구하였고, 중년 신유(申酉) 대운은 용신(用神)

운이라 고관의 반열에 올랐다. 방합(方合)과 삼합(三合)이 혼잡하면 불리하다고 하지만 이 사주는 예외이다.

3) 상관(傷官)과 정관(正官)이 대립하면 격이 많이 떨어진다.

```
년  월  일  시
丙  庚  乙  丁        辛壬癸甲乙丙丁戊
辰  寅  卯  亥        卯辰巳午未申酉戌
```

본명은 을목(乙木) 일주(日主)가 인(寅)월에 태어나 득령(得令)하였고, 지지(地支)에 인묘진(寅卯辰)이 방합(方合)을 이루어 목(木)이 태왕한데, 시지(時支)에 해수(亥水)가 들어 해묘미(亥卯未)가 반삼합(半三合)하여 목(木)이 더 강해졌다. 정격(正格)이니 월간(月干) 경금(庚金)을 용신(用神)으로 삼아 목(木)을 억제하거나, 년간(年干) 병화(丙火)를 용신(用神)으로 삼아 강목(强木)의 기운을 유출시켜야 한다. 그런데 문제는 경금(庚金)과 병화(丙火)가 가까이서 병경상충(丙庚相沖)하여 경금(庚金)과 병화(丙火)가 파극(破剋)되어 사주의 격이 많이 떨어진 것이다.

초년 묘진(卯辰) 대운은 기신(忌神)운이니 발복하지 못했으나, 사오미(巳午未) 대운은 희신(喜神)운이라 등과하여 승진하였고, 병화(丙火)는 상관(傷官)운이니 문장이 뛰어나 명진사해하였다. 그리고 신유(申酉) 대운은 용신(用神)운이라 관직을 유지할 수 있었다. 만

일 경금(庚金) 용신(用神)이 파극(破剋)되지 않았으면 고관대작이
되었을 것인데 미관말직에 머물렀다.

2. 국혼방혜 (局混方兮)

■ 원 문

국혼방혜유순자(局混方兮有純疵)

행운선남혹선북(行運善南或善北)

■ 직 역

국(局)과 방(方)을 혼동하면 순(純)과 자(疵)가 유(有)하고, 행운
은 남방이 길하거나 혹은 북방이 길하다.

■ 한자풀이

純(순수할 순) 疵(결점 자) 運(운전 운) 善(착할 선) 或(혹시 혹)

■ 풀 이

방(方)과 국(局)이 혼잡해도 길복성과 흉화성이 따로 있어 행운은
사오미(巳午未)운이나 해자축(亥子丑)운이 길하다. 방합(方合)이나
삼합(三合)이 혼잡되었느냐 청명하느냐가 중요한 것이 아니라 용
신(用神)이 강건한가 대운이 잘 따르는가가 중요하다.

1) 다른 오행(五行)이 힘을 쓰지 못하면 종격(從格)이다.

```
년   월   일   시
甲   乙   乙   己        丙丁戊己庚辛壬癸
寅   亥   卯   卯        子丑寅卯辰巳午未
```

본명은 지지(地支)에 인묘(寅卯)가 방합(方合)을 이루고, 해묘미(亥卯未)가 삼합(三合)을 이루어 목(木)이 태왕하니 다른 오행(五行)은 힘을 쓸 수가 없다. 수목(水木)으로 구성된 종강격(從强格)이다. 종강격(從强格)이니 갑을목(甲乙木)이 가장 길하고, 다음은 임계수(壬癸水), 다음은 병정화(丙丁火)가 길하다. 가장 흉한 오행(五行)은 토(土)와 금(金)이다.

초년 자축(子丑) 대운은 희신(喜神)운이라 부모덕에 호의호식하며 성장하였고, 청년기인 인묘(寅卯) 대운은 용신(用神)운이라 등과하여 벼슬길에 올랐다. 그러나 천간(天干) 무기(戊己) 대운은 기신(忌神)운이라 여난과 재난과 구설수가 많이 따랐다. 말년 사오(巳午) 대운은 목(木)을 유통시키는 희신(喜神)운이라 현령(縣令)에 올랐으나 천간(天干) 경신庚辛) 대운은 기신(忌神)운이라 관재구설이 있었다.

2) 다른 오행(五行)이 힘을 쓰지 못하는 사주

```
년  월  일  시
甲  丁  乙  丁        戊己庚辛壬癸甲乙
寅  卯  卯  亥        辰巳午未申酉戌亥
```

본명은 을목(乙木) 일주(日主)가 묘(卯)월에 태어나 득령(得令)하여 신강(身强)한데, 지지(地支)에 해묘미(亥卯未)가 삼합(三合)하여 목국(木局)을 이루니 목(木)이 더 강해져 다른 오행(五行)은 힘을 쓰지 못한다. 고로 목화(木火)로 구성된 종강격(從强格)이다. 갑을목(甲乙木)이 용신(用神)이고, 병정화(丙丁火)는 희신(喜神)이고, 임수(壬水)는 한신(閑神)이고, 경신금(庚辛金)과 무기토(戊己土)는 기신(忌神)이다.

초년 무진(戊辰) 기사(己巳) 대운은 화토(火土)운이라 반길반흉하여 무해하였고, 청년 경오(庚午) 신미(辛未) 대운은 천간(天干)이 경신금(庚辛金) 기신(忌神)이라 관재구설이 따랐지만 지지(地支)의 오미(午未)가 희신(喜神)이라 등과하여 관직에 올랐다. 중년 임(壬) 대운은 한신(閑神)이라 무해무덕하다가 신(申) 대운이 기신(忌神)운이라 전사하였다.

3. 고연방국(苦然方局)

■ 원 문

고연방국일제래(苦然方局一齊來)

수요간두무반복(須要干頭無反覆)

■ 직 역

고(苦)가 연(然)하여 방국(方局)이 일제(一齊)를 내(來)하고 수(須)가 요(要)함은 간두(干頭)에 반복이 무(無)해야 한다.

■ 한자풀이

苦(쓸 고) 然(그러할 연) 齊(가지런할 제)

須(모름지기수) 覆(전복할 복)

■ 풀 이

방(方)과 국(局)이 함께 있는데 천간(天干)에 또 있으면 안된다. 즉 지지(地支)에 삼합(三合)과 방합(方合)이 함께 있으면 기운이 강해져 종격(從格)이 되는데, 천간(天干)에 반대하는 세력이 없어야 길하다. 예를 들어 지지(地支)에 인묘진(寅卯辰) 방합(方合)이 있어 곡직인수격(曲直仁壽格)이 되었는데, 천간(天干)에 금(金)이 투간(透干)하면 상충(相沖)되어 운이 매우 나빠진다.

1) 종격(從格) 사주는 극과 극으로 달린다.

```
년  월  일  시
甲  丁  乙  己        戊己庚辛壬癸甲乙
寅  卯  亥  卯        辰巳午未申酉戌亥
```

본명은 지지(地支)에 인묘진(寅卯辰) 방합(方合)이 있는데, 또 해묘미(亥卯未) 삼합(三合)이 있으니 방합(方合)과 삼합(三合)이 함께 들었다. 고로 수목(水木)으로 구성된 종강격(從强格)이다. 천간(天干)에 금(金)이 투간(透干)하지 않은 것이 다행이다. 갑을목(甲乙木)은 용신(用神)이고, 병화(丙火)는 희신(喜神)이고, 계수(癸水)와 정화(丁火)는 한신(閑神)이고, 경신금(庚辛金)은 기신(忌神)이고, 무기토(戊己土)는 구신(仇神)이다.

초년 무진(戊辰) 기사(己巳) 대운은 화토(火土)운이니 구신(仇神)에 해당하여 발복하지 못하였고, 청년 경오(庚午) 신미(辛未) 대운은 천간(天干) 경신금(庚辛金)이 기신(忌神)이라 관재구설로 고통을 당하였다. 그러나 지지(地支) 오미(午未)는 희신(喜神)운이라 결혼하여 가정을 이루었다. 중년 임신(壬申) 계유(癸酉) 대운의 임계수(壬癸水)는 한신(閑神)이라 별로 해로움이 없는 운이지만 지지(地支) 신유금(申酉金)이 기신(忌神)에 해당하여 재물이 사라지고 자식은 죽어 비참하였다. 이처럼 종격(從格)은 극으로 달리는 경향이 있다.

2) 종격(從格) 사주의 길흉화복은 대운의 길흉에 좌우된다.

```
년  월  일  시
丁  癸  甲  乙      壬辛庚己戊丁丙乙
卯  卯  寅  亥      寅丑子亥戌酉申未
```

본명은 갑목(甲木) 일주(日主)가 묘(卯)월에 태어나 득령(得令)하였고, 지지(地支)에 인묘(寅卯) 방합(方合)이 있어 목(木)이 강하다. 원국이 수목(水木)으로 구성되었고, 다른 오행(五行)은 힘을 못 쓰니 종강격(從强格)이다. 년간(年干) 정화(丁火)가 목(木)을 유출시키니 자식복이 많아 자식들이 모두 효도하며 총명하였다. 갑목(甲木)은 천성이 인자하고 관대하다. 갑을목(甲乙木)이 용신(用神)이고, 임계수(壬癸水)는 희신(喜神), 병정화(丙丁火)는 한신(閑神), 경신금(庚辛金)은 기신(忌神), 무기토(戊己土)는 구신(仇神)이다.

초년 계묘(癸卯) 임인(壬寅) 대운은 용신(用神)과 희신(喜神)운이라 부모덕에 호의호식하며 성장하였고, 청년 신축(辛丑) 경자(庚子) 대운은 천간(天干) 신경(辛庚)이 기신(忌神)이라 관재구설이 따랐으나 지지(地支) 축자(丑子)가 희신(喜神)이라 등과하여 승진하였다. 그리고 중년은 기해(己亥) 무술(戊戌) 대운인데 기무(己戊)는 구신(仇神)이라 재난이 따랐으나, 해술(亥戌)은 반길운이니 평탄하였다. 말년은 신유(申酉)가 비록 기신(忌神)이지만 천간(天干)에 병정(丁丙)이 개두(蓋頭)하여 별 문제가 없었다. 자식도 많고 재물도 넉넉했으며 천성이 인자하여 부부간에도 화목하였고, 80세 넘게 장수하였다. 이처럼 종격(從格)의 길흉화복은 원국보다 대운으로 좌우된다.

4. 성방간투(成方干透)

■ 원 문

성방간투일원신(成方干透一元神)

생지고지개비복(生地庫地皆非福)

■ 직 역

 방(方)이 성(成)하여 일원신(一元神)이 투간(透干)하면 생지(生地)나 고지(庫地)가 다 복이 아니다.

■ 한자풀이

成(이룰 성) 干(방패 간) 透(통할 투) 元(으뜸 원) 皆(모두 개)

■ 풀 이

 방국(方局)을 이루었는데 같은 오행(五行) 원신(元神) 1개가 천간(天干)에 투간(透干)하면 십이운성(十二運星)의 생지(生地)나 고지(庫地)가 모두 복은 아니다. 즉 방합(方合)이나 삼합(三合)을 하여도 지지(地支)에서 생지(生地)와 왕지(旺地)와 고지(庫地)가 모두 길한 오행(五行)이 될 수는 없다.

1) 수목종강격(水木從强格) 사주

```
년  월  일  시
戊  甲  甲  丁        乙丙丁戊己庚辛壬
子  寅  寅  卯        卯辰巳午未申酉戌
```

천간(天干)에 갑목(甲木) 원신(元神)이 투간(透干)하였고, 지지(地支)에 인묘진(寅卯辰) 방합(方合)이 있다. 천간(天干)에 금(金)이 없으니 순수하고, 시간(時干) 정화(丁火)가 목(木)을 유출시키니 좋다. 수목(水木)으로 구성된 종강격(從强格)이다. 갑을목(甲乙木)이 용신(用神), 임계수(壬癸水)와 병화(丙火)는 희신(喜神), 경신금(庚辛金)은 기신(忌神), 무기토(戊己土)는 구신(仇神)이다.

초년운 을묘(乙卯) 병진(丙辰)은 용신(用神)과 희신(喜神)운이라 등과하였고, 청년운인 정사(丁巳) 무오(戊午) 대운 역시 희신(喜神)운이라 승진을 거듭하였다. 그러나 기미(己未) 대운부터는 구신(仇神)에 해당하여 재난과 구설이 따랐고, 경신(庚申) 대운은 기신(忌神)운이라 관직에서 퇴출당하며 패가망신하였다.

2) 지지(地支)에 토기(土氣)가 많으면 행동이 둔하다.

```
년  월  일  시
癸  丙  甲  甲        乙甲癸壬辛庚己戊
未  辰  辰  戌        卯寅丑子亥戌酉申
```

이 사주를 종재격(從財格)으로 보면 안된다. 갑목(甲木) 일주(日主)가 진(辰)월에 태어나 절반은 득령(得令)했으나, 진토(辰土)는 토기(土氣)가 70% 들고 목기(木氣)가 30% 들어 신약(身弱)하다. 물론 지지(地支)가 완전히 토기(土氣)로만 구성되었지만 월(月) 병화(丙火)가 미토(未土)에 통근(通根)하고, 갑목(甲木)은 진토(辰土)에 통근(通根)하여 절대로 약하지 않으니 신약(身弱) 사주이다. 용신(用神)인 년간(年干) 계수(癸水)는 약하지만 진(辰) 계수(癸水)에 통근(通根)하고, 술(戌) 신금(辛金)에 의존하여 생존할 수 있다. 지지(地支)에 토기(土氣)가 많으면 행동이 둔하나, 재다신약(財多身弱) 사주이니 돈이 많은 팔자이다. 갑목(甲木) 일주(日主)가 진토(辰土)에 통근(通根)하면 절대 약하지 않다. 토기(土氣)가 넘치니 고집이 세며 미련하고, 목기(木氣)가 중화를 이루니 인자하며 측은지심이 많으나, 금기(金氣)가 없어 정의감이 부족하다.

5. 성국간투 (成局干透)

■ 원 문

성국간투일관성(成局干透一官星)

좌변우변공록록(左邊右邊空碌碌)

■ 직 역

국(局)이 성(成)하면 투간(透干)한 일(一)의 관성(官星)은 좌변

(左邊)과 우변(右邊)에 녹록(碌碌)을 공(空)한다.

■ 한자풀이

官(벼슬 관) 邊(가 변) 左(왼 좌) 空(빌 공) 碌(돌모양 녹)

■ 풀 이

국(局)을 이루고 관(官) 1개가 천간(天干)에 투간(透干)하면 어느 쪽에 있든 흉작용을 하니 공허하다. 즉 삼합(三合)이나 방합(方合)으로 국(局)을 이루었는데, 천간(天干)에 관성(官星)이 투간(透干)하고 좌우가 모두 공허하면 평범한 사람이다. 즉 인묘진(寅卯辰)이 방합(方合)을 이루어 종격(從格)이 되었는데 천간(天干)에 경신금(庚辛金)이 투간(透干)하면 해롭고 출세하지 못한다.

1) 용신(用神)이 강하면 큰 인물이다.

년	월	일	시
辛	辛	乙	丁
酉	卯	卯	亥

庚己戊丁丙乙甲癸
寅丑子亥戌酉申未

본명은 을목(乙木) 일주(日主)가 묘(卯)월에 태어나 득령(得令)하여 신강(身强)하다. 년간(年干)과 월(月) 신금(辛金)이 용신(用神)인데, 년지(年支) 유금(酉金)에 통근(通根)하여 강하다. 용신(用神)은 그 사람의 능력을 나타내니 용신(用神)이 강하면 큰 인물이 된다. 목기(木氣)가 태과하여 질투심이 많고, 화기(火氣)가 없으니 예의범절을 잘 모르고, 토기(土氣)가 하나도 없으니 신용이 없고 약속을 잘 지키지 않으나, 금기(金氣)가 용신(用神)이라 정의감이 있고, 수기(水氣)가 중화를 이루니 지혜가 총명하다. 편관(偏官)이 용신(用神)인데 투출(透出)하여 일찍 등과하여 병술(丙戌) 대운에는 고관이 되었다. 금운(金運)이 가장 길하고 다음은 토운(土運)이다. 목(木)운은 가장 흉하고 다음은 수(水)운이다.

2) 신강(身强)하면 관살(官殺)이 용신(用神)이다.

년	월	일	시								
辛	辛	乙	戊	庚	己	戊	丁	丙	乙	甲	癸
亥	卯	未	寅	寅	丑	子	亥	戌	酉	申	未

본명은 목기(木氣)가 많으니 월(月) 신금(辛金)이 용신(用神)이다. 을목(乙木) 일주(日主)가 묘(卯)월에 태어났고, 지지(地支)에 해묘미인(亥卯未寅)이 방합(方合)과 삼합(三合)을 이루니 신강(身强)하다. 신강(身强)하면 먼저 제압하는 관살(官殺)이 용신(用神)이고, 다음은 재성(財星), 그 다음은 설기(洩氣)하는 식상(食傷)이다. 이 사주의 용신(用神)은 월(月) 신금(辛金)이고 토(土)는 희신(喜神)이니, 경신금(庚辛金)이 용신(用神), 무기토(戊己土)는 희신(喜神), 갑을목(甲乙木)은 기신(忌神), 임계수(壬癸水)는 구신(仇

神)에 해당한다.

초년은 천간(天干)이 경기무(庚己戊) 즉 토금(土金)운에는 부모덕에 풍족했으나, 해(亥) 대운에 해묘미(亥卯未)가 삼합(三合)을 이루어 기신(忌神)에 해당하니, 아내와 자식에게 변고가 일어났고 우울증에 시달리다 병사하였다.

3장. 팔격론(八格論)

1. 재관인수(財官印綬)

■ 원 문

재관인수분편정(財官印綬分偏正)

겸론식신팔격정(兼論食神八格定)

■ 직 역

　재성(財星)과 관성(官星)과 인성(印星)은 편(偏)과 정(正)으로 나누고, 겸(兼)하여 식신(食神)과 상관(傷官)을 논하여 팔격(八格)으로 정한다.

■ 한자풀이

綬(인끈 수) 分(나눌 분) 兼(겸할 겸) 論(말할 논) 定(정할 정)

■ 풀이

재성(財星)과 관성(官星)과 인성(印星)은 편재(偏財)와 정재(正財), 편관(偏官)과 정관(正官), 편인(偏印)과 정인(正印)의 편(偏)과 정(正)으로 나누고, 여기에 식신(食神)과 상관(傷官)을 합하여 팔정격(八定格)이 된다. 그러면 비견(比肩)과 겁재(劫財)는 어디 소속인가. 원칙적으로 본다면 비겁(比劫)을 포함하여 십정격(十正格)이라고 해야 맞는 말이다. 격국(格局)은 월지(月支)를 중심으로 정하는데 월지(月支)에 암장(暗藏)된 것이 천간(天干)에 투간(透干)하면 그 육신에 따라 정하고, 투간(透干)한 것이 없으면 월지(月支)의 정기(正氣)를 따라 정한다.

1) 식신격(食神格) 사주

년	월	일	시								
丙	癸	甲	癸		甲	乙	丙	丁	戊	己	庚	辛
辰	巳	子	酉		午	未	申	酉	戌	亥	子	丑

본명은 갑목(甲木) 일주(日主)가 사(巳)월에 태어났고, 사(巳)의 정기(正氣)인 병화(丙火)가 년간(年干)에 투출(透出)하여 식신격(食神格)이다. 시간(時干) 계수(癸水)가 용신(用神)인데, 일지(日支) 자수(子水)와 시지(時支) 유금(酉金)에 통근(通根)하여 강하다. 일지(日支) 자수(子水)는 용신(用神)에 해당하니 아내복이 많

고 부부간에 화목하였다. 인수(印綬)가 용신(用神)이니 교육계에서 학자가 되어 존경받는 큰 인물이 되었다.

2) 상관격(傷官格) 사주

```
년  월  일  시
壬  丙  乙  甲        丁 戊 己 庚 辛 壬 癸 甲
寅  午  亥  申        未 申 酉 戌 亥 子 丑 寅
```

본명은 오(午)의 초기(初氣)가 병화(丙火)인데 월(月)에 병화(丙火)가 투출(透出)하여 상관격(傷官格)이다. 년간(年干) 임수(壬水)가 용신(用神)이나, 병화(丙火)와 인목(寅木)이 파극(破剋) 설기(洩氣)하여 무력하니 일지(日支) 해수(亥水)가 용신(用神)이다. 일지(日支)에 용신(用神)이 들었으니 부부간에 화목하나 재성(財星)이 없어 재물복은 없다. 인수(印綬)가 용신(用神)이면 수명이 길고, 교육계나 봉사계로 나가면 길하다. 이 사람은 훈장이 되었다.

3) 편재격(偏財格) 사주

```
년  월  일  시
庚  甲  丙  辛        乙 丙 丁 戊 己 庚 辛 壬
午  申  戌  卯        酉 戌 亥 子 丑 寅 卯 辰
```

본명은 병화(丙火) 일주(日主)가 신(申)월에 태어났고, 신(申)의
정기(正氣)인 경금(庚金)이 년간(年干)에 투출(透出)하여 편재격
(偏財格)이다. 용신(用神)은 월(月) 갑목(甲木)이다. 일주(日主)가
강하고 재성(財星)이 강하여 신왕재왕격(身旺財旺格)이니 재물복
이 많다. 오행(五行)의 길흉은 경금(庚金)은 80% 흉하고, 갑목(甲
木)은 80% 길하고, 병화(丙火)는 50% 길하고, 신금(辛金)은 70%
흉하다. 그리고 지지(地支)에서는 오화(午火)가 40% 길하고, 신금
(申金)은 80% 흉하고, 술토(戌土)는 60% 흉하고, 묘목(卯木)은 70
% 길하다.

4) 정재격(正財格) 사주

년	월	일	시								
庚	壬	壬	丁		癸	甲	乙	丙	丁	戊	己	庚
子	午	午	未		未	申	酉	戌	亥	子	丑	寅

월지(月支)가 오화(午火)이고 오(午)의 정기(正氣)가 정화(丁火)
인데, 시간(時干)에 정화(丁火)가 투출(透出)하여 정재격(正財格)
이다. 월간(月干) 임수(壬水)가 용신(用神)인데, 년주(年柱) 경자
(庚子)에 통근(通根)하여 강하니 큰 부자가 되었다. 그러나 일지
(日支)가 오화(午火)이며 기신(忌神)에 해당하여 부부운은 불리하
다. 재물은 많았지만 부부갈등이 심하다가 외첩을 여러 명 두었다.

5) 편관격(偏官格) 사주

　년　월　일　시
　戊　己　癸　壬　　　　庚辛壬癸甲乙丙丁
　寅　未　酉　子　　　　申酉戌亥子丑寅卯

　본명은 미(未)월에 태어났고, 미(未)의 정기(正氣)는 기(己)인데 월(月)에 투출(透出)하여 편관격(偏官格)이다. 일간(日干) 계수(癸水)가 용신(用神)이고 임수(壬水)운도 길하다. 본명에서 수기(水氣)는 모두 좋지만 굳이 길흉을 논하자면 계수(癸水)는 80% 이상 길하고, 임수(壬水)는 70% 정도 길하고, 자수(子水)도 70% 길하다. 미(未)월이므로 년지(年支) 인목(寅木)이 목극토(木剋土)하여 70% 길해진 것이다. 용신(用神)이 강하여 다재다능했지만 재물운이 부족하여 부자로 살지는 못했다.

6) 정관격(正官格) 사주

　년　월　일　시
　甲　丁　己　癸　　　　戊己庚辛壬癸甲乙
　戌　卯　卯　酉　　　　辰巳午未申酉戌亥

본명은 묘(卯)월생이며 묘(卯)의 초기(初氣)가 갑목(甲木)이다.

년간(年干) 갑목(甲木)이 투간(透干)하여 정관격(正官格)이다. 강한 목기(木氣)를 억제해야 중화되므로 용신(用神)은 시지(時支) 유금(酉金)이다. 용신(用神)은 투간(透干)해야 길한데 투간(透干)하지 못했다. 용신(用神)이 투간(透干)하지 못하면 능력을 충분히 발휘하지 못한다. 또 묘유(卯酉)가 상충(相沖)하여 흉하다. 용신(用神)은 상충(相沖)되면 길복이 많이 감소되는 법이다. 년지(年支)에 술토(戌土)가 길신작용을 하지만 거리가 멀어 별 도움이 되지 못하여 흉하다. 희신(喜神)의 사명은 용신(用神)을 보호하는 것인데 거리가 멀어 무정한 사주가 되었다. 이 사람은 출세하지 못하고 평민이 되었다.

7) 편인격(偏印格) 사주

년	월	일	시							
癸	甲	乙	丙	乙	丙	丁	戊	己	庚	辛	壬
酉	子	卯	子	丑	寅	卯	辰	巳	午	未	申

본명은 을목(乙木) 일주(日主)가 자(子)월에 태어났고, 자(子)의 정기(正氣)는 계수(癸水)인데 년간(年干)에 투출(透出)하여 편인격(偏印格)이다. 용신(用神)은 시간(時干) 병화(丙火)이고, 상관(傷官)이 용신(用神)이니 특별한 재능이 있다. 병화(丙火) 용신(用神)은 일지(日支) 묘목(卯木)에 통근(通根)하여 강하나, 시지(時支)

자수(子水)가 용신(用神)을 절각(折脚)되어 흉하다. 상관(傷官)이 용신(用神)이면 명예운과 인기운이 길하니 예능계통에 뛰어난 소질이 있었고, 지지(地支)에 도화(桃花)가 왕성하여 재능이 많았으나, 색정이 강하여 불륜도 많았다. 그리고 을목(乙木)은 아름다운 꽃인데, 일주(日主)에 을목(乙木)이 있으니 미인이었다.

8) 인수격(印授格) 사주

년	월	일	시								
甲	戊	辛	壬	己	庚	辛	壬	癸	甲	乙	丙
午	辰	酉	辰	巳	午	未	申	酉	戌	亥	子

본명은 진(辰)월생이고, 진(辰)의 정기(正氣)는 무토(戊土)인데 월(月)에 투간(透干)하여 인수격(印授格)이다. 용신(用神)은 시간(時干) 임수(壬水)인데 신유금(辛酉金)이 통근(通根)하여 강하니 길복이 많은 명조가 되었다. 상관(傷官)이 용신(用神)이니 인기운과 명예운이 좋고, 지지(地支)에 진토(辰土) 기운이 강하여 연구·창작·발명에 재능이 있다. 또 신금(辛金) 일주(日柱)이니 정의감이 강하며 지혜가 있고 인자하다. 그러나 토기(土氣)가 많아 행동이 둔하고, 종종 고집을 부려 주위 사람을 당황하게 만든다.

9) 비견격(比肩格) 사주

```
년  월  일  시
庚  癸  乙  乙      甲乙丙丁戊己庚辛
辰  未  未  酉      申酉戌亥子丑寅卯
```

본명은 을목(乙木) 일주(日主)가 미(未)월에 태어났고, 미(未) 을목(乙木)이 시간(時干)에 투간(透干)하여 비견격(比肩格)이 되었다. 을목(乙木) 일주(日主)는 실령(失令)하여 신약(身弱)하니 월간(月干) 계수(癸水)가 용신(用神)인데, 경금(庚金)의 생조(生助)로 관인상생(官印相生)이 되어 좋아졌다. 마치 사막에 태어난 한 송이 작은 꽃이 단비를 만난 형상이다. 임계수(壬癸水)가 용신(用神)이고, 갑을목(甲乙木)이 희신(喜神)이다. 가장 흉한 오행(五行)은 병정화(丙丁火)와 조토(燥土)이고, 다음은 경신금(庚辛金)이다.

초년 갑신(甲申) 을유(乙酉) 대운은 천간(天干) 갑을목(甲乙木)이 희신(喜神)이라 길하나, 지지(地支) 신유(申酉)는 기신(忌神)이라 흉하여 부모의 사랑 속에 성장했으나 잔병이 많았다. 청년 병술(丙戌) 정해(丁亥) 대운은 천간(天干) 병정(丙丁)이 기신(忌神)이라 질병과 재물손해가 따랐지만, 지지(地支)가 술해(戌亥)이니 흉한 가운데도 좋았다. 중년 무자(戊子) 기축(己丑) 대운도 천간(天干) 무기(戊己)가 기신(忌神)이니 여난과 손재수가 많았다. 그러나 지지(地支) 해자수(亥子水)가 용신(用神)운이라 의식주가 풍족했다.

10) 겁재격(劫財格) 사주

년 월 일 시
甲 壬 辛 庚   辛庚己戊丁丙乙甲
申 申 卯 寅   未午巳辰卯寅丑子

　본명은 신금(辛金) 일주(日主)가 신(申)월에 태어나 득령(得令)하였다. 신(申)의 정기(正氣)는 경금(庚金)인데 시간(時干)에 투간(透干)하여 겁재격(劫財格)이 되었다. 년간(年干) 갑목(甲木)이 용신(用神)인데, 일지(日支)와 시지(時支)에 인묘(寅卯)가 들어 통근(通根)하니 강하다. 다만 용신(用神)이 년주(年柱) 갑신(甲申)에 들어 절각(折脚)되어 길한 가운데 흉이 있다. 재성(財星)이 용신(用神)이며 신왕재왕(身旺財旺)하여 재물복이 많았고, 처자운도 길하여 처첩이 모두 미인이고 자식도 많았다. 사주가 좋은데다 대운도 길하고 용신(用神)도 왕성하여 평생 부귀영화를 많이 누렸다. 용신(用神)의 강약은 그릇의 크기를 결정한다. 즉 용신(用神)이 강하면 그릇이 크고, 용신(用神)이 약하면 그릇이 작다.

11) 인수격(印授格) 사주

년 월 일 시
癸 乙 丙 辛   甲癸壬辛庚己戊丁
未 卯 午 卯   寅丑子亥戌酉申未

묘(卯)월의 정기(正氣)는 을목(乙木)인데 월(月)에 을목(乙木)이 들어 인수격(印授格)이다. 병화(丙火) 일주가 묘(卯)월에 태어나 득령(得令)했는데, 해묘미(亥卯未)가 삼합(三合)을 이루어 목화(木火)가 태왕한데, 년간(年干) 계수(癸水)가 목생화(木生火)하여 목(木)이 더 강해졌다. 그리고 시간(時干) 신금(辛金)은 병신합수(丙辛合水)하여 역시 수(水)로 변하니 목화(木火)가 강하여 종강격(從强格)이다. 따라서 병정화(丙丁火)가 용신(用神)이고, 갑을목(甲乙木)은 희신(喜神)이고, 경신금(庚辛金)이 가장 흉하다.

초년과 청년운인 신해(辛亥) 대운까지는 수(水)운이라 수생목(水生木)하여 별 문제없이 지냈으나, 경술(庚戌) 대운에 기신(忌神)을 만나 대흉하였다. 가정은 파경을 만났고, 조금 있는 재산마저 날려 버리고 패가망신하였다.

12) 인수격(印授格) 사주

년	월	일	시							
辛	丙	癸	乙	乙	甲	癸	壬	辛	庚	己	戊
卯	申	卯	卯	未	午	巳	辰	卯	寅	丑	子

신(申)의 암장(暗藏)은 기무임경(己戊壬庚)인데 투간(透干)하지 않아 월지(月支)의 정기(正氣)를 따르니 인수격(印授格)이다. 계수(癸水) 일주(日主)가 신(申)월에 태어났으나, 목화(木火)가 강하여

신약(身弱)하다. 목(木)을 제압하는 년간(年干) 신금(辛金)이 용신(用神)인데, 월지(月支) 신금(申金)이 부조(扶助)하니 강하다. 경신금(庚辛金)이 용신(用神)이고, 임계수(壬癸水)는 희신(喜神)이고, 갑을목(甲乙木)이 가장 흉하고, 병정화(丙丁火)가 그 다음 흉하다.

초년 을미(乙未) 갑오(甲午) 대운은 기신(忌神)과 구신(仇神)이지만 부모덕에 별탈없이 성장하였고, 청년 계사(癸巳) 임진(壬辰) 대운에는 천간(天干) 임계(壬癸)가 길하여 등과했지만 지지(地支)의 진사(辰巳)가 흉하여 반길반흉하였다. 중년 신묘(辛卯) 경인(庚寅) 대운은 천간(天干) 경신(庚辛)이 용신(用神)운이라 길했으나, 지지(地支)에 인묘(寅卯)가 있어 대흉하였다. 그러나 다행인 것은 경신금(庚辛金)이 개두(蓋頭)하여 흉이 많이 줄어들었다. 개두(蓋頭)란 천간(天干)이 지지(地支)를 파극(破剋)하는 것인데, 갑술(甲戌)·병신(丙申)·경인(庚寅)·무자(戊子)·임오(壬午) 등을 말한다. 말년운은 평안무사하였다. 대운을 보니 천간(天干)은 비교적 길이 많은데 지지(地支)가 흉하여 발복하지 못한 것이다. 지지(地支)가 천간(天干)보다 힘이 강하다.

12) 인수격(印授格) 사주

년	월	일	시								
辛	丙	癸	甲		乙	甲	癸	壬	辛	庚	己	戊
卯	申	卯	寅		未	午	巳	辰	卯	寅	丑	子

이 사주도 신(申)의 암장(暗藏)이 투간(透干)하지 않아 월지(月支)의 정기(正氣)를 따라 인수격(印授格)이 되었다. 앞의 사주와 같은데 시주(時柱)만 다르다. 역시 신금(辛金)이 용신(用神)이니 강목(强木)을 상대하기 어려워 생각만 있고 실천하지 않으니 매사가 용두사미가 된다. 기신(忌神)에 해당하는 목(木)이 인묘진(寅卯辰) 방합(方合)을 이루어 대항하니 도끼 이빨이 빠질 지경이다.

따라서 이 사람은 등과하지 못하고 백수건달이 되었다. 재능이 많았지만 용신(用神)이 파극(破剋)되어 무용지물이 된 것이다. 어떤 사주든 기신(忌神)이 태왕하면 용신(用神)이 기를 펴지 못한다. 그래서 생각은 있었지만 실천하지 못한 것이다. 원래 목(木)과 금(金)이 1대 1로 싸우면 당연히 금(金)이 이기지만, 이 사주의 지지(地支)에서 보면 3대 1의 싸움이니 금(金)이 질 수밖에 없었던 것이다. 대운마저 목화(木火)로 흐르니 더 뜻을 펴지 못했다.

2. 영향요계 (影響遙繫)

■ 원 문
영향요계기위허(影響遙繫旣爲虛)
잡기재관불가구(雜氣財官不可拘)

■ 직 역
영향을 주고 받거나 요(遙)와 계(繫)는 이미 허(虛)로 하며, 잡기

재관(雜氣財官)은 구속하면 불가하다.

■ 한자풀이

影(그림자 영) 響(울릴 향) 遙(멀 요) 繫(맬 계) 旣(이미 기)
爲(위할 위) 虛(빌 허) 雜(섞일 잡) 氣(기운 기) 拘(잡을 구)

■ 풀 이

그림자나 울림은 모두 헛된 것이니 잡기재관(雜氣財官) 등에 구
애를 받으면 안된다. 역학의 정통을 외면한 채 말장난에 불과한 잡
된 이론들이 많은데, 이단에 너무 신경쓰면 안된다. 이름도 알 수
없는 별별 격국(格局)을 다 만들어 역학인들을 혼란스럽게 하는
일은 없어야 한다.

1) 원국에 없는 오행(五行)은 용신(用神)이 될 수 없다.

년	월	일	시								
己	庚	丙	甲	己	戊	丁	丙	乙	甲	癸	壬
巳	午	午	午	巳	辰	卯	寅	丑	子	亥	戌

본명은 병화(丙火) 일주(日主)가 오(午)월에 태어났는데, 지지(地
支)가 모두 오화(午火)이니 화(火)가 태왕하다. 임계수(壬癸水)가
용신(用神)인데 없으니 경금(庚金)을 취한다. 원국에 없는 오행(五
行)은 용신(用神)이 될 수 없다. 이 사주의 결점은 원국에 수(水)

가 하나도 없는 것이다. 화(火)가 태왕하여 단명하기 쉬운데, 년간(年干) 기토(己土)가 화(火)를 유통시켜 경금(庚金)이 살아남았다. 격(格)이 불리하니 기신(忌神)운을 만나면 파란만장할 것이다.

정묘(丁卯) 병인(丙寅) 대운은 기신(忌神)운이라 큰 화재를 만나 많은 재산을 잃었고, 또 두 명의 아내를 극하여 상처하였고, 네 명의 자식을 모두 잃었다. 그러나 을축(乙丑) 대운의 축(丑)은 습토라 다시 생기가 들어와 사업으로 많은 재물을 축적하였고, 재혼하여 아들을 하나 얻었고, 갑자(甲子) 계해(癸亥) 대운은 용신(用神)운이라 수만 금의 재산을 모았다.

2) 용신(用神)이 암장(暗藏)되면 장수가 성에 숨은 형상이다.

년	월	일	시							
丁	癸	乙	己	壬	辛	庚	己	戊	丁	丙	乙
丑	卯	卯	卯	寅	丑	子	亥	戌	酉	申	未

본명은 을묘(乙卯) 일주(日主)가 묘(卯)월 묘(卯)일 묘(卯)시에 태어나 목(木)이 태왕하다. 년간(年干) 정화(丁火)로 목(木)을 유출시켜야 하는데 정계(丁癸)가 상충(相沖)하여 정화(丁火)가 부실하다. 축(丑) 중의 신금(辛金)이 진용신(眞用神)이다. 용신(用神)이 암장(暗藏)되어 안정되기는 하나 능력을 발휘하지 못한다. 장수가 성 안에 숨어 두문불출하면 신상은 안전하나 공은 세우지 못하는

것처럼 용신(用神)도 마찬가지이다. 용신(用神)은 천간(天干)에 투간(透干)해야 하고, 지지(地支)에 잘 통근(通根)되어야 한다. 오행(五行)의 길흉은 경신금(庚辛金)이 가장 길하고, 다음은 무기토(戊己土)와 병정화(丙丁火)가 길하고, 수목(水木)운은 흉하다.

초년과 청년기는 수목(水木)운이라 가업이 파산하여 공부를 중단하고 만사불통이었으나, 술유신(戌酉申) 대운에 용신(用神)을 만나 재물을 많이 모았다. 본명은 진용신(眞用神)은 경신금(庚辛金)이고, 가용신(假用神)은 병정화(丙丁火)이다.

3) 용신(用神)이 상충(相沖)되면 격이 많이 떨어져 흉하다.

년	월	일	시								
丁	癸	甲	甲		壬	辛	庚	己	戊	丁	丙	乙
未	丑	辰	戌		子	亥	戌	酉	申	未	午	巳

본명은 갑목(甲木) 일주(日主)가 축(丑)월에 태어났으니 동사를 막으려면 병화(丙火)가 필요한데, 없으니 대신 년간(年干) 정화(丁火)가 용신(用神)이다. 정화(丁火) 용신(用神)은 년지(年支)에 미토(未土)가 통근(通根)하여 약하지 않고, 또 천간(天干)에는 갑목(甲木)이 2개나 투간(透干)하여 생조(生助)한다. 흉한 것은 정계상충(丁癸相沖)이다. 어떤 이유로든 용신(用神)이 상충(相沖)되면 격이 많이 떨어져 흉하다. 그러나 재다신약(財多身弱)이니 행운을 잘

만나면 재물을 많이 모을 수 있는 사주이다. 병정화(丙丁火)가 용신(用神), 토(土)를 억제하는 갑을목(甲乙木)이 희신(喜神), 임계수(壬癸水)는 기신(忌神), 경신금(庚辛金)은 구신(仇神)이다.

초년과 청년기는 금수(金水)운이라 파란만장했으나, 60세 넘어 정미(丁未) 대운부터 발복해 재물을 많이 모으며 희희낙락했다. 대운은 20세에서 60세 사이에 오는 것이 좋다. 20세 이전에 들어오면 어리기 때문에 길복을 모두 찾아먹지 못하고, 60세 이후에 들어오면 너무 늦어 제삿밥은 잘 얻어먹을지 몰라도 꿈을 펼치기는 어렵다.

4) 용신(用神)이 부실하면 길복이 잘 따르지 않는다.

년	월	일	시								
丁	癸	甲	辛	壬	辛	庚	己	戊	丁	丙	乙
亥	丑	子	未	子	亥	戌	酉	申	未	午	巳

본명은 갑목(甲木) 일주(日主)가 축(丑)월에 태어났으니 조후(調候)하려면 무조건 병화(丙火)가 용신(用神)이다. 그러나 병화(丙火)가 없으니 병화(丙火)와 가장 비슷한 정화(丁火)로 용신(用神)을 삼는다. 그런데 용신(用神)이 정계상충(丁癸相沖)을 당하여 파극(破剋)되었고, 해수(亥水)에게 절각(折脚)되었다. 따라서 정화(丁火)는 용신(用神)이면서도 용신(用神)의 사명을 할 수 없고, 시지(時支) 미토(未土)는 거리가 너무 멀어 통근(通根)하기 어렵다. 고

로 하격사주가 되어 평생 한 번도 발복하지 못했다. 어렵게 등과는 했으나 평생 미관말직에 머물렀다. 더구나 대운마저 잘 따라주지 않았다. 그나마 60세가 넘어 미(丁未) 대운이 길운이라 망신은 당하지 않고 은퇴할 수 있었다.

3. 관살혼잡(官殺混雜)

■ 원 문
관살상혼수세론(官殺相混須細論)
살유가혼불가혼(殺有可混不可混)

■ 직 역
관살(官殺)이 혼잡하면 모름지기 상세하게 논하고, 관살(官殺)이 있는 것은 좋으나 혼잡하면 불가하다.

■ 한자풀이
殺(죽일 살) 混(섞일 혼) 須(모름지기 수)
細(가늘 세) 論(말할 논)

■ 풀 이
신약(身弱) 사주는 관살(官殺)이 흉한데 더 흉한 것은 관살(官殺)이 혼잡한 것이다. 즉 편관(偏官)과 정관(正官)이 혼잡하면 상세하게 논해야 한다. 편관(偏官)이나 정관(正官)이 어느 하나만 있으면

좋으나 관살(官殺)이 혼잡하면 좋지 않다. 그러나 신강(身强) 사주
는 관살(官殺)이 혼잡해도 무방하다.

1) 신강(身强) 사주는 관살(官殺)이 혼잡해도 무방하다.

년	월	일	시								
己	丙	庚	庚		乙	甲	癸	壬	辛	庚	己	戊
酉	寅	申	辰		丑	子	亥	戌	酉	申	未	午

본명은 월주(月柱) 병인(丙寅)을 제외하고는 모두 토금(土金)이
다. 병정화(丙丁火)가 용신(用神)이고, 갑을목(甲乙木)은 희신(喜
神)이고, 경신금(庚辛金)은 기신(忌神)이고, 무기토(戊己土)는 구신
(仇神)이고, 임계수(壬癸水)는 한신(閑神)이다.

초년 을축(乙丑) 갑자(甲子) 대운은 수목(水木)운이라 한신(閑神)
과 희신(喜神)이 함께 들어와 무해무덕하게 성장하였고, 청년 계해
(癸亥) 임술(壬戌) 대운은 대부분이 수(水)운이라 역시 한신(閑神)
에 해당하니 미관말직에 등과하였다. 중년 신유(辛酉) 경신(庚申)
대운은 모두 금(金)운인데 기신(忌神)에 해당하여 여러 가지 불행
한 사건들이 일어났다. 부부가 불화하여 이별하고, 재산은 모두 사
라졌다. 본명은 용신(用神)과 희신(喜神)이 강건하지만 대운에서
응해주지 않으니 빛좋은 개살구가 된 것이다. 기신(忌神)이 너무
강하여 평생 길보다 흉이 더 많았던 것이다.

2) 명조가 좋아도 대운이 좋은 것만 못하다.

```
년  월  일  시
丙  庚  庚  辛        辛 壬 癸 甲 乙 丙 丁 戊
申  寅  申  巳        卯 辰 巳 午 未 申 酉 戌
```

　본명은 앞의 사주와 비슷하다. 역시 년간(年干)에 병화(丙火)가
용신(用神)이고, 목(木)은 희신(喜神)이다. 병화(丙火) 용신(用神)
은 인목(寅木)에 통근(通根)하여 강하다. 앞의 사주는 파란만장했
지만 본명은 갑오(甲午) 을미(乙未) 대운에 안찰사 벼슬에 올라 부
귀영화를 누렸다. 격(格)은 앞의 사주와 비슷하지만 대운이 잘 따
라주었던 것이다. 명호불여운호(命好不如運好)라는 말이 있다. 명
조가 좋은 것은 대운이 좋은 것만 못하다는 말이다. 병화(丙火) 용
신(用神)이 강건하니 고관이 될 수 있었고, 재성(財星)이 강하니
많은 재물을 모을 수 있었던 것이다. 비겁(比劫)이 왕하여 재성(財
星)이 들면 형제나 친구가 재물을 탐낸다.

3) 관살(官殺)이 중중하면 인성(印星)이 용신(用神)이다.

```
년  월  일  시
戊  甲  戊  甲        乙 丙 丁 戊 庚 辛 壬 癸
子  寅  午  寅        卯 辰 巳 午 未 申 酉 戌
```

본명은 월시(月時)가 갑인(甲寅)이니 관살(官殺)이 중중하여 흉한데, 일지(日支)에 오화(午火) 인수(印授)가 중중하여 관살(官殺)을 관상생(相生)시키니 좋아졌다. 관살(官殺)이 왕성한데 인성(印星)으로 중화시키니 살중용인격(殺重用印格)이다. 용신(用神)은 일지(日支) 오화(午火)이고, 토(土)는 희신(喜神)이다. 대운이 화토(火土)운으로 흐르니 일찍 출사하여 황갑(黃甲)이라는 벼슬에 올랐다. 경신금(庚辛金)이 강목(强木)을 제압하니 용신(用神)이고, 갑을목(甲乙木)은 가장 흉하고, 그 다음은 임계수(壬癸水)가 흉하다. 본명은 대운이 좋아 평생 큰 파란없이 순조롭게 소원을 성취하였다.

4) 복이 없으면 재능과 노력이 뛰어나도 발복하지 못한다.

```
년  월  일  시
己  丙  戊  甲        乙甲癸壬辛庚己戊
亥  寅  子  寅        丑子亥戌酉申未午
```

본명은 관살(官殺)이 중중한데 일지(日支) 자수(子水)는 관살(官殺)을 생조(生助)하니 관살(官殺)은 천지를 모르고 난폭하다. 신약(身弱)한 무토(戊土) 일주(日主)가 태왕한 수목(水木)운을 만나니 관살(官殺)이 더 흉폭해진 것이다. 관살(官殺)을 제극(制剋)할 식상(食傷) 금(金)이 하나도 없으니, 월(月) 병화(丙火)로 유출시켜야 한다. 그러나 대운마저 수목(水木)운으로 흐르니 인생이 파란만장하였다. 이런 명조는 세상과 인연이 없는 사람이니 차라리 입산하여 조용히 수도하는 것이 유리하다. 무운불발복록(無運不發福祿)이다. 복이 없으면 아무리 노력하고 재능이 뛰어나도 발복하지 못한다는 말이다.

5) 사주가 중화되면 기신(忌神)이 없다.

년	월	일	시									
戊	庚	甲	甲		辛	壬	癸	甲	乙	丙	丁	戊
戌	申	子	子		酉	戌	亥	子	丑	寅	卯	辰

본명은 갑목(甲木) 일주(日主)가 신(申)월에 태어나 실령(失令)하였고, 관살(官殺)이 왕성한데 일주(日主)도 왕강하다. 신왕관왕(身旺官旺)하여 상격으로 보이고, 신강(身强)인지 신약(身弱)인지 구분하기 애매하나 자세히 관찰하면 신약(身弱)이다. 그러나 중화되어 신강(身强) 신약(身弱)이 중요하지 않다. 시간(時干) 갑목(甲木)이 용신(用神)이고, 수(水)는 희신(喜神), 금(金)은 기신(忌神), 토(土)는 구신(仇神)이다. 화(火)는 화토(火土)가 동행하면 구신(仇神) 작용을 하지만, 목화(木火)가 동행하면 희신(喜神) 작용을 한다. 토금(土金)이 기신(忌神)이지만 토금(土金)운도 별로 흉하지 않다. 왜냐하면 사주가 중화되어 기신(忌神)이 없기 때문이다. 이론으로는 토금(土金)이 기신(忌神)이지만 사실은 기신(忌神)은 없

고 오행(五行)을 모두 용신(用神)과 희신(喜神)으로 보면 된다.

본명은 대운이 수목(水木)운으로 흐르니 길하여 봉강(封疆) 벼슬을 하였고, 수(水)는 관인상생(官印相生)의 좋은 역할을 한다. 비록 갑경(甲庚)이 상충(相沖)하지만 지지(地支)가 신자진(申子辰) 수국(水局)을 이루어 상충(相沖)을 말린다.

6) 신왕관왕(身旺官旺)하면 길하다.

년	월	일	시							
戊	丙	庚	丙	丁	戊	己	庚	辛	壬	癸甲
午	辰	寅	戌	巳	午	未	申	酉	戌	亥子

본명은 천간(天干)에 편관(偏官) 2개가 투간(透干)하였고, 지지(地支)에는 인오술(寅午戌)이 합하여 화국(火局)을 이루었으니 관살(官殺)이 태왕하다. 그러나 경금(庚金) 일주(日主)는 년간(年干) 무토(戊土)가 투간(透干)하고, 진(辰)월 술(戌)시에 태어나 신강(身强)하니 신왕관왕(身旺官旺)하여 좋은 명조가 되었다. 특히 좋은 것은 무토(戊土)가 투간(透干)하여 살기를 관인상생(官印相生) 시키는 것이다. 따라서 일간(日干) 경금(庚金)이 용신(用神)이고, 시지(時支) 술토(戌土)도 길하다. 여기서 분명히 알아야 할 것은 월지(月支) 진토(辰土)는 기신(忌神)이지만 시지(時支) 술토(戌土)는 용신(用神)이라는 것이다.

초년은 화(火)운이라 고전했지만 기미(己未)운이 토(土)운이라 등과하였고, 경신(庚申) 신유(辛酉)운은 용신(用神)운이라 승진을 거듭하여 명진사해하였다. 말년은 수(水)운이라 재물을 많을 모아 의식주가 풍족하였다. 만일 무토(戊土)와 월간(月干) 병화(丙火)의 위치가 바뀌었으면 더 좋았을 것이다. 그리고 지지(地支)의 인(寅)과 술(戌)도 서로 위치가 바뀌었으면 금상첨화였을 것이다.

7) 일지(日支) 묘목(卯木)이 공신이다.

```
년  월  일  시
癸  癸  丁  丙        壬辛庚己戊丁丙乙
亥  亥  卯  午        戌酉申未午巳辰卯
```

본명은 천간(天干)에 관살(官殺)이 2개가 투간(透干)하였고, 년지(年支)와 월지(月支)에도 관살(官殺)이 있어 매우 나쁜 사주처럼 보인다. 그러나 일지(日支)에 묘목(卯木)이 들어 관인상생(官印相生)을 잘 시켰고, 또 해묘미(亥卯未)가 삼합(三合)하여 목(木)으로 변하니 사주가 더 안정되었다. 시간(時干) 병화(丙火)가 용신(用神)이고, 일지(日支)에 묘목(卯木)이 통근(通根)하여 길복이 많은 사주가 되었다.

초년은 금(金)운이라 고전했지만, 무오(戊午) 정사(丁巳) 대운이 용신(用神)운이라 발복하여 관찰사가 되었다. 본명의 좋은 점은 금

(金)이 없다는 것이다. 금(金)이 있었다면 금극목(金剋木)하고 금생수(金生水)하여 용신(用神)은 파극(破剋)하고 기신(忌神)을 생조(生助)하여 더 불행해졌을 것이다.

8) 자식이 부모를 지켜주는 사주

```
년  월  일  시
戊  戊  壬  甲        己庚辛壬癸甲乙丙
辰  午  辰  辰        未申酉戌亥子丑寅
```

본명은 무토(戊土)와 진토(辰土)가 너무 많아 관살(官殺)이 전체를 좌지우지한다. 임수(壬水) 일주(日主)는 고독하지만 양수(陽水)라 종격(從格)이 되지 않고 태약한 신약(身弱) 사주가 되었다. 진(辰) 중의 계수(癸水)에 의지하는데 시간(時干)에 갑목(甲木)이 투간(透干)하여 반갑다. 갑목(甲木) 즉 식신(食神)이 관살(官殺)을 제압하여 일주(日主)를 보호하니 흉이 많이 감소하고 길복이 살아났다. 이런 사주를 식신제살격(食神制殺格)이라 하는데, 자식이 부모를 지켜주는 명조이다. 고로 금수목(金水木)운이 길하고, 화토(火土)운은 흉하다. 갑자(甲子) 대운은 금수목(金水木)운으로 흘러 현령(縣令)이 되었다. 격(格)은 별로 자랑할 것이 없지만 대운이 좋아 살려준 형상이다.

9) 중화되어 좋아진 사주는 특별히 흉한 오행(五行)이 없다.

```
년  월  일  시
庚  庚  甲  丙        辛壬癸甲乙丙丁戊
申  辰  戌  寅        巳午未申酉戌亥子
```

본명은 경금(庚金)이 2개 투간(透干)하였고, 년지(年支)에 신금(申金)이 들고, 월지(月支)에 진토(辰土)가 들고, 일지(日支)에 술토(戌土)가 들어 관살(官殺)이 태왕하다. 그러나 갑목(甲木) 일주(日主)가 진(辰)월에 태어나 득령(得令)하였고, 인(寅)시에 태어났으니 일주(日主)도 신강(身强)하다. 더구나 시간(時干) 병화(丙火)가 화극금(火剋金)하여 강한 관살(官殺)을 억제하니 신왕관왕(身旺官旺)하여 대격사주가 되었다.

임오(壬午) 대운에 등과했는데, 임오(壬午)는 수(水)와 화(火)이며, 수(水)운도 길하고 화(火)운도 길하기 때문이다. 그리고 병술(丙戌) 대운에 지현(知縣)이라는 높은 벼슬에 올랐다. 병술(丙戌)은 화(火)운과 토(土)운이다. 본명은 중화되어 좋아진 사주이기 때문에 특별히 흉한 오행(五行)이 없다. 물론 목화(木火)운이 길하나 토금(土金)운도 흉하지 않아 평안하였다.

10) 일주(日主)가 너무 약하면 식상(食傷)으로 제살(制殺)할 수 없다.

```
년  월  일  시
壬  壬  丙  戊        癸甲乙丙丁戊己庚
子  子  戌  戌        丑寅卯辰巳午未申
```

본명은 년월(年月)에 관살(官殺)이 강하여 병화(丙火) 일주(日主)가 의지할 곳이 없는 고립무원이 되었다. 그나마 술(戌)에 정화(丁火)가 통근(通根)하고, 시간(時干) 무토(戊土)가 제수(制水)하니 다행이다. 그러나 식상(食傷)으로 제살(制殺)하려면 일주(日主)가 어느 정도 강하고 안정되어야 한다. 일주(日主)가 태약하면 식상(食傷)으로 제살(制殺)할 수 없다. 왜냐하면 식상(食傷)도 궁극적으로는 일주(日主)에게 기운을 빼앗기기 때문이다. 따라서 파격(破格)된 사주이다. 그러나 대운이 목화(木火)운으로 흘러 등과하였고, 정사(丁巳) 대운에는 군수까지 올랐다. 대운 덕에 출세한 것이다.

11) 식상(食傷)을 용신(用神)으로 삼으려면 일주(日主)가 강해야 한다.

```
년  월  일  시
壬  丙  庚  丙        丁戊己庚辛壬癸甲
申  午  午  戌        未申酉戌亥子丑寅
```

본명은 관살(官殺)이 비록 태왕하지만 년지(年支)에 신금(申金)과 시지(時支)에 술토(戌土)가 들어 신강(身强)하다. 년간(年干)의 식신(食神)인 임수(壬水)가 용신(用神)이다. 즉 임계수(壬癸水)가 용신(用神)이고, 경신금(庚辛金)은 희신(喜神)이고, 병정화(丙丁火)는 기신(忌神)이고, 갑을목(甲乙木)은 구신(仇神)이고, 무기토(戊己土)는 한신(閑神)이다. 이처럼 간명하려면 먼저 오행(五行)의 길흉을 정확하게 구분해야 한다. 대운이 금수(金水)운으로 흐르니 일찍 등과하여 궁궐의 수비대장이 되었고, 요직을 두루 거치면서 부귀영화를 누렸다. 이처럼 신약(身弱) 사주가 식상(食傷)을 용신(用神)으로 삼을 때는 일주(日主)가 강해야 한다.

12) 신강(身强) 사주는 관살(官殺)이 혼잡해도 무방하다.

년	월	일	시							
癸	戊	丙	壬	丁	丙	乙	甲	癸	壬	辛	庚
丑	午	午	辰	巳	辰	卯	寅	丑	子	亥	戌

본명은 병화(丙火) 일주(日主)가 오(午)월에 태어났고, 일지(日支)에 오화(午火)가 들어 화(火)가 태왕하다. 그러나 년간(年干)에 계수(癸水)가 들고, 시지(時支)에 임수(壬水)가 들고, 년지(年支)에 축토(丑土)가 들어 관살(官殺)이 대단하다. 태왕한 열기를 식히려면 하늘에서 비가 내려야 하니 년간(年干) 계수(癸水)가 용신(用

神)이고, 금(金)은 희신(喜神)이다. 천간(天干)에 정관(正官)과 편관(偏官)이 동시에 출간(出干)하여 비록 관살(官殺)이 혼잡되었으나 신강(身强) 사주이니 무방하다. 병정화(丙丁火)는 기신(忌神)이고, 갑을목(甲乙木)은 구신(仇神)이다.

따라서 이 사람은 을묘(乙卯) 갑인(甲寅) 대운은 구신(仇神)에 해당하여 건강과 대인관계가 좋지 않았고, 손재수도 당하여 고초가 많았다. 그러다 계축(癸丑) 임자(壬子) 대운은 용신(用神)운이라 발복하여 승진하며 재물도 많이 얻어 오복을 모두 누렸다.

13) 임철초(任鐵樵) 선생의 사주

년	월	일	시								
癸	戊	丙	壬	丁	丙	乙	甲	癸	壬	辛	庚
巳	午	午	辰	巳	辰	卯	寅	丑	子	亥	戌

본명은 임철초(任鐵樵) 선생의 사주이다. 선생은 건융(乾隆) 38년 4월 18일 진(辰)시에 태어났다. 한 여름에 태어나 앞 사주와 축(丑) 한 글자만 다를 뿐인데 큰 차이가 난다. 축(丑)은 북방의 습토이므로 능히 병화(丙火)의 뜨거운 열기를 흡수하고, 오화(午火)도 거둬들일 수 있다. 그리고 축토(丑土)는 수(水)를 저장하고 금(金)도 감출 수 있다. 그러나 사화(巳火)는 이와 달리 남방의 왕성한 화(火)로 계수(癸水)의 절지(絶地)가 되니 마치 한 잔의 물로 큰 불

을 끄는 형상이다. 지지(地支)에서 사오미(巳午未)가 방합(方合)하여 화국(火局)을 이루니 불길이 너무 강한데, 년간(年干) 계수(癸水)가 무계합화(戊癸合火)하여 사주가 더 편고해졌다.

시간(時干)에 임수(壬水)가 투간(透干)하여 종격(從格)도 될 수 없으니 정격(正格)이다. 정격(正格)이면 임수(壬水)가 용신(用神)인데, 지지(地支)의 진(辰) 계수(癸水)에게 죽임을 당하지 않고 겨우 명맥은 이어간다. 따라서 세상과 인연이 없어 속세를 떠나 수도할 명조가 되어 역학에 입문하여 대가가 된 것이다. 선생께서 만일 속세에서 살았다면 틀림없이 단명했거나 걸인의 신세를 면하지 못했을 것이다.

대운의 흐름을 보니 40세까지는 목화(木火)운이라 말할 수 없이 고초가 많았다. 부모님이 원하는대로 공명을 얻지 못했고, 또 부모님의 유산도 지키지 못했으며, 창업도 하지 못하여 빈궁함을 면할 수 없었다. 백수건달이 되어 그림의 떡처럼 부평초 신세였다. 가세가 점점 기울어 남은 재산마저 모두 탕진하였다. 그러다 신세가 하도 처량하고 비참하여 역학에 입문하여 공부하면서 자신의 운명을 알 수 있었다. 더 열심히 공부하고 전진하여 비로소 역학의 대가가 된 것이다.

선생은 어렸을 때 유명하다는 역술가를 찾아가 운세를 감정받았다. 그때 그 역술가가 "평생 부귀영화를 누리며 살 것"이라고 하였다. 그러나 지나온 생활을 돌아보면 맞는 것이 하나도 없었다. 그래서 '역학은 믿을 것이 못된다'고 생각하기도 하였다. 아마 그 역술가는 엉터리거나 아니면 종격(從格)으로 잘못 본 것이다. 계축(癸丑) 대운 이후부터는 용신(用神)운이라 역학을 공부하여 순순하게 전진하여 대가가 된 것이다. 선생이 역학에 입문하였기 때문에 명성도 얻고 말년이 평안했던 것이다.

14) 대운덕을 톡톡히 본 사주

년	월	일	시								
戊	癸	丙	壬		甲	乙	丙	丁	戊	己	庚	辛
申	亥	午	辰		子	丑	寅	卯	辰	巳	午	未

본명은 관살(官殺)이 태왕한데, 신금(申金)이 금생수(金生水)하여 관살(官殺)을 생조(生助)하니 더 흉하다. 천간(天干)에 정관(正官)과 편관(偏官)이 동시에 투간(透干)하여 관살(官殺)이 혼잡되었다. 그런데 무계(戊癸)가 합하여 정관(正官)을 제거하니 관살(官殺)혼잡의 흉은 면하였고, 편관(偏官)만 막으면 된다. 병정화(丙丁火)가 용신(用神), 갑을목(甲乙木)은 희신(喜神), 임계수(壬癸水)는 기신(忌神), 경신금(庚辛金)은 구신(仇神)이다.

초년 갑자(甲子) 을축(乙丑) 대운은 기신(忌神)과 희신(喜神)이 동주(同柱)하여 반길반흉했으나, 청년 병인(丙寅) 정묘(丁卯) 대운은 용신(用神)운이라 발복하여 황실의 보물을 관리하는 책임자가 되었다. 그후에도 화토(火土)운이 들어 평안무사하였다. 원국보다 대운의 덕을 톡톡히 본 명조이다. 명호불여운호(命好不如運好)라는 말이 있는데, 사주보다 대운의 흐름이 좋아야 한다는 뜻이다.

15) 합관유살(合官留殺)의 사주

년	월	일	시								
戊	癸	丙	壬	甲	乙	丙	丁	戊	己	庚	辛
午	亥	戌	辰	子	丑	寅	卯	辰	巳	午	未

병화(丙火) 일주(日主)가 해(亥)월에 태어나 신약(身弱)하다. 용신(用神)은 병화(丙火)이고 목(木)은 희신(喜神)이다. 월(月)에 계수(癸水)가 투간(透干)했지만 무계합화(戊癸合火)하여 정관(正官)을 제거하니 합관유살(合官留殺)이 되어 좋다. 일주(日主)는 년지(年支)에 오화(午火)가 통근(通根)하고, 시지(時支)에 진토(辰土)가 있는데 진(辰) 을목(乙木)이 생조(生助)하여 신강(身强)하다.

청년운인 병인(丙寅) 정묘(丁卯) 대운은 용신(用神)운이라 등과하여 관직에 진출하였고, 승승장구하여 국가의 요직을 두루 거치면서 부귀영화를 누렸다. 어떤 명조나 신약(身弱)한데 편관(偏官)과 정관(正官)이 함께 들어 관살(官殺)이 혼잡하면 불행하다. 이때는 정관(正官)이나 편관(偏官) 중 어느 하나를 합하여 제거해야 좋은 사주가 된다. 편관(偏官)을 합하여 제거하는 것을 합살유관(合殺留官)이라 하고, 정관(正官)을 합하여 제거하는 것을 합관유살(合官

留殺)이라 한다. 본명에서는 합관유살(合官留殺)이 길하다. 또 무토(戊土) 식신(食神)이 제살(制殺)하는 것도 매우 아름다워 유명인이 되어 명진사해하였다. 만일 일지(日支)에 술토(戌土)가 아니라 인목(寅木)이 들었으면 천하를 호령하는 사람이 되었을 것이다.

16) 정화(丁火) 일주(日主)가 미(未)월생이면 사막에 뜬 명월이다.

```
년  월  일  시
壬  丁  丁  癸        戊己庚辛壬癸甲乙
申  未  未  卯        申酉戌亥子丑寅卯
```

본명은 정화(丁火) 일주(日主)가 미(未)월에 태어나 사막에 뜬 명월격이다. 화(火)가 중중하여 신강(身强)하다. 용신(用神)은 년간(年干) 임수(壬水)인데, 신금(申金)에 통근(通根)하여 강하다. 다만 아쉬운 것은 정임합목(丁壬合木)하여 용신(用神)이 합거(合去)한 것이다. 본명은 임수(壬水) 용신(用神)보다 신금(申金) 희신(喜神)이 더 안전하고 강하다. 용신(用神)이 강하면 자신의 능력으로 성공하고, 희신(喜神)이 용신(用神)보다 강하면 주변의 도움으로 성공하는 법이다. 본명도 용신(用神)보다 희신(喜神)이 강하여 주변의 도움으로 출세하였다. 대운이 금수(金水)운으로 흐르니 일찍 등과하여 출사하였다. 대운이 순행하니 큰 장해물 없이 승승장구하다 신해(辛亥) 대운에는 현령(縣令)이라는 높은 벼슬에 올랐다.

17) 신강(身强) 사주는 관살(官殺)이 혼잡해도 무방하다.

```
년  월  일  시
甲  己  戊  乙      庚辛壬癸甲乙丙丁
辰  巳  辰  卯      午未申酉戌亥子丑
```

본명은 무토(戊土) 일주(日主)가 사(巳)월에 태어나 득령(得令)하였고, 기진토(己辰土)가 많아 신강(身强)하다. 을목(乙木) 정관(正官)과 갑목(甲木) 편관(偏官)이 함께 투간(透干)하여 관살(官殺)이 혼잡되었으나, 갑기합토(甲己合土)하여 편관(偏官)을 제거하여 사주가 맑아졌다. 신강(身强) 사주는 관살(官殺)이 혼잡해도 무방하다. 을목(乙木) 용신(用神)은 묘목(卯木)에 통근(通根)하고 진토(辰土)에 의지하니 강하다. 어떤 사주든 용신(用神)이 강하면 큰 인물이 되고 길복이 많이 따르는 법이다. 고로 일찍 등과하여 천자의 조칙(詔勅)을 관장했고, 시종으로 어명을 전달하는 높은 벼슬을 하였다. 사주에서 관살(官殺)이 총명하고 용신(用神)에 해당하여 윤곽을 나타내면 국가의 중요한 직책을 맡는다.

18) 정관(正官)이 용신(用神)이면 정직하고 진실하다.

```
년  월  일  시
丙  辛  庚  丁      壬癸甲乙丙丁戊己
辰  卯  申  丑      辰巳午未申酉戌亥
```

본명은 경금(庚金) 일주(日主)가 묘(卯)월에 태어나 실령(失令)했으나, 월간(月干)에 신금(辛金)이 투간(透干)하고, 일지(日支)에 신금(申金)과 시지(時支)에 축토(丑土)가 들고, 년지(年支)에 진토(辰土)가 들어 토(土)와 금(金)이 많아 신강(身强)하다. 편관(偏官)과 정관(正官)이 동시에 투간(透干)하여 관살(官殺)이 혼잡되었지만 년간(年干)에 병화(丙火) 편관(偏官)이 병신합수(丙辛合水)하여 편관(偏官)을 합거(合去)하여 합살유관(合殺留官)하니 용신(用神)은 시간(時干) 정화(丁火)이다. 정관(正官)이 용신(用神)이니 인간됨이 정직하고 진실하여 여러 사람에게 신임을 얻었다. 본명은 정관(正官)이 강하지는 않으나 대운에서 관(官)을 잘 따라주어 고관이 될 수 있었다. 대운이 용신(用神)운인 목화(木火)로 달리니 일찍 등과하여 출사하였고, 승승장구하여 모든 사람의 귀감이 되었고, 예부(禮部)를 관장하는 높은 벼슬을 하였다.

19) 합살유관(合殺留官)으로 맑아진 사주

년	월	일	시								
丙	辛	乙	庚		壬	癸	甲	乙	丙	丁	戊	己
辰	卯	亥	辰		辰	巳	午	未	申	酉	戌	亥

본명은 을목(乙木) 일주(日主)가 묘(卯)월에 태어나 득령(得令)하여 신강(身强)하다. 신금(辛金) 편관(偏官)과 경금(庚金) 정관(正

官)이 동시에 투간(透干)하여 관살(官殺)이 혼잡되었지만 병신합수(丙辛合水)하여 편관(偏官)을 합거(合去)하니 합살유관(合殺留官)으로 사주가 맑아졌다. 따라서 시간(時干)의 경금(庚金)이 용신(用神)인데, 진토(辰土)에 의지하니 강하여 길복을 얻을 수 있었다.

초년과 청년운은 목화(木火)운이라 기신(忌神)에 해당하니 발복하지 못했으나, 신유금(申酉金)운은 용신(用神)운이니 발복하여 의식주가 풍족하였다. 그리고 중년과 말년도 대운이 좋아 부유한 가운데 화원에서 애첩과 함께 노래를 부르며 희희낙락할 수 있었다.

20) 용신(用神)이 합거(合去)하면 격이 많이 떨어져 흉하다.

년	월	일	시								
癸	戊	壬	己		丁	丙	乙	甲	癸	壬	辛	庚
亥	午	午	酉		巳	辰	卯	寅	丑	子	亥	戌

본명은 임수(壬水) 일주(日主)가 오(午)월에 태어나 신약(身弱)하다. 용신(用神)은 년간(年干) 계수(癸水)이고 금(金)은 희신(喜神)이다. 계수(癸水) 용신(用神)은 해수(亥水)와 유금(酉金)에 통근(通根)하여 강하나, 무계합화(戊癸合火)하여 용신(用神)이 합거(合去)되어 격이 한 단계 떨어졌다. 그러나 신왕재왕(身旺財旺)하니 거부의 명조라는 것을 짐작할 수 있다. 즉 금수(金水)운은 길하고 목화(木火)운은 흉하다.

초년과 청년운은 목화(木火)운이라 발복하지 못했으나, 중년에 접어들면서 계축(癸丑) 임자(壬子) 대운이 용신(用神)운이라 발복하여 수천 석의 재물을 축적하고 부귀영화를 누리며 살았다.

21) 관인상생(官印相生)은 대흉을 길복으로 만든다.

```
년  월  일  시
壬  壬  丙  癸        癸甲乙丙丁戊己庚
申  子  寅  巳        丑寅卯辰巳午未申
```

본명은 임수(壬水)가 월령(月令)하였고, 관살(官殺)이 첩첩이라 불안하다. 그러나 병화(丙火) 일주(日主)가 일지(日支) 인목(寅木)에 통근(通根)하고 사(巳)시생이라 강하다. 일지(日支) 인목(寅木)이 관인상생(官印相生)을 시켜 대흉이 길복으로 변하였고, 대운이 매우 좋다. 일생이 목화(木火) 대운이라 등과하여 승진을 거듭하더니 고관이 되었다. 신약(身弱) 사주에 관살(官殺)이 혼잡되었는데 일지(日支) 인목(寅木) 때문에 살중용인격(殺重用印格)이 되었다. 신약(身弱) 사주에 관살(官殺)이 혼잡하면 인성(印星)으로 살중용인(殺重用印)하거나, 식상(食傷)으로 제살(制殺)하면 흉을 감소시킬 수 있다. 본명은 일지(日支) 인목(寅木)이 아주 좋은 역할을 하여 흉변길이 된 것이다.

22) 관살(官殺)이 희신(喜神)에 해당하면 큰 흉은 없다.

년 월 일 시
甲 乙 己 丁   丙 丁 戊 己 庚 辛 壬 癸
子 亥 巳 卯   子 丑 寅 卯 辰 巳 午 未

　본명은 기토(己土) 일주(日主)가 해(亥)월에 태어나 실령(失令)하여 신약(身弱)하다. 해(亥)월생이니 조후(調候)하려면 우선 병화(丙火)가 있어야 하니 사(巳) 중의 병화(丙火)가 용신(用神)이고 갑을목(甲乙木)과 정화(丁火)와 무기토(戊己土)는 희신(喜神)이다. 갑목(甲木)과 을목(乙木)이 관살(官殺)이라 관살(官殺)이 혼잡하지만 희신(喜神)에 해당하여 큰 흉은 없다. 또 일지(日支) 사화(巳火)가 관인상생(官印相生)을 시켜 흉이 길로 변하였다.
　초년운은 갑자(甲子) 을축(乙丑) 대운인데 갑을목(甲乙木)은 희신(喜神)이나 자축수(子丑水)는 기신(忌神)이라 반길반흉하였고, 청년 운은 무인(戊寅) 기묘(己卯) 대운은 모두 희신(喜神)이라 비교적 순탄하였다. 중년은 경진(庚辰) 신사(辛巳) 대운인데 경신(庚辛)은 구신(仇神)이나 사화(巳火)가 좋아 변방의 수비로 명예와 부귀를 얻었다.

23) 화(火)운보다 목(木)운이 더 좋다.

```
년  월  일  시
丙  丁  庚  戊        戊己庚辛壬癸甲乙
辰  酉  午  寅        戌亥子丑寅卯辰巳
```

본명은 경금(庚金) 일주(日主)가 유(酉)월에 태어나 득령(得令)하여 신강(身强)하다. 신강(身强)하면 재관(財官)이 유리한데 시지(時支)에 인목(寅木)이 들어 재물복이 많다. 역술가들은 본명에서는 화(火)가 제일 길하다고 하지만 사실은 목(木)운이 더 길하다. 시간(時干)에 무토(戊土)가 있고 년지(年支)에 진토(辰土)가 들어 토금(土金)이 흉하다. 그런데 화(火)는 화생토(火生土)하여 구신(仇神)을 생조(生助)하여 더 흉하게 작용한다. 고로 화(火)보다 목(木)이 더 유리한 것이다. 즉 갑을목(甲乙木)은 용신(用神), 병정화(丙丁火)는 희신(喜神), 경신금(庚辛金)은 기신(忌神), 무기토(戊己土)는 구신(仇神)이다. 그리고 임계수(壬癸水)도 구신(仇神)이다.

초년은 무술(戊戌) 기해(己亥) 대운으로 구신(仇神)운이라 발복하지 못하였고, 청년운은 경자(庚子) 신축(辛丑) 대운인데 역시 기신(忌神)과 구신(仇神)운이라 발복하지 못하였다. 그러다 인묘(寅卯) 대운에 등과하고 승진하여 백성의 어려운 사정을 생각하여 세금을 내리며 선정을 베풀었다.

24) 전화위복(轉禍爲福)으로 부귀를 누린 사주

년	월	일	시							
戊	己	壬	辛	庚	辛	壬	癸	甲	乙	丙	丁
午	未	申	亥	申	酉	戌	亥	子	丑	寅	卯

본명은 신약(身弱) 사주에 관살(官殺)이 혼잡하면 흉한데, 부귀를 누리는 경우는 원국에서 인성(印星)이 관인상생(官印相生)을 시켜 전화위복이 되는 것이다. 본명은 임수(壬水) 일주(日主)가 미(未) 월생이고, 사주에 화토(火土)가 많아 신약(身弱) 사주가 되었다. 미(未)월은 사막의 뜨거운 열기이니 하늘에서 비가 내려야 이롭다. 따라서 천간(天干)에 계수(癸水)가 투간(透干)하면 진용신(眞用神)인데, 수(癸水)가 없으니 임수(壬水)가 용신(用神)이다. 금(金)은 희신(喜神), 토(土)는 기신(忌神), 화(火)는 구신(仇神)이다. 임수(壬水)는 일주(日主)이며 용신(用神)이니 강한데 시간(時干)에 신금(辛金)과 일지(日支)에 신금(申金)과 시지(時支)에 해수(亥水)가 통근(通根)하여 용신(用神)이 매우 강하다. 어떤 사주든 용신(用神)이 강하면 길복이 많다.

해자축(亥子丑)운은 용신(用神)운이라 매우 길한데 등과하여 승진을 거듭하여 나중에는 조세를 관리하는 고관이 되었다. 재산은 수천 석을 축적하였고 장수하였다. 다만 아쉬운 것은 사주에 목(木)이 전혀 없다. 본명에서 목(木)은 식상(食傷)에 해당한다. 식상

(食傷)은 명예·부하·자녀·식복 등을 나타내니 자랑할만한 명예나 부하나 자녀는 없었다.

25) 제살태과(制殺太過) 사주

```
년  월  일  시
辛  戊  丙  己        丁 丙 乙 甲 癸 壬 辛 庚
卯  戌  辰  亥        酉 申 未 午 巳 辰 卯 寅
```

이 사주는 제살태과격(制殺太過格)이다. 제살태과(制殺太過)란 태왕한 식상(食傷)이 허약한 관살(官殺)을 지나치게 제극(制剋)하는 것이다. 시지(時支) 해수(亥水)는 관살(官殺)인데, 천간(天干) 무기토(戊己土)와 지지(地支) 진술토(辰戌土)가 토극수(土剋水)하여 관살(官殺)을 심하게 제극(制剋)하였다. 신약(身弱) 사주이니 년지(年支) 묘목(卯木)이 용신(用神)이고, 병정화(丙丁火)는 희신(喜神)이다. 즉 목화(木火)운은 길하고 토금수(土金水)운은 흉하다. 문제는 식상(食傷)이 너무 강하여 허약한 일주(日主)를 계속 설기(洩氣)시켜 이득보다 손실이 많은 명조가 된 것이다.

초년은 정유(丁酉) 병신(丙申) 대운으로 병정(丙丁)은 희신(喜神)이지만 신유금(申酉金)이 기신(忌神)이라 길보다 흉이 많았다. 청년운은 을미(乙未) 갑오(甲午) 대운으로 갑을목(甲乙木)은 용신(用神)이고 오미화(午未火)는 희신(喜神)이라 등과하여 미관말직이나

마 관복을 입을 수 있었다. 중년은 계사(癸巳) 임진(壬辰) 대운으로 임계수(壬癸水)가 구신(仇神)에 해당하여 젊은 나이에 황천객이 되고 말았다. 또 본명은 제살태과(制殺太過)에다 극루교가(剋漏交加)를 이루었다. 극루교가(剋漏交加)란 신약(身弱)한 일주(日主)를 심하게 파극(破剋)하고, 많은 식상(食傷)이 심하게 설기(洩氣)하여 흉이 두 배가 되는 것을 말한다. 즉 이 사주는 식상(食傷)이 지나치게 설기(洩氣)하는 것이 가장 큰 결함이다.

26) 한 가지 오행(五行)이 너무 많으면 흉화가 많다.

년	월	일	시							
辛	戊	丙	壬		丁	丙	乙	甲	癸	壬	辛	庚
卯	戌	辰	辰		酉	申	未	午	巳	辰	卯	寅

본명은 4개의 무술(戊戌) 진토(辰土) 식신(食神)이 1개의 임수(壬水) 편관(偏官)을 심하게 파극(破剋)하여 격이 불리해졌다. 년지(年支) 묘목(卯木)이 용신(用神), 갑목(甲木)과 병정화(丙丁火)는 희신(喜神), 토금수(土金水)는 모두 기신(忌神)과 구신(仇神)에 해당한다. 식신(食神)이 너무 많아 사주가 아주 탁해졌다.

초년은 정유(丁酉) 병신(丙申) 대운으로 병정(丙丁)은 희신(喜神)이나 신유(申酉)가 기신(忌神)이라 무과에 응시했지만 불합격하였고, 을미(乙未) 갑오(甲午) 대운은 용신(用神)과 희신(喜神)운이라 재물을 헌납하는 조건으로 등과하였다. 돈으로 벼슬을 산 것이다. 그러나 항상 관로가 막혀 순조롭지 못했다. 중년은 계사(癸巳) 임진(壬辰) 대운으로 임계수(壬癸水)가 흉하여 큰 질병이 걸리고 재물은 모두 사라졌다. 본명도 극루교가(剋漏交加) 명조라 마치 구멍 뚫린 지갑을 갖고 있는 형상이 되어 재물이 사라질 수밖에 없었다. 이처럼 사주가 어느 한 오행(五行)이 너무 많으면 흉화가 따른다.

27) 용신(用神)이 뿌리가 없으면 항상 불안하다.

년	월	일	시							
壬	丙	丙	壬	丁	戊	己	庚	辛	壬	癸 甲
辰	午	午	辰	未	申	酉	戌	亥	子	丑 寅

이 사주는 식상(食傷) 4개가 임수(壬水) 2개를 제극(制剋)하고 있다. 즉 진토(辰土)가 2개이고 오(午) 중의 기토(己土)에게 제극(制剋)당하는 것이다. 임수(壬水) 용신(用神)은 진(辰) 중의 계수(癸水)에 통근(通根)하나 너무 허약하니 유명무실하다. 그러나 대운이 금수(金水)운으로 잘 흘러 등과하여 승진할 수 있었다. 그러나 용신(用神)이 통근(通根)하지 못했으니 항상 불안하였다. 마치 뿌리가 약한 나무에 잎사귀만 무성한 모양이라 약간의 바람에도 중심을 잡지 못하고 흔들렸다. 만약 본명이 대운마저 목화(木火)운으로 흘러갔다면 분명히 단명했거나, 거지가 되었거나, 중병에 걸렸을

것이다. 대운은 이처럼 중요하다. 만약 년지(年支)에 진토(辰土)가 아니라 신금(申金)이 있었으면 안정되게 성공했을 것이다.

28) 희신(喜神)이 없으면 인덕이 없다.

년 월 일 시

甲 戊 壬 壬   己庚辛壬癸甲乙丙

寅 辰 辰 寅   巳午未申酉戌亥子

본명은 식상(食傷) 3개가 관살(官殺) 3개를 제극(制剋)하고 있다. 토(土)가 비록 권력을 잡았지만 목(木)도 대단하다. 다행인 것은 월지(月支)와 일지(日支)에 진토(辰土)가 있는 것이다. 시간(時干) 임수(壬水)가 용신(用神)이고 금(金)은 희신(喜神)인데, 금(金)이 1개도 없으니 희신(喜神)이 없다. 희신(喜神)이 없으면 인덕이 없어 충복이 없거나 주위환경이 좋지 않다.

초년은 사오미(巳午未) 대운으로 화(火)가 넘치니 발복하지 못하다가 임신(壬申) 대운부터 등과도 하고 승진하여 계유(癸酉) 대운에 는 현령(縣令)에 올랐다. 본명도 용신(用神)이 지지(地支)에 통근(通根)이 부족하고, 또 희신(喜神)에 해당하는 금(金)이 없는 것이 큰 결점이다.

29) 극루교가(剋漏交加)를 이루면 불행하다.

```
년  월  일  시
庚  戊  戊  庚        己庚辛壬癸甲乙丙
申  寅  寅  申        卯辰巳午未申酉戌
```

본명은 식신(食神) 4개가 관살(官殺) 2개를 제극(制剋)하니 관살(官殺)이 고전이나 다행히 인목(寅木)이라 목(木)도 강하다. 신약(身弱) 사주가 일주(日主)를 파극(破剋)하는 관살(官殺)이 강하고, 일주(日主)의 기운을 빼는 식상(食傷)도 강하여 극루교가(剋漏交加)가 되었으니 불행한 명조이다.

사오미(巳午未) 대운은 용신(用神)운이라 길하여 등과했으나, 신(申)운에는 기신(忌神)운에 해당하여 전사하였다. 본명은 금목(金木)이 서로 싸우는데 일주(日主)가 신약(身弱)하다. 신약(身弱)한 일주(日柱)는 관살(官殺)은 물론 식상(食傷)도 일주(日主)의 기운을 빼니 해롭다. 용신(用神)은 인(寅) 병화(丙火)이고, 정화(丁火)와 무기토(戊己土)와 을목(乙木)은 모두 희신(喜神)이고, 경신금(庚辛金)은 기신(忌神)이고, 임계수(壬癸水)는 구신(仇神)이다. 지지(地支) 두 곳에서 인신(寅申)이 상충(相沖)하니 불행하였다.

4. 상관견관(傷官見官)

■ 원 문

상관견관최난변(傷官見官最難辯)

관유가견불가견(官有可見不可見)

■ 직 역

상관(傷官)이 관(官)을 만나면 변론하기가 가장 어렵고, 관(官)이 유(有)함은 가견(可見)하고 견(見)하기에 불가함은 아니다.

■ 한자풀이

傷(상처 상) 官(벼슬 관) 難(어려울 난)

辯(말잘할 변) 可(옳을 가)

■ 풀 이

상관(傷官)이 관성(官星)을 만나면 좋기도 하고 좋지 않은 경우도 있어 판단하기가 매우 어렵다. 상관(傷官)은 일주(日主)의 기운을 빼는 것으로 좋은 육신이 아니다. 신강(身强) 사주에서는 용신(用神)이 될 수도 있지만 신약(身弱)에서는 불가하다. 또 신강(身强)해도 상관(傷官)과 관살(官殺)이 함께 들면 원국의 구성에 따라 어느 것이 유리한지가 달라진다. 상관(傷官)은 잘 다스리면 재능을 발휘하며 영화와 총명한 지혜가 따르기도 한다. 그러나 기신(忌神)에 해당하면 사기성이 많고 사악한 지혜로 문제를 일으킨다.

1) 화토상관격(火土傷官格)

```
년  월  일  시
己  辛  丙  己        庚己戊丁丙乙甲癸
丑  未  寅  丑        午巳辰卯寅丑子亥
```

병화(丙火) 일주(日主)가 미(未)월에 태어나 실령(失令)하였고, 토(土)가 많아 설기(洩氣)가 매우 심하다. 설기(洩氣)가 심하면 무조건 인성(印星)이 용신(用神)이다. 상관(傷官)이 왕성하여 인성(印星)이 용신(用神)인 것을 상관용인격(傷官用印格)이라 한다. 일지(日支) 인목(寅木)을 취용하여 상관(傷官)을 억제한다. 인(寅) 중의 갑목(甲木)이 용신(用神), 임계수(壬癸水)는 희신(喜神), 무기토(戊己土)는 기신(忌神), 경신금(庚辛金)과 병정화(丙丁火)는 구신(仇神)이다. 축토(丑土)와 미토(未土)는 같은 토(土)지만 성격은 정반대이다. 미토(未土)는 화(火)에 가깝고, 축토(丑土)는 수(水)에 가깝다. 인묘목(寅卯木) 대운에 황당(黃堂)이라는 벼슬에 올랐다.

2) 토금상관격(土金傷官格)

```
년  월  일  시
辛  丁  戊  辛        丙乙甲癸壬辛庚己
酉  酉  午  酉        申未午巳辰卯寅丑
```

본명은 무토(戊土) 일주(日主)가 유(酉)월에 태어나 상관(傷官)이
너무 많으니 신약(身弱)하다. 정화(丁火)가 용신(用神)인데 일지
(日支) 오화(午火)에 통근(通根)하여 강하나 목(木)이 없는 것이
결함이다. 목(木)은 관성(官星)인데 없으니 관운이 없어 등과했으
나 보직을 얻지 못하고 대기상태에 있다가 물러나고 말았다. 명조
가 편굴하여 평생 재물운이 없고 관운도 없었다.

　초년의 을미(乙未) 갑오(甲午) 대운은 목화(木火)운이라 용호방
(龍虎榜)에 수석으로 합격했으나 관운이 없어 오래 머물지 못하였
고, 임계(壬癸) 대운은 흉운이라 실직하고 가세가 빈궁하였다.

3) 금수상관격(金水傷官格)

년	월	일	시								
壬	壬	庚	己	癸	甲	乙	丙	丁	戊	己	庚
戌	子	辰	卯	丑	寅	卯	辰	巳	午	未	申

본명은 경금(庚金) 일주(日主)가 자(子)월에 태어나 금수상관격
(金水傷官格)을 이루었는데, 임수(壬水)와 식신(食神)이 나란히 투
간(透干)하여 신약(身弱)하다. 수(水)가 태왕하여 홍수가 나면 무
기토(戊己土)로 막아야 하니 시간(時干) 기토(己土)가 용신(用神)
이고, 화(火)는 희신(喜神)이다. 임계수(壬癸水)는 기신(忌神), 갑을
목(甲乙木)과 경신금(庚辛金)은 구신이다.

초년 계축(癸丑) 갑인(甲寅) 대운은 기신(忌神)과 구신(仇神)운이니 발복하지 못했으나, 청년운은 을묘(乙卯) 병진(丙辰) 대운으로 목(木)은 구신(仇神)이고 화(火)는 희신(喜神)에 해당하여 등과하였다. 그 다음은 정사(丁巳) 무오(戊午) 대운이니 용신(用神)과 희신(喜神)운이니 주목(州牧) 벼슬에 올랐다. 본명은 신약(身弱)한데도 금(金)운이 흉한 것은 금생수(金生水)하여 태왕한 기신(忌神)을 돕기 때문이다.

4) 목화상관격(木火傷官格)

년	월	일	시								
丙	癸	乙	丙	甲	乙	丙	丁	戊	己	庚	辛
辰	巳	丑	子	午	未	申	酉	戌	亥	子	丑

수화(水火)가 싸우고, 병화(丙火)가 사(巳)월에 태어나 강하고, 계수(癸水)는 지지(地支) 자축(子丑)0에 통근(通根)하여 강하다. 월(月) 계수(癸水)가 용신(用神)인데 강하니 길복이 많은 것처럼 보인다. 그러나 화토금(火土金)이 모두 흉한데 대운이 계속 흉운으로 흘러 발복하지 못하여 과거에 9번 응시했지만 모두 떨어졌다. 노년에야 겨우 수(水)운이 들어와 장수하였다. 앞에서도 말했지만 대운은 20~60세 사이에 들어와야 활용할 수 있다. 너무 일찍 들어와도 기량을 발휘하기 어렵고, 너무 늦게 들어와도 쓸모가 없다.

5. 상관용재격(傷官用財格)

상관용재격(傷官用財格)은 상관(傷官)이 태왕하고 일주(日主)가 강하면 재성(財星)이 용신(用神)이라는 뜻이다.

1) 화토상관격(火土傷官格)

년	월	일	시							
甲	戊	丁	丙	己	庚	辛	壬	癸	甲	乙	丙
申	辰	卯	午	巳	午	未	申	酉	戌	亥	子

본명은 무토(戊土) 상관(傷官)이 진(辰)월 오(午)시에 태어나 상관(傷官)이 강하고, 년간(年干)에 갑목(甲木)이 들고 시주(時柱)에 병오(丙午)와 일지(日支)에 묘목(卯木)이 들어 강하다. 년지(年支) 신금(申金)이 용신(用神)이고, 수(水)운이 길하다. 이러한 명조를 상관용재격(傷官用財格)이라 한다.

초년은 경신(庚辛) 대운은 길하여 부모에게 많은 유산을 물려받았으나, 인(寅) 세운에 들어 목(木)이 기신(忌神)인데 인신(寅申)이 상충(相冲)하여 젊은 나이에 죽었다.

2) 수목상관격(水木傷官格)

년	월	일	시								
癸	乙	壬	乙	甲	癸	壬	辛	庚	己	戊	丁
亥	卯	子	巳	寅	丑	子	亥	戌	酉	申	未

본명은 임수(壬水) 일주(日主)가 년주(年柱)에 계해(癸亥)가 들고, 일지(日支)에 자수(子水)가 들어 신강(身强)하다. 월(月) 을목(乙木) 상관(傷官)은 시간(時干)에 을목(乙木)이 들고, 묘(卯)월이니 역시 강하다. 시지(時支) 사화(巳火)가 용신(用神)이나 화토금(火土金)이 모두 길하다. 목(木)운이 가장 흉하고 그 다음은 수(水)운이다.

갑인(甲寅) 대운은 기신(忌神)이라 흉했고, 계축(癸丑) 임자(壬子) 대운도 수(水)운이며 구신(仇神)운이라 많이 고전하였고, 신(辛) 대운은 길운인데 해(亥) 대운이 흉하여 악전고투하였다. 그러나 경술(庚戌) 기유(己酉) 대운에는 길운이라 재물을 많이 모았다.

3) 재성(財星)이 용신(用神)이면 재물복이 많다.

년	월	일	시								
庚	辛	戊	丁	壬	癸	甲	乙	丙	丁	戊	己
子	巳	申	巳	午	未	申	酉	戌	亥	子	丑

사(巳) 경금(庚金)이 년간(年干)에 투출(透出)하여 상관격(傷官格)이고, 무토(戊土) 일주(日主)가 사(巳)월에 태어나 신강(身强)하다. 월(月) 신금(辛金) 상관(傷官)은 년간(年干) 경금(庚金)과 일지(日支) 신금(申金)의 도움으로 강하니, 년지(年支) 자수(子水)가 용신(用神)이다. 재성(財星)이 용신(用神)이면 재물복이 많다.

초년과 청년운인 임술(壬戌) 계해(癸亥) 갑자(甲子) 을축(乙丑) 대운은 용신(用神)운이라 길하여 사업으로 수천 석의 재물을 모았다. 그러나 병인(丙寅) 대운에 병화(丙火)가 자수(子水)를 극하여 사업이 어려워지고 가세가 기울었다.

4) 일지(日支)에 용신(用神)이 있으면 남편복이 많다.

년	월	일	시								
癸	辛	辛	庚	壬	癸	甲	乙	丙	丁	戊	己
亥	酉	卯	寅	戌	亥	子	丑	寅	卯	辰	巳

본명은 신금(辛金) 일주(日主)가 유(酉)월에 태어나 득령(得令)하여 신강(身强)하다. 년간(年干) 계수(癸水)는 년지(年支) 해수(亥水)와 많은 금(金)의 도움으로 강하니, 용신(用神)은 일지(日支) 묘목(卯木)과 시지(時支) 인목(寅木)이다. 일지(日支) 묘목(卯木)이 용신(用神)이니 남편복이 많아 남편이 인자하며 관대하였다. 또 시지(時支) 인목(寅木)도 용신(用神)이니 자식복도 많아 5명을 두

있는데 모두 출세하고 성공하였다.

초년은 수(水)운이라 흥했으나, 갑을(甲乙) 대운에 발복하여 길하였고, 병인(丙寅) 대운에는 부귀영화를 누렸다. 선빈후부형 사주라고 할 수 있다. 남녀를 막론하고 어떤 사주든 용신(用神)이 강하면 그만큼 능력이 있다고 보면 틀림없다.

6. 상관용겁격(傷官用劫格)

상관용겁격(傷官用劫格)은 상관(傷官)이 태왕하여 비겁(比劫)으로 용신(用神)을 삼는 것을 말한다.

1) 생생불식(生生不息)이면 부귀하다.

년	월	일	시									
壬	辛	戊	己		壬	癸	甲	乙	丙	丁	戊	己
寅	亥	申	未		子	丑	寅	卯	辰	巳	午	未

본명은 무토(戊土) 일주(日主)가 해(亥)월에 태어나 실령(失令)하여 신약(身弱)한데, 월(月)에 신금(辛金)이 들고, 일지(日支)에 신금(申金)이 들어 설기(洩氣)가 심하니 사주가 더 불리해졌다. 더구나 많은 수기(水氣)를 억제하고 일주(日主)를 보호하려면 당연히

화토(火土)가 필요한데 없으니 시간(時干) 기토(己土)가 용신(用神)이고, 화(火)는 희신(喜神)이다.

무오(戊午) 정사(丁巳) 대운은 용신(用神)운이라 주목(州牧)에 올랐다. 본명의 장점은 오행이 생생불식(生生不息)하는 것이다. 즉 토생금(土生金) 금생수(金生水) 수생목(水生木)으로 흐르는 것이다.

2) 토금상관격(土金傷官格)

년	월	일	시								
己	癸	戊	庚		壬	辛	庚	己	戊	丁	丙	乙
未	酉	戌	申		申	未	午	巳	辰	卯	寅	丑

본명은 무토(戊土) 일주(日主)가 유(酉)월에 태어나 토금상관격(土金傷官格)인데, 식상(食傷)이 너무 많아 설기(洩氣)가 심하다. 인성(印星)이 용신(用神)인데 없으니 대신 비겁(比劫)을 쓴다. 년간(年干) 기토(己土)가 용신(用神)이고, 병정화(丙丁火)는 희신이다. 목(木)은 목생화(木生火)하여 길하고, 금수(金水)운은 흉하다.

초년운은 임신(壬申) 금수(金水)운이라 고전했으나, 경오(庚午) 대운은 화(火)운이라 희신(喜神)에 해당하여 등과하였고, 기사(己巳) 대운은 길운이라 현령(縣令) 벼슬에 올랐다. 그리고 무진(戊辰) 정묘(丁卯) 대운도 길하여 황당(黃堂) 벼슬까지 올랐다. 본명도 병정화(丙丁火)가 들었으면 더 유리했을 것이다.

3) 수목상관격(水木傷官格)

년	월	일	시	
癸	甲	癸	甲	癸 壬 辛 庚 己 戊 丁 丙
亥	寅	亥	寅	丑 子 亥 戌 酉 申 未 午

이 사주는 수목상관격(水木傷官格)이고, 계수(癸水) 일주(日主)가
인(寅)월에 태어나 신약(身弱)하다. 인성(印星) 경신금(庚辛金)이
있으면 금(金)을 써야 하나, 없으니 년간(年干) 계수(癸水)가 용신
(用神)이다. 수(水)가 용신(用神)이고 금(金)은 희신(喜神)이다. 목
(木)운이 가장 흉하고, 다음은 화(火)운이 흉하다.

대운이 금수(金水)운으로 흘러 큰 문제없이 초년에 등과하였고,
경술(庚戌) 기유(己酉) 대운도 길하여 별가(別駕)라는 벼슬에 올랐
다. 그러나 이 사주는 하격에 속한다. 오행(五行)이 골고루 들어 있
지 않고, 식상(食傷)이 태왕한데 비겁(比劫)을 용신(用神)으로 삼
을 수밖에 없으니 좋은 명조는 아니다.

4) 화토상관격(火土傷官格)

년	월	일	시	
戊	己	丙	己	庚 辛 壬 癸 甲 乙 丙 丁
申	未	戌	丑	申 酉 戌 亥 子 丑 寅 卯

이 사주는 술(戌)월에 태어났으면 종아격(從兒格)이 되어 토금(土金)운에 명예와 부귀가 따랐을 것이다. 그러나 병화(丙火) 일주(日主)는 양화(陽火)이며 또 미(未)월에 태어났으니, 미(未)에 정화(丁火)가 통근(通根)하여 종격(從格)이 될 수 없다. 결국 신약(身弱) 사주가 되어 미(未) 정화(丁火)가 용신(用神)이고, 목(木)은 희신(喜神)이다. 정화(丁火)가 용신(用神)이면 용신(用神)이 암장(暗藏)되어 능력을 발휘하지 못한다. 이 사람도 평생 한 번도 발복하지 못하고 실패만 하였다. 토금수(土金水)운은 모두 흉한데 대운이 계속 토금수(土金水)로 흐르니 파란이 많았다.

초년은 경신(庚申) 신유(辛酉) 대운으로 기신(忌神)에 해당하여 고초가 많았고, 청년운도 임술(壬戌) 계해(癸亥) 대운으로 역시 기신(忌神)과 구신(仇神)운이라 무슨 일을 해도 실패만 거듭하였다. 또 계해(癸亥) 대운은 수극화(水剋火)하여 용신(用神)을 파극(破剋)하니 가정이 파가하였다. 결국은 기댈 곳이 없어 입산하여 머리 깎고 중이 되었다.

5) 토금상관격(土金傷官格)

년	월	일	시								
戊	庚	己	癸		辛	壬	癸	甲	乙	丙	丁	戊
辰	申	酉	酉		酉	戌	亥	子	丑	寅	卯	辰

본명도 상관(傷官)은 중중한데 인성(印星)이 없으니 비겁(比劫)으로 용신(用神)을 삼을 수밖에 없는 고약한 사주이다. 년간(年干) 무토(戊土)가 용신(用神)이고, 진토(辰土)가 통근(通根)했으나 신자진(申子辰)이 합하여 수(水)로 변하고, 진유합금(辰酉合金)하여 진토(辰土)는 희신(喜神) 구실을 못한다. 가장 유력한 것은 목화(木火)인데 1개도 없으니 불행이 짐작된다. 본명에서 가장 흉한 오행은 금(金)이고, 그 다음은 수(水), 그 다음은 토(土)이다. 이론으로는 토(土)가 용신(用神)이나 기신(忌神)을 생조(生助)하고, 구신(仇神) 역할을 하니 용신(用神)이 없는 사주라고 해도 과언이 아니다. 평생 한 번도 발복하지 못하고 빈천하게 살다 흉사하였다.

7. 상관취용격(傷官取用格)

상관취용격(傷官取用格)은 관성(官星)과 인수(印授)가 태왕한데 재성(財星)이 없어 상관(傷官)이 용신(用神)인 것을 말한다.

1) 수목상관격(水木傷官格)

년	월	일	시								
庚	己	壬	庚		庚	辛	壬	癸	甲	乙	丙	丁
辰	卯	辰	子		辰	巳	午	未	申	酉	戌	亥

이 사주는 년간(年干)과 시간(時干)에 경금(庚金)이 투간(透干)하고, 자(子)시생이라 신강(身强)한 것 같지만 묘(卯)월생이라 설기(洩氣)가 심하여 신약(身弱)하다. 년간(年干)과 시간(時干) 경금(庚金)이 용신(用神)인데, 진토(辰土)에 통근(通根)하여 강하다. 어떤 사주든 길흉을 보려면 우선 용신(用神)의 강약을 살펴야 한다. 용신(用神)은 그 사람의 능력을 나타내기 때문이다. 용신(用神)이 강하면 능력이 많고, 약하면 능력이 부족하다. 이 사람은 사오미(巳午未) 대운은 한신(閑神)이라 무해무덕하였고, 신(申) 대운에는 승진하였고, 유(酉) 대운에는 태수(太守)에 올랐다.

2) 수목상관격(水木傷官格)

년	월	일	시								
乙	戊	癸	癸	丁	丙	乙	甲	癸	壬	辛	庚
酉	寅	酉	丑	丑	子	亥	戌	酉	申	未	午

이 사주는 계수(癸水)가 인(寅)월에 태어났으니 수목상관격(水木傷官格)이고, 지지(地支)에 인성(印星)이 나란히 있으니 왕강하다. 월간(月干) 무토(戊土)는 통근(通根)하지 못하여 용신(用神)으로 삼을 수 없으니 대신 월지(月支) 인목(寅木)을 쓴다. 목(木)이 용신(用神)이니 수(水)는 희신(喜神)이고, 금(金)은 기신(忌神), 토(土)는 구신(仇神), 화(火)는 한신(閑神)이다. 수목(水木)운은 길하

고, 토금(土金)운은 흉하다.

해자축(亥子丑)운은 희신(喜神)운이라 별 어려움이 없었으나, 계유(癸酉) 대운부터 흉하기 시작하여 중년과 말년에는 일신을 의지할 곳이 없을 정도로 빈천하였다.

3) 목화상관격(木火傷官格)

년	월	일	시								
己	庚	甲	丁	己	戊	丁	丙	乙	甲	癸	壬
卯	午	寅	卯	巳	辰	卯	寅	丑	子	亥	戌

갑목(甲木)이 오(午)월에 태어났으니 목화상관격(木火傷官格)이고, 지지(地支)에 목국(木局)을 이루었으니 태왕하다. 월(月)에 경금(庚金)이 투간(透干)했으나 무근(無根)이니 무용지물이다. 월지(月支) 오화(午火)가 용신(用神)이고, 희신(喜神)은 없다. 그리고 갑을목(甲乙木)은 기신(忌神), 임계수(壬癸水)는 구신(仇神)이다.

이 사람은 정묘(丁卯) 대운에 등과하여 병(丙) 대운에는 현령(縣令)에 올랐으나, 인(寅) 을축(乙丑) 대운이 기신(忌神)이라 파직당하고 낙향한 후 발복하지 못했다. 오화(午火)가 용신(用神)이나 실은 한신(閑神) 정도의 운밖에는 안된다. 엄격하게 말하면 용신(用神)과 희신(喜神)이 없고, 가장 길한 오행(五行)이 한신(閑神)이고, 나머지는 모두 기신(忌神)이나 구신(仇神)이니 하격 명조이다.

4) 화토상관격(火土傷官格)

년	월	일	시								
丙	乙	丙	乙		丙	丁	戊	己	庚	辛	壬	癸
寅	未	辰	未		申	酉	戌	亥	子	丑	寅	卯

병화(丙火) 일주(日主)가 미(未)월에 태어나 득령(得令)하여 신강 (身强)하다. 목화(木火)가 태왕하니 재성(財星)·관성(官星)·식상 (食傷) 중에서 용신(用神)을 삼아야 하는데, 가장 유력한 것은 재 관(財官) 금수(金水)이다. 그러나 원국에 없으니 식상(食傷)으로 잡는 수밖에 없다. 진토(辰土)와 미토(未土)가 있으나 설기(洩氣) 시키는데는 진토(辰土)보다 미토(未土)가 더 유리하다. 억지로 월 지(月支) 미토(未土)를 용신(用神)으로 삼지만 파격이며 하격이다.

이 사람은 평생 한 번도 발복하지 못하고 파란만장하게 살다가 큰 원한을 남기고 죽었다. 본명에서 미토(未土)는 한신(閑神) 정도 밖에 안되기 때문이다. 그리고 다른 오행들도 모두 기신(忌神)에 해당하니 하천한 것이다. 즉 용신(用神)과 희신(喜神)이 없고, 가장 길한 것이 한신(閑神)이기 때문이다.

8. 상관용관격(傷官用官格)

상관용관격(傷官用官格)은 상관(傷官)이 태왕하여 관성(官星)으로 용신(用神)을 삼는 것을 말한다.

1) 토금상관격(土金傷官格)

년	월	일	시								
壬	己	戊	乙		庚	辛	壬	癸	丙	丁	戊	己
戌	酉	戌	卯		戌	亥	子	丑	寅	卯	辰	巳

본명은 무토(戊土) 일주(日主)가 유(酉)월에 태어나 토금상관격(土金傷官格)이고, 신유술(申酉戌)이 삼합(三合)하여 금국(金局)을 이루어 식상(食傷)이 태왕하다. 무토(戊土) 일주(日主)는 월(月) 기토(己土)와 술토(戌土) 2개에 통근(通根)하여 신강(身強)하다. 시간(時干) 을목(乙木)이 용신(用神)이다. 따라서 갑목(甲木)은 중길하고, 계수(癸水)는 평운으로 한신(閑神)이다. 신유술(申酉戌)은 기신(忌神)이니 대흉하고, 미토(未土)는 구신(仇神)이니 소흉하다.

해(亥) 대운은 구신(仇神)이라 등과했으나 승진은 하지 못했다. 그러다 세월이 지나 인(寅) 대운은 용신(用神)운이라 시랑(侍郎)에 올랐다. 정관(正官)이 용신(用神)이니 관운이 좋고, 식상(食傷)이 왕성한데 일주(日主)도 신강(身強)하고 관성(官星)도 강하여 좋은 명조이다. 부귀영화를 모두 누리는 상격 사주이다.

2) 수목상관격(水木傷官格)

```
년  월  일  시
庚  己  壬  己        庚辛壬癸甲乙丙丁
午  卯  申  酉        辰巳午未申酉戌亥
```

본명은 임수(壬水) 일주(日主)가 묘(卯)월에 태어나 수목상관격(水木傷官格)이고, 년간(年干)에 경금(庚金)이 투간(透干)하고, 일지(日支)에 신금(申金)과 시지(時支)에 유금(酉金)이 통근(通根)하여 신강(身强)하다. 그리고 년지(年支) 오화(午火)가 묘(卯)월에 태어나 재성(財星)과 상관(傷官)이 모두 강하고, 재관(財官)과 印인비(比)의 세력이 비슷하니 막상막하이다. 그러나 묘목(卯木)이 월지(月支)에 있으니 신약(身弱)으로 보고, 용신(用神)은 년간(年干) 경금(庚金)이다. 금(金)이 용신(用神)이니 토(土)는 희신(喜神)이고, 수(水)도 길하다. 목(木)이 가장 흉하고, 화(火)는 구신(仇神)이다. 용신(用神)이 강하니 길복이 많음을 짐작할 수 있다.

사(巳) 대운은 구신(仇神)이라 흉했으나, 오(午) 대운은 한신(閑神)이라 반길반흉하여 어렵게 등과하였고, 미(未) 대운은 희신(喜神)운이라 거듭 승진하였고, 신(申) 대운은 진용신(眞用神)운이라 높이 승진하였다.

3) 수목상관격(水木傷官格)

```
년  월  일  시
辛  辛  壬  己        庚 己 戊 丁 丙 乙 甲 癸
未  卯  辰  酉        寅 丑 子 亥 戌 酉 申 未
```

이 사주는 임수(壬水) 일주(日主)가 묘(卯)월에 태어나 수목상관격(水木傷官格)이다. 신금(辛金) 2개가 천간(天干)에 투간(透干)하고, 시지(時支)에 유금(酉金)이 들고, 진유합금(辰酉合金)하여 신강(身强)하다. 그러나 묘(卯)월에 묘미(卯未)가 반삼합(半三合)하고, 묘진(卯辰)이 반방합(半方合)하니 목(木)도 대단하다. 금(金)이 강하여 신강(身强) 사주가 되었으니 용신(用神)은 월지(月支) 묘목(卯木)이니 강하다. 상관(傷官)이 용신(用神)이니 지혜가 총명하며 창작에 소질이 있고, 일지(日支) 진토(辰土)가 길작용을 하니 아내복이 많았다. 그러나 한 가지 아쉬운 것은 대운의 흐름이 좋지 못하여 능력은 있으나 꿈을 크게 펼치지는 못했다. 유(酉) 대운에는 기신(忌神)에 해당하여 급사병에 걸려 죽었다.

4) 화토상관격(火土傷官格)

```
년  월  일  시
癸  己  丙  癸        戊 丁 丙 乙 甲 癸 壬 辛
酉  未  午  巳        午 巳 辰 卯 寅 丑 子 亥
```

본명은 병화(丙火) 일주(日主)가 미(未)월에 태어나 화토상관격(火土傷官格)이다. 화(火)도 태왕하고 토(土)도 태왕하니 년간(年干) 계수(癸水)가 용신(用神)인데, 유금(酉金)에 통근(通根)하여 강하다. 병정화(丙丁火)운과 무기토(戊己土)운은 기신(忌神)이다.

초년 무오(戊午) 정사(丁巳) 대운은 기신(忌神)운이니 발복하지 못했고, 청년운인 병진(丙辰) 을묘(乙卯) 대운도 구신(仇神)운이라 별로 발전하지 못했다. 그러나 계축(癸丑) 대운부터 용신(用神)운이라 발복하여 늦은 나이에 등과하여 승진을 거듭하였고, 임자(壬子) 대운도 용신(用神)운이라 현령(縣令)에 올랐다. 말년은 희희낙락하며 장수하였다.

9. 가상관격(假傷官格)

1) 명예운은 없지만 재물복은 있는 사주

년	월	일	시							
戊	戊	丁	乙	己	庚	辛	壬	癸	甲	乙 丙
申	午	巳	巳	未	申	酉	戌	亥	子	丑 寅

본명은 정화(丁火) 일주(日主)가 오(午)월에 태어나 화(火)가 태왕한데 금수(金水)가 부족하니 불리하다. 만일 계수(癸水)가 투간

(透干)했으면 당연히 진용신(眞用神)이다. 그러나 없으니 년지(年支)의 신(申) 중의 임수(壬水)가 용신(用神)인데, 무토(戊土) 2개가 투간(透干)하여 보호하니 강하고 안전하다. 관운과 명예운은 없으나 재물복은 있는 명조가 되어 사업가로 성공하였다. 토금수(土金水)운은 길하고 목화(木火)운은 흉하다.

경신(庚申) 신유(辛酉) 임술(壬戌) 대운은 용신(用神)운이라 젊은 나이에 창업하여 십여만 석의 재물을 축적하였다. 그러나 계해(癸亥) 대운은 진용신(眞用神)이니 길한데, 원국에 없고 또 무계합화(戊癸合火)하여 화(火)로 변하니 길이 흉으로 변하여 고전하다가, 갑목(甲木) 대운에 목(木)이 목생화(木生火)하여 강한 화(火)를 넘치게 하니 사망하였다.

2) 겨우 명맥만 이어가는 아슬아슬한 사주

년	월	일	시								
壬	辛	壬	癸		壬	癸	甲	乙	丙	丁	戊	己
子	亥	子	卯		子	丑	寅	卯	辰	巳	午	未

이 사주는 온통 물판이나 시지(時支)에 묘목(卯木)이 들어 종격(從格)이 될 수 없다. 만일 병정화(丙丁火)가 있으면 진용신(眞用神)이나 없으니 시지(時支) 묘목(卯木)이 용신(用神)이다. 겨우 명맥을 이어가는 아슬아슬한 명조로 하격이다. 갑을목(甲乙木)운이

들면 조금 발복할 수 있으나 나머지 운은 대부분이 흉하다. 임계수 (壬癸水)운이 가장 흉하고, 다음은 경신금(庚辛金)운이다. 한 마디로 거지보다 조금 나은 사주이다.

갑인(甲寅) 을묘(乙卯) 대운은 용신(用神)운이라 먹고 살만큼 재물이 늘었다. 병진(丙辰) 정사(丁巳) 무오(戊午) 대운은 원국에 병정화(丙丁火)가 있으면 화(火)운에 크게 발복했을 것이나 부잣집 집사가 되어 돈을 구경만 많이 했을 뿐 자기 것이 되지 못했다. 만일 원국에 묘목(卯木)이 없고 화기(火氣)가 들었으면 군비쟁재(群比爭財)를 당하나, 원국에 묘목(卯木)이 있어 화(火)운을 만나도 수생목(水生木) 목생화(木生火)하여 당하지 않는다.

3) 과거에 여러 번 떨어진 안타까운 사주

년	월	일	시								
壬	壬	壬	癸		癸	甲	乙	丙	丁	戊	己	庚
辰	子	子	卯		丑	寅	卯	辰	巳	午	未	申

이 사주는 앞의 명조와 비슷하다. 사주가 온통 물판이고 한쪽으로 치우쳐 고독하다. 시지(時支)에 묘목(卯木)이 1개 있고, 년지(年支)에 진토(辰土)가 있으니 종격(從格)도 될 수 없다. 차라리 종격(從格)이면 금수(金水)운이 좋았을 것이다. 명조가 하격에 속하여 수차례 과거를 보았지만 떨어졌다. 년지(年支)에 진토(辰土)가 있지

만 자진합수(子辰合水)하여 수(水)만 더 보충해 줄뿐 아무 도움이
되지 못한다. 갑인(甲寅) 을묘(乙卯) 대운은 과거를 본다고 분주했
으나 허사였다. 사주가 워낙 나빠 용신(用神)운에도 낙방한 것이다.
거지는 아무리 좋은 운을 만나도 밥을 조금 더 얻어 먹을 뿐이다.

**4) 식상(食傷)이 용신(用神)이면 재성(財星)운을 만나도 군비쟁재(群比
爭財)를 당하지 않는다.**

년	월	일	시							
戊	丙	戊	辛	丁	戊	己	庚	辛	壬	癸	甲
午	辰	辰	酉	巳	午	未	申	酉	戌	亥	子

본명은 무토(戊土) 일주(日主)가 진(辰)월에 태어났고, 사주가 화
토(火土)로만 구성되었다. 시주(時柱) 신유(辛酉)가 용신(用神)인
데, 유금(酉金)에 통근(通根)하고, 또 진유합금(辰酉合金)하여 강하
다. 상관(傷官)이 용신(用神)이니 재성(財星)운을 만나도 군비쟁재
(群比爭財)를 당하지 않는다. 금(金)은 용신(用神), 수(水)는 희신
(喜神), 목화토(木火土)는 기신(忌神)이다. 토(土)운은 토금(土金)
이 동행하면 길하나 화토(火土)가 동행하면 흉하다.

초년 사오미(巳午未) 대운은 기신(忌神)이라 발복하지 못했으나,
경신(庚申) 대운은 용신(用神)운이라 과거에 응시하여 등과하였다.
신유(辛酉) 임술(壬戌) 대운도 용신(用神)운이라 승승장구하여 시

랑(侍郞)까지 올랐고, 노년도 임술(壬戌) 계해(癸亥) 갑자(甲子) 대운으로 수(水)운이라 의식주가 풍족하고 장수하였다.

5) 팔자에 없는 복은 자기것이 안된다.

```
년  월  일  시
乙  辛  戊  丙        庚 己 戊 丁 丙 乙 甲 癸
酉  巳  午  辰        辰 卯 寅 丑 子 亥 戌 酉
```

본명은 무토(戊土) 일주(日主)가 사(巳)월에 태어났고, 사주 대부분이 화토(火土)로 구성되었다. 년간(年干) 을목(乙木)은 쓸모없는 편관(偏官)이니 월(月) 신금(辛金)이 용신(用神)인데, 년지(年支)에 유금(酉金)이 들어 강하다. 금(金)이 용신(用神)이고 수(水)는 희신(喜神)이다. 목화토(木火土)운은 모두 흉하나, 토(土)운은 토금(土金)이 동행하면 길하고 화토(火土)가 동행하면 흉하다.

초년은 목(木)운이라 과거에 여러 번 떨어졌으나, 축(丑) 대운에 사유축합금(巳酉丑合金)하여 금국(金局)을 이루니 등과하였다. 병자(丙子) 을해(乙亥) 대운은 천간(天干)은 병을(丙乙)이니 기신(忌神)이나 지지(地支)는 자해(子亥)이니 희신(喜神)이다. 그러나 원국의 관운이 기신(忌神)이라 벼슬길에 오르지 못하고 파직당했다. 팔자에 없는 복은 받지 못하고, 행운에서 들어와도 행운이 바뀌면 다시 사라진다. 즉 팔자에 없는 복은 자기 것이 아니다.

6) 용신(用神)이 천간(天干)에 투간(透干)해야 좋은 사주이다.

년	월	일	시
丁	乙	戊	丙
酉	巳	午	辰

甲癸壬辛庚己戊丁
辰卯寅丑子亥戌酉

이 사주도 앞의 명조와 비슷하나 용신(用神)이 투간(透干)하지 못하여 한 단계 낮다. 좋은 사주가 되려면 일단 용신(用神)이 천간(天干)에 투간(透干)해야 하고, 다음은 용신(用神)의 뿌리가 지지(地支)에 통근(通根)해야 한다. 진용신(眞用神)은 임계수(壬癸水)이고, 경신금(庚辛金)은 가용신(假用神)이다. 즉 원국에 임계수(壬癸水)가 없기 때문에 유금(酉金)을 취한 것이다. 용신(用神)은 사주에 있는 것으로 삼아야 한다. 본명은 무토(戊土) 일주(日主)가 사(巳)월생이고, 화토(火土)가 강하니 당연히 임자(壬子)나 계해(癸亥)의 수(水)가 필요하다. 그러나 임계수(壬癸水)가 없으니 쓸 수 없다.

7) 재앙도 팔자에 없으면 당하지 않는다.

년	월	일	시
丁	丙	己	辛
丑	午	酉	未

乙甲癸壬辛庚己戊
巳辰卯寅丑子亥戌

본명은 기토(己土) 일주(日主)가 오(午)월에 태어나 득령(得令)하
였고, 병정화(丙丁火)가 투간(透干)하여 신강(身强)하다. 용신(用
神)은 년지(年支) 축토(丑土)이고, 금수(金水)운은 희신(喜神)이고,
목화토(木火土)운은 모두 흉하나 토(土)운은 토금(土金)이 동행하
면 길하고 화토(火土)가 동행하면 흉하다. 년지(年支) 축토(丑土)
가 용신(用神)이니 매우 이롭다. 축(丑)에 계신기(癸辛己)가 들어
습토(濕土)인데 오화(午火)의 열기를 무리없이 식혀준다.

초년 목(木) 대운은 구신(仇神)이라 발복하지 못했으나, 신축(辛
丑) 대운은 용신(用神)운이라 무과에 급제하여 명예와 부귀가 넉
넉하였다. 그리고 이후는 금수(金水)운이라 의식주가 풍족하고 신
심도 건강하며 집안에 경사가 많았다. 사람은 누구나 타고난 팔자
대로 산다. 팔자에 없는 복은 누리지 못하고, 팔자에 없으면 재앙도
당하지 않는다. 그러므로 군자는 자책하고 소인은 타책하는 것이
다. 즉 덕망이 높은 군자는 일이 잘못되면 자신의 탓으로 돌리지만
소인은 남의 탓으로 돌린다.

4장. 종화론(從化論)

1. 종득진자 (從得眞者)

■ 원문

종득진자지론종(從得眞者只論從)

종신우유길화흉(從神又有吉和凶)

■ 직 역

종(從)을 득한 진(眞)자는 단지 종(從)을 논하고, 종신(從神)에는
또한 길(吉)과 흉(凶)과 화(和)가 있다.

■ 한자풀이

從(좇을 종) 眞(참 진) 只(다만 지) 又(또 우)
和(화힐 화) 凶(흉할 흉)

■ 풀 이

  진종격(眞從格)은 일주(日主)의 강약이나 조후(調候)보다 종(從)
하는 오행(五行)을 살펴야 한다. 종격(從格)이라도 길복과 흉화의
차이가 다르다. 일주(日主)가 태왕하고 재관식(財官食)이 없거나
무력하면 종강격(從强格), 일주(日主)가 허약하고 식상(食傷)이 사
주를 좌지우지하면 종아격(從兒格), 일주(日主)가 태약하고 재성
(財星)이 사주를 좌지우지하면 종재격(從財格), 일주(日主)가 허약
하고 관살(官殺)이 사주를 좌지우지하면 종관살격(從官殺格), 일주
(日主)가 허약한데 재관식(財官食)이 모두 강하면 종세격(從勢格)
이라 한다. 종격(從格)은 신강(身强)과 신약(身弱)을 논하지 않고
강한 세력을 용신(用神)으로 삼아 운을 풀이한다.

1) 수목종강격(水木從强格)

년	월	일	시								
甲	丁	甲	甲		戊	己	庚	辛	壬	癸	甲	乙
子	卯	寅	子		辰	巳	午	未	申	酉	戌	亥

  이 사주는 대부분이 수목(水木)으로 구성되었으니 종강격(從强
格)이다. 월(月)에 정화(丁火)가 1개 투간(透干)했으나 많은 목(木)
의 힘을 빼기는 역부족이다. 더구나 지지(地支)에는 수(水)가 많아
어떤 오행(五行)으로도 제극(制剋)하기 어려우니 종강격(從强格)

이다. 용신(用神)은 수목(水木)이고, 화토금(火土金)은 흉하다. 종강격(從强格)이면 부모운과 형제운이 길하나 대운의 흐름을 더 중요시하여 간명해야 한다. 초년운이 길하면 부모와 형제덕이 있고, 청년운이 길하면 배우자덕이 있고, 중년운이 길하면 사업운이 좋고, 말년운이 길하면 자식덕이 좋다.

2) 목화종아격(木火從兒格)

```
년  월  일  시
丙  甲  甲  己        乙丙丁戊己庚辛
午  午  午  巳        未申酉戌亥子丑
```

본명은 갑목(甲木) 일주(日主)가 오(午)월에 태어났고, 사주가 대부분 화(火)로 구성되었으니 종아격(從兒格)이다. 월(月)에 갑목(甲木)이 1개 있지만 목생화(木生火)하여 화(火)만 도와줄 뿐 쓸모가 없다. 용신(用神)은 병정화(丙丁火)이고, 목(木)은 희신(喜神)이다. 종아격(從兒格)은 식상(食傷)이 용신(用神)이니 자식덕과 식복이 많고, 의식주도 풍족하다. 종아격(從兒格)에서 가장 흉한 운은 인성(印星)인 수(水)운이다. 다음은 관성(官星) 금(金)운이 흉하고, 토(土)운도 흉하다. 대운을 보니 초년에는 목화(木火)운이 반짝 들었지만 그 다음은 금수(金水)운이다. 초년에는 부모덕에 호의호식했지만 청년기부터 흉운이 들어 무슨 일을 해도 실패하였다.

3) 토금종재격(土金從財格)

```
년  월  일  시
戊  庚  丁  己          辛壬癸甲乙丙丁戊
申  申  酉  酉          酉戌亥子丑寅卯辰
```

본명은 정화(丁火) 일주(日主)가 신(申)월에 태어났고, 사주가 금
(金) 일색이니 종재격(從財格)이다. 재성(財星) 금(金)이 용신(用
神), 식상(食傷) 토(土)는 희신(喜神), 비겁(比劫) 화(火)는 기신(忌
神), 인성(印星) 목(木)은 구신(仇神), 수(水)는 한신(閑神)이다. 종
재격(從財格)은 대운의 흐름만 좋으면 대개 재물복이 많다.

초년 신유(辛酉) 임술(壬戌) 대운은 금수(金水)운이니 부모덕에
호의호식했으나, 갑자(甲子) 대운부터 수목(水木)운이니 한신(閑
神)과 구신(仇神)운이라 하는 일마다 신통치 않았다. 말년 병인(丙
寅) 정묘(丁卯) 대운은 기신(忌神)운이니 의지할 곳 없이 빈천하게
살다 흥사하였다.

4) 금수종관살격(金水從官殺格)

```
년  월  일  시
壬  壬  丁  庚          癸甲乙丙丁戊己庚
子  子  亥  子          丑寅卯辰巳午未申
```

이 사주는 수(水) 일색이고, 정화(丁火) 일주(日主)가 의지할 곳이 전혀 없으니 종관살격(從官殺格)이다. 관살(官殺) 수(水)가 용신(用神), 재성(財星) 금(金)은 희신(喜神), 식상(食傷) 토(土)는 기신(忌神), 비겁(比劫) 화(火)는 구신(仇神), 인성(印星) 목(木)은 한신(閑神)이다. 종관살격(從官殺格)이 대운의 흐름이 좋으면 관운과 재운이 좋다.

이 사람은 평생 목화토(木火土)운이니 모두 기신(忌神)과 구신(仇神)과 한신(閑神)으로 흘러 아무것도 이루지 못하고 백수건달로 살다가 죽었다.

5) 토금수종세격(土金水從勢格)

년	월	일	시	
庚	戊	丁	戊	己庚辛壬癸甲乙丙
子	子	未	申	丑寅卯辰巳午未申

본명은 일주(日主) 정화(丁火)가 태약한데 관살(官殺)도 강하고 재성(財星)도 강하고 식상(食傷)도 강하니 종세격(從勢格)이다. 년간(年干)에 경금(庚金)이 들고, 시지(時支)에 신금(申金)이 있고 토(土)가 많으니 토생금(土生金)하여 강하고, 월(月)에 무토(戊土)가 들고, 시간(時干)에 또 무토(戊土)가 들고, 일지(日支)에 미토(未土)가 들고, 수(水)가 월지(月支)와 년지(年支)에 들어 강하다.

토금수(土金水) 어느 것도 무시할 수 없이 강하니 종세격(從勢格)이 된 것이다. 재성(財星) 금(金)이 용신(用神)이고, 관살(官殺) 수(水)와 식상(食傷) 토(土)는 희신(喜神)이고, 인성(印星) 목(木)과 비겁(比劫) 화(火)는 흉하다. 그러나 대운이 목화(木火)운으로 흘러 발복하지 못하고 빈천하게 살았다.

6) 화토종재격(火土從財格)

년	월	일	시								
戊	己	乙	丙	庚	辛	壬	癸	甲	乙	丙	丁
戌	未	巳	戌	申	酉	戌	亥	子	丑	寅	卯

을목(乙木) 일주(日主)가 미(未)월에 태어나 지지(地支)에 토기(土氣)가 많다. 을목(乙木) 일주(日主)가 의지할 곳이 없으니 자기의 명을 버리고 재성(財星)을 따라야 하니 종재격(從財格)이다. 진술축미토(辰戌丑未土)가 용신(用神), 병정화(丙丁火)는 희신(喜神)이다. 수목(水木)은 흉하고, 경신금(庚辛金)은 한신(閑神)이다.

초년 기미(己未) 대운까지는 용신(用神)과 희신(喜神)운이라 부모덕에 호의호식하며 성장하였고, 경신(庚申) 신유(辛酉) 대운은 한신(閑神)운이라 무해무덕하였다. 그러나 임(壬) 대운부터 운이 내려가기 시작하여 계해(癸亥) 대운에는 구신(仇神)운이니 재산과 명예를 모두 잃고 말았다.

7) 수목종재격(水木從財格)

년	월	일	시									
壬	壬	辛	辛		癸	甲	乙	丙	丁	戊	己	庚
寅	寅	卯	卯		卯	辰	巳	午	未	申	酉	戌

본명은 신금(辛金) 일주(日主)가 인(寅)월에 태어나 지지(地支)가 모두 인목(寅木)이다. 시간(時干)에 신금(辛金)이 1개 투간(透干)했으나 많은 인목(寅木)이 심하게 목극토(木剋土)하니 사토(死土)나 마찬가지다. 또 년월(年月)에 임수(壬水)가 2개나 투간(透干)하여 금생수(金生水)로 금(金)의 기운을 유출시켜 인목(寅木)을 도우니 종(從)할 수밖에 없다. 원래 양간(陽干)은 좀처럼 종하지 않으나 본명은 음일간(陰日干)이므로 종하는 것이다. 종재격(從財格)이니 재성(財星)인 목(木)이 용신(用神), 수(水)와 화(火)는 희신(喜神), 금(金)은 기신(忌神), 토(土)는 구신(仇神)이다.

초년운은 계묘(癸卯) 갑진(甲辰) 대운으로 용신(用神)운이라 초년에 등과하였고, 다음 을사(乙巳) 병오(丙午) 정미(丁未) 대운은 희신(喜神)운이니 승승장구하여 벼슬이 황당(黃堂)에 올랐다. 그러나 무신(戊申) 대운은 기신(忌神)운이라 파직당하고 낙향하였다.

8) 목화종아격(木火從兒格)

년	월	일	시								
丙	庚	壬	丙		辛	壬	癸	甲	乙	丙	丁	戊
寅	寅	寅	午		卯	辰	巳	午	未	申	酉	戌

임수(壬水) 일주(日主)가 인(寅)월에 태어나 지지(地支)에 목화(木火)가 가득하다. 또 년간(年干)에 병화(丙火)가 투간(透干)하고, 시간(時干)에 병화(丙火)가 투간(透干)하여 일주(日主) 임수(壬水)는 고립무원이다. 월(月)에 경금(庚金)이 투간(透干)했으나 통근(通根)하지 못하여 사금(死金)이나 마찬가지니 일주(日主)를 생조(生助)하지 못한다. 따라서 임수(壬水)는 목화(木火)에게 항복하여 종아격(從兒格)과 종재격(從財格)을 겸하게 되었다. 물론 양금(陽金)은 좀처럼 종하지 않으나 의지처가 전혀 없으면 종해야 한다.

초년과 을미(乙未) 대운까지는 용신(用神)과 희신(喜神)운이라 등과하고 발복하였다. 그러나 병신(丙申) 대운의 신(申) 대운부터 구신(仇神)운이라 운이 내려가기 시작하였다.

9) 수목종재격(水木從財格)

년	월	일	시								
壬	壬	庚	己		癸	甲	乙	丙	丁	戊	己	庚
寅	寅	寅	卯		卯	辰	巳	午	未	申	酉	戌

본명은 경금(庚金) 일주(日主)가 인(寅)월에 태어나 지지(地支)에 인묘(寅卯)가 목국(木局)을 이루어 재성(財星)을 도와주니 목기(木氣)가 왕강하다. 경금(庚金) 일주(日主)가 의지할 곳이 없다. 년간(年干)과 월(月)에 임수(壬水)가 있지만 수생목(水生木)으로 목기(木氣)만 도와줄 뿐 일주(日主)를 보호하지 못하니 종재격(從財格)이다. 목화(木火)운 길하고 토금(土金)운은 흉하다.

병오(丙午) 정미(丁未) 대운은 용신(用神)운이라 벼슬이 지현(知縣)에 올랐고, 유(酉) 대운은 기신(忌神)운이라 부모 상을 당하였고, 병(丙) 대운은 용신(用神)운이라 승진하였다. 그러나 신(申) 대운은 기신(忌神)운이라 파직당하고 낙향하였다.

10) 토금종관살격(土金從官殺格)

년	월	일	시								
癸	辛	乙	乙		庚	己	戊	丁	丙	乙	甲	癸
酉	酉	酉	酉		子	亥	戌	酉	申	未	午	巳

지지(地支)가 유금(酉金) 일색이니 관살(官殺)이 태왕하다. 시간(時干)에 또 을목(乙木)이 있으나 유금(酉金)에게 절각(折脚)되어 사목(死木)이니 도움이 되지 못하고, 년간(年干) 계수(癸水)는 너무 멀리 있어 관살(官殺)을 따라야 한다. 용신(用神)은 관살(官殺) 금(金)이고, 토(土)는 희신(喜神), 목(木)은 기신(忌神), 화(火)는

구신(仇神)이다. 유(酉) 대운은 용신(用神)운이니 한원(翰苑)의 벼
슬에 올랐으나 을(乙) 대운은 기신(忌神)운이라 질병으로 죽었다.

11) 수목종강격(水木從强格)

년	월	일	시								
癸	乙	甲	乙		甲	癸	壬	辛	庚	己	戊	丁
亥	卯	寅	亥		寅	丑	子	亥	戌	酉	申	未

본명은 갑목(甲木) 일주(日主)가 묘(卯)월에 태어나 사주가 온통
목(木)판이라 수목종강격(水木從强格)이다. 종강격(從强格)이니 용
신(用神)은 목(木)이고, 수(水)는 희신(喜神), 금(金)은 기신(忌神),
토(土)는 희신(喜神), 화(火)는 한신(閑神)이다.
초년운과 청년운은 수목(水木) 대운이라 길하여 등과하여 승진을
거듭하였고, 해(亥) 대운에는 황당(黃堂)이라는 벼슬에 올랐다. 그
러나 경술(庚戌) 대운은 기신(忌神)운이라 파직당하고 재산도 사
라지며 집안이 몰락하였다.

12) 목화종강격(木火從强格)

년	월	일	시								
丙	甲	丙	甲		乙	丙	丁	戊	己	庚	辛	壬
午	午	午	午		未	申	酉	戌	亥	子	丑	寅

이 사주는 병화(丙火)가 오(午)월에 태어났으니 지지(地支)가 오화(午火) 일색이다. 어떤 오행(五行)도 간섭할 수 없으니 목화종강격(木火從强格)이다. 용신(用神)은 오화(午火)이고, 목(木)은 희신, 수(水)는 기신(忌神), 금(金)은 구신(仇神)이다.

병신(丙申) 대운에는 병화(丙火)는 길하나 신금(申金)이 구신(仇神)이라 큰 질병을 앓았고, 정(丁) 대운은 용신(用神)운이니 등과하였고, 유(酉) 대운은 구신(仇神)운이라 관재구설로 고전하였고, 무술(戊戌) 대운은 인오술(寅午戌)이 합되어 흉변길하니 승진하였고, 기해(己亥) 대운은 해수(亥水)가 기신(忌神)이라 전사하였다.

13) 금수종아격(金水從兒格)

년	월	일	시							
癸	癸	辛	己	壬	辛	庚	己	戊	丁	丙	乙
亥	亥	亥	亥	戌	酉	申	未	午	巳	辰	卯

본명은 신금(辛金) 일주(日主)가 해(亥)월에 태어나 설기(洩氣)가 많으니 신약(身弱)하다. 지지(地支)가 모두 해수(亥水)이니 자기의 명을 지키지 못하고 금수종아격(金水從兒格)이 되었다. 식상(食傷) 수(水)가 용신(用神)이고, 금(金)은 희신(喜神)이다. 종아격(從兒格)에서 가장 흉한 것은 관살(官殺) 수(水)이니 기신(忌神)은 수(水)이고, 목(木)은 구신(仇神)이다.

초년에서 경신(庚辛) 대운까지는 희신(喜神)운이라 등과하여 승진하였다. 그러나 기미(己未) 대운부터 운세가 서서히 내려가기 시작하더니 무오(戊午) 대운에는 기신(忌神)운이라 죽었다.

14) 목화토종세격(木火土從勢格)

```
년   월   일   시
丙   壬   癸   甲        癸甲乙丙丁戊己庚
戌   辰   巳   寅        巳午未申酉戌亥子
```

이 사주는 계수(癸水) 일주(日主)가 진(辰)월에 태어나 실령(失令)하여 신약(身弱)하다. 년간(年干) 병화(丙火)는 진(辰)월생이니 득령(得令)하였고, 일지(日支)에 사화(巳火)가 들고, 시주(時柱)에 갑인(甲寅)이 들어 화(火)가 강하다. 그리고 목(木)도 강하다. 시간(時干) 갑목(甲木)은 시지(時支) 인목(寅木)에 통근(通根)하여 강하다. 또 술토(戌土)와 진토(辰土)도 강하다. 즉 이 사주는 재관식(財官食)이 모두 강하다. 이러한 명조를 종세격(從勢格)이라 한다. 용신(用神)은 재성(財星) 화(火)이고, 관살(官殺) 토(土)와 식상(食傷) 목(木)은 희신(喜神), 비겁(比劫) 수(水)는 기신(忌神), 인성(印星) 금(金)은 구신(仇神)이다. 즉 목화토(木火土)운은 길하고 금수(金水)운은 흉하다.

갑오(甲午) 을미(乙未) 대운은 길하여 등과하여 승진하였다. 신유

(申酉) 대운에는 고전했으나, 천간(天干)이 병정(丙丁) 희신(喜神) 운이라 무사히 넘어갔다. 무술(戊戌) 대운에는 관찰사가 되었으나, 기해(己亥) 대운 해(亥)운이 기신(忌神)운에 해당하여 죽었다.

15) 금수종관살격(金水從官殺格)

년	월	일	시								
癸	乙	丙	戊		甲	癸	壬	辛	庚	己	戊	丁
酉	丑	子	子		子	亥	戌	酉	申	未	午	巳

본명은 병화(丙火) 일주(日主)가 축(丑)월에 태어나 지지(地支)에 수기(水氣)가 강하다. 월간(月干) 을목(乙木)은 동토(凍土)에 얼어 사목(死木)이 되었다. 병화(丙火)는 태양이라 좀처럼 종하지 않는다고 하나, 지지(地支)에 통근(通根)이 전혀 없으니 수(水)운을 따라 종관살격(從官殺格)이 되었다. 수(水)운이 용신(用神)이고, 금(金)운은 희신(喜神), 목화(木火)운은 흉하다.

초년운인 갑자(甲子) 계해(癸亥) 대운은 용신(用神)운이라 부모덕에 호의호식하며 성장하였고, 청년운인 임술(壬戌) 신유(辛酉) 대운은 희신(喜神)운이라 등과하여 승진을 거듭하였고, 경신(庚辛) 대운도 희신(喜神)운이라 주목(州牧)의 벼슬에 올랐다. 그러나 기미(己未) 대운에 화(火)가 왕하여 운세가 꺾이더니, 무오(戊午) 대운에 기신(忌神)운이라 죽었다.

2. 화득진자(化得眞者)

■ 원 문

화득진자지론화(化得眞者只論化)

화신환유기반화(化神還有幾般話)

■ 직 역

 화(化)를 득(得)한 진(眞)자는 단지 화(化)를 논하고 화신(化神)에는 또한 기(幾)의 반(般)과 화술(話術)이 있다.

■ 한자풀이

化(변화 화) 得(얻을 득) 只(다만 지) 還(돌아올 환)

幾(기미 기) 般(옮길 반)

■ 풀 이

 진화격(眞化格) 사주도 일주(日主)의 강약이나 조후(調候)보다 종화(從化)를 논해야 한다. 화격(化格)은 길흉화복의 차이가 다르게 나타난다. 종격(從格)이 되려면 완전한 종격(從格)이 되는 것이 좋다. 그렇지 않고 종격(從格)이 반대의 오행(五行)이 있으면 장해물이 될 뿐이다.

 갑기합토(甲己合土)하여 지지(地支)가 진술축미토(辰戌丑未土) 일색이면 토(土)가 용신(用神)인데 원국에 목(木)이 있으면 불리하고, 을경합금(乙庚合金)하여 지지(地支)가 사유축신금(巳酉丑申金)

일색이면 금(金)이 용신(用神)인데 원국에 화(火)가 있으면 불리하고, 병신합수(丙辛合水)하고 지지(地支)에 신자진해(申子辰亥)가 있으면 수(水)가 용신(用神)인데 원국에 토(土)가 들면 불리하고, 정임합목(丁壬合木)하고 지지(地支)에 해묘미인(亥卯未寅)이 있으면 목(木)이 용신(用神)인데 원국에 금(金)이 있으면 불리하고, 무계합화(戊癸合火)하고 지지(地支)에 인오술사(寅午戌巳)가 있으면 화(火)가 용신(用神)인데 원국에 수(水)가 있으면 흉하다.

1) 토금종관살격(土金從官殺格)

년	월	일	시							
庚	甲	甲	己	乙	丙	丁	戊	己	庚	辛	壬
申	申	申	巳	酉	戌	亥	子	丑	寅	卯	辰

이 사주는 간명하기가 쉽지 않다. 갑목(甲木) 일주(日主)가 신(申)월에 태어나 실령(失令)하였고, 월(月)에 갑목(甲木)이 들어 신약(身弱)한 것 같으나 종관살격(從官殺格)이다. 결론부터 말하면 금(金)운이 길하다. 월(月) 갑목(甲木)은 갑경상충(甲庚相沖)을 당하여 일주(日柱)를 생조(生助)하지 못하니, 갑목(甲木)이 비록 양목(陽木)이지만 의지할 곳이 전혀 없으니 자기의 명을 버리고 관살(官殺)운으로 종한 것이다.

기토(己土) 대운에 황당(黃堂)의 벼슬에 올랐고, 경금(庚金) 대운

에는 관찰사에 올랐다. 갑목(甲木)은 양목(陽木)이라 좀처럼 종하
지 않으나 갑경(甲庚)이 상충(相沖)하여 넘어지니 할 수 없이 관살
(官殺)운에 종한 것이다.

2) 화토종재격(火土從財格)

년	월	일	시							
戊	壬	甲	己	癸	甲	乙	丙	丁	戊	己	庚
戌	戌	戌	巳	亥	子	丑	寅	卯	辰	巳	午

 본명은 화격(化格)인데 갑기합토(甲己合土)하고 지지(地支)에 토
(土)가 많으니 화토종재격(火土從財格)이다. 토(土)가 용신(用神)
이고 화(火)는 희신(喜神)이다. 목(木)운이 가장 흉하고 다음은 수
(水)운이 흉하다. 금(金)운은 한신(閑神)이다. 즉 화토(火土)운은
길하고 수목(水木)운은 흉하다.
 초년은 수목(水木)운이라 기신(忌神)에 해당하여 매사 발복하지
못하였고, 병(丙) 대운은 희신(喜神)이라 등과하였고, 정묘(丁卯)
대운에도 승진을 거듭하였고, 무진(戊辰) 대운은 용신(用神)운이라
벼슬이 주목(州牧)에 올랐다.

3) 목화종아격(木火從兒格)

```
년  월  일  시
己  丁  壬  甲        丙乙甲癸壬辛庚己
卯  卯  午  辰        寅丑子亥戌酉申未
```

임수(壬水) 일주(日主)가 묘(卯)월에 태어나 정임합목(丁壬合木)하여 변하는 형상이다. 시간(時干)에는 갑목(甲木)이 투간(透干)하고, 지지(地支)에는 묘진(卯辰)이 방합(方合)을 이루었다. 용신(用神)은 목(木)이고 수(水)는 희신(喜神)이다. 그리고 목(木)이 많은 명조에서는 화(火)도 희신(喜神) 역할을 한다. 가장 흥한 운은 금(金)운이고, 다음은 토(土)운이다. 본명은 목(木)이 용신(用神)인데 기신(忌神)에 해당하는 금(金)이 없는 것이 좋다.

초년 병인(丙寅) 을축(乙丑) 대운은 목(木)이 용신(用神)이니 부모덕에 호의호식하며 자랐고, 청년운인 갑자(甲子) 계해(癸亥) 대운에는 신(甲)운이 용신(用神)이라 등과하여, 수(水)운이 희신(喜神)이라 서서히 승진하였고, 임(壬) 대운에는 정임합목(丁壬合木)하여 한원(翰苑)의 벼슬을 했다. 그러나 신유(辛酉) 대운이 기신(忌神)이라 더 이상 능력을 발휘하지 못하였고, 그 이후에는 계속 토금(土金) 대운이라 발복하지 못했다.

4) 목화종아격(木火從兒格)

년	월	일	시								
己	丁	壬	癸	丙	乙	甲	癸	壬	辛	庚	己
卯	卯	午	卯	寅	丑	子	亥	戌	酉	申	未

본명은 앞의 사주와 비슷한데 시주(時柱)만 다르다. 앞의 사주는 시간(時干)에 갑목(甲木)이 투간(透干)하여 기쁘지만, 이 사주는 계수(癸水)가 투간(透干)하여 비가 내리는 형상이라 격이 떨어진다. 더구나 일지(日支) 오화(午火)가 왕성한데 수화(水火)가 상극(相剋)하니 흉하다. 즉 행운에서 수목(水木)이 동행하면 길하나 수화(水火)가 동행하면 절각(折脚)이나 개두(蓋頭)되어 흉하다. 목(木)이 용신(用神)이고 화(火)는 희신(喜神)이다. 다음으로 수(水)가 수목(水木)이 동행하면 길하나 수화(水火)가 동행하면 흉하다. 대운의 흐름을 보아도 수(水)운이 대부분이라 등과는 했으나 승진은 하지 못했다.

5) 목화종관살격(木火從官殺格)

년	월	일	시								
丁	丙	辛	甲	丁	戊	己	庚	辛	壬	癸	甲
巳	午	巳	午	未	申	酉	戌	亥	子	丑	寅

신금(辛金) 일주(日主)가 오(午)월에 태어나 신약(身弱)하고, 병신합수(丙辛合水)하고 지지(地支)가 화(火) 일색이라 화격(化格)이다. 즉 목화(木火) 종관살격(從官殺格)이다. 화(火)가 용신(用神)이고, 목(木)은 희신(喜神)이며, 금(金)과 수(水)운은 흉하다.

이 사람은 대운이 대부분이 수목(水木)운이라 등과는 했지만 승진은 못했다. 즉 청년과 중년시절에 벼슬길에 올랐으나 관재(官災)로 어려운 관직을 살았다. 그후에도 대운이 따르지 않아 높은 벼슬은 하지 못하고 중도에서 머물렀다. 종격(從格)이나 화격(化格)은 장해가 없어야 길이 많다.

3. 진종지가(眞從之家)

■ 원문

진종지가유기인(眞從之家有幾人)

가종역가발기신(假從亦可發其身)

■ 직역

진종(眞從)의 가(家)에는 기인(幾人)의 명조가 유(有)하며, 가종격(假從格)도 역시 그 몸을 발복이 가하다.

■ 한자풀이

之(갈 지) 幾(기미 기) 假(거짓 가) 亦(또 역) 發(일어날 발)

■ 풀 이

가종격(假從格) 사주도 길운을 만나면 크게 발복하여 명진사해한다. 실제로 간명해보면 진종격(從格)은 매우 드물다. 대부분이 가종격(從格)인데 신약(身弱) 사주로 오인하기 쉬우니 잘 살펴야 한다.

1) 수목종관살격(水木從官殺格)

년	월	일	시							
癸	乙	己	丙	甲	癸	壬	辛	庚	己	戊	丁
卯	卯	亥	寅	寅	丑	子	亥	戌	酉	申	未

본명은 기토(己土) 일주(日主)가 묘(卯)월에 태어나 실령(失令)하여 신약(身弱)하다. 월(月) 을목(乙木)은 묘(卯)월에 강하고, 계해수(癸亥水)가 목생화(木生火)하여 목(木)이 태왕하니 기토(己土) 일주(日主)가 자기의 명을 지킬 수 없어 종해야 한다. 목(木)이 용신(用神), 수(水)는 희신(喜神), 금(金)은 기신(忌神), 토(土)는 구신(仇神)이다.

초년 갑인(甲寅) 계축(癸丑) 대운은 용신(用神)과 희신(喜神)운이라 길하였고, 임자(壬子) 대운도 희신(喜神)이라 등과하였다. 신해(辛亥) 대운은 금수(金水)운인데 금(金)은 흉하나 수(水)가 길하여 별 문제없이 관직을 지켰다. 그러나 경술(庚戌) 기유(己酉) 대운에 큰 해로움을 당하였다.

2) 수목종관살격(水木從官殺格)

```
년  월  일  시
丁  壬  己  甲        辛庚己戊丁丙乙甲
丑  寅  卯  子        丑子亥戌酉申未午
```

본명은 기토(己土) 일주(日主)가 인(寅)월에 태어나 실령(失令)하여 신약(身弱) 사주처럼 보이나 자세히 보면 종살격(從殺格)이다. 지지(地支)에 인묘진(寅卯辰) 방합(方合)을 이루어 목기(木氣)가 태왕하고, 년지(年支)에 축토(丑土)가 있지만 습토(濕土)라 도움이 되지 못하니, 기토(己土) 일주(日主)가 자기의 명을 버리고 종한 것이다. 그러나 축토(丑土)가 있고 년간(年干)에 정화(丁火)가 들어 가종격(從格)이다. 수목(水木)운이 길하고 화토(火土)운은 흉하다. 해자(亥子)운에 일찍 등과하여 관로에 진출했으나, 금(金)운은 흉운이라 어려움이 많았다.

3) 기명종살격(棄命從殺格)

```
년  월  일  시
乙  己  戊  癸        戊丁丙乙甲癸壬辛
卯  卯  寅  亥        寅丑子亥戌酉申未
```

본명은 무토(戊土) 일주(日主)가 묘(卯)월생에 태어나 해묘미(亥卯未)가 삼합(三合)하고, 인묘진(寅卯辰)이 방합(方合)하여 목(木)이 태왕하다. 무토(戊土) 일주(日主)는 기토(己土)에 의지하려 하나, 지지(地支)의 인묘진(寅卯辰)이 방합(方合)하여 통근(通根)이 사라졌다. 마치 부하없는 장수꼴이 되어 무토(戊土)가 목(木)을 따르니 기명종살격(棄命從殺格)이다. 목(木)은 용신(用神)이고, 수(水)는 희신(喜神), 금(金)은 기신(忌神), 토(土)는 구신(仇神)이다.

초년은 수목(水木)운이라 길하였고, 자(子) 대운은 희신(喜神)운이라 등과하였다. 을해(乙亥) 대운은 더 길하여 승진하였고, 갑(甲) 대운에는 봉강(封疆)이라는 벼슬에 올랐다. 그러나 유(酉) 대운에 금극목(金剋木)하여 기신(忌神)이 용신(用神)을 파극(破剋)하니 대흉하여 관직에서 파직당하고 얼마 지나지 않아 죽었다.

4) 기명종살격(棄命從殺格)

년	월	일	시							
乙	己	戊	癸	戊	丁	丙	乙	甲	癸	壬	辛
亥	卯	寅	亥	寅	丑	子	亥	戌	酉	申	未

본명은 앞 사주와 비슷한데 년지(年支)에 해수(亥水) 하나면 다르다. 역시 운세도 앞 사람과 비슷하다. 앞의 사주는 관살(官殺)이 강하여 벼슬을 했지만 이 사람은 은 관살(官殺)보다 재성(財星)이 더

강하게 작용한다. 따라서 등과했으나 높은 자리에는 오르지 못하고 대신 재물은 많이 축적하였다. 본명도 역시 기명종살격(棄命從殺格)이고, 수목(水木)운이 길하고 토금(土金)운은 흉하다. 다시 말해 앞의 명조는 관운이 좋은 사주이고, 본명은 재물복이 더 좋은 사주이다. 이처럼 운명은 글자 하나로 차이가 많다는 것을 알 수 있다.

4. 가화지인 (假化之人)

■ 원 문

가화지인역다귀(假化之人亦多貴)

이성고아능출유(異姓孤兒能出類)

■ 직 역

가종격(假從格)으로 변한 사주도 귀함이 많은 것을 볼 수 있다. 즉 고아나 이성의 유(類)도 출(出)함이 능하다.

■ 한자풀이

多(많을 다) 貴(귀할 귀) 孤(외로울 고) 兒(아이 아)

異(다를 이) 孤(외로울 고)

■ 풀 이

가화격(假化格) 명조도 그렇게 많지가 않은데 운을 만나면 부귀함이 많다. 고아나 이성이 출세하는 것도 이 때문이다. 가화격(假化

格)도 종격(從格)의 일종이고, 종격(從格)은 종강격(從强格)만 제외하고 대부분이 일주(日主)가 태약하여 강한 세력을 따른다. 고아가 부잣집에 입양되어 성공하는 것처럼 종격(從格)도 대운의 흐름이 좋으면 크게 성공할 수 있다. 그러나 종격(從格)의 단점은 길운이 길지 못하다는 것이다. 어떤 사주든 평생 대운이 좋을 수는 없다. 일반 정격(正格)은 흉운을 만나도 인내하면 무사하게 지나갈 수 있으나, 종격(從格)은 막아주는 오행(五行)이 없기 때문에 큰 화를 그대로 받게 된다.

1) 화토종재격(火土從財格)

년	월	일	시								
戊	壬	甲	己		癸	甲	乙	丙	丁	戊	己	庚
辰	戌	戌	巳		亥	子	丑	寅	卯	辰	巳	午

이 사주는 갑목(甲木) 일주(日主)가 갑기합토(甲己合土)하고, 지지(地支)에 토(土)가 많으니 화토종재격(火土從財格)이다. 월(月)에 임수(壬水)가 들고, 진(辰) 계수(癸水)와 술(戌) 신금(辛金)이 들어 장해가 되니 가화격(假化格)이다. 토(土)는 용신(用神), 화(火)는 희신(喜神)이다. 화토(火土) 가화격(假化格)에서는 목(木)이 기신(忌神), 수(水)는 구신(仇神), 금(金)은 한신(閑神)이다.

초년과 청년기에는 수목(水木)운이라 기신(忌神)과 구신(仇神)에 해당하여 무슨 일을 해도 발복하지 못했다. 그러나 무진(戊辰) 대운부터는 용신(用神)운이라 발복하여 재물을 많이 모았고 노년까지 행복하였다.

2) 토금종관살격(土金從官殺格)

```
년  월  일  시
戊  庚  乙  壬        辛壬癸甲乙丙丁戊
戌  申  酉  午        酉戌亥子丑寅卯辰
```

본명은 을목(乙木) 일주(日主)가 신(申)월에 태어나 실령(失令)하였고, 을경합금(乙庚合金)하고, 지지(地支)에 신유술(申酉戌) 금국(金局)을 이루어 금(金)이 태왕하다. 을목(乙木) 일주(日主)는 자기의 명을 버리고 금(金)을 따라야 하니 화격(化格)이다. 시간(時干)에 임수(壬水)가 들고, 시지(時支)에 오화(午火)가 들어 장해가 되니 가화격(假化格)이다. 금(金)이 용신(用神)이고, 토(土)는 희신(喜神), 가장 흉한 운은 화(火)이고 그 다음은 목(木)이다. 수(水)는 한신(閑神)이다.

이 사람은 대운에서 용신(用神)운을 한 번도 만나지 못하여 성공하지 못했다. 평생 수목(水木) 구신(仇神)과 한신(閑神)운이니 어렵게 살았고, 말년이 기신(忌神)운에 해당하여 고통이 많았다.

3) 금수종관살격(金水從官殺格)

```
년  월  일  시
壬  辛  丙  戊        壬癸甲乙丙丁戊己
子  亥  子  子        子丑寅卯辰巳午未
```

본명도 가화격(假化格)이다. 병신합수(丙辛合水)하고, 지지(地支)에 수국(水局)을 이루어 종격(從格)이다. 그러나 시간(時干)에 무토(戊土)가 들고, 시지(時支)에 술토(戌土)가 들어 방해물이 있으니 가화격(假化格)이다. 수(水)가 용신(用神)이고, 금(金)은 희신(喜神), 토(土)는 기신(忌神), 화(火)는 구신(仇神), 목(木)은 한신(閑神)이다.

초년은 임자(壬子) 계축(癸丑) 대운으로 용신(用神)운이라 부모덕에 호의호식하였다. 그러나 그 이후는 대운이 모두 흉하다. 좋아야 한신(閑神)이고, 구신(仇神)과 기신(忌神)운이니 하는 일마다 모두 실패하였다.

5장. 순역론 (順逆論)

1. 일출문래 (一出門來)

■ 원 문

일출문래요견아(一出門來要見兒)

오아성기구문려(吾兒成氣構門閭)

■ 직 역

 한 번 출문(出門)하여 내(來)를 요(要)함이 아(兒)를 견(見)하면 오(吾)의 아(兒)가 기(氣)를 성(成)하여 문(門)을 구성한다.

■ 한자풀이

出(날 출) 見(볼 견) 門(문 문) 吾(나 오) 構(얽힐 구) 閭(이문 려)

■ 풀 이

 사주가 식신(食神)과 상관(傷官)으로만 구성되면 종아격(從兒格)

이고, 식신(食神)과 상관(傷官)이 용신(用神)이다. 종아격(從兒格)은 인성(印星)운이 가장 흉하고, 다음은 관성(官星)운이 흉하다. 종아격(從兒格)이 좋은데 대운의 흐름까지 좋으면 자녀운이 좋고, 의식주가 풍부하며 장수한다.

1) 수목종아격(水木從兒格)

년	월	일	시								
丁	壬	癸	丙	癸	壬	辛	庚	己	戊	丁	丙
卯	寅	卯	辰	丑	子	亥	戌	酉	申	未	午

본명은 계수(癸水) 일주(日主)가 인(寅)월에 태어나 설기(洩氣)가 심하고, 월(月) 임수(壬水)는 정임합목(丁壬合木)하여 식상(食傷)으로 변하니, 계수(癸水) 일주(日主)가 의지할 곳이 없어 식상(食傷)운을 따라야 하니 종아격(從兒格)이다. 목(木) 식상(食傷)이 용신(用神)이고, 목(木)을 도와주는 수(水) 비겁(比劫)이 희신(喜神)이고, 재성(財星)은 한신(閑神)이고, 금(金) 인성(印星)은 이 기신(忌神)이고, 토(土)는 구신(仇神)이다.

초년 계축(癸丑) 임자(壬子) 대운은 희신(喜神)운이니 일찍 등과하였다. 청년운인 신해(辛亥) 경술(庚戌) 대운의 수(水)는 희신이지만 금(金)이 기신(忌神)이라 봉강(封疆)에 올랐지만 어려움이 많았다. 무신(戊申) 대운은 기신(忌神)과 구신(仇神)운이라 죽었다.

2) 수목종아격(水木從兒格)

```
년  월  일  시
丁  癸  癸  丙        壬辛庚己戊丁丙乙
巳  卯  卯  辰        寅丑子亥戌酉申未
```

본명은 계수(癸水) 일주(日主)가 묘(卯)월에 태어나 설기(洩氣)가 심하니 신약(身弱)하다. 월간(月干) 계수(癸水)가 정계상충(丁癸相沖)을 당하고, 지지(地支)의 묘진(卯辰)이 방합(方合)하였다. 즉 식상(食傷)이 원국을 좌지우지하는 것이다. 계수(癸水) 일주(日主)는 의지할 곳이 없어 식상(食傷)운을 따라가야 하니 종아격(從兒格)이다. 식상(食傷) 목(木)은 용신(用神), 비겁(比劫) 수(水)는 희신(喜神)이다. 종아격(從兒格)은 인성(印星) 금(金)운이 가장 흉하고, 관살(官殺) 토(土)운이 그 다음으로 흉하다. 재성(財星) 화(火)운은 한신(閑神)이다. 수목(水木)운은 길하고 토금(土金)운은 흉하다.

초년과 청년운은 천간(天干)이 금(金)운이라 흉하나, 지지(地支)가 수목(水木)운이라 길하여 향방에 합격하여 관로에 출사하였다. 그러나 무술(戊戌) 대운부터 구신(仇神)운이 들어 고전하였다. 유(酉) 대운에는 묘유(卯酉)가 상충(相沖)하여 대흉하였다.

3) 종격(從格)인지 정격(正格)인지 구분하기 애매하면 좋지 않다.

```
년  월  일  시
己  丁  丙  戊        丙乙甲癸壬辛庚己
未  丑  戌  戌        子亥戌酉申未午巳
```

본명은 병화(丙火) 일주(日主)가 축(丑)월에 태어났으나, 월(月)에 정화(丁火)가 들고 미(未)에 정화(丁火)가 있어 종아격(從兒格)인 것 같으나 신약(身弱) 사주이다. 더구나 술(戌) 중의 정화(丁火)도 있으니 종아격(從兒格)으로 보기는 어렵다. 목화(木火)운이 길하고 토금수(土金水)운은 흉하다. 이처럼 종격(從格)인지 정격(正格)인지를 구분하기 어려우면 좋은 사주가 아니다.

이 사람은 파란이 많았으나 말년에 화(火)운이 들어와 다소 안정할 수 있었다. 그리고 이렇게 지지(地支)가 토기(土氣) 일색이면 움직이기 싫어하며 행동이 느리다.

2. 종아불론(從兒不論)

■ 원문
종아불론신강약(從兒不論身强弱)
지요오아우우아(只要吾兒又遇兒)

■ 직 역

종아(從兒)일 경우에는 신강(身强) 신약(身弱)을 불론(不論)하고 다만 오아(吾兒)가 요(要)하면 우(又) 아(兒)를 우(遇)하리라.

■ 한자풀이

論(논할 논) 强(굳셀 강) 弱(약할약) 要(요구할 요) 又(또 우)

■ 풀 이

종아격(從兒格)은 식신(食神)과 상관(傷官)을 따라야 하고, 신강(身强)과 신약(身弱)을 논하지 않는다. 다만 식신(食神)과 상관(傷官)이 용신(用神)이면 식상(食傷)운을 만나야 길하다. 종아격(從兒格)은 인성(印星)운이 가장 흉하고, 다음은 관살(官殺)운이 흉하다. 그리고 종아격(從兒格)은 의식주가 풍족하고 도량이 넓다.

1) 종아격(從兒格)이 아니라 신약(身弱) 사주이다.

```
년  월  일  시
己  辛  丙  戊        庚己戊丁丙乙甲癸
未  未  戌  戌        午巳辰卯寅丑子亥
```

본명은 병화(丙火) 일주(日主)가 미(未)월에 태어나 일부만 득령(得令)했으니 종격(從格)이 아니라 신약(身弱) 사주이다. 지지(地支)가 대부분 토기(土氣)이나, 미토(未土)는 화기(火氣)에 가까운

토(土)이고, 술토(戌土)는 금기(金氣)에 가까운 토(土)이다. 따라서 미토(未土)와 술토(戌土)가 함께 있으면 종격(從格)이 될 수 없다. 지지(地支)가 모두 미(未)나 술(戌)이면 종격(從格)이 되지만, 진술진술(辰戌辰戌)이나 축미축미(丑未丑未)이면 종격(從格)이 안된다. 특히 토(土)는 잡기운이 있어 대개 종격(從格)이 안된다. 많은 역술가들이 토기(土氣)를 잘못 이해하고 있는데 잘 살펴야 한다.

2) 목화종아격(木火從兒格)

년	월	일	시								
甲	辛	甲	庚		壬	癸	甲	乙	丙	丁	戊	己
午	未	午	午		申	酉	戌	亥	子	丑	寅	卯

본명은 갑목(甲木) 일주(日主)가 미(未)월에 태어나 신약(身弱)하다. 지지(地支)가 온통 불바다인데 사주에 수(水)가 하나도 없으니, 갑목(甲木)이 비록 양목(陽木)이지만 화기(火氣)에 따를 수밖에 없다. 즉 목화(木火)로 구성된 종아격(從兒格)이다. 종아격(從兒格)은 화기(火氣)만 가득하면 좋은데 월(月)에 신금(辛金)과 시간(時干)에 경금(庚金)이 들어 오히려 장해가 된다. 화(火)가 용신(用神)이니 화(火)를 극하는 수(水)는 기신(忌神), 금(金)은 구신(仇神)이다. 어떤 사주든 용신(用神)을 극하는 것은 기신(忌神)이다. 대운이 목화(木火)운인 용신(用神)운으로 흐르니 일찍 등과하여 승진을

거듭하였고, 오(午) 대운에는 시랑(侍郎)에까지 올랐다.

3) 금수종재격(金水從財格)

년	월	일	시								
辛	庚	戊	壬		己	戊	丁	丙	乙	甲	癸	壬
亥	子	申	子		亥	戌	酉	申	未	午	巳	辰

본명은 무토(戊土) 일주(日主)가 자(子)월에 태어나 허약한데 경신금(庚辛金)이 2개나 투간(透干)하였다. 시간(時干) 임수(壬水)는 자수(子水)에 통근(通根)하여 강하고, 지지(地支)에는 해자축(亥子丑) 방합(方合)을 이루었다. 무토(戊土) 일주(日主)가 의지할 곳이 없으니 신금(辛金)을 따라가 종아격(從兒格)이 되었다. 또 수(水)가 강하니 종재격(從財格)도 된다. 종아격(從兒格)은 식상(食傷)이 용신(用神)이고, 비겁(比劫)은 희신(喜神)이다. 그러나 본명은 종재격(從財格)도 겸하니 재성(財星)이 희신(喜神)이다. 인성(印星) 화(火)운은 대흉하고, 관성(官星) 목(木)운은 구신(仇神)이다. 즉 금수(金水)운이 길하고, 목화(木火)운은 흉하다. 그리고 종재(從財)운이 강하니 토(土)운은 한신(閑神)이다. 대운은 해(亥) 대운에 길하여 등과했으나, 무술(戊戌) 대운에 무토(戊土)가 임수(壬水)를 상충(相沖)하자 파직당하였다.

6장. 반국론(反局論)

1. 군뢰신생 (君賴臣生)

■ 원문

군뢰신생리최미(君賴臣生理最微)

아능구모설천기(兒能救母洩天氣)

모자멸자관두이(母慈滅子關頭異)

부건하위우파처(夫健何爲又怕妻)

■ 직역

군(君)이 신(臣)에 의뢰하여 생(生)하는 이치는 최고로 오묘하고, 아(兒)가 능하면 모(母)를 구(救)하며 천기(天氣)를 설기(洩氣)한다. 모(母)가 자(慈)하며 자(子)는 멸(滅)하여 관두(關頭)가 이(異)하고, 부(夫)가 건(健)한데 어찌 아내를 두려워하랴.

■ 한자풀이

君(임금 군) 賴(의뢰할 뢰) 微(작을 미) 救(건질 구)

洩(샐 설) 慈(사랑할 자) 滅(멸망할 멸) 關(빗장 관)

異(다를 이) 健(건강 할건)

■ 풀 이

  일주(日主)가 식상(食傷)으로 생명을 유지하는 것은 가장 세밀하며 오묘한 이치이다. 식상(食傷)이 용신(用神)이면 능히 일주(日主)를 보호하며 천기를 설(洩)한다. 만일 일주(日主)가 식상(食傷)을 생조(生助)하면 길흉이 달라지고, 또 관살(官殺)이 강건하면 어찌 일주(日主)와 비겁(比劫)을 두려워하랴. 즉 식상(食傷)이 유력하게 작용하면 이롭다. 식신유기승재관(食神有氣勝財官)이란 식신(食神)이나 상관(傷官)이 용신(用神)이면 재관(財官)보다 더 출세한다는 뜻이다.

1) 식상운(食傷運)에 발복한 사주

      년 월 일 시
      壬 壬 甲 戊   癸甲乙丙丁戊己庚
      申 子 午 辰   丑寅卯辰巳午未申

  본명은 갑목(甲木) 일주(日主)가 자(子)월에 태어나 신강(身强)하다. 년월(年月)에 임수(壬水)가 투간(透干)하여 수(水)가 왕성하다.
넘치는 물과 차가운 기운을 막아야 하니 병정무기(丙丁戊己)가 필
요하다. 용신(用神)은 시간(時干)에 투간(透干)한 무토(戊土)인데,
일지(日支) 오화(午火)에 통근(通根)하여 강하다. 용신(用神)이 강
하면 능력이 많다.

초년부터 계축(癸丑) 갑인(甲寅) 을묘(乙卯) 대운까지는 수목(水
木)운이라 흥했으나, 병진(丙辰) 대운부터는 화토(火土)운이니 등
과하였다. 그 후에도 계속 화토(火土)운이라 승진을 거듭하더니 한
원(翰苑)에 올랐다. 즉 식상(食傷)운에 대발한 것이다.

2) 미관말직에 머물 수밖에 없는 사주

년	월	일	시							
壬	壬	甲	戊	癸	甲	乙	丙	丁	戊	己	庚
申	子	子	辰	丑	寅	卯	辰	巳	午	未	申

본명은 앞 사주와 일지(日支)만 다르다. 앞 사주는 일지(日支)에
오화(午火)가 들어 부귀공명을 얻었는데, 본명은 자수(子水)가 들
어 빈천하였다. 갑목(甲木) 일주(日主)가 자(子)월에 태어났으니
득령(得令)하여 신강(身强)하다. 임수(壬水)가 양투(兩透)하고 지
지(地支)에 자수(子水)가 2개이니 수(水)가 태왕하다. 차가운 기운
이 넘치니 가장 필요한 것은 병정기토(丙丁己土)이고, 다음은 제방

해야 하니 무토(戊土)가 필요하다. 시간(時干) 무토(戊土)가 들고, 년지(年支)에 술토(戌土)가 들고, 시지(時支)에 진토(辰土)가 통근(通根)하여 강하다. 그러나 원국에 화(火)가 하나도 없다. 사주에 가장 필요한 화기(火氣)가 하나도 없으니 비록 등과는 했지만 명예를 얻을 기회가 없어 미관말직으로 끝난 것이다.

3) 진제독(陳提督)의 사주

년	월	일	시								
己	戊	辛	壬	丁	丙	乙	甲	癸	壬	辛	庚
巳	辰	酉	辰	卯	寅	丑	子	亥	戌	酉	申

본명도 시간(時干) 임수(壬水)가 용신(用神)인데 신유금(辛酉金)의 도움을 받아 강하고, 또 진유합금(辰酉合金)하여 용신(用神)을 생조(生助)하니 더 강해졌다. 어떤 사주든 용신(用神)이 강하면 큰 인물이 된다. 본명에서 좋은 것은 상극(相剋)이 없고, 마치 물이 흐르듯 사주가 생생불식(生生不息)한다는 것이다. 즉 년지(年支) 사화(巳火)는 기술진토(己戊辰土)를 생하고, 토(土)는 신유금(辛酉金)을 생하고, 금(金)은 임수(壬水)를 생하여 막힘이 없다. 이 사람은 무반 중에서도 뛰어난 진제독(陳提督)인데, 이처럼 사주가 생생불식(生生不息)하여 주류무체(周流無滯)하면 대길하다.

4) 지지(地支)에 통근(通根)하지 못한 사주

```
년  월  일  시
戊  丁  己  庚        戊己庚辛壬癸甲乙
午  巳  卯  午        午未申酉戌亥子丑
```

시간(時干) 경금(庚金)이 용신(用神)인데, 무기토(戊己土)의 생조(生助)를 받아 강하다. 지지(地支)에 통근(通根)하지 못한 것이 문제이나 다행히 대운이 금수(金水)운으로 흘러 명예와 부귀를 얻을 수 있다. 초년 무오(戊午) 기미(己未) 대운은 화토(火土)운이라 발복하지 못했으나, 경신(庚申) 대운은 용신(用神)운이니 등과하였다. 그러나 높은 자리까지 올라가지 못하고 미관말직에 머문 것은 매우 조열한 원국을 조후(調候)시킬 수(水)가 하나도 없기 때문이다.

2. 아능구모(兒能救母)

아능구모설천기(兒能救母洩天氣)

자식이 능력이 있으면 어려움에 처한 부모를 구할 수 있는데, 이는 천기(天氣)를 설기(洩氣)하는 것이다. 즉 자식이 부모에게 효도하면 하늘에서 복을 내린다는 뜻이다.

1) 자식이 부모를 구하는 사주

```
년  월  일  시
丙  丙  甲  庚        丁戊己庚辛壬癸甲
申  申  申  午        酉戌亥子丑寅卯辰
```

본명은 갑목(甲木) 일주(日主)가 갑경상충(甲庚相沖)하고 갑신(甲申)이 절각(折脚)되어 상당한 어려움에 처했다. 그런데 월(月) 병화(丙火)가 경금(庚金)을 억제하고, 시지(時支) 오화(午火)는 신금(申金)을 억제하여 식상(食傷)이 일주(日主)를 보호한다. 즉 자식인 식상(食傷)이 능력이 있으니 어려움에 처한 부모를 구하고 효도하는 것이다. 병화(丙火)가 용신(用神)이고, 목(木)은 희신(喜神), 금(金)은 기신(忌神), 토(土)와 수(水)는 구신(仇神)이다. 본명은 신(申) 임수(壬水)가 강하니 극루교가(剋漏交加)는 아니다.

기사(己巳) 대운은 용신(用神)운이라 등과하였고, 경오(庚午) 대운은 경금(庚金)은 흉하나 오화(午火)가 길하여 승진하였고, 신미(辛未) 대운에는 현재(賢宰)까지 올랐다. 그러나 임신(壬申) 대운은 흉운이라 복록이 끝나고 한가하였다.

2) 자식이 부모를 보호하는 사주

```
년  월  일  시
甲  丙  乙  丙        丁戊己庚辛壬癸甲
子  子  酉  戌        丑寅卯辰巳午未申
```

　본명은 을목(乙木) 일주(日主)가 지지(地支)에 신유술(申酉戌)이 삼합(三合)하여 금(金)이 태왕하여 고통을 당한다. 그러나 월(月)과 시간(時干)에 양투(兩透)한 병화(丙火)가 금(金)을 억제하고 일주(日柱)를 보호한다. 즉 아능구모(兒能救母)이니 자식이 능력이 있으니 부모를 보호하는 형상이다. 화(火)운이 가장 길하니 용신(用神)이고, 목(木)운은 희신(喜神)이다. 금(金)운을 만나면 대흉하고, 다음은 수(水)운이다. 즉 목화(木火)운은 길하고 금수(金水)운은 흉하다. 대운에서 지지(地支)가 목화(木火)운에 해당하여 사업을 하여 십여만 석을 벌었다.

3) 돈을 주고 벼슬을 사는 것도 운에 있어야 한다.

```
년  월  일  시
丙  乙  壬  甲        丙丁戊己庚辛壬癸
辰  未  辰  辰        申酉戌亥子丑寅卯
```

이 사주는 임수(壬水) 일주(日主)가 미(未)월에 태어나 실령(失令)하여 신약(身弱)하다. 지지(地支)가 모두 토(土)판이나 진토(辰土)이니, 계수(癸水)가 들어 습기가 있어 종격(從格)이 아니라 신약(身弱) 사주이다. 좋은 것은 갑을목(甲乙木)이 양투하여 토(土)를 억제하고 약한 일주(日主)를 보호한다는 것이다. 즉 자식이 능력이 있어 어머니를 구하였다. 용신(用神)은 목(木)이고, 수(水)는 희신(喜神)이다. 토금(土金)은 흉하고, 화(火)도 흉하다.

이 사람은 원국에서 관성(官星)이 흉하게 작용하여 등과하지 못했으나, 자수(子水) 대운에 희신(喜神)이 들어 돈을 주고 벼슬을 사 번얼까지 올랐다. 돈주고 벼슬을 사는 것도 운에 있어야 한다.

4) 신약(身弱)한데 관살(官殺)이 너무 많으면 흉하다.

년	월	일	시								
癸	乙	己	辛	甲	癸	壬	辛	庚	己	戊	丁
卯	卯	卯	未	寅	丑	子	亥	戌	酉	申	未

본명은 지지(地支)에 묘목(卯木)이 너무 많아 문제이다. 허약한 기토(己土) 일주(日主)가 태왕한 목(木)에게 시달려 고전하는 것이다. 그런데 시간(時干)에 신금(辛金)이 투간(透干)하여 목(木)을 억제하고 허약한 일주(日主)를 보호한다. 따라서 신금(辛金)이 용신(用神)인데 기미토(己未土)의 기운에 힘입어 강하다. 따라서 자

식이 어머니를 구하는 아능구모(兒能救母)가 되었다. 용신(用神)은 금(金)이고, 토(土)는 희신(喜神), 목(木)은 기신(忌神), 수(水)는 구신(仇神)이다. 즉 토금(土金)운은 길하고 수목(水木)운은 흉하다.

초년 갑인(甲寅) 계축(癸丑) 임자(壬子) 대운에 어렵게 등과했으나, 경술(庚戌) 대운은 용신(用神)운이라 현령(縣令)에 올랐다. 신금(辛金)이 용신(用神)이니 청렴하며 강직하고 인품이 단정한 관리였다. 사람의 성격은 일주(日主)와 용신(用神)으로 알 수 있다.

3. 모자멸자(母慈滅子)

모자멸자관두이(母慈滅子關頭異)

자식을 과잉보호하면 자력심이 없어 어머니에게 의존하려고 한다. 즉 인성(印星)이 태왕하면 종강격(從强格)이 된다는 뜻이다.

1) 목화종강격(木火從强格)

년	월	일	시								
癸	甲	丁	甲		癸	壬	辛	庚	己	戊	丁	丙
卯	寅	卯	辰		丑	子	亥	戌	酉	申	未	午

본명은 정화(丁火) 일주(日主)가 인(寅)월에 태어나 득령(得令)하

였고, 지지(地支)는 목(木)으로 가득하니 목(木)이 태왕하다. 사주에서 인성(印星)은 생아자(生我者)하니 부모로 보는데, 인성(印星)이 너무 많아 정화(丁火) 일주(日主)가 기명종인(棄命從印)해야 하니 종강격(從强格)이 되었다. 인성(印星)이 태왕하면 어머니가 자식을 과잉보호하니 자식인 정화(丁火) 일주(日主)가 자력심이 전혀 없고 어머니에게만 의지해 살아가는 종강격(從强格)이 된 것이다. 이런 사람은 부모가 돌아가시면 금방 망한다. 종강격(從强格)이니 목(木)이 용신(用神)이고, 화(火)는 희신(喜神), 금(金)은 기신(忌神), 토(土)는 구신(仇神)이다. 이 사람은 경술(庚戌) 대운에 부모님이 돌아가시자 일순간에 유산을 탕진하고 거지가 되었다.

2) 토금종강격(土金從强格)

```
년  월  일  시
戊  辛  辛  戊        辛 壬 癸 甲 乙 丙 丁 戊
戊  酉  酉  戊        酉 戌 亥 子 丑 寅 卯 辰
```

본명은 신금(辛金) 일주(日主)가 유(酉)월에 태어나 토(土)와 금(金)이 사주를 장악하였다. 월(月) 병화(丙火) 관성(官星)은 홀로 투간(透干)했으나, 화생토(火生土)하니 설기(洩氣)가 너무 심하여 원신(元神)의 기운이 다 빠졌고, 토(土)는 너무 많아 신금(辛金) 일주(日主)가 묻히니 모자멸자(母慈滅子)이다. 따라서 종왕격(從旺

格)이니 토금(土金)운이 길하고 수목(水木)운은 흉하다.

초년운은 화토(火土)운이나 지지(地支)가 모두 화국(火局)이니 고통이 심하며 집안이 어려웠다. 그러나 경신(庚申) 대운으로 들어서면서 좋은 인연을 만나며 만사가 순조로웠고, 신유(辛酉) 대운도 역시 길운이라 돈을 주고 벼슬을 살 수 있었다. 계해(癸亥) 대운은 흉운이라 벼슬에서 떨어졌다.

3) 토금종강격(土金從强格)

년	월	일	시								
丙	戊	辛	戊	己	庚	辛	壬	癸	甲	乙	丙
戌	戌	丑	戌	亥	子	丑	寅	卯	辰	巳	午

이 사주는 대부분이 토기(土氣)로 구성되었으니 종격(從格)이다. 신금(辛金) 일주(日主)는 많은 토(土)에 묻혀 모자멸자(母慈滅子)가 되었다. 종왕격(從旺格)이니 토금(土金)운은 길하고, 수목(水木)운은 흉하다.

초년 기해(己亥) 경자(庚子) 신축(辛丑) 대운은 금수(金水)운에서 토(土)를 적셔주고 금(金)을 길러주니 부귀한 가정에서 태어났다. 신축(辛丑) 대운에는 돈을 주고 벼슬을 샀으나, 인묘(寅卯) 대운에 목극토(木剋土)하여 왕신(旺神) 토(土)를 극하니 대흉하여 관직에서 화를 당하였다.

4) 수목종강격(水木從强格)

년	월	일	시
壬	壬	甲	壬
子	寅	子	申

癸甲乙丙丁戊己庚
卯辰巳午未申酉戌

본명은 갑목(甲木) 일주(日主)가 인(寅)월에 태어났는데, 사주에 임수(壬水)가 3개나 투간(透干)하고, 시지(時支)에서 신금(申金)이 신자진(申子辰) 수국(水局)을 이루어 수(水)가 태왕하다. 갑목(甲木) 일주(日主)는 많은 수(水)를 감당하지 못하니 부목(浮木)이 되어 모자멸자(母慈滅子)가 되었다. 종왕격(從旺格)이니 수(水)가 용신(用神)이고, 목(木)은 희신(喜神), 화(火)는 기신(忌神), 토(土)는 구신(仇神)이다.

초년운은 계묘(癸卯) 갑진(甲辰) 대운이라 길하여 부모덕에 호의호식하며 성장했으나, 청년운인 을사(乙巳) 대운에 화(火)운이 기신(忌神)이라 부모가 돌아가시고 가세가 기울기 시작하였다. 병오(丙午) 대운에는 화(火)운이 더 강하여 대흉하니 패가망신하고 젊은 나이에 죽었다.

4. 부건파처(夫健怕妻)

부건하위우파처(夫健何爲又怕妻)

"지아비가 건강하고 왕성한데 어찌 처를 두려워하랴." 일주(日主)가 강하고 재성(財星)이 강하면 신왕재왕(身旺財旺)하여 길하다는 뜻이다. 일주(日柱)가 강하면 재성(財星)뿐 아니라 관성(官星)도 식상(食傷)도 두렵지 않으나, 재다신약(財多身弱)한데 재성(財星)이 강하면 흉하다.

1) 일주(日主)가 강하면 재성(財星)을 두려워하지 않는다.

년	월	일	시
己	戊	甲	辛
亥	辰	寅	未

丁丙乙甲癸壬辛庚
卯寅丑子亥戌酉申

갑목(甲木) 일주(日主)가 진(辰)월에 태어났는데, 년월간(年月干)에 무기토(戊己土)가 투간(透干)하였고, 시지(時支)에 미(未)가 있으니 토(土)가 많아 신왕재왕(身旺財旺)하다. 그리고 시간(時干)에는 신금(辛金)이 투간(透干)하여 토생금(土生金) 금극목(金剋木)하였다. 이런 경우를 부건하위우파처(夫健何爲又怕妻)라 한다. 수(水)운이 가장 길하니 용신(用神)이고, 금(金)운은 희신(喜神)이다.

초년 축(丑) 대운은 길운이라 등과하였고, 갑자(甲子) 계해(癸亥)대운에는 인수(印授)가 왕하면서 생조(生助)되니 일주(日主)가 재관(財官)을 충분히 감당할 수 있으니 혁혁한 공을 세웠다.

2) 재성(財星)이 기신(忌神)이면 재난과 여난이 많다.

년	월	일	시								
己	戊	甲	辛	丁	丙	乙	甲	癸	壬	辛	庚
巳	辰	子	未	卯	寅	丑	子	亥	戌	酉	申

갑목(甲木) 일주(日主)가 진(辰)월에 태어나 절반은 득령(得令)하고, 일지(日支)에 자수(子水)가 들어 약하지 않다. 월(月) 무토(戊土)는 년지(年支) 사화(巳火)와 월지(月支) 진토(辰土)와 시지(時支) 미토(未土)에 통근(通根)하여 강하다. 신왕재왕(身旺財旺)하여 부건하위우파처(夫健何爲又怕妻)이다. 수(水)운이 길하니 일지(日支) 자수(子水)가 용신(用神)이고, 희신(喜神)은 금(金)운이다.

대운의 흐름이 금수(金水)운이라 재물도 많고 아내복도 많고 장수하였다. 신강(身强)하면 재관(財官)을 두려워하지 않으나, 재성(財星)이 기신(忌神)이면 재운을 만나면 재난이나 여난이 많이 일어난다. 간명할 때 일주(日主)의 강약을 중요하게 여기는 것은 사주의 중심이기 때문이다. 즉 일주(日主)가 허약하면 재관(財官)을 감당할 수 없기 때문이다.

3) 남편이 강하면 아내를 두려워하지 않는다.

```
년  월  일  시
乙  辛  丁  庚        庚己戊丁丙乙甲癸
亥  巳  巳  戌        辰卯寅丑子亥戌酉
```

정화(丁火) 일주(日主)가 사(巳)월에 태어나 득령(得令)하였다. 월(月) 신금(辛金)과 시간(時干) 경금(庚金)이 투간(透干)하고, 지지(地支)에는 사(巳)에 경금(庚金)이 암장(暗藏)되고, 술(戌)에도 신금(辛金)이 암장(暗藏)되었다. 고로 부인이 여러 명이나 정화(丁火) 일주(日主)가 강하여 부인을 두려워하지 않는다. 즉 신왕재왕(身旺財旺)하여 부건하위우파처(夫健何爲又怕妻)이다. 남편이 강하면 아내를 두려워하지 않는다. 용신(用神)은 년지(年支) 해수(亥水)이고, 다음은 금(金)운이 좋다. 행운에서도 천간(天干) 임계(壬癸)와 지지(地支) 해자축(亥子丑)이 좋고, 금(金)은 신유금(辛酉金)은 길하나 경신금(庚申金)은 한신(閑神)이고, 나머지는 모두 흉하다. 중년과 말년에는 해자축(亥子丑)운이 길하여 길복을 얻었다.

4) 아내가 너무 강하면 공처가가 된다.

```
년  월  일  시
癸  甲  戊  癸        癸壬辛庚己戊丁丙
亥  子  戌  丑        亥戌酉申未午巳辰
```

본명은 무토(戊土) 일주(日主)가 자(子)월에 태어나 신약(身弱)한데, 년간(年干)과 시간(時干)에 계수(癸水)가 투간(透干)하고, 지지(地支)에 해자축(亥子丑) 방합(方合)이 있어 수(水)가 태왕하니 재다신약(財多身弱) 사주이다. 아내가 너무 강하여 남편이 쩔쩔매는 공처가 형상이다. 비록 일지(日支)에 술토(戊土)가 있으나 술(戊)에 신금(辛金)이 들어 수(水)를 생조(生助)하는 기운이 강하다.

계해(癸亥) 임술(壬戌) 신유(辛酉) 경신(庚申) 대운까지는 흉운이라 발복하지 못하다가 기미(己未) 대운부터 용신(用神)운이라 발복하였다. 수(水)가 태왕하니 조후(調候)하려면 화(火)가 필요한데 술(戊)에 정화(丁火)밖에 없으니 조후(調候)가 부족하다. 병화(丙火)가 투간(透干)해야 조후(調候)할 수 있다.

5) 일주(日主)가 강하지 않으면 평생 곤고하다.

년	월	일	시								
癸	癸	戊	甲		壬	辛	庚	己	戊	丁	丙	乙
亥	亥	午	寅		戌	酉	申	未	午	巳	辰	卯

본명은 무토(戊土) 일주(日主)가 해(亥)월에 태어나 신약(身弱)한데, 년월(年月)에 계수(癸水)가 투간(透干)하고, 년월지(年月支)에 해수(亥水)가 통근(通根)하여 재성(財星)이 태왕하니 재다신약(財多身弱) 사주이다. 그러나 일지(日支)에 오화(午火)가 통근(通根)

하고, 갑인목(甲寅木)이 오화(午火)로 살인상생(殺印相生)하니 갑인목(甲寅木)이 길작용을 하여 운이 좋아졌다. 비록 재성(財星)이 태왕하나 일주(日主)도 강하니 재성(財星)을 두려워하지 않아 제독(提督)의 높은 벼슬을 하였다. 만일 재성(財星)이 강한데 일주(日主)가 강하지 못하면 평생 곤고함을 면하기 어렵다.

7장. 형상론(形象論)

1. 군상론(君象論)

■ 원 문
군불가항야귀호손상이익하(君不可抗也貴乎損上以益下)

■ 직 역
군(君)에게 대항함은 불가하니 귀함은 상(上)을 손(損)하여 하(下)를 익(益)하는데 있다.

■ 한자풀이
抗(막을 항) 也(어조사 야) 乎(인가 호) 損(손해 손) 益(더할 익)

■ 풀 이
임금에게 대항하는 것은 불가하니 귀함은 위에서 덜어 아래에 보태주는데 있다. 여기서 임금은 일주(日主)이고 신하는 재성(財星)이다. 즉 일주(日主)가 강해야 재관(財官)을 감당할 수 있다. 재관(財官)이 강하고 일주(日主)가 허약하면 불리하다.

1) 목(木)이 태왕하면 금(金)이 있어야 한다.

년	월	일	시								
甲	丙	甲	乙		丁	戊	己	庚	辛	壬	癸 甲
戌	寅	戌	亥		卯	辰	巳	午	未	申	酉 戌

본명은 갑목(甲木) 일주(日主)가 인(寅)월에 태어나 득령(得令)하였고, 년간(年干)에 갑목(甲木)과 시간(時干)에 을목(乙木)이 투간(透干)하여 목(木)이 태왕하다. 목(木)이 태왕하면 무엇보다 먼저 가지치기를 해야 하니 경신금(庚辛金)이 필요한데 투간(透干)된 것은 없고 암장(暗藏)뿐이다. 따라서 술(戌) 중의 신금(辛金)이 용신(用神)이고, 토(土)는 희신(喜神)이다. 그리고 월(月)에 병화(丙火)가 있어 조후(調候)도 좋다. 즉 화토금(火土金)운은 길하고 수목(水木)운은 흉하다. 그러나 암장(暗藏)된 것이 용신(用神)이면 좋은 사주라고 할 수 없으니 큰 인물은 못된다.

대운이 화토금(火土金)으로 흐르니 높은 벼슬까지 올랐다. 그러나 임(壬) 대운에 임수(壬水)가 용신(用神) 금(金)을 설기(洩氣)하고, 또 병화(丙火)의 불을 꺼버리니 대흉하여 죽었다.

2) 암장(暗藏)된 오행(五行)이 용신(用神)이면 크게 성공할 수 없다.

```
년  월  일  시
甲  甲  甲  乙        乙丙丁戊己庚辛壬
子  戌  寅  亥        亥子丑寅卯辰巳午
```

이 사주는 목(木)이 태왕하니 금(金)이 용신(用神)인데 투간(透干)한 것이 없다. 다만 술(戌) 중의 신금(辛金)밖에 없으니 이것이 용신(用神)이고, 토(土)는 희신(喜神)이다. 병정화(丙丁火)는 조후(調候)를 위해서도 필요하고, 많은 목(木)을 설기(洩氣)할 때도 필요하다. 따라서 화토금(火土金)은 길하고, 수목(水木)은 흉하다. 그러나 불행하게도 대운의 흐름이 수목(水木)운이라 평생 한 번도 빛을 보지 못하다가 묘(卯) 대운에 죽었다. 어떤 사주든 암장(暗藏)된 오행(五行)이 용신(用神)이면 크게 성공할 수 없다. 반드시 용신(用神)은 천간(天干)에 투간(透干)해야 하고, 또 지지(地支)에 통근(通根)되어야 길복이 많은 사주가 된다.

2 신상론(臣象論)

■ 원문
신불가과야귀호손하이익상(臣不可過也貴乎損下以益上)

■ 직 역

신(臣)이 과(過)함은 불가하니 귀함은 하(下)에 손(損)하여 상(上)을 익(益)하는 것이다.

■ 한자풀이

臣(신하 신) 過(지날 과) 貴(귀할 귀) 以(써 이) 上(위 상)

■ 풀 이

신하가 지나치면 안되니 귀함은 아래에서 덜어 위에다 보태야 한다. 일간(日干)을 왕으로 본다면 재관식(財官食)은 신하이다. 재관식(財官食)이 지나치게 강하면 권력의 중심이 흔들리니, 인성(印星)을 용신(用神)으로 삼아 허약한 일주(日主)를 부조(扶助)해야 좋아진다.

1) 미토(未土)는 금(金)을 충분히 생조(生助)한다.

년	월	일	시								
戊	甲	辛	庚		乙	丙	丁	戊	己	庚	辛	壬
子	寅	未	寅		卯	辰	巳	午	未	申	酉	戌

본명은 목(木)이 태왕하니 금(金)으로 가지를 쳐야 하므로 시간(時干) 경금(庚金)이 용신(用神)이다. 병화(丙火)는 조후(調候)와 태왕한 목(木)을 설기(洩氣)하는데 좋으니 희신(喜神)이다. 그러나

화(火)와 금(金)이 동주하면 불리하고, 수목(水木)운은 흥하다.

청년기의 대운은 화(火)운이라 일찍 등과하였다. 본명의 문제는 경금(庚金) 용신(用神)이 시간(時干)에 투간(透干)하고, 일지(日支)에 미토가 통근(通根)하여 용신(用神)이 강한 것이다. 혹자는 미토(未土)는 금(金)을 생조(生助)하지 못한다고 하나 잘못된 주장이다. 미토(未土)는 충분히 금(金)을 생조(生助)할 수 있다. 경금(庚金) 용신(用神)은 80% 정도 길하고, 오화(午火) 희신(喜神)은 60% 이상 길하다.

2) 차라리 종격(從格)이 되었으면 좋은 사주

년	월	일	시								
癸	乙	甲	辛	甲	癸	壬	辛	庚	己	戊	丁
卯	卯	寅	未	寅	丑	子	亥	戌	酉	申	未

본명은 갑목(甲木) 일주(日主)가 묘(卯)월에 태어나 신강(身强)하다. 이 사주는 목(木)이 태왕하여 문제가 많다는 것을 짐작할 수 있다. 차라리 종격(從格)이 되면 좋으련만 시주(時柱)에 신미(辛未)가 들어 종격(從格)도 될 수 없으니 하격이다. 어떤 사주든 종격(從格)에 가까우면서도 정격(正格)이면 파란만장한 삶을 각오해야 한다. 목(木)이 태왕하니 금(金)이 용신(用神)인데, 천간(天干)에 경금(庚金)이 투간(透干)했다면 80% 이상 길하나 신금(辛金)이

라 70% 정도만 길하다. 신금(辛金) 용신(用神)은 미토(未土)에 의지하나 해묘미(亥卯未) 합목(合木)하여 강하지 못하다. 어떤 사주든 용신(用神)이 허약하면 길함이 적다. 이 사람은 부모의 유산이 많았으나 지키지 못하고 빈천하게 살았다.

3) 길단흉장(吉短凶長)의 고약한 사주

년 월 일 시

戊 戊 戊 甲   己庚辛壬癸甲乙丙

午 午 午 寅   未申酉戌亥子丑寅

본명은 무토(戊土) 일주(日主)가 오(午)월에 태어났으니 원국에 수(水)가 있으면 용신(用神)으로 삼아야 한다. 그러나 1개도 없으니 시간(時干) 갑목(甲木)을 쓴다. 갑목(甲木)이 용신(用神)이지만 실상은 60% 정도만 길하다. 즉 길단흉장(吉短凶長)의 고약한 명조이다. 이 사주는 임계수(壬癸水)가 투간(透干)해야 하는데 없으니 상격이 못되고, 다음은 경신금(庚辛金)이라도 들었으면 중격(中格)은 될 수 있는데 이것도 없으니 갑목(甲木)을 쓰게 되어 하격(下格)이 되었다. 왜냐하면 갑목(甲木)은 목생화(木生火)하여 기신(忌神)을 돕기 때문이다. 이 사람은 평생 한 번도 발복하지 못하였다. 그나마 대운이 금수(金水)운으로 흘러 단명은 면하였다.

4) 오행(五行)을 모두 갖춘 좋은 사주

년 월 일 시
甲 丙 己 己　　　丁戊己庚辛壬癸甲
寅 子 酉 巳　　　丑寅卯辰巳午未申

이 사주는 목화토금수(木火土金水)를 모두 갖추었는데 그 흐름
또한 순조로우니 좋은 명조이다. 기토(己土) 일주(日主)는 월(月)
병화(丙火)가 돕고, 또 시주(時柱) 기사(己巳)가 도와주니 강하다.
그리고 재관(財官) 역시 강하고, 식상(食傷)이 들어 오복을 모두
갖춘 좋은 팔자이다. 용신(用神)은 월(月) 병화(丙火)이니 70% 길
하고, 기토(己土)는 희신(喜神)이나 70% 길하다. 유금(酉金)은 50
% 길하고, 갑목(甲木)은 40% 길하다. 그러나 임계수(壬癸水)운은
흉하다. 여기서 주의할 것은 일지(日支)에 유금(酉金)이 있는데, 유
(酉)에는 경금(庚金)과 신금(辛金)이 들어 있다. 같은 금(金)이지
만 경금(庚金)은 희신(喜神) 역할을 하니 60% 길하고, 신금(辛金)
은 한신(閑神) 역할을 하니 50%만 길하다는 것이다.

　역학자들은 토(土)가 흉하면 진술축미(辰戌丑未)도 같이 흉한 것
으로 판단하는데 잘못된 것이다. 물론 같은 토(土)지만 축토(丑土)
와 미토(未土)는 기운이 정반대다. 축토(丑土)는 자수(子水)에 가
까운 습토(濕土)이고, 미토(未土)는 오화(午火)에 가까운 조토(燥
土)이다. 또 진술(辰戌)도 같은 토(土)지만 정반대의 작용을 한다.

3. 모상론(母象論)

■ 원 문

지자모휼고지도(知慈母恤孤之道)

시유과질무강지경(始有瓜瓞無彊之慶)

■ 직 역

자모(慈母)가 휼(恤) 고(孤)의 도(道)를 지(知)하면 과(瓜) 질(瓞)의 시(始)의 유(有)같이 무강(無彊)의 경(慶)이 있다.

■ 한자풀이

恤(구휼할 휼) 孤(외로울 고) 瓜(오이 과)

瓞(북치 질) 彊(굳셀 강)

■ 풀 이

자애로운 어머니가 아이를 가엾게 여기는 이치를 알면 참외 줄기처럼 자손이 번창하여 끝없이 이어진다. 부모 심정은 자식에게 무엇이나 다 주고 싶어한다. 도적이 많이 들어와 자식을 해치려고 하면 어머니는 자신을 희생하면서 자식을 보호한다. 어머니라고 말했지만 부모라고 봐야 한다. 일주(日主)가 약한데 관살(官殺)이 태왕하면 인성(印星)을 만나야 좋아진다. 그렇지 않으면 파란만장한 사주가 된다. 인성(印星)은 관인상생(官印相生)을 시키기 때문이다. 그러나 일주(日主)가 강할 때는 인성(印星)을 만나면 흉하다.

1) 부모에게 효도 해야 한다.

```
년  월  일  시
癸  甲  丙  丙        乙丙丁戊己庚辛壬
亥  子  子  申        丑寅卯辰巳午未申
```

병화(丙火) 일주(日主)가 자(子)월에 태어나 신약(身弱)한데, 관살(官殺)이 많으니 매우 위험하다. 그런데 월(月) 갑목(甲木)이 부모가 되어 도적 같은 관살(官殺)을 관인상생(官印相生)시켜 이롭게 돌리고 있다. 만일 월(月)에 갑목(甲木)이 없었다면 병화(丙火) 일주(日主)는 대흉하였을 것이다. 갑목(甲木)은 부모가 되어 흉운을 길운으로 바꾼다. 본명은 부모의 헌신적인 노력 덕에 길복이 많은 사주가 된 것이다. 천하의 모든 부모의 심정이 이와 같으니 부모님께 효도해야 한다는 말은 아무리 강조해도 지나치지 않다.

2) 자식을 보호하는 어머니의 사주

```
년  월  일  시
甲  己  庚  戊        庚辛壬癸甲乙丙丁
午  巳  戌  寅        午未申酉戌亥子丑
```

이 사주를 자세히 보면 어머니가 자식을 보호하는 형상이다. 경금

(庚金)은 도적과 같은 관살(官殺)이 태왕하여 큰 위험에 빠졌다. 그런데 월(月)과 시간(時干)에서 어머니가 보호하니 큰 위험에서 벗어났고, 흉운이 길운으로 바뀌었다. 이 사람은 부모의 사랑이 없었다면 단명했거나 파란만장한 인생이 되었을 것이다. 월(月) 기토(己土)는 어머니이고, 시간(時干) 무토(戊土)는 아버지이다.

3) 신강(身强)한데 인성(印星)이 많으면 재성(財星)이 있어야 한다.

년	월	일	시							
甲	己	戊	辛	庚	辛	壬	癸	甲	乙	丙	丁
午	巳	午	酉	午	未	申	酉	戌	亥	子	丑

본명은 인성(印星)이 너무 많아 화기(火氣)가 태왕하다. 신강(身强)한데 인성(印星)이 많으면 재성(財星)이 있어야 하는데, 재성(財星)인 수기(水氣)가 하나도 없으니 시간(時干) 신금(辛金)이 용신(用神)이다. 그러나 신금(辛金)은 60% 정도만 길작용을 하니 이름만 용신(用神)이다. 따라서 사주가 하격이 되었다. 신약(身弱) 사주에서는 인성(印星)이 길작용을 하지만 본명과 같이 신강(身强)하면 흉작용을 한다. 상관(傷官)이 용신(用神)이라 명예운이 있었지만 재물운이 부족하여 지갑은 항상 비어 있었다.

4. 자상론(子象論)

■ 원문

지효자봉친지방(知孝子奉親之方)

시능극해대순지풍(始能克諧大順之風)

■ 직 역

자(子)가 효(孝)의 봉친(奉親)의 방(方)을 지(知)하면 대순(大順)의 풍(風)이 시(始)하여 해(諧)를 성(成)하게 된다.

■ 한자풀이

孝(효도 효) 奉(받들 봉) 親(친할 친) 克(이길 극) 諧(화할 해)

■ 풀 이

자식이 부모를 받드는 방법을 알면 순조로운 바람이 크게 일어나 화목하다. 인륜대사 중에서 효도가 가장 크고 중요하다. 사람의 도리 중에서 효도를 모르면 안된다. 사주로 자식운을 볼 때는 먼저 시주(時柱)를 보고, 그 다음에 식신(食神)과 상관(傷官)을 본다.

1) 용신(用神)이 시주(時柱)에 있으면 자식복이 많다.

년	월	일	시							
戊	甲	戊	辛	乙	丙	丁	戊	己	庚	辛	壬
寅	寅	辰	酉	卯	辰	巳	午	未	申	酉	戌

본명은 무토(戊土) 일주(日主)가 인(寅)월에 태어나 목(木)이 많으니 신약(身弱)하다. 그러나 년간(年干)에 무토(戊土)가 있고, 일지(日支)에 진토(辰土)가 들어 약하지 않다. 시간(時干) 신금(辛金)이 용신(用神)인데, 일주(日主) 무진토(戊辰土)와 시지(時支) 유금(酉金)에 통근(通根)하여 강하다. 이 사람은 아들 다섯과 딸 셋을 두었는데 모두 효도하며 출세하고 성공하였다. 시주(時柱)에 용신(用神)이 있고, 식상(食傷)이 길작용을 하니 자식복이 많았다.

2) 기신(忌神)이 시주(時柱)에 있으면 자식복이 약하다.

년	월	일	시								
癸	乙	癸	甲	甲	癸	壬	辛	庚	己	戊	丁
酉	卯	卯	寅	寅	丑	子	亥	戌	酉	申	未

계수(癸水) 일주(日主)가 묘(卯)월에 태어나 설기(洩氣)가 심하니 실령(失令)하여 신약(身弱)하다. 인묘(寅卯)가 방합(方合)하여 목(木)이 태왕하니 금극목(金剋木)하여 사주를 중화시켜야 한다. 따라서 년지(年支) 유금(酉金)이 용신(用神)이다. 그런데 문제는 자식의 불효다. 시주(時柱) 갑인(甲寅)은 기신(忌神)이고, 육신(六神)으로는 상관(傷官)이니 자식복이 없다. 이 사람은 자식을 3명 두었지만 모두 불효가 막심하여 마음 고생을 많이 하였다. 시주(時柱)에 기신(忌神)이 있고, 식상(食傷)도 기신(忌神)이기 때문이다.

체용정신(體用精神)

1. 체용론(體用論)

■ 원 문
도유체용불가일단론야(道有體用不可一端論也)
요재부지억지득기의야(要在扶之抑之得其宜也)

■ 직 역
　도(道)에는 체(體)와 용(用)이 유(有)한데 일단만 논함은 불가하다. 중요한 것은 부(扶)와 억(抑) 사이에서 적절함을 얻는 것이다.

■ 한자풀이
道(길 도) 體(몸 체) 端(바를 단) 扶(도울 부) 抑(누를 억)

■ 풀 이
　명리(命理)에는 체(體)와 용(用)이 있는데 어느 한 가지만 논하면 안된다. 중요한 것은 적절한 억제(抑制)와 부조(扶助)이다. 예를 들어 사람의 몸은 체(體)에 해당하고, 마음은 용(用)에 해당하는데, 몸도 건강해야 하고 마음도 건강해야 한다. 만일 몸은 건강하나 정신이 올바르지 않거나, 정신은 올바르나 몸이 건강하지 않으면 좋다고 볼 수 없다. 명리(命理)도 마찬가지다. 일간(日干)이 강하면 신체가 강하고, 용신(用神)이 강하면 정신이 강한 것으로 보아 상격 사주가 된다.

1) 체(體)와 용(用)이 모두 왕성하면 길복이 많다.

```
년  월  일  시
戊  甲  甲  丙        乙丙丁戊己庚辛壬
子  子  戌  寅        丑寅卯辰巳午未申
```

사주에서 일주(日主)는 체(體)이고 용신(用神)은 용(用)인데, 체용(體用)이 조화를 잘 이루어야 길복이 많다. 갑목(甲木) 일주(日主)는 체(體)인데 자(子)월에 태어나 신강(身强)하니 강하다. 그리고 시간(時干) 병화(丙火)가 용신(用神)인데, 갑목(甲木)과 인목(寅木)에 통근(通根)하여 강하니 체용(體用)이 모두 강하다. 이 사람은 길복이 많은 사주가 되어 심신이 건강하며 아내복이 많았고, 자식도 효도하였다. 또 재물도 산처럼 늘어나 부귀영화를 누렸다.

2) 사고무친 사주

```
년  월  일  시
戊  庚  庚  戊        辛壬癸甲乙丙丁戊
申  申  辰  寅        酉戌亥子丑寅卯辰
```

본명은 경금(庚金) 일주(日主)가 신(申)월에 태어나 신강(身强)하다. 금기(金氣)가 태왕하니 시지(時支) 인목(寅木)이 용신(用神)이다. 일지(日支)에 진토(辰土)가 있지만 토기(土氣)가 강하여 금기(金氣)를 70% 이상 돕고 목기(木氣)는 30%만 도와준다. 따라서 인목(寅木) 용신(用神)은 살아남기 위하여 몸부림을 쳐야 할 입장이니 종격(從格)도 될 수 없고 매우 불리하다.

이 사람은 어려서 부모를 잃고 파란만장한 삶을 살다가 결국은 병사하였다. 경금(庚金) 일주(日主) 체(體)는 태강하나 용(用)이 태약하여 체용(體用)의 균형을 이루지 못했기 때문이다.

2 정신론(精神論)

■ 원 문

인유정신불가이일편구(人有精神不可以一偏求)
야요재손지익지득기중(也要在損之益之得其中)

■ 직 역

사람은 정신이 있는데 한편에서만 구함은 불가하다. 중요한 것은 손과 익의 중요함을 얻는 것이다.

■ 한자풀이

偏(치우칠 편) 求(구할 구) 損(덜 손) 得(얻을 득) 其(그 기)

■ 풀 이

사람에게는 정기(精氣)와 신기(神氣)가 있는데 어느 한편으로 치우쳐 구하면 안된다. 중요한 것은 손해를 볼 때는 손해를 보아야 하고, 이익을 볼 때는 이익을 보아야 한다. 즉 중용의 도리를 얻어야 한다는 뜻이다. 육신(六神)으로 말하면 정기(精氣)는 인성(印星)이고, 기(氣)는 일주(日主)와 비겁(比劫)이며, 신기(神氣)는 재관식(財官食)인데, 이 정신기(精神氣)를 잘 갖추어 중화를 이루면 길복이 많다.

1) 정신기(精神氣)를 잘 갖추어 복록이 많은 사주

년	월	일	시								
癸	甲	丙	戊	癸	壬	辛	庚	己	戊	丁	丙
酉	子	寅	戌	亥	戌	酉	申	未	午	巳	辰

이 사주에서 월(月) 갑목(甲木)은 정기(精氣)이고, 병화(丙火)는 기(氣)이며, 무토(戊土)는 신기(神氣)이다. 이처럼 정신기(精神氣)를 잘 갖추면 복록이 많다. 그리고 금생수(金生水) 수생목(水生木) 목생화(木生火) 화생토(火生土)하여 생생불식(生生不息)이 되었다. 자(子)월생이 조후(調候)하려면 병화(丙火)가 필요하고, 제방하려면 무토(戊土)가 필요하다. 가장 흉한 것은 임계수(壬癸水)이고, 다음은 축토(丑土)이다. 그러나 사주가 중화되어 동서남북 어디로 향해도 길함이 많다. 이 사람은 최상격 명조가 되어 평생 부귀영화를 누렸다. 이처럼 중화된 사주는 특별한 기신(忌神)이 없다. 이론으로

만 용신(用神)이니 기신(忌神)이니 할뿐 실제는 오행(五行)이 모두 길신이다.

2) 유명무실한 사주

```
년  월  일  시
癸  乙  丙  庚        甲癸壬辛庚己戊丁
未  卯  辰  寅        寅丑子亥戌酉申未
```

이 사주는 귀격으로 보이지만 자세히 살펴보면 천격이다. 재관(財官)이 묘(卯)월이면 휴수(休囚)가 되어 능력을 발휘하지 못하는데, 서로 멀리 떨어져 있다. 또 지지(地支)는 모두 인묘진(寅卯辰) 방합(方合)을 이루어 재관(財官)이 고통을 많이 당하고 있다. 인성(印星) 정(精)과 일주(日主)와 비겁(比劫) 기(氣)는 강하나 재관(財官) 신(神)이 허약하여 천격이 된 것이다. 따라서 평생 유명무실한 생을 보냈다.

3) 허약증으로 투병하다 죽은 사주

```
년  월  일  시
戊  乙  丙  己        甲癸壬辛庚己戊丁
戌  丑  辰  丑        子亥戌酉申未午巳
```

본명은 토(土) 일색이니 병화(丙火) 일주(日主)의 기운이 모두 설
기(洩氣)되었다. 월간(月干)에 을목(乙木)이 있으나 이미 시들어
정(精)과 기(氣)가 말라버렸다. 월(月)에 을목(乙木)이 투간(透干)
하고, 일지(日支)에 진(辰) 을목(乙木)이 통근(通根)했으니 종격
(從格)이 아니라 신약(身弱) 사주가 되었다.

이 사람은 임술(壬戌) 대운에 임병(壬丙)이 상충(相沖)하여 흉한
데, 신미(辛未)년에 을신(乙辛)이 상충(相沖)하여 그해 9월에 허약
증으로 투병하다가 죽었다. 사주를 보면 목화토(木火土)의 삼생(三
生)으로 순행은 원활하나 식상(食傷)이 너무 많아 설기(洩氣)가 심
하다. 신약(身弱)한 일주(日主)에 설기(洩氣)가 태왕하면 대흉하여
단명한 것이다. 본명은 정(精)과 기(氣)는 태약하고 신(神)은 태왕
하다. 이처럼 정신기(精神氣)가 조화를 이루지 못하면 흉하다.

3. 월령론(月令論)

■ 원문

월령내제강지부비지택야(月令乃提綱之府譬之宅也)

인원위용사지신(人元爲用事之神)

택지정향야불가이불복(宅之定向也不可以不卜)

■ 직역

월령(月令)은 제강(提綱)의 부(府)이니 가택에 비유할 수 있다.

인원(人元)의 위용(爲用)은 사(事)의 신(神)이니 가택으로 보면 정향(定向)이다. 점복도 이와 같지 않으면 불가하다.

■ 한자풀이

令(명령할 령) 乃(이에 내) 提(끌 제) 綱(벼리 강)
譬(비유할 비) 宅(집 택) 之(갈 지) 定(정할 정) 向(향할 향)
可(옳을 가) 以(써 이)

■ 풀 이

월령(月令) 즉 월지(月支)는 제강(提綱)의 본부이니 사람이 사는 집과 같다. 사주에서 가장 중요한 것은 용신(用神)인데, 용신(用神)은 사람의 정신과 같고 일하는 신(神)이다. 월령(月令)에 해당하는 글자는 주체가 되어 집의 방향을 정한다. 월지(月支)는 월령(月令)이라고도 하는데 사주추명학에서는 가장 중요한 자리이다. 기운·형상·격국(格局)·용신(用神)·조후(調候)·길흉·빈부와 귀천이 모두 이 월지(月支)의 지배를 받는다. 운세도 월지(月支)를 중심으로 풀어나가야 한다. 또 대운도 월주(月柱)를 중심으로 전개된다. 대개 월지(月支)가 원하는 오행(五行)이 용신(用神)이 된다.

1) 돈으로 벼슬을 사서 황당(黃堂)에 오른 사주

년	월	일	시						
甲	丁	丙	辛	戊	己	庚	辛	壬	癸	甲
戌	卯	酉	卯	辰	巳	午	未	申	酉	戌

본명은 병화(丙火) 일주(日主)가 묘(卯)월에 태어나 실령(失令)하였고, 년간(年干)에 갑목(甲木)이 투간(透干)하고, 월지(月支)와 시지(時支)에 묘목(卯木)이 들어 관살(官殺)이 강하다. 그러나 시간(時干)에 신금(辛金)이 들어 강한 목기(木氣)를 제극(制剋)하니 좋다. 신금(辛金) 용신(用神)은 일지(日支) 유금(酉金)과 년지(年支) 술토(戌土)에 통근(通根)하여 용신(用神)이 강하니, 재물복이 많아 수천 석을 축재하였다. 그리고 돈으로 벼슬을 사서 황당(黃堂)에 올랐으니 명예와 재리를 함께 누린 것이다.

2) 무슨 일을 해도 실패만 거듭한 사주

년	월	일	시							
甲	丙	戊	庚	丁	戊	己	庚	辛	壬	癸	甲
戌	寅	午	申	卯	辰	巳	午	未	申	酉	戌

이 사주는 무토(戊土) 일주(日主)가 인(寅)월에 태어나 실령(失令)했으나, 월(月)에 병화(丙火)가 투간(透干)하여 생조(生助)하고, 년지(年支) 술토(戌土)와 일지(日支) 오화(午火)가 생조(生助)하여 신강(身强)하다. 용신(用神)은 시간(時干) 경금(庚金)이고, 수(水)는 희신(喜神)이다. 화토(火土)운이 가장 흉하고, 목(木)운도 관인상생(官印相生)하여 더 신강(身强)하게 만드니 흉하다.

초년은 정묘(丁卯) 무진(戊辰) 대운인데 기신(忌神)에 해당하여 공부를 잘하지 못하였고, 청년운도 기사(己巳) 경오(庚午) 대운인데 역시 화토(火土)운이 강하여 기신(忌神)에 해당하니 무슨 일을 해도 실패만 거듭하였다. 그러나 중년은 신미(辛未) 임신(壬申) 대운으로 금수(金水)운이라 발복하였고, 말년은 계유(癸酉) 갑술(甲戌) 대운이니 평안하였다.

4. 생시론(生時論)

■ 원문

생시귀숙지지비지묘야(生時歸宿之地譬之墓也)

인원위용사지신(人元爲用事之神)

묘지혈방야불가이불변(墓之穴方也不可以不辨)

■ 직역

생시(生時)는 귀숙(歸宿)의 지(地)이니 비유하면 죽어 돌아가는 묘와 같다. 인원(人元)은 위용(爲用)인데 사(事)의 신(神)이니 묘(墓)의 혈방(穴方)이다. 분별하지 않으면 불가하다.

■ 한자풀이

歸(돌아갈 귀) 宿(묵을 숙) 墓(무덤 묘) 元(으뜸 원) 神(신령 신) 之(갈 지) 穴(구멍 혈) 也(어조사 야) 不(아닐 불) 辨(분별할 변)

■ 풀이

출생 시간은 돌아가서 잠을 자는 땅과 같으니 묘지와 같다. 지지
장간(地支藏干)에서 어떤 글자가 용신(用神)인가는 묘지의 좌향과
같으니 그 작용을 분별하지 않으면 안된다. 출생시는 말년운과 자
녀운과 수명운을 보기 때문에 시주(時柱)가 길하면 말년이 안락하
고 장수한다. 그리고 조자시(朝子時)와 야자시(夜子時)에 대한 구
분도 분명하게 해야 한다. 즉 자시(子時)는 밤 11시부터 다음날 1
시 전까지를 말한다. 밤 12시를 기준으로 12시 이전이면 오늘로 보
고, 12시 이후면 내일로 본다. 따라서 자시(子時)는 둘로 나뉜다. 즉

시간지 조견표

生時 生日	甲己日	乙庚日	丙辛日	丁壬日	戊癸日
子	甲子	丙子	戊子	庚子	壬子
丑	乙丑	丁丑	己丑	辛丑	癸丑
寅	丙寅	戊寅	庚寅	壬寅	甲寅
卯	丁卯	己卯	辛卯	癸卯	乙卯
辰	戊辰	庚辰	壬辰	甲辰	丙辰
巳	己巳	辛巳	癸巳	乙巳	丁巳
午	庚午	壬午	甲午	丙午	戊午
未	辛未	癸未	乙未	丁未	己未
申	壬申	甲申	丙申	戊申	庚申
酉	癸酉	乙酉	丁酉	己酉	辛酉
戌	甲戌	丙戌	戊戌	庚戌	壬戌
亥	乙亥	丁亥	己亥	辛亥	癸亥

12시 전의 자시(子時)를 야자시(夜子時)라 하고, 12시 이후의 자시(子時)를 조자시(朝子時)라 한다. 조자시(朝子時)와 야자시(夜子時)에 따라 일간(日干)과 시간(時干)이 달라지니 잘 살펴야 한다.

1) 야자시(夜子時) 사주

년	월	일	시								
戊	乙	庚	丙		丙	丁	戊	己	庚	辛	壬	癸
戊	丑	寅	子		寅	卯	辰	巳	午	未	申	酉

본명은 경금(庚金) 일주(日主)가 축(丑)월에 태어났으니 차가운 기운이 넘친다. 밤 12시 전에 태어나 야자시(夜子時)에 해당하여 시주(時柱)는 병자(丙子)이다. 조후(調候)로 보아 시간(時干) 병화(丙火)가 용신(用神)이고, 목(木)은 희신(喜神)이다. 시간(時干)에 용신(用神)이 들어 자녀운과 말년운이 좋았다. 또 병화(丙火)가 편관(偏官)에 해당하여 관운도 좋았다.

이 사람은 일찍 등과하여 성공하였다. 건강하며 재물은 산처럼 많았고 후손들이 효도하였다. 이처럼 용신(用神)이 강하고 재성(財星)이 강하면 재물복이 많다. 그리고 일주(日主)가 경금(庚金)이니 정의감이 강하고, 화기(火氣)가 용신(用神)이라 예의범절이 있었고, 목기(木氣)가 중화되어 인자하며 측은지심이 많았고, 토기(土氣)가 안정되어 신용과 약속을 중요하게 여기는 사람이었다.

2) 조자시(朝子時) 사주

년	월	일	시							
戊	乙	辛	戊	丙	丁	戊	己	庚	辛	壬 癸
戌	丑	卯	子	寅	卯	辰	巳	午	未	申 酉

앞 사주와 같은 날 태어났지만 밤 12시가 조금 지나 조자시(朝子時)에 해당하니, 신묘(辛卯) 일주(日主) 무자(戊子)시가 된다. 역시 조후(調候)로 보아 병화(丙火)가 용신(用神)인데 병화(丙火)가 없으니 파란이 많음을 암시한다. 앞 사주는 시간(時干)에 병화(丙火)가 투출(透出)하여 벼슬도 하고 출세도 했지만, 본명은 병화(丙火)가 없어 년지(年支) 술(戌)에 암장(暗藏)된 정화(丁火)를 용신(用神)으로 삼아야 하니 용신(用神)이 너무 미약하고 사주의 격이 많이 떨어진다.

이 사람은 투병생활을 오래하였고, 또 자식들도 불효하여 마음 고생이 많았다. 그러다 사업에 실패하고 가세도 기울어 처자와 이별하였다. 말년에는 일신을 의지할 곳조차 없어 유리방황하다 길에서 객사하였다. 이와 같이 야자시(夜子時)냐 조자시(朝子時)냐에 따라 운세가 많이 달라진다는 것을 알 수 있다.

5. 쇠왕론(衰旺論)

■ 원 문

능지쇠왕지진기(能知衰旺之眞機)

기어삼명지오(其於三命之奧)

사과반의(思過半矣)

■ 직 역

 능히 왕쇠(旺衰)의 진기(眞機)를 알고, 그 삼명(三命)의 오(奧)를
깨달으면 반은 생각한 것이다.

■ 한자풀이

能(능할 능) 衰(쇠할 쇠) 旺(왕할 왕) 眞(참 진) 機(기틀 기)
命(목숨 명) 奧(속 오) 思(생각할 사) 過(지날 과) 半(절반 반)

■ 풀 이

 왕쇠의 참된 기틀을 알 수 있고, 그 삼명(三命)의 오묘함을 알면
그 기밀의 절반 이상을 터득했다고 할 수 있다. 즉 일주(日主)의
강약이 중요한데 신강(身强)인지 신약(身弱)인지 그 기틀을 발견
해야 한다. 그리고 가장 중요한 것은 용신(用神)을 찾고, 용신(用
神)의 왕쇠를 살피는 것이다. 용신(用神)은 그 사람의 능력을 나타
내니 용신(用神)이 강하면 능력과 길복이 많고, 용신(用神)이 약하

면 능력과 길복이 적다. 일주(日主)는 그 사람의 신체를 의미하고, 용신(用神)은 정신을 의미한다. 신체의 건강과 정신의 건강은 둘다 중요하지만 더 중요한 것은 정신이다. 마찬가지로 일주(日主)가 강한 것보다 용신(用神)이 강한 것이 더 귀하다.

1) 용신(用神)이 강한 사주

년	월	일	시								
甲	丁	甲	辛	戊	己	庚	辛	壬	癸	甲	乙
寅	卯	戌	未	辰	巳	午	未	申	酉	戌	亥

본명은 갑목(甲木) 일주(日主)가 묘(卯)월에 태어나 득령(得令)하였고, 년지(年支) 인목(寅木)이 갑목(甲木)을 생조(生助)하니 신강(身强)하다. 목(木)이 많아 신강(身强)하니 목(木)을 억제하거나 설기(洩氣)해야 중화된다. 따라서 금극목(金剋木)하거나 목극토(木剋土)해야 하니 토(土)나 금(金)이나 화(火)가 좋다. 용신(用神)은 시간(時干)에 투출(透出)한 신금(辛金)인데, 일지(日支) 술토(戌土)와 시지(時支) 미토(未土)에 통근(通根)하여 강하다. 따라서 능력이 많은 사주가 되어 높은 관직에 올랐고, 재물도 수천 석이었으며, 아름다운 처첩을 여럿 거느리며 부귀영화를 누렸다. 용신(用神)이 강하고 대운이 잘 따라주었기 때문이다.

2) 용신(用神)이 약한 사주

년	월	일	시								
癸	乙	乙	己	甲	癸	壬	辛	庚	己	戊	丁
酉	卯	亥	卯	寅	丑	子	亥	戌	酉	申	未

본명은 사주가 목기(木氣)와 수기(水氣)로만 구성되어 수목(水木) 종강격(從强格)처럼 보인다. 그러나 년지(年支)에 유금(酉金)이 있으니 종격(從格)이 아니라 정격(正格)으로 보아 신강(身强) 사주이다. 년지(年支) 유금(酉金)이 용신(用神)인데, 묘유(卯酉)가 상충(相沖)하여 허약하다. 따라서 길복이 작고 흉화가 많았다. 몇 차례 사업이 실패하여 패가망신하였고, 아내와 이별하고 자식과도 원수처럼 지냈다. 해(亥) 대운에는 거지가 되어 객지에서 방황하다 죽었다. 용신(用神)이 허약하고 대운이 따라주지 않았기 때문이다.

3) 흉변길(凶變吉) 사주

년	월	일	시								
乙	甲	甲	辛	癸	壬	辛	庚	己	戊	丁	丙
子	申	申	未	未	午	巳	辰	卯	寅	丑	子

본명은 갑목(甲木) 일주(日主)가 신(申)월에 태어나 실령(失令)하

였고, 시간(時干)에 신금(辛金)이 투간(透干)하고, 월지(月支)와 일지(日支)에 신금(申金)이 들어 관살(官殺)이 강하다. 그러나 년지(年支)에 자수(子水)가 들어 금생수(金生水) 수생목(水生木)하여 관인상생(官印相生)시키니 흉이 변하여 좋아졌다. 수목(水木)운이 길하고 화토금(火土金)운은 흉하다.

이 사람은 대운에서 용신(用神)과 기신(忌神)이 혼잡하게 들어와 기복이 심하였다. 임수(壬水) 대운은 길하여 재물을 얻었으나, 오화(午火) 대운은 흉하여 고통이 많았고, 경금(庚金) 대운도 역시 흉하여 관재구설이 많았다. 그러나 진(辰) 대운은 목(木)이 통근(通根)하여 길하였다. 평생 성공과 실패를 반복하며 바쁘게 살았다.

4) 종세격(從勢格) 사주

```
년  월  일  시
己  己  乙  丙        戊丁丙乙甲癸壬辛
巳  巳  酉  戌        辰卯寅丑子亥戌酉
```

본명은 종격(從格)이다. 종격(從格)은 용신(用神)의 강약을 논하지 않고 대운의 흐름으로 길흉을 본다. 즉 대운이 용신(用神)운을 따르면 좋고, 기신(忌神)운을 따르면 흉하다. 을목(乙木) 일주(日主)는 고립무원이니 강한 세력을 따른다. 시간(時干)에 병화(丙火)가 투간(透干)하고 통근(通根)하여 식상(食傷)이 강하고, 년월(年

月) 기토(己土)가 투간(透干)하고 지지(地支)에 통근(通根)하여 토 (土)도 강하고, 일지(日支) 유금(酉金)도 강하니 재관식(財官食)이 모두 강하여 종세격(從勢格)이다. 종세격(從勢格)은 재관식(財官 食)은 모두 길하나 인비(印比)는 흉하다. 즉 화토금(火土金)은 길 하고, 수목(水木)은 흉하다. 이 사람은 대운이 대부분 수목(水木)운 이라 평생 한 번도 발복하지 못하고 한많은 삶을 살았다.

5) 기복이 많은 사주

년	월	일	시								
庚	壬	丙	甲		癸	甲	乙	丙	丁	戊	己	庚
子	午	申	午		未	申	酉	戌	亥	子	丑	寅

사주에 용신(用神)과 기신(忌神)이 혼잡하거나, 대운이 용신(用 神)과 기신(忌神)이 교대로 들어오면 성공과 실패를 반복하는 명 이 된다. 병화(丙火) 일주(日主)가 오(午)월에 태어나 득령(得令) 하여 신강(身强)하다. 그러나 월(月)에 임수(壬水)가 들고, 일지(日 支)에 신금(申金)과 년지(年支)에 자수(子水)가 들어 화기(火氣)를 충분히 억제할 수 있다. 임수(壬水)가 용신(用神)이고, 금(金)은 희 신(喜神)이다. 금수(金水)운은 길하고, 목화(木火)운은 흉하다.

이 사람은 대운이 천간(天干)은 갑을병정(甲乙丙丁)의 기신(忌神) 으로 흐르고, 지지(地支)는 신유해자(申酉亥子)의 용신(用神)으로 흘러 성공과 실패를 반복하였다. 물론 노력도 중요하지만 타고난 복은 누가 빼앗아가지 못하고, 타고난 재앙도 피하기 어렵다. '천재 감수(天災甘受) 화근불작(禍根不作)'이란 말이 있다. 타고난 흉운은 하늘이 주는 재앙이니 감수해야 하고, 스스로 화근을 만들지 말아야 안심입명할 수 있다는 뜻이다.

6) 종격(從格)이 기신(忌神)운은 만나 대흉한 사주

년	월	일	시								
戊	丁	丙	甲	戊	己	庚	辛	壬	癸	甲	乙
寅	巳	寅	午	午	未	申	酉	戌	亥	子	丑

종격(從格) 사주는 용신(用神)을 보지 않고 대운으로 길흉을 간명한다. 종격(從格)인데 기신(忌神)운을 만나면 대흉을 면하기 어렵다. 이 사주는 병화(丙火) 일주(日主)가 사(巳)월에 태어나 득령(得令)하였고, 사주를 목화(木火)가 독점하여 목화(木火) 종강격(從强格)이다. 목화(木火)운은 길하고, 금수(金水)운은 흉하다.

초년 무오(戊午) 기미(己未) 대운은 용신(用神)운이라 부모의 유산으로 흥청망청하다. 경신(庚申) 대운이 기신(忌神)운이라 사업은 실패하고 가정은 깨졌다. 그리고 젊은 나이에 죽었다. 이처럼 종격(從格) 사주는 기신(忌神)을 만나면 정격(正格)보다 더 큰 충격을 받아 최악으로 달린다.

7) 토금종재격(土金從財格) 사주

```
년  월  일  시
辛  丁  丁  辛        丙乙甲癸壬辛庚己
酉  酉  酉  丑        申未午巳辰卯寅丑
```

본명은 정화(丁火) 일주(日主)가 유(酉)월에 태어나 사유축(巳酉丑)이 합금(合金)하여 금(金)이 태왕하고, 월(月)에 비견(比肩)이 있지만 지지(地支)가 모두 금기(金氣)로 구성되어 의지할 곳이 없다. 토금수(土金水)를 따라 종재격(從財格)이 되었고, 목화(木火)운이 흉하다.

초년과 청년운은 목화(木火)운이라 고전했으나, 임(壬) 대운은 용신(用神)운이라 재물을 많이 모았다. 정격(正格)과 종격(從格)은 어떻게 구분하는가? 시중의 역학서를 보면 같은 사주를 두고도 정격(正格)으로 보기도 하고 종격(從格)으로 보기도 한다. 이제는 종격(從格)과 정격(正格)을 정확하게 판단하는 이론이 나와야 한다.

8) 운이 없어 복을 얻지 못한 사주

```
년  월  일  시
辛  壬  丙  己        辛庚己戊丁丙乙甲
亥  辰  申  亥        卯寅丑子亥戌酉申
```

본명은 병화(丙火) 일주(日主)가 진(辰)월에 태어나 실령(失令)했으나, 진(辰)에 을목(乙木)이 들고 해(亥)에 갑목(甲木)이 들었으니 종격(從格)이 아니라 신약(身弱) 사주이다. 병화(丙火)는 양화(陽火)이므로 좀처럼 종격(從格)이 되지 않고, 또 지지(地支)에 암장(暗藏)된 인수(印授)가 많아 정격(正格)으로 본다. 목화(木火)운은 길하나 용신(用神)이 너무 허약하고, 금수(金水)운은 흉하다. 이 사람은 평생 한 번도 발복하지 못하고 하천하게 살았다. 무운무득(無運無得), 즉 운이 없으니 복을 얻지 못한 것이다.

9) 용신(用神)이 너무 약하여 단명한 사주

년	월	일	시								
戊	戊	戊	己		己	庚	辛	壬	癸	甲	乙	丙
辰	午	申	未		未	申	酉	戌	亥	子	丑	寅

토(土)가 겹겹으로 있다. 무토(戊土) 일주(日主)가 오(午)월에 태어나 득령(得令)하고, 화(火)와 토(土)가 너무 많다. 화(火)가 많아 신강(身强)해졌으면 불길을 잡는 수(水)가 있어야 한다. 투간(透干)한 수(水)는 없고 신(申) 중의 임수(壬水)로 겨우 명맥을 이을 뿐이다. 금수(金水)운이 길하고 목화토(木火土)운은 흉하다. 즉 용신(用神)과 희신(喜神)이 신(申)과 임경(壬庚)에 함께 들어 있다.

이 사람은 대운이 금수(金水)운으로 흘러 능력을 발휘할 수 있었다. 경신(庚申) 대운에 발복하여 신유(辛酉) 대운에 등과하였다. 그러나 술(戌) 대운 병오(丙午)년에 인오술(寅午戌)이 화국(火局)을 이루어 많은 고통을 당하다 죽었다. 용신(用神)이 너무 약하여 단명한 것이다.

6. 중화론(中和論)

■ 원 문

기식중화지정리(旣識中和之正理)

어오행지묘(於五行之妙)

유능전언(有能全焉)

■ 직 역

　기(旣) 중화의 정리(正理)를 식(識)한다면 오행(五行)의 묘리를 능히 유전(有全)이라

■ 한자풀이

旣(이미 기) 識(알 식) 和(화할 화) 正(바를 정) 理(다스릴 리)

行(갈 행) 妙(묘할 묘) 有(있을 유) 能(능할 능) 焉(어찌 언)

■ 풀 이

　중화의 이치를 바로 알면 오행(五行)의 오묘함을 충분히 이해할

수 있다. 사주에서 가장 길한 것은 중화이다. 사주가 중화되면 오복을 모두 갖추어 부귀영화를 누릴뿐 아니라 장수하고, 용신(用神)운을 만나면 당연히 크게 발전하고, 기신(忌神)운을 만나도 큰 문제 없이 보낸다. 사주가 중화되었다는 것은 오행(五行)을 유통시키는데 부족함이 없고, 일간(日干)이 건강하고, 생조(生助)와 극설(剋洩)하는 오행(五行)이 균형을 이루는 것을 말한다. 또 사주에 오행(五行)을 모두 갖추고, 그것이 생생불식(生生不息)하여 마치 물이 흐르듯이 잘 유통되고, 역시 일간(日干)을 생조(生助)하거나 설기(剋洩)하는 오행(五行)이 평형을 이루면 중화된 사주이다.

1) 주류무체(周流無滯) 사주

```
년  월  일  시
辛  甲  癸  癸        癸 壬 辛 庚 己 戊 丁 丙
巳  午  卯  亥        巳 辰 卯 寅 丑 子 亥 戌
```

계수(癸水) 일주(日主)가 오(午)월에 태어났다. 시주(時柱) 계해수(癸亥水)가 갑묘목(甲卯木)을 생조(生助)하고, 목(木)이 다시 사오화(巳午火)를 생조(生助)하니 물이 흐르듯 막힘이 없다. 이처럼 중화된 사주는 특별한 기신(忌神)이 없고 대부분이 용신(用神)이라고 보면 된다. 즉 목화토금수(木火土金水)가 모두 길하다. 사주가 주류무체(周流無滯)하니 오복을 갖추어 평생 부귀영화를 누렸다.

2) 오행구비(五行具備) 사주

```
년  월  일  시
己  丙  癸  戊        乙甲癸壬辛庚己戊
酉  子  卯  午        亥戌酉申未午巳辰
```

본명은 계수(癸水) 일주(日主)가 자(子)월에 태어나 신강(身强)한
데, 월(月) 병화(丙火)가 지지(地支) 오화(午火)에 통근(通根)하여
역시 강하다. 신강(身强)한데 재관(財官)도 왕성하니 사주가 균형
이 잡혀 중화된 사주가 되어 오복을 모두 갖추게 된 것이다. 중화
된 사주는 대운의 흐름에 큰 영향을 받지 않고 어느 운을 만나도
좋다. 이 사람은 벼슬은 관찰사에 올랐고 재물은 수천 석이었으며
평생 부귀영화를 누렸다.

3) 생생불식(生生不息) 사주

```
년  월  일  시
庚  庚  戊  戊        辛壬癸甲乙丙丁戊
申  辰  辰  午        巳午未申酉戌亥子
```

본명은 토(土)가 강하고 시지(時支)에 오화(午火)가 들어 태왕한
것 같으나 경신금(庚申金)이 잘 설기(洩氣)시켜 길한 사주가 되었

다. 또 화생토(火生土) 토생금(土生金)하여 화토금(火土金)이 조화를 잘 이루어 생생불식(生生不息)하여 중화되었다. 평생 관직에 머물며 부귀영화를 누렸고, 태평재상을 지내다 80세에 죽었다.

7. 원류론(源流論)

■ 원 문
하처기근원(何處起根源)　유도하방주(流到何方住)
기괄차중구(機括此中求)　지래역지거(知來亦知去)

■ 직 역
근원(根源)이 하처(何處)에 기(起)하여 하방(何方)으로 유(流)하여 도주하는지 기괄(機括)을 차(此) 중에서 구한다면 내(來)를 지(知)하고 역시 거(去)도 지(知)한다.

■ 한자풀이
何(어찌 하) 處(머물 처) 起(일어날 기) 源(근원 원) 到(이를 도) 機(기틀 기) 括(묶을 괄) 此(이 차) 知(알 지) 去(갈 거)

■ 풀 이
기틀의 근원이 무엇이고, 어느 방향으로 흐르며 머무는지를 이 가운데서 구한다면 오는 것도 알고 가는 것도 알 수 있다. 용신(用神)이 투간(透干)하고 지지(地支)에 통근(通根)되면 길한데, 지지

(地支) 어디에 통근(通根)하는가를 찾아 길흉을 논한다. 용신(用神)은 가장 좋은 운인데 어디에 머무는지를 보는 것이다.

1) 용신(用神)이 어느 천간(天干)에 투간(透干)하는가를 보아야 한다.

```
년  월  일  시
庚  戊  甲  丙        己庚辛壬癸甲乙丙
申  子  寅  寅        丑寅卯辰巳午未申
```

본명은 용신(用神)은 시간(時干) 병화(丙火)인데 갑인목(甲寅木)에 통근(通根)하고, 목(木)은 다시 자수(子水)에 통근(通根)하였고, 자수(子水)는 다시 경신금(庚申金)에 통근(通根)하였다. 따라서 년지(年支) 신금(申金)이며 조상궁이다. 이 사람은 조상의 음덕으로 좋은 부모를 만났고, 부귀영화를 누리다 자식대에 더 큰 경사가 있었다. 용신(用神)이 어느 천간(天干)에 투간(透干)했는가를 보고, 다음은 어디부터 통근(通根)인가를 살펴본다.

2) 투간(透干)한 용신(用神)과 통근(通根)이 멀다.

```
년  월  일  시
庚  戊  甲  辛        己庚辛壬癸甲乙丙
申  子  子  未        丑寅卯辰巳午未申
```

본명의 용신(用神)은 시지(時支) 미토(未土)이다. 월(月) 무토(戊土)운도 길하나 경신금(庚申金)이 심하게 설기(洩氣)하여 태약하다. 그러나 시지(時支) 미토(未土)에 통근(通根)하여 다행이다. 문제는 용신(用神)의 뿌리가 너무 먼 것이다. 갑자(甲子)가 무토(戊土)와 미토(未土) 사이에서 막고 있으니 장해물이 되었다. 즉 미토(未土)가 원류이기는 하나 운이 무토(戊土)와 연결되기까지는 많은 고난이 있음을 암시한다. 따라서 일생 파란이 많았다.

8. 통관론 (通關論)

■ 원 문

관내유직녀(關內有織女) 관외유우랑(關外有牛郎)

차관약통야(此關若通也) 상장입동방(相將入洞房)

■ 직 역

관내(關內)에는 직녀(織女)가 있고 관외(關外)에는 우랑(牛郞)이 있는데, 만약 이 문을 통과한다면 서로 동방(洞房)에 들어간다.

■ 한자풀이

關(빗장 관) 織(짤 직) 郎(사내 랑) 若(같을 약)

將(장차 장) 房(방 방)

■ 풀 이

천상(天上)의 관내(關內)에는 베를 짜는 직녀(織女)가 있고 관외

(關外)에는 소를 치는 견우(牽牛)가 있는데, 매개체가 있어 이 문을 통과하면 서로 신방을 차리듯 맞아들인다. 사주에 왕성한 두 오행(五行)이 대립할 때 유통시키는 육신을 통관용신(通關用神)이라고 한다. 그러나 이러한 통관용신(通關用神) 사주는 드물다.

1) 통관용신(通關用神) 사주

년	월	일	시									
壬	壬	甲	丙		癸	甲	乙	丙	丁	戊	己	庚
午	子	午	寅		丑	寅	卯	辰	巳	午	未	申

본명은 수(水)와 화(火)가 한 치의 양보도 없이 대치하고 있다. 월(月) 임수(壬水)는 자(子)월에 태어나 수(水)가 막강하고, 시간(時干) 병화(丙火)는 오화(午火)와 인목(寅木)에 통근(通根)하여 강하니 수(水)와 화(火) 어느 것도 무시할 수 없다. 이럴 때는 일주(日主) 갑목(甲木)이 두 오행(五行)을 유통시키니 갑목(甲木)이 용신(用神)이다. 수생목(水生木) 목생화(木生火)로 유통되어 좋다.

년	월	일	시									
庚	庚	壬	甲		辛	壬	癸	甲	乙	丙	丁	戊
戌	辰	寅	辰		巳	午	未	申	酉	戌	亥	子

이 사주는 경금(庚金)과 갑목(甲木)이 싸우고 있다. 월(月) 경금(庚金)은 진(辰)월이니 토생금(土生金)하여 강하고, 년주(年柱)에 경술(庚戌)이 들어 더 강하다. 또 시간(時干) 갑목(甲木)은 임수(壬水) 일간(日干)이 돕고, 일지(日支) 인목(寅木)이 돕고, 진(辰)월이니 목(木)도 강하다. 따라서 금(金)과 목(木)이 한 치의 양보도 없이 대치하고 있다. 이렇게 두 오행(五行)이 싸울 때는 중간에서 화해시키는 오행(五行)이 용신(用神)이다. 즉 임수(壬水)가 금생수(金生水) 수생목(水生木)하여 달리니 용신(用神)이다. 이처럼 두 오행(五行)이 세력이 팽팽하여 어느 쪽도 억제하기 어려울 경우에는 통관용신(通關用神)을 쓴다.

9. 청탁론(清濁論)

■ 원 문

일청도저유정신(一清到底有精神)

관취생평부귀진(管取生平富貴眞)

징탁구청청득정(澄濁求清清得淨)

시래한곡야회춘(時來寒谷也回春)

만반탁기영인고(滿盤濁氣令人苦)

일국청고야고인(一局清枯也苦人)

반탁반청유시가(半濁半清猶是可)

다성다패도신혼(多成多敗度晨昏)

■ 직 역

 일청(一淸)하여 정기(精氣)와 신기(神氣)가 나타나면 평생 부귀를 누리고, 징탁(澄濁)하여 청(淸)을 구하면 정(淨)을 얻으니 시(時)가 내(來)하여 한(寒)한 곡(谷)에 회춘한 것과 같다. 탁기가 만반이면 고난을 당하고, 일국(一局)이 청(淸)하고 고(枯)하면 곤고하다. 반은 탁(濁)하고 반은 청(淸)하면 오히려 시(是)가 가한데 다승(多勝)하고 다패(多敗)하니 신(晨)과 혼(昏)으로 도(度)한다.

■ 한자풀이

淸(맑을 청) 到(이를 도) 底(밑 저) 取(취할 취) 平(평평할 평)
澄(맑을 징) 濁(흐릴 탁) 寒(찰 한) 谷(골 곡) 回(돌 회) 滿(찰 만)
盤(소반 반) 苦(쓸 고) 枯(마를 고) 苦(괴로울 고) 半(절반 반)
猶(오히려 유) 敗(패배할 패) 晨(새벽 신) 昏(어두울 혼)

■ 풀 이

 한 가지로 순일하여 청기하면 정기와 신기가 있어 평생 부귀를 누리고, 탁한 것을 눌러 맑음을 구하면 청정해지니 추운 골짜기에 봄이 온 것과 같이 만물이 소생한다. 원국이 탁기로 가득하면 인생이 고달프고, 청고하면 생활이 곤고하다. 반탁반청은 오히려 가능하나 다성다패하니 조석으로 고려해야 한다. 간명법 중에서 가장 어려운 것이 사주의 청탁을 구별하는 것이다. 사주가 청하면 정신기(精神氣)가 충만하여 부귀영화가 많이 따르나, 탁하면 정신기(精神氣)에 결함이 있어 빈천·투병·단명의 흉화가 많이 따른다.

1) 맑은 기운으로 일진하여 정신이 있는 사주

```
년  월  일  시
癸  甲  丙  乙        癸壬辛庚己戊丁丙
酉  子  寅  未        亥戌酉申未午巳辰
```

본명은 오행(五行)을 모두 갖추어 아주 좋은 사주이다. 굳이 용신
(用神)을 찾는다면 일간(日干) 병화(丙火)이고, 목(木)은 희신(喜
神)이다. 오행(五行)이 중화되어 특별한 기신(忌神)이 없고 목화토
금수(木火土金水)가 대부분 길하다. 이 사람은 초년에 등과하여 한
원(翰苑)에서 명성을 날렸다. 소위 말하는 '일청도저유정신(一淸到
底有精神)'이다. 맑은 기운으로 일진하니 정신이 있다는 뜻이다.

2) 만사가 형통한 사주

```
년  월  일  시
甲  丙  己  辛        丁戊己庚辛壬癸甲
子  寅  亥  未        卯辰巳午未申酉戌
```

기토(己土) 일주(日主)가 인(寅)월에 태어나 실령(失令)하였다.
시간(時干) 신금(辛金)이 용신(用神)이고, 토(土)는 희신(喜神)이
다. 병화(丙火)는 관인상생(官印相生)을 시켜 좋고, 신금(辛金)은

목(木)을 억제하여 좋다. 또 수생목(水生木) 목생화(木生火) 화생토(火生土) 토생금(土生金)으로 주류무체(周流無滯)하여 맑으니 길하다. 이 사람은 일찍 등과하여 요직을 두루 지내며 평안하고 맑게 살았다. 용신(用神)이 강하니 능력이 많아 만사형통한 것이다.

3) 부귀영화를 누린 사주

년	월	일	시								
癸	甲	丙	丁		癸	壬	辛	庚	己	戊	丁	丙
酉	子	寅	酉		亥	戌	酉	申	未	午	巳	辰

본명은 오복을 모두 갖추었다. 용신(用神)은 시간(時干) 정화(丁火)이고, 무토(戊土)·병화(丙火)·미토(未土)가 모두 길하다. 비록 자수(子水)가 기신(忌神)이지만 중화되어 별로 흉하지 않다. 사주가 마치 물이 흐르듯 순조로우니 평생 부귀영화를 누렸다. 다만 인유(寅酉)가 상극(相剋)하여 말년에 자녀문제로 근심하였다.

4) 무용지물의 사주

년	월	일	시								
己	丙	甲	丁		丁	戊	己	庚	辛	壬	癸	甲
亥	寅	寅	卯		卯	辰	巳	午	未	申	酉	戌

본명은 갑목(甲木) 일주(日主)가 인(寅)월에 태어나 목기(木氣)가 태과하니 사주가 탁하다. 목기(木氣)가 많으면 우선 금기(金氣)가 용신(用神)이 되어 금극목(金剋木)하거나, 아니면 화(火)가 들어 목생화(木生火)하여 설기(洩氣)시켜야 한다. 그런데 금기(金氣)는 없고 월(月)에 병화(丙火)가 투출(透出)했으나 병화(丙火)가 혼자 많은 목기(木氣)를 설기(洩氣)시키기 어려우니 사주가 탁하여 무용지물이 되었다.

5) 해자축(亥子丑)월생이 병화(丙火)가 없어 탁한 사주

년	월	일	시									
戊	乙	甲	甲		丙	丁	戊	己	庚	辛	壬	癸
辰	丑	子	子		寅	卯	辰	巳	午	未	申	酉

본명은 해자축(亥子丑)월생이 병화(丙火)가 없으니 사주가 탁하고, 갑목(甲木) 일주(日主)가 축(丑)월에 태어났으니 사주가 차갑다. 조후(調候)하려면 병화(丙火)가 필요한데 없으니 갑목(甲木)이 얼어죽게 되었다. 또 년지(年支)에 진토(辰土)가 있지만 습토(濕土)가 되어 조후(調候)에 도움이 되지 못한다. 용신(用神)은 년간(年干) 무토(戊土)이다. 따라서 재물복은 많이 있었지만 처자와 인연이 박하여 근심많은 세상을 살았다.

6) 병화(丙火)의 조사(照射)가 시급한 사주

```
년  월  일  시
甲  丁  乙  辛        戊 己 庚 辛 壬 癸 甲 乙
子  丑  丑  巳        寅 卯 辰 巳 午 未 申 酉
```

이 사주도 탁하다. 을목(乙木) 일주(日主)가 축(丑)월에 태어났으
니 동토(凍土)의 화초(花草)다. 조후(調候)하려면 병화(丙火)가 있
어야 하는데 정화(丁火)밖에 없다. 정화(丁火)는 명월이니 밝지만
열기는 없다. 시지(時支)에 사화(巳火)가 들어 통근(通根)하지만
거리가 멀고, 또 사유축(巳酉丑)이 합금(合金)하여 금기(金氣)를
도와주니 사주가 흉하다.

10. 진가론(眞假論)

1. 진용신(眞用神)

■ 원문
영상심진취득진(令上尋眞取得眞)
가신휴요난진신(假神休要亂眞神)
진신득용생평귀(眞神得用生平貴)
용가종위녹녹인(用假終爲碌碌人)

■ 직 역

　월령(月令)이 상(上)에 나타나면 진(眞)을 얻고 가신(假神)은 휴(休)를 요한다. 진신(眞神)을 난(亂)하기 때문이다. 진신(眞神)으로 득용(得用)하면 평생 부귀를 누릴 것이고, 가용신(假用神)으로 득용(得用)하면 평생 불귀불부(不貴不富)한다.

■ 한자풀이

尋(찾을 심) 取(취할 취) 假(거짓 가) 休(쉴 휴) 亂(어지러울 난) 得(얻을 득) 貴(귀할 귀) 終(마침 종) 爲(위할 위) 碌(돌모양 녹)

■ 풀 이

　월령(月令) 사령신(司令神)이 천간(天干)에 나타나 진용신(眞用神)이 되면 틀림없이 진기(眞氣)를 얻은 것이라 길복이 많다. 그러나 원국에 진용신(眞用神)이 없으면 가용신(假用神)을 쓸 수밖에 없고 길복이 많이 떨어진다. 진용신(眞用神)이 투간(透干)하면 가용신(假用神)은 휴수(休囚)되어야 한다. 진용신(眞用神)을 어지럽히기 때문이다. 진용신(眞用神)이면 평생 부귀를 누리지만 가용신(假用神)이면 별볼일 없는 사람이 된다.

1) 진용신(眞用神)이 강하여 길복이 많은 사주

년	월	일	시
甲	丙	己	甲
子	寅	未	子

丁戊己庚辛壬癸甲
卯辰巳午未申酉戌

기토(己土) 일주(日主)가 인(寅)월에 태어나 불이 필요하다. 월(月) 병화(丙火)가 진용신(眞用神)인데, 갑인목(甲寅木)의 도움으로 강하다. 진용신(眞用神)이며 강하니 오복을 구비하게 되었다. 재물은 수천 석이었고, 상서(尙書)라는 높은 벼슬을 지내며 평생 평안하게 지냈다. 이처럼 진용신(眞用神)이 들고 강하면 길복이 많다.

2) 명진사해하며 오복을 갖춘 사주

```
년  월  일  시
壬  壬  丙  乙        癸甲乙丙丁戊己庚
申  寅  子  未        卯辰巳午未申酉戌
```

본명도 병화(丙火) 일주(日主)가 인(寅)월에 태어나 불이 필요하다. 일주(日主) 병화(丙火)가 진용신(眞用神)인데, 천간(天干) 을목(乙木)과 월지(月支) 인목(寅木)의 도움을 받아 강하다. 어떤 사주든 진용신(眞用神)이 들고 강하면 길복이 많다. 이 사람은 재물복이 많아 수천 석을 축적하였고, 봉강(封疆)이라는 벼슬에 올랐다.

3) 돈으로 관직을 사서 현령(縣令)까지 오른 사주

```
년  월  일  시
庚  戊  壬  甲        己庚辛壬癸甲乙丙
申  寅  子  辰        卯辰巳午未申酉戌
```

본명은 임수(壬水) 일주(日主)가 인(寅)월에 태어나 설기(洩氣)가 심하니 신약(身弱)하다. 년간(年干) 경금(庚金)이 진용신(眞用神)인데, 무토(戊土)가 도와주고 신금(申金)의 통근(通根)으로 강하다. 그러나 인신(寅申)이 상충(相沖)하여 뿌리가 흔들리니 불안하다. 경신금(庚辛金)이 가장 길하고, 그 다음은 무기토(戊己土)가 길하고, 병정화(丙丁火)도 희신(喜神) 역할을 한다. 그러나 임계수(壬癸水)와 갑을목(甲乙木)은 흉하다.

초년과 청년과 중년운은 화토금(火土金)운이 많아 등과하고 재물도 모으고 돈을 주고 벼슬을 사서 현령(縣令)까지 올랐다. 그러나 갑목(甲木) 대운에 갑목(甲木)이 용신(用神) 경금(庚金)을 상충(相沖)하니 대흉하여 죽었다.

2. 가용신(假用神)

■ 원 문

진가참차난변론(眞假參差難辯論)
불명불암수둔전(不明不暗受邅邅)
제강불여진신조(提綱不與眞神照)
암처심진야유진(暗處尋眞也有眞)

■ 직 역

진가(眞假)의 차이를 참작하여 변론하기는 어려우니 불명(不明)하고 불암(不暗)하여 판단함에 머뭇거리게 된다. 제강(提綱) 즉 월령(月令)에 진신(眞神)이 비추지 않아도 암처(暗處)의 진신(眞神)을 찾는다면 진신(眞神)이 되기도 한다.

■ 한자풀이

參(간여할 참) 差(어긋날 차) 辯(말잘할 변)

遁(달아날 둔) 邅(머뭇거릴 전) 提(끌 제) 與(줄 여)

照(비칠 조) 暗(어두울 암) 尋(찾을 심)

■ 풀 이

진용신(眞用神)과 가용신(假用神)의 차이를 구분하는 것은 참으로 어렵다. 원국에 진용신(眞用神)이 없으면 가용신(假用神)을 써야 한다. 밝지도 않고 어둡지도 않아 진가(眞假)가 분명하지 않으면 판단하기 어렵다. 제강(提綱), 즉 월령(月令)에 진용신(眞用神)이 없을 때는 다른 곳에서 찾는다면 다행이나, 진용신(眞用神)이 없으면 가용신(假用神)을 활용해야 한다. 진용신(用神)을 쓰면 길복이 많지만 가용신(假用神)을 쓰면 길복이 작다.

1) 가용신(假用神)이 주인노릇을 하여 격이 떨어진 사주

년	월	일	시							
庚	戊	壬	辛	丁	丙	乙	甲	癸	壬	辛	庚
戌	子	子	亥	亥	戌	酉	申	未	午	巳	辰

본명은 수(水)와 금(金)이 너무 많으니 병화(丙火)나 정화(丁火)가 진용신(眞用神)이다. 그러나 병화(丙火)가 없으니 월(月) 무토(戊土)로 가용신(假用神)을 삼는다. 무토(戊土)는 년지(年支) 술토(戌土)에 의지하여 겨우 명맥을 이어갈 뿐이다. 따라서 이 사람은 평생 한 번도 발복하지 못하고 악전고투하였다.

2) 가용신(假用神)이라 평생 한 번도 성공하지 못한 사주

```
년  월  일  시
甲  丁  壬  壬        戊己庚辛壬癸甲乙
寅  卯  戌  寅        辰巳午未申酉戌亥
```

본명은 목(木)이 너무 많으니 경신금(庚辛金)이 진용신(眞用神)인데, 없으니 일지(日支) 술토(戌土)로 가용신(假用神)을 삼으니 격이 많이 떨어진다. 화토(火土)운은 길하고 수목(水木)운은 흉하다. 이 사람은 평생 한 번도 성공하지 못하고 하천하게 살았다.

3) 용신(用神)이 상충(相沖)하여 흉화가 많은 사주

```
년  월  일  시
甲  庚  戊  乙        辛壬癸甲乙丙丁戊
午  午  辰  卯        未申酉戌亥子丑寅
```

본명은 화(火)가 태왕하니 임계수(壬癸水)가 진용신(眞用神)인데 원국에 없으니 월(月) 경금(庚金)이 가용신(假用神)이다. 용신(用神) 경금(庚金)은 갑경(甲庚)이 상충(相沖)하여 상처를 많이 입었다. 따라서 이 사람은 평생 인덕이 없고 구설수가 많았으며, 심장·혈액·호흡기에 고질병이 생겨 고생을 많이 했다. 그래도 대운이 금수(金水)운으로 흘러 단명은 면하였다.

11. 은원론(恩怨論)

■ 원 문

양의정통중유매(兩意情通中有妹)

수연요립의추배(雖然遙立意追陪)

유정각피인이간(有情却被人離間)

원기은중사불회(怨起恩中死不灰)

■ 직 역

양의(兩意)의 정(情)이 통하려면 중간에 매(妹)가 있어야 한다. 비록 요립(遙立)하여도 서로 의(意)를 추(追)하여 찾아가니 유정한데도 피인(被人)으로 이간하면 은혜 중에서도 원한은 일어나 죽어도 불회(不灰)이다.

■ 한자풀이

兩(두 양) 雖(비록 수) 遙(멀 요) 追(쫓을 추) 陪(쌓을 배)

却(물리칠 각) 被(입을 피) 離(이별 이) 恩(은혜 은) 灰(재 회)

■ 풀 이

　두 기운이 상통하려면 중간에 상생이라는 매개체가 있어야 한다. 비록 멀리 떨어져 있어도 서로의 뜻을 따라 화합하고자 한다. 그런데 다른 기운이 나타나 두 기운을 방해하여 갈라놓으면 원한이 생겨 죽어 재가 되어도 잊지 않는다. 상생하는 것은 두 기운의 은혜 때문이고, 상극(相剋)하는 것은 두 기운이 원한을 품기 때문이다.

1)용신(用神)이 만신창이가 된 사주

년	월	일	시								
丙	庚	甲	乙		辛	壬	癸	甲	乙	丙	丁	戊
戌	寅	午	丑		卯	辰	巳	午	未	申	酉	戌

　이 사주는 목(木)이 많으니 월(月) 경금(庚金)이 용신(用神)이다. 을경(乙庚)이 합하고자 하나 갑목(甲木)이 가로막고 방해한다. 따라서 경금(庚金) 용신(用神)은 갑을(甲乙)이 같은 목(木)이지만 을목(乙木)을 보면 을경합금(乙庚合金)하여 기뻐하나, 갑목(甲木)을 보면 갑경상충(甲庚相沖)하여 원망이 생긴다. 경금(庚金)이 비록 용신(用神)이나 갑경(甲庚)이 상충(相沖)하고 병경(丙庚)도 상충

(相冲)하여 만신창이가 되었다. 년지(年支)에 술토(戌土)가 통근(通根)하여 겨우 명맥은 유지할 수 있지만 술토(戌土)도 인오술(寅午戌) 화국(火局)으로 변하여 용신(用神)의 뿌리가 허약하다. 따라서 이 사람은 약간의 흉운에도 시련과 고통을 많이 겪었다. 용신(用神)이 상충(相冲)되거나 합이 되어 기신(忌神)으로 변하면 격이 떨어지고 길복이 많이 줄어든다.

2) 재물복은 많으나 명예운은 없는 사주

년	월	일	시								
戊	庚	辛	戊	己	戊	丁	丙	乙	甲	癸	壬
寅	申	亥	戌	未	午	巳	辰	卯	寅	丑	子

이 사주는 년지(年支) 인목(寅木)이 용신(用神)이고, 일지(日支) 해수(亥水)와 인해합목(寅亥合木)하려고 하나 월지(月支) 신금(申金)이 방해한다. 따라서 해(亥)운을 만나면 인해합목(寅亥合木)하여 은혜가 생겨 길하지만 신(申)운을 만나면 인신(寅申)이 상충(相冲)하여 원한이 생기니 흉하다.

본명은 수목(水木)운이 길한데 초년과 청년운은 화토(火土)운으로 흘러 불리했으나, 을묘(乙卯) 대운부터는 수목(水木)운이라 만사가 형통하여 재물도 많이 축적하고 성공하였다. 용신(用神)이 투출(透出)하지 못하여 재물복은 많았으나 명예운이 없었던 것이다.

12. 한신론(閑神論)

■ 원문

일이한신용거마(一二閑神用去麽)

불용하방막동타(不用何妨莫動他)

반국한신임한착(半局閑神任閑着)

요긴지장자작가(要緊之場自作家)

■ 직 역

 1~2개의 한신(閑神)이 가거나 자더라도 막동(莫動)하면 무방(無妨)이라 불용(不用)이면 무해이다. 원국에 반이 한신(閑神)이라도 한가롭게 임착(臨着)이면 요긴한 장소에 가서 스스로 집을 짓는다.

■ 한자풀이

閑(막을 한) 妨(방해할 방) 莫(없을 막) 麽(잘 마)

動(움직일 동) 他(타인 타) 局(판 국) 任(맡길 임)

着(붙을 착) 緊(얽을 긴) 場(마당 장)

■ 풀 이

 용신(用神)은 사주를 중화시키는데 가장 필요한 오행(五行)이고, 희신(喜神)은 용신(用神)을 돕는 그 다음으로 길한 오행(五行)이다. 기신(忌神)은 가장 흉한 오행(五行)이고, 구신(仇神)은 기신(忌神)을 돕는 그 다음으로 흉한 오행(五行)이다. 그리고 한신(閑神)

은 사주에 반드시 1~2개씩 있는데, 글자 그대로 한가하게 노는 신(神)이니 반길반흉하다. 그러나 한신(閑神)이 합하여 용신(用神)으로 변하면 길운이 증가하고, 기신(忌神)으로 변하면 흉함이 증가한다. 또 한신(閑神)이 기신(忌神)을 상충(相沖)라면 흉함이 줄어들고, 용신(用神)을 상충(相沖)하면 길함이 줄어든다. 이처럼 한신(閑神)이 합(合)과 충(沖)을 통하여 어떤 작용을 하는가에 따라 길흉이 달라진다.

1) 한신(閑神)이 합하여 용신(用神)으로 변하여 길명이 된 사주

```
년  월  일  시
甲  庚  丙  壬        辛壬癸甲乙丙丁戊
寅  午  申  辰        未申酉戌亥子丑寅
```

이 사주는 목화(木火)가 강하니 시간(時干) 임수(壬水)가 용신(用神)이고, 금(金)은 희신(喜神)이다. 시지(時支) 진토(辰土)는 한신(閑神)인데 신진합수(申辰合水)하여 용신(用神)으로 변하니 길복이 많아졌다. 이처럼 한신(閑神)이 그냥 있지 않고 합하여 용신(用神)이나 희신(喜神)으로 변하면 좋다. 대운도 역시 금수(金水)운으로 달리니 오복을 갖추어 부귀영화를 누렸다.

2) 한신(閑神)이 합하여 기신(忌神)으로 변하여 흉명이 된 사주

년	월	일	시	
丁	壬	丙	丙	辛庚己戊丁丙乙甲
丑	子	辰	申	亥戌酉申未午巳辰

수(水)가 많아 시간(時干) 병화(丙火)가 용신(用神)이니, 목화(木火)운은 길하고 금수(金水)운은 흉하다. 일지(日支) 진토(辰土)는 한신(閑神)인데 신자진(申子辰)이 수국(水局)을 이루어 기신(忌神)으로 변하였다. 이 사람은 관재구설로 여러 차례 감옥에 들어갔고 사업도 몇 차례 실패하는 등 평생 파란이 많았다. 이처럼 한신(閑神)이 합하여 기신(忌神)으로 변하면 흉함이 늘어난다.

13. 기반론(羈絆論)

■ 원문
출문요향천애유(出門要向天涯游)
하사군차자의류(何事裙釵恣意留)
불관백운여명월(不管白雲與明月)
임군책마조천궐(任君策馬朝天闕)

■ 직역
출문(出門)하여 천애(天涯)를 유영(遊泳)을 요(要)하려 향하는데 하사(何事) 군차(裙釵)의 달콤한 자의(恣意)에 유(留)하는가. 백운(白雲)과 명월(明月)은 서로 간섭하지 않으니 마(馬)를 책(策)하여 조천(朝天)에 궐(闕)의 군(君)의 뜻에 임한다.

■ 한자풀이

涯(물가 애) 游(헤엄칠 유) 裙(치마 군)
釵(비녀 차) 恣(방자할 자) 雲(구름 운) 策(책할 책)
馬(말 마) 朝(아침 조) 闕(대궐 궐)

■ 풀 이

대장부가 큰 뜻을 품고 천지를 유람하려고 문을 나서는데 어찌 여인의 사랑에 발목을 잡히는가. 즉 용신(用神)은 사주의 핵심이며 중심이다. 사주팔자를 사람의 몸이라고 한다면 용신(用神)은 마음 즉 정신이다. 그만큼 용신(用神)은 중요한데, 용신(用神)이 합이 되어 기신(忌神)으로 변하거나 한신(閑神)이 되면 용신(用神) 역할을 못한다. 기반(羈絆)이란 소가 고삐를 잡혀 말뚝에 묶인 형상이다. 이처럼 용신(用神)이 합이 되어 자유롭지 못하고, 기신(忌神)에게 묶이면 쓸모가 없거나 능력을 발휘하지 못하여 빈천해지기 쉽다.

1) 용신(用神)이 기반(羈絆)되어 우왕좌왕하는 사주

년	월	일	시								
甲	丙	辛	壬		丁	戊	己	庚	辛	壬	癸	甲
子	子	酉	辰		丑	寅	卯	辰	巳	午	未	申

이 사주는 월(月) 병화(丙火)가 용신(用神)인데, 병신합수(丙辛合水)로 기반(羈絆)되니 자기의 사명을 망각하였다. 용신(用神)이 기반(羈絆)되니 주체성을 상실한 것이다. 따라서 부화뇌동하며 무슨 일을 해도 성공하지 못하고 평생 허송세월하였다. 용신(用神)이 기반(羈絆)되면 주체성이 사라져 매사 우왕좌왕하고, 무슨 일을 해도 작심삼일이 되는 경우가 많다.

2) 용신(用神)이 우왕좌왕하여 아무것도 성공하지 못한 사주

년	월	일	시								
庚	壬	丁	庚		辛	庚	己	戊	丁	丙	乙	甲
午	午	卯	戌		巳	辰	卯	寅	丑	子	亥	戌

본명은 월(月) 임수(壬水)가 용신(用神)인데, 정임합목(丁壬合木)하여 기신(忌神)으로 변하였다. 용신(用神)이 자기의 사명을 다하지 못하면 만사가 실패한다. 용신(用神)은 사람에 비유하면 마음과 같은 것이다. 즉 마음의 중심을 잃고 우왕좌왕하면 무슨 일을 해도 성공하지 못한다. 이 사람은 평생 소리만 요란할 뿐 실속이 없었다.

사주총론 (四柱總論)

1. 한난론(寒暖論)

■ 원 문

천도유한난발육만물(天道有寒暖發育萬物)

인지도득지불가과야(人之道得之不可過也)

■ 직 역

천도(天道)에는 한난(寒暖)이 있으니 만물이 성장하고, 인도(人道)에는 득(得)하여 과(過)함은 불가하다.

■ 한자풀이

寒(찰 한) 暖(따뜻할 난) 發(뛸 발) 萬(일만 만) 過(지날 과)

■ 풀 이

하늘의 도는 차갑고 따뜻한 두 기운의 조화에 의하여 만물이 성장한다. 사람이 이러한 천지의 도를 얻는데 태과하거나 불급하면 불가하다. 즉 사주 천간(天干)은 조후(調候)가 잘되어야 길복이 많은 명조가 된다. 그렇지 않으면 단명하거나 질병에 시달린다.

1) 천간(天干)은 보이는 것이고, 지지(地支)는 보이지 않는 것이다.

년	월	일	시								
辛	壬	甲	丙		癸	甲	乙	丙	丁	戊	己	庚
酉	辰	子	寅		巳	午	未	申	酉	戌	亥	子

이 사주는 천간(天干)이 금생수(金生水) 수생목(水生木) 목생화(木生火)하여 상생이 잘되었다. 천간(天干)이 조후(調候)가 잘되니 순순하며 형통하였다. 천간(天干)은 눈에 보이는 것이고, 지지(地支)는 보이지 않는 것이다. 따라서 오복을 갖춘 좋은 팔자가 되었다. 년간(年干) 신금(辛金)이 용신(用神)인데, 유금(酉金)과 진토(辰土)에 통근(通根)하여 강하다.

2) 조후(調候)가 잘되지 않으면 한쪽으로 치우치며 고독하다.

```
년  월  일  시
丁  丙  丙  丙        乙甲癸壬辛庚己戊
亥  午  午  申        巳辰卯寅丑子亥戌
```

이 사주는 천간(天干)에 병화(丙火)가 3개나 투간(透干)하여 화(火)가 태왕하나 수(水)가 전혀 없다. 천간(天干)이 조후(調候)가 잘못되어 길복은 작고 흉화가 많았다. 사주 천간(天干)이 조후(調候)가 잘되지 않으면 편견과 고독이 따른다.

2. 조습론(燥濕論)

■ 원문

지도유조습생성품휘(地道有燥濕生成品彙)

인지도득지불가편야(人之道得之不可偏也)

■ 직 역

지도(地道)에는 조습(燥濕)이 있으니 품휘(品彙)를 생성한다. 인도(人道)에 득(得)하려면 편(偏)은 불가하다.

■ 한자풀이

燥(마를 조) 濕(축축할 습) 品(물건 품)
彙(무리 휘) 偏(치우칠 편)

■ 풀 이

땅의 도는 열조와 한습에 있다. 즉 열조와 한습이 조화를 잘 이루어야 만물이 생존하며 번식할 수 있다. 사람이 이러한 지도(地道)를 얻으려면 어느 한쪽으로 치우치지 말아야 한다. 즉 지지(地支)는 열조한 기운만 만나도 불가하고, 한습한 기운만 만나도 불가하다. 항상 열조와 한습한 기운을 반반씩 얻어야 길복이 따른다.

1) 지지(地支)가 길하면 음덕이 많다.

```
년  월  일  시
庚  壬  甲  甲        癸甲乙丙丁戊己庚
午  午  申  子        未申酉戌亥子丑寅
```

이 사주는 지지(地支)의 화(火)와 수(水)가 조화를 잘 이루었다. 이처럼 지지(地支)에서 조후(調候)가 잘되어야 길복이 많다. 지지

(地支)는 나무에 비유하면 뿌리와 같으니, 지지(地支)에 길복이 많으면 보이지 않는 가운데 음덕이 많다. 용신(用神)은 월(月) 임수(壬水)인데 일지(日支) 신금(申金)과 시지(時支) 자수(子水)가 통근(通根)하여 강하다. 따라서 오복을 모두 갖춘 사주가 되었다. 지지(地支)의 기운은 천간(天干)보다 3배나 강하게 작용한다.

2) 지지(地支)가 흉하면 음화가 많다.

```
년  월  일  시
己  丙  戊  壬        乙甲癸壬辛庚己戊
亥  子  子  子        亥戌酉申未午巳辰
```

이 사주는 지지(地支)에 수(水)만 지나치게 왕성하고 화(火)는 부족하니 조후(調候)가 잘되지 않아 흉화가 많다. 물론 월(月) 병화(丙火)가 용신(用神)이며 화토(火土)운이 길하나, 지지(地支)가 온통 물판이고 화(火)가 너무 부족하니 질병으로 고생을 많이 하였다. 어떤 사주든 조후(調候)가 잘되지 않으면 질병으로 고생한다. 더구나 기신(忌神)이 지지(地支)에 있으면 천간(天干)에 있는 것보다 3배 이상의 재앙이 생긴다. 지지(地支)가 흉하면 보이지 않는 가운데 음화가 많다.

3. 재덕론(才德論)

■ 원 문

덕승재자국전군자지풍(德勝才者局全君子之風)

재승덕자용현다능지상(才勝德者用顯多能之象)

■ 직 역

덕(德)이 재(才)를 승(勝)하는 자는 원국이 전부 군자의 풍이고,
재(才)가 덕(德)을 승(勝)하는 자는 용신(用神)이 다능(多能)한 현
상이다.

■ 한자풀이

德(덕 덕) 勝(이길 승) 才(재주 재) 局(판 국) 風(바람 풍)

用(쓸 용) 顯(나타날 현) 多(많을 다) 能(능할 능) 象(코끼리 상)

■ 풀 이

덕이 재주를 이기는 것은 원국이 군자의 풍모와 같기 때문이고,
재주가 덕을 이기는 것은 용신(用神)이 능력이 많기 때문이다. 즉
원국이 군자의 풍모이면 덕이 많고, 용신(用神)이 능력이 많으면
재주가 많다. 원국이 오행(五行)을 모두 갖추면 청순하고, 용신(用
神)이 강하면 군자의 명조이다. 그러나 오행(五行)이 편중하며 탁
기가 많고, 용신(用神)이 미약하면 소인배의 명조이다. 재주는 대운
의 흐름에 좌우되나 용신(用神)운으로 흐르면 발휘할 수 있다.

1) 재덕(才德)을 겸비한 사주

```
년 월 일 시
庚 戊 丙 甲        己庚辛壬癸甲乙丙
申 子 寅 午        丑寅卯辰巳午未申
```

본명은 병화(丙火) 일주(日主)가 자(子)월에 태어나 실령(失令)했으나, 시간(時干) 갑목(甲木)과 일지(日支) 인목(寅木)과 시지(時支) 오화(午火)가 생조(生助)하여 강하다. 병화(丙火)는 일간(日干)이며 용신(用神)이다. 지지(地支)를 보면 금생수(金生水) 수생목(水生木) 목생화(木生火)하니 생생불식(生生不息)이다. 따라서 군자의 풍모를 지닌 좋은 명조이고, 또 대운이 목화(木火)운으로 흘러 덕과 재주를 겸비한 좋은 사주가 되었다. 덕이 있는 사주가 용신(用神)운을 만나면 덕과 재주를 겸비한 운이 된다.

2) 덕은 있으나 재주를 발휘하지 못하는 사주

```
년 월 일 시
己 丙 丁 戊        乙甲癸壬辛庚己戊
卯 子 卯 申        亥戌酉申未午巳辰
```

본명은 오행(五行)을 모두 구비하고, 목생화(木生火) 화생토(火生

土) 토생금(土生金)하니 군자의 풍모를 지닌 좋은 사주이다. 그러나 목화(木火)운이 길한데 금수(金水)운으로 흐르니 비록 덕이 있으나 재주를 발휘하지 못했다. 덕이 있는 사주가 기신(忌神)운을 만나면 재주를 발휘하지 못한다.

3) 덕도 없고 재주도 발휘하지 못한 사주

년	월	일	시									
丙	庚	庚	丙		辛	壬	癸	甲	乙	丙	丁	戊
子	子	子	子		丑	寅	卯	辰	巳	午	未	申

경금(庚金)이 자(子)월에 태어나 설기(洩氣)가 심하니 토(土)가 필요하나 없다. 대신 시간(時干) 병화(丙火)를 쓰는데 지지(地支)에 무근(無根)하여 허약하니 소인배의 명조가 되었다. 일간(日干)도 허약하고 용신(用神)도 허약하니 덕도 없고 재주도 없는데, 대운마저 기신(忌神)운으로 흐르니 하천하게 살았다. 덕이 없는 사주가 기신(忌神)운으로 흐르면 덕도 없고 재주도 발휘하지 못한다.

4) 덕은 없으나 재주를 발휘하는 사주

년	월	일	시									
辛	庚	辛	庚		己	戊	丁	丙	乙	甲	癸	壬
卯	子	亥	寅		亥	戌	酉	申	未	午	巳	辰

본명은 신금(辛金)이 자(子)월에 태어나 설기(洩氣)가 심하고, 천간(天干)은 모두 금(金)인데 지지(地支)에 통근(通根)하지 않아 항상 불안하다. 우선 화토(火土)가 필요한데 전혀 없으니 하격 사주가 되었다. 즉 용신(用神)이 쓸모없으니 덕이 없는 사주가 된 것이다. 그러나 중년부터는 화(火) 대운이라 덕은 없어도 재주는 발휘하였다. 덕이 없는 사주가 용신(用神)운을 만나면 덕은 없어도 재주는 발휘할 수 있다.

4. 분울론(奮鬱論)

■ 원문
국중현분을지기자기자신서의창(局中顯奮鬱之機者神舒意暢)
상내다심매지기자기자심을지회(象內多沈埋之氣者心鬱志灰)

■ 직 역
국(局) 중에 분울(奮鬱)하는 기(機)가 현(顯)하는 자는 신(神)과 의(意)가 서창(舒暢)하고, 형상의 안에 심매(沈埋)하는 기(氣)가 많은 자는 심지가 울(鬱)함이 회(灰)하다.

■ 한자풀이
奮(떨칠 분) 機(기틀 기) 舒(펼 서) 意(뜻 의) 暢(펼 창)
沈(가라앉을 심) 埋(묻을 매) 鬱(막힐 울) 志(뜻 지) 灰(재 회)

■ 풀이

용신(用神)이 천간(天干)에 투간(透干)하면 분발하는 기틀이 나타난다. 그리고 용신(用神)이 투출(透出)하면 정신과 뜻이 밝고 화창하며 부귀와 명예가 따르나, 용신(用神)이 투출(透出)하지 못하고 기신(忌神)이 왕성하면 우울하며 흉화가 많이 따른다. 기신(忌神)이 천간(天干)에 투출(透出)하여 강하면 마음이 항상 우울하며 매사에 자신감이 없다.

1) 기신(忌神)이 천간(天干)을 장악하면 항상 우울하다.

년	월	일	시								
壬	壬	壬	庚	癸	甲	乙	丙	丁	戊	己	庚
辰	子	午	子	丑	寅	卯	辰	巳	午	未	申

본명은 임수(壬水)가 기신(忌神)인데 천간(天干)에 3개나 투간(透干)했으니 항상 마음이 우울하였다. 일지(日支) 오화(午火)가 용신(用神)인데 자오(子午)가 상충(相沖)하여 기진맥진이다. 즉 기신(忌神)이 왕강(旺强)하고 용신(用神)은 허약하니 불리하다. 사주의 구성이 이러하니 항상 마음이 우울하고 자신이 있을 수가 없었다.

2) 용신(用神)이 천간(天干)에 투간(透干)해야 분발한다.

년	월	일	시
丁	丙	丙	丙
酉	午	午	申

乙甲癸壬辛庚己戊

巳辰卯寅丑子亥戌

본명은 화(火)가 기신(忌神)인데 천간(天干)에 병화(丙火)가 3개나 투간(透干)하여 천간(天干) 전체를 장악하였다. 시지(時支) 신금(申金)이 용신(用神)이나 병오화(丙午火)가 파극(破剋)하여 허약하다. 기신(忌神)이 왕성하고 투출(透出)하여 불안하며 우울한 명조가 되었다. 용신(用神)이 천간(天干)에 투간(透干)해야 분발하는데, 기신(忌神)만 투출(透出)하여 흉화가 많은 사주가 되었다. 기신(忌神)이 왕성하여 흉음한 기운이 많으면 우울한 사주가 되어 길복은 작고 흉화가 많다. 기신(忌神)이 천간(天干)에 많이 투출(透出)하면 마음이 항상 우울하며 매사 자신감이 없다.

5. 은현론 (隱顯論)

■ 원문

용신태로기쟁탈지풍(吉神太露起爭奪之風)

흉물심장성양호지환(凶物深藏成養虎之患)

■ 직 역

용신(用神)이 태로(太露)하면 쟁탈의 풍(風)이 기(起)하고, 흉물(凶物)이 심장(深藏)하면 양호(養虎)의 환(患)을 성(成)한다.

■ 한자풀이

太(클 태) 露(이슬 로) 起(일어날 기) 爭(다툴 쟁) 奪(빼앗을 탈)
深(깊을 심) 藏(감출 장) 養(기를 양) 虎(호랑이 호) 患(근심 환)

■ 풀 이

용신(用神)이 보호자 없이 천간(天干)에 투간(透干)하면 쟁탈당하기 쉬우니 차라리 지지(地支)에 암장(暗藏)되는 것이 좋다. 그러나 기신(忌神)이 지지(地支)에 암장(暗藏)되면 호랑이를 키워 우환을 만드는 것과 같다. 용신(用神)이나 희신(喜神)은 천간(天干)에 투간(透干)해야 능력을 발휘하니 좋으나, 투간(透干)한 용신(用神)은 다른 육신이 보호해야 한다. 만일 용신(用神)이 투출(透出)했는데 지켜주는 육신이 없으면 대흉을 당한다. 이처럼 지켜줄 다른 육신이 없으면 차라리 지지(地支)에 암장(暗藏)되는 것이 좋다.

1) 투간(透干)한 용신(用神)이 지지(地支)에 무근(無根)이면 흉하다.

년	월	일	시								
庚	壬	戊	丁		癸	甲	乙	丙	丁	戊	己	庚
寅	午	午	巳		未	申	酉	戌	亥	子	丑	寅

본명은 화(火)가 강하니 월(月) 임수(壬水)가 용신(用神)인데, 투출(透出)하여 외모가 한 자리 차지할 정도로 수려하다. 그러나 용신(用神)을 지켜줄 또 다른 수(水)가 없고, 또 지지(地支)에 통근(通根)하지 않았다. 물론 년간(年干) 경금(庚金)이 생조(生助)하나, 경금(庚金) 역시 지지(地支)에 통근(通根)하지 않아 용신(用神)을 보호할 여유가 없다.

초년 신유(申酉) 대운에는 부모덕으로 호의호식하며 성장하였다. 그러나 병술(丙戌) 대운에 병화(丙火)가 경금(庚金)을 파극(破剋)하고, 지지(地支)가 인오술(寅午戌) 삼합(三合)이 되니 파산하여 재물을 모두 날려버렸다. 그리고 1처와 2첩과 4자가 모두 사망하자 낙심하여 삭발하고 산으로 들어가 중이 되었다.

2) 용신(用神)이 사명을 제대로 하지 못하면 흉하다.

년	월	일	시							
壬	乙	丁	丙	丙	丁	戊	己	庚	辛	壬	癸
午	巳	丑	午	午	未	申	酉	戌	亥	子	丑

이 사주는 정화(丁火) 일주(日主)가 사(巳)월에 태어나 화(火)가 태왕하다. 년간(年干)에 임수(壬水)가 투간(透干)하여 용신(用神)이나 무근(無根)이라 사명을 제대로 못한다. 그러나 일지(日支)에 축토(丑土)가 유력하니 길신이다. 축토(丑土) 용신(用神)은 일지

(日支)에 있어 계신기(癸辛己)가 암장(暗藏)되었다.

초년 병오(丙午) 정미(丁未) 대운은 기신(忌神)운이라 곤고하였다. 그러나 신유(申酉) 대운부터는 희신(喜神)운이라 발복하기 시작하더니 해자(亥子) 대운에는 용신(用神)운이라 부자가 되었다. 이처럼 용신(用神)이 투출(透出)하면 반드시 지지(地支)에 통근(通根)되어야 쓸모가 있다. 만일 년주(年柱)에 임신(壬申)이 있었다면 간지(干支)가 상생하여 임수(壬水)를 쓸 수 있었을 것이다. 그러나 임오(壬午)는 간지(干支)가 상극(相剋)이라 불가하다.

6. 진태론 (震兌論)

■ 원 문
진태주인의지진기(震兌主仁義之眞機)
세불양립이유상성자존(勢不兩立而有相成者存)

■ 직 역
진(震)과 태(兌)는 주(主)가 인(仁)과 의(義)에 진기(眞機)이다. 세(勢)의 양립은 불가하나 상성(相成)하는 자가 있으면 가능하다.

■ 한자풀이
震(벼락 진) 兌(바꿀 태) 主(주인 주) 仁(어질 인) 之(갈 지)
勢(기세 세) 而(말이을 이) 相(서로 상) 者(놈 자) 存(있을 존)

■ 풀 이

진(震)은 양(陽)이며 동방(東方)의 목(木)에 속하고, 태(兌)는 음(陰)이며 서방(西方)의 금(金)에 속하여 각각 인(仁)과 의(義)의 참된 기틀을 주관한다. 금(金)과 목(木)이 양립하면 길할 수 없으나, 어느 하나라도 쓸 수 있으면 가능하다.

십간과 팔괘의 방향 배속표

八卦	乾	坎	艮	震	巽	離	坤	兌
方向	北西	正北	北東	正東	南東	正南	南西	正西
天干	壬	癸	甲	乙	丙	丁	庚	辛
地支	戌亥	子	丑寅	卯	辰巳	午	未申	酉

1) 신왕재왕(身旺財旺)하면 재물복이 많다.

```
년  월  일  시
戊  乙  辛  壬        丙丁戊己庚辛壬癸
寅  卯  酉  辰        辰巳午未申酉戌亥
```

본명은 금(金)과 목(木)이 대립하지만 묘(卯)월에 태어나 목(木)이 더 강하다. 신금(辛金)은 일간(日干)이며 용신(用神)이다. 신금(辛金) 용신(用神)은 일지(日支)에 유금(酉金)과 시지(時支)에 진토(辰土)가 들어 강하다. 따라서 이 사람은 기미(己未) 대운부터

토금(土金)운이 되어 부귀영화를 누렸다. 신왕재왕(身旺財旺)하여 재물복을 많았던 것이다.

2) 비겁(比劫)이 용신(用神)이면 독립심이 강하다.

```
년   월   일   시
癸   庚   甲   甲        己戊丁丙乙甲癸壬
酉   申   寅   子        未午巳辰卯寅丑子
```

본명은 금(金)과 목(木)이 한 치의 양보없이 대립하고 있다. 그러나 월지(月支)가 신(申)이니 갑목(甲木)이 용신(用神)인데, 일지(日支) 인목(寅木)이 생조(生助)하고 갑자(甲子)시에 태어났으니 강하다. 비견(比肩)과 겁재(劫財)가 용신(用神)이면 독립심이 강하다. 수목(水木)운이 길한데 진토(辰土) 대운부터 발복하여 성공하였다. 대운에서 금(金)운을 만나지 않아 평생이 평안무사하였다. 선빈후부형 사주이다.

7. 감리론(坎離論)

■ 원문

감리재천지지중기(坎離宰天地之中氣)

성불독성이유상지자재(成不獨成而有相持者在)

■ 직 역

감(坎)과 리(離)는 천지(天地)의 중기(中氣)를 재(宰)하나, 독(獨)의 성(成)은 불성(不成)이니 상지자(相持者)만 존재한다.

■ 한자풀이

坎(구덩이 감) 離(이별 이) 宰(재상 재) 地(땅 지) 成(이룰 성)
獨(홀로 독) 有(있을 유) 相(서로 상) 持(가질 지) 在(있을 재)

■ 풀 이

감(坎)은 북방(北方)이며 자수(子水)이고, 이(離)는 남방(南方)이며 오화(午火)이다. 자오(子午)가 수화(水火)이니 천지의 중기(中氣)를 주관하나, 혼자서는 성립되지 않는다. 생명이 존재하려면 수(水)와 화(火)가 조화를 잘 이루어야 하고, 수(水)와 화(火)가 반드시 있어야 귀명을 이룬다. 그렇지 않으면 좋은 사주가 될 수 없다.

1) 수화(水火)가 기제(旣濟)하면 길명이다.

년	월	일	시								
壬	壬	丙	甲		癸	甲	乙	丙	丁	戊	己	庚
申	子	寅	午		丑	寅	卯	辰	巳	午	未	申

본명은 수화(水火)가 서로 싸우나 자(子)월생이니 병화(丙火)가 용신(用神)이다. 목화(木火)운은 길하고 금수(金水)운은 흉하다. 수

화(水火)가 기제(旣濟)하여 길명이 되었다. 대운도 목화(木火)운으로 흘러 평생 부귀영화를 누렸다.

2) 수화(水火)는 사주에서 균형을 잡는데 중심이 된다.

```
년  월  일  시
丁  丙  壬  辛        乙甲癸壬辛庚己戊
卯  午  申  亥        巳辰卯寅丑子亥戌
```

본명은 임수(壬水) 일주(日主)가 오(午)월에 태어나 수화(水火)가 기제(旣濟)하니 길복이 많은 사주가 되었다. 금수(金水)운이 길하고 목화(木火)운은 흉하다. 사주는 수화(水火)가 조화를 잘 이루어야 인간의 오복을 다 누릴 수 있다. 만물이 생존하려면 반드시 물과 불이 있어야 한다. 따라서 어떤 사주든 수화(水火)가 조화를 이루지 못하면 좋은 명이 될 수 없다. 수화(水火)는 사주의 균형을 잡는데 중심이 된다.

3) 수화(水火)가 조화를 이루지 못하면 흉명이다.

```
년  월  일  시
壬  壬  庚  丙        癸甲乙丙丁戊己庚
子  子  子  戌        丑寅卯辰巳午未申
```

본명은 온통 물판이고 화기(火氣)는 시간(時干)의 병화(丙火) 뿐
이니 태약하고, 시주(時柱)에 병술(丙戌)이 들었으니 종격(從格)이
아니라 신약(身弱) 사주이다. 화토(火土)가 길한데 용신(用神)과
희신(喜神)이 너무 허약하니 평생 무슨 사업을 해도 실패만 하였
다. 수기(水氣)가 태왕하니 요도기 질병으로 고생이 많았고, 화기
(火氣)가 약하니 항상 심장병으로 고생하였다. 수화(水火)가 조화
를 이루지 못하여 평생 병고에 시달리며 빈천하게 살았던 것이다.

4) 재다신약(財多身弱)하면 부잣집 하인의 명이다.

년	월	일	시
丁	丙	壬	丙
酉	午	午	午

乙甲癸壬辛庚己戊
巳辰卯寅丑子亥戌

본명은 임수(壬水) 일주(日主)가 오(午)월에 태어나 화기(火氣)는
태왕한데 수기(水氣)는 태약하다. 년지(年支)에 유금(酉金)이 없었
다면 종재격(從財格)이 되었을 것이다. 수화(水火)가 조화를 이루
지 못했으니 심장병으로 고생이 많았고 피부병도 그칠 날이 없었
다. 또 무슨 사업을 해도 실패만 하였다. 재다신약(財多身弱)은 부
잣집 하인과 같은 사주이다.

8. 강과론(强寡論)

■ 원 문

강중이적과자세재거기과(强衆而敵寡者勢在去其寡)

강과이적중자세재성호중(强寡而敵衆者勢在成乎衆)

강유불일야불가제자(剛柔不一也不可制者)

인기성정이이의(引其性情而已矣)

■ 직 역

강(强)이 중(衆)하고 적(敵)이 과(寡)하면 세력은 그 과(寡)를 거(去)함에 있고, 강(强)이 과(寡)하고 적(敵)이 중(衆)하면 세력은 중(衆)이 성(成)함에 있다. 강유(剛柔)는 불일(不一)이니 제극(制剋)함은 불가하니 그 성정을 인(引)하여야 한다.

■ 한자풀이

强(강할 강) 衆(무리 중) 敵(원수 적) 寡(적을 과)
乎(인가 호) 剛(굳셀 강) 柔(부드러울 유) 制(마를 제)
引(끌 인) 矣(어조사 의)

■ 풀 이

길복이 많은 사주가 되려면 오행(五行)이 모두 있고, 그 세력이 비슷하여 중화를 이루어야 한다. 그러나 대부분 어떤 오행(五行)은 넘쳐서 태왕하고, 또 어떤 오행(五行)은 모자라서 허약하다. 따라서 강한 오행(五行)은 억제하고 약한 오행(五行)은 부조(扶助)하여 강약을 조절해야 한다. 예를 들어 목기(木氣)가 충만하면 정상이나 태과하면 넘치는 만큼 질병이나 사고나 흉화가 따르고, 수기(水氣)가 충만하면 정상이나 태약하면 모자라는 만큼 재앙이 따른다. 다시 말해 넘쳐도 질병이 되고 모자라도 질병이 된다.

1) 태과도 불급도 문제이다. 오직 중화되어야 좋다.

```
년  월  일  시
戊  乙  戊  己        丙丁戊己庚辛壬癸
寅  卯  寅  未        辰巳午未申酉戌亥
```

본명은 목(木)이 너무 많아 넘치니 간담과 신경에 질병이 생겼고, 무토(戊土) 일주(日主)의 목(木)이 관살(官殺)에 해당하니 관재구설이 자주 발생하였다. 또 목(木)을 억제하려면 금(金)이 필요한데 전혀 없으니 호흡기나 근골에 질병이 따랐다. 어떤 사주든 정상을 벗어나면 넘치거나 모자라는 부분만큼 질병이나 흉화가 따른다.

2) 화기(火氣)는 태과하고 수기(水氣)는 불급하여 흉하다.

```
년  월  일  시
辛  甲  庚  甲        癸壬辛庚己戊丁丙
巳  午  午  申        巳辰卯寅丑子亥戌
```

사주는 수(水)와 화(火)가 조화를 이루어야 길한데, 본명은 화(火)는 태왕한데 수(水)는 너무 부족하다. 수(水)라야 신(申) 중의 임수(壬水)밖에 없으니 맹렬한 화(火)를 잠재우기에는 역부족이다. 이 사람은 화(火)가 넘치니 심장과 소장에 질병이 생기며 관재구설이 따랐고, 수(水)가 모자라니 요도기와 의식주에 흉화가 따랐다.

3) 옥에 티가 든 사주

년	월	일	시								
戊	戊	甲	庚	己	庚	辛	壬	癸	甲	乙	丙
寅	午	辰	午	未	申	酉	戌	亥	子	丑	寅

본명은 인목(寅木)과 진토(辰土)가 통근(通根)하여 목(木)이 충만하고, 화(火)도 오(午)월 오(午)시이니 충만하고, 토(土)도 무토(戊土)가 2개나 투간(透干)하여 충만하고, 금(金)도 경금(庚金)이 투간(透干)하고 무토(戊土)와 진토(辰土)에 통근(通根)하여 충만하다. 그러나 수(水)가 부족하여 신장과 방광에 질병이 들었고, 또 수(水)는 음식에도 해당하니 식중독에 자주 걸렸다. 본명은 수(水)가 없어 마치 옥에 티가 든 것과 같은 사주가 되었다.

9. 순역론(順逆論)

■ 원 문
순역부제야불가역자(順逆不齊也不可逆者)

순기기세이이의(順其氣勢而已矣)

■ 직 역
 순(順)과 역(逆)은 불제(不齊)나 역(逆)이 불가할 경우에는 그 기세를 순(順)해야 한다.

■ 한자풀이
順(순할 순) 逆(거슬릴 역) 齊(가지런할 제)

勢(기세 세) 已(이미 기)

■ 풀 이
 순(順)과 역(逆)은 그 성질이 일정하지 않다. 예를 들어 화(火)가 많으면 수(水)로 제압하는 것이 중화시키는 길이다. 그러나 화(火)가 너무 많아 도저히 억제하기 어려울 때는 그 기세를 따라야 한다. 즉 종격(從格)을 두고 한 말이다. 화격(化格)이나 종관살격(從官殺格)·종재격(從財格)·종아격(從兒格)이 모두 여기에 속한다.

1) 토금종강격(土金從强格)

```
년   월   일   시
壬   庚   庚   庚        辛壬癸甲乙丙丁戊
申   戌   申   辰        亥子丑寅卯辰巳午
```

본명은 천간(天干)이 모두 경금(庚金)이고 술(戌)월 진(辰)시에 태어나 토금(土金)이 사주를 장악하였다. 토금(土金)을 제외하고는 다른 어떤 오행(五行)도 나설 수가 없다. 즉 종강격(從强格)이 된 것이다. 토금(土金)운은 길하고, 목화(木火)운은 흉하고, 수(水)운은 한신(閑神)이다. 대운이 중년부터 목화(木火)운으로 흘러 불리하다. 갑인(甲寅) 대운에 인신(寅申)이 상충(相冲)하여 전사하였다.

2) 금수종아격(金水從兒格)

```
년   월   일   시
癸   癸   庚   丁      壬辛庚己戊丁丙乙
亥   亥   子   亥       戌酉申未午巳辰卯
```

본명은 사주가 온통 금수(金水)로 구성되었고, 수(水)가 많아 홍수가 난 것 같다. 제방하려면 먼저 토(土)가 필요하다. 그러나 물이 너무 많아 제방할 수 없다. 따라서 강한 세력을 따라가야 한다. 본명은 식상(食傷)으로 구성되어 종아격(從兒格)이다.

3) 목화종재격(木火從財格)

년	월	일	시								
丁	丙	壬	丙		丁	戊	己	庚	辛	壬	癸	甲
巳	午	午	午		未	申	酉	戌	亥	子	丑	寅

이 사주는 대부분 화기(火氣)로 구성되어 종재격(從財格)이다. 이
처럼 한두 가지의 오행(五行)으로 구성되면 종격(從格)으로 간명
해야 한다. 종격(從格)은 강한 세력을 따라가야 하니 화기(火氣)가
길하고, 다음은 목기(木氣)가 길하다.

4) 금수종관살격(金水從官殺格)

년	월	일	시								
壬	壬	丙	己		癸	甲	乙	丙	丁	戊	己	庚
子	子	子	亥		丑	寅	卯	辰	巳	午	未	申

본명은 병화(丙火) 일주(日主)가 자(子)월에 태어나 사주 전체를
관살(官殺)이 차지하였다. 따라서 신강(身强) 신약(身弱)을 논하지
말고 강한 세력을 따라야 한다. 즉 관살(官殺)이 태강하여 종관살

격(從官殺格)이 되었으니, 관살(官殺)이 가장 길하고 다음은 재성(財星)이 길하다.

10. 세운론(歲運論)

■ 원 문
휴구계호운역계호세(休咎係乎運亦係乎歲)
전충시기숙강화호시기숙절(戰沖視其孰降和好視其孰切)
하위전하위충하위화하위호(何爲戰何爲沖何爲和何爲好)

■ 직 역
휴(休)와 구(咎)는 운에 계(係)하나 태세(太歲)와도 계(係)한다. 전(戰)의 충(沖)일 때 누가 항복하는지를 살피고, 화(和)와 호(好)는 누가 절(切)하는지를 살펴야 한다. 전(戰)은 어떤 것이고, 충(沖)은 어떤 것인가. 화(和)는 어떤 것이고, 호(好)는 어떤 것인가.

■ 한자풀이
咎(허물 구) 係(이을 계) 亦(역시 역) 孰(누구 숙) 切(끊을 절)
何(어찌 하) 戰(전쟁 전) 沖(충돌 충) 和(화할 화) 好(좋을 호)

■ 풀 이
사람의 빈부와 귀천은 사주팔자에 달려 있고, 행운 즉 대운과 년운에서 나타난다. 대운은 10년을 주관하고, 년운은 1년을 주관하지만 가장 많은 영향을 준다. 년운을 태세(太歲) 또는 세군(歲君)이라고 한다. 만약에 상충(相沖)이 일어나 전쟁을 한다면 누가 먼저 항복하는지 살펴야 하고, 화해할 때는 누가 더 절실한지를 살펴야 한다. 무엇을 전쟁이라 하고, 무엇을 상충(相沖)이라고 하는가. 화합(和合)은 무엇이고, 호(好)는 무엇인가.

1) 식신격(食神格)

```
년  월  일  시
庚  辛  戊  戊        壬癸甲乙丙丁戊己
寅  巳  子  午        午未申酉戌亥子丑
```

본명은 무토(戊土) 일주(日主)가 사(巳)월에 태어나 사(巳) 중의 경금(庚金)이 년간(年干)에 투간(透干)했으니 식신격(食神格)이다. 용신(用神)은 일지(日支) 자수(子水)이고, 금(金)은 희신(喜神)이다. 용신(用神)이 일지(日支)에 들어 아내복이 많고, 재성(財星)이 용신(用神)이라 재물복이 많다. 이 사람은 아내는 양귀비요, 처가는 부자였다. 용신(用神)이 일지(日支)에 들어 안전하고, 희신(喜神)도 강하다. 용신(用神)이 강하면 자력으로 성공하지만 희신(喜神)이 더 강하면 주변의 도움으로 성공한다. 본명은 금수(金水)운은 길하고, 목화토(木火土)운은 흉하다. 년운의 길흉은 다음과 같다.

1990년 경오(庚午)년 : 무토(戊土) 일주(日主)에서 보면 경금(庚金)은 식신(食神)이니 길하여 장남이 대학에 합격하였고, 오화(午火)는 인수(印授)이며 기신(忌神)이니 흉하여 부친이 돌아가셨다.

1991년 신미(辛未)년 : 신금(辛金)은 상관(傷官)이며 희신(喜神)이니 길하여 영업이 발전하여 인기가 많고 돈도 많이 들어왔고, 미토(未土)는 비겁(比劫)이며 구신(仇神)이니 흉하여 아내가 입원하여 치료비가 많이 나갔다.

1992년 임신(壬申)년 : 임수(壬水)는 편재(偏財)이며 용신(用神)이니 거래처가 늘어나 돈을 많이 벌었고, 신금(申金)은 식신(食神)이며 희신(喜神)이니 차남이 대학에 합격하며 일 년내내 좋았다.

1993년 계유(癸酉)년 : 계수(癸水)는 정재(正財)이며 용신(用神)이니 길하여 영업이 잘되어 수입이 많았고, 유금(酉金)은 상관(傷官)이며 희신(喜神)이니 길하여 고향에 사둔 땅을 비싸게 팔아 목돈을 쥐었다. 그 돈으로 다시 경기도에 땅을 많이 샀다.

1994년 갑술(甲戌)년 : 갑목(甲木)은 편관(偏官)이며 구신(仇神)이니 흉하여 거래처와 시비가 붙어 경찰서 조사를 받는 등 관재구설이 있었고, 술토(戌土)는 비견(比肩)이나 가을의 토(土)이니 무해무덕하게 지나갔다.

1995년 을해(乙亥)년 : 을목(乙木)은 정관(正官)이며 구신(仇神)이니 불리하여 사업체의 세금문제가 생겼고, 해수(亥水)는 편재(偏財)이며 용신(用神)이니 길하여 영업이 잘되어 수입이 많았다.

1996년 병자(丙子)년 : 병화(丙火)는 편인(偏印)이며 기신(忌神)이니 흉하여 어머니가 돌아가셨고, 자수(子水)는 정재(正財)이며 용신(用神)이니 길하여 경기도에 사둔 땅이 3배로 올랐다.

1997년 정축(丁丑)년 : 정화(丁火)는 인수(印授)이며 기신(忌神)이니 흉하여 구설수가 따랐고, 축토(丑土)는 겁재(劫財)이나 습토이니 희신(喜神)에 해당하여 영업이 잘되어 수입이 많았다.

1998년 무인(戊寅)년 : 무토(戊土)는 비견(比肩)이며 기신(忌神)이니 흉하여 거래처에 돈을 빌려 준 것이 부도가 나 손해를 많이 보았고, 인목(寅木)은 편관(偏官)이며 구신(仇神)이니 흉하여 거래처에 보증해준 것 때문에 법원을 들락거리며 시달렸다.

1999년 기묘(己卯)년 : 기토(己土)는 겁재(劫財)이며 구신(仇神)이니 흉하여 전 해의 보증문제로 시달렸고, 묘목(卯木)은 정관(正官)이며 구신(仇神)이니 흉하여 전 해의 보증문제로 경찰서와 법원을 몇 차례 오가며 시달렸다. 이처럼 년운의 길흉에 따라 많은 변화가 일어남을 알 수 있다.

11. 정원론(貞元論)

■ 원 문

조 화 어 원 역 지 어 정(造化起於元亦止於貞)

재 조 정 원 지 회 배 태 사 속 지 기(再造貞元之會胚胎嗣績之機)

■ 직 역

 조화는 원(元)에서 기(起)하여 역시 정(貞)에서 지(止)하지만, 재
차(再次) 정(貞)에서 원(元)으로 조화를 이루어 회(會)하니 배태
(胚胎)를 사속(嗣績)하는 기(機)이다.

■ 한자풀이

造(지을 조) 起(일어날 기) 元(으뜸 원) 亦(또 역) 貞(곧을 정)

再(두 재) 胚(아이밸 배) 胎(아이밸 태) 嗣(이을 사) 續(이을 속)

■ 풀 이

 사주의 조화는 원형이정(元亨利貞)이다. 년주(年柱)는 원(元), 월
주(月柱)는 형(亨), 일주(日柱)는 이(利), 시주(時柱)는 정(貞)으로
삼는다. 년주(年柱)와 월주(月柱)가 길하면 인생 전반이 좋고, 일주
(日柱)와 시주(時柱)가 길하면 후반이 좋다. 다시 말해 년주(年柱)
가 길하면 초년이 길하고, 월주(月柱)가 길하면 청년이 길하고, 일
주(日柱)가 길하면 중년이 길하고, 시주(時柱)가 길하면 말년이 길
하다. 나무에 비유하여 근묘화실(根苗花實)이라고도 한다. 년주(年

柱)는 뿌리, 월주(月柱)는 줄기, 일주(日柱)는 꽃, 시주(時柱)는 열매에 해당한다. 이처럼 운도 뿌리에서 시작하여 열매에서 결실을 보는 것처럼 열매는 다시 뿌리가 되어 자손으로 대를 잇는 것이다.

1) 초년에 발복한 경우

년	월	일	시								
丙	己	辛	戊		庚	辛	壬	癸	甲	乙	丙	丁
午	亥	丑	子		子	丑	寅	卯	辰	巳	午	未

본명은 신금(辛金) 일주(日主)가 해(亥)월에 태어나 수(水)가 많으니 년주(年柱) 병오(丙午)가 용신(用神)이다. 용신(用神)이 년주(年柱)에 있으니 길하여 조부모가 부유했다. 초년은 조부모와 부모 덕에 호의호식하며 성장하였다. 초년은 대부분 자기의 운보다도 조상과 부모운의 영향을 더 많이 받는다.

2) 청년에 발복한 경우

년	월	일	시								
己	壬	丙	甲		辛	庚	己	戊	丁	丙	乙	甲
巳	申	午	午		未	午	巳	辰	卯	寅	丑	子

본명은 화(火)가 많으니 수(水)가 용신(用神)이다. 월(月) 임수(壬水)가 용신(用神)이고, 신금(申金)은 희신(喜神)이다. 용신(用神)과 희신(喜神)이 동주하면 용신(用神)이 더 강하며 길하다. 용신(用神)이 월주(月柱)에 들어 부모가 부유하니 청년기에는 호의호식하며 잘 지냈다. 년주(年柱) 기사(己巳)는 기신(忌神)에 해당하니 조부모 때는 가난했는데 부모가 집안을 일으켰음을 알 수 있다.

3) 중년에 발복한 경우

년	월	일	시								
戊	壬	甲	戊		癸	甲	乙	丙	丁	戊	己	庚
戌	戌	寅	辰		亥	子	丑	寅	卯	辰	巳	午

본명은 토(土)가 많으니 목(木)이 용신(用神)이다. 갑인(甲寅) 일주(日柱)가 용신(用神)이니 용신(用神)이 일주(日柱)에 들어 중년이 좋았다. 아내복이 많아 부모의 유산은 별로 없었지만 부부가 합심하여 재산을 많이 모았고 부유하게 살았다.

4) 말년에 발복한 경우

년	월	일	시								
乙	己	癸	庚		戊	丁	丙	乙	甲	癸	壬	辛
亥	卯	卯	申		寅	丑	子	亥	戌	酉	申	未

본명은 목(木)이 많으니 시주(時柱) 경신금(庚申金)이 용신(用神)이다. 용신(用神)이 시주(時柱)에 들어 자녀덕에 노후가 안락했고 장수하였다. 초년과 청년, 중년에는 곤고했지만 자식이 성공하여 말년이 좋았다. 이처럼 시주(時柱)는 자녀운과 말년운을 나타내므로 자녀의 성패에 따라 길흉이 다르다.

| 제 V 부 |

징험(徵驗)

1장. 육친론(六親論)

1. 부처론(夫妻論)

■ 원 문

부처인연숙세래(夫妻因緣宿世來)

희신유의방천재(喜神有意傍天財)

■ 직 역

부처(夫妻)의 인연은 숙세(宿世)의 래(來)이고, 희신(喜神)은 천(天)의 재(財)에 유의(有意)한다.

■ 한자풀이

因(원인 인) 緣(인연 연) 宿(묵을 숙) 來(올 래) 世(인간 세)

有(있을 유) 意(뜻 의) 傍(곁 방) 天(하늘 천) 財(재물 재)

■ 풀 이

부부는 전생에서 이미 맺어진 귀중한 인연이고, 희신(喜神)은 하늘이 준 재물과 인연이 있다. 부부운은 일지(日支)로 보는데 남자는 아내궁에 해당하고, 여자는 남편궁에 해당한다. 그리고 육신으로는 남자는 정재(正財)가 본처이고 편재(偏財)는 첩이다. 여자는 정관(正官)이 본남편이고, 편관(偏官)은 내연남이다.

1) 아내덕 있는 사주

년	월	일	시								
戊	乙	壬	甲	丙	丁	戊	己	庚	辛	壬	癸
午	卯	申	辰	辰	巳	午	未	申	酉	戌	亥

본명은 목(木)이 많아 일지(日支) 신금(申金)이 용신(用神)이니 아내복이 많았다. 아내는 현모양처에 복이 많은 여자라 결혼 후 가세가 점점 흥성해졌고 출세하며 승진하였다. 남명이 일지(日支)에 용신(用神)이 들면 길복이 많은 사주가 된다.

2) 아내덕 없는 사주

년	월	일	시								
乙	乙	壬	己	甲	癸	壬	辛	庚	己	戊	丁
卯	酉	申	酉	申	未	午	巳	辰	卯	寅	丑

사주에 금(金)이 많아 년간(年干) 을목(乙木)이 용신(用神)이다.
일지(日支) 신금(申金)은 기신(忌神)이라 아내복이 없다. 아내는
교양이 없고 고집불통에다 남편을 업신여기며 불륜을 저질렀다. 한
평생 살았지만 물과 기름처럼 항상 의견대립이 심하고 원수 같았
다. 남명이 일지(日支)에 기신(忌神)이 들면 가정불화가 많다.

3) 남편덕 있는 사주

```
년   월   일   시
辛   丁   丙   乙          戊己庚辛壬癸甲乙
酉   酉   寅   未          戌亥子丑寅卯辰巳
```

본명은 금(金)이 많으니 목(木)이 용신(用神)이다. 일지(日支) 인
목(寅木)이 용신(用神)이니 남편복이 많았다. 남편은 군자다운 풍
모를 지녔고, 부부금실도 좋아 행복하게 잘 살았다. 부부가 화합하
니 만사가 형통하여 재물복과 수명복과 자식복을 모두 받았다. 인
간의 오복을 모두 누린 것이다.

4) 남편덕 없는 사주

```
년   월   일   시
戊   丙   癸   癸          乙甲癸壬辛庚己戊
戌   辰   未   亥          卯寅丑子亥戌酉申
```

본명은 토(土)가 너무 많으니 토(土)가 기신(忌神)이다. 일지(日支) 미토(未土)는 기신(忌神)이고, 관살(官殺)이 기신(忌神)에 해당하여 남편복이 없었다. 이 사람은 5번 결혼했으나 모두 실패하고 파란만장한 인생을 살았다. 여명이 일지(日支)에 기신(忌神)이 들면 부부간에 갈등이 많아 행복한 가정을 꾸미기 어렵다.

2. 자녀론(子女論)

■ 원 문
자녀근지일세전(子女花實一世傳)
희신즉시살신연(喜神卽是殺神聯)

■ 직 역
자녀는 화실(花實)이며 일세(一世)를 전하니 희신(喜神)이 살신(殺神)과 연(連)하는지를 살펴라.

■ 한자풀이
花(꽃 화) 實(열매 실) 傳(전할 전) 卽(곧 즉) 聯(연합 연)

■ 풀 이
자녀는 꽃과 열매로써 일대를 전하니 희신(喜神)이 관살(官殺)과 잘 연결되어 있는가를 보라. 자녀운은 시주(時柱)로 본다. 또 육신으로는 남명은 재성(財星)이 처첩이고 재성(財星)이 생한 것이 관살(官殺)이니 관살(官殺)이 자식이다. 그러나 궁극적으로는 일주(日主)가 생한 것이 자식이니 식상(食傷)이 자식이라는 주장이 많은데 이치에 맞는 말이다. 그리고 여명에서도 시주(時柱)와 식상(食傷)이 자녀궁이다.

1) 자식복 있는 남자 사주

년	월	일	시								
壬	壬	壬	丙		癸	甲	乙	丙	丁	戊	己	庚
申	子	寅	午		丑	寅	卯	辰	巳	午	未	申

이 사주는 임수(壬水) 일주(日主)가 자(子)월에 태어나 수(水)가 넘치니 시간(時干) 병화(丙火)가 용신(用神)이다. 용신(用神)이 시주(時柱)에 들었으니 자식복이 많아 5명을 두었는데 모두 총명하며 효성이 지극하고 일찍 등과하였다. 자식덕에 부귀영화를 누렸다. 자식운은 시주(時柱)로 판단하는 것이 가장 정확하다.

2) 자식복 없는 남자 사주

년	월	일	시								
丁	丙	壬	丙		乙	甲	癸	壬	辛	庚	己	戊
酉	午	午	午		巳	辰	卯	寅	丑	子	亥	戌

이 사주는 임수(壬水) 일주(日主)가 오(午)월에 태어나 실령(失令)하였고, 화(火)가 넘치니 수(水)가 용신(用神)이다. 임수(壬水)는 일주(日主)이자 용신(用神)이니 바쁘다. 년지(年支) 유금(酉金)이 생조(生助)하지만 거리가 멀어 잘되지 않고, 시주(時柱) 병오(丙午)가 기신(忌神)에 해당하여 자식을 2명 두었지만 모두 불효가 막심하였고, 부자간에 대립이 많아 원수처럼 지냈다.

3) 자식복 있는 여자 사주

년	월	일	시									
乙	己	癸	庚		庚	辛	壬	癸	甲	乙	丙	丁
亥	卯	未	申		辰	巳	午	未	申	酉	戌	亥

본명은 해묘미(亥卯未)가 삼합(三合)하여 목(木)이 태왕하다. 목(木)을 억제해야 하니 시간(時干)에 투간(透干)한 경금(庚金)이 용신(用神)인데, 시지(時支) 신금(申金)에 의지하여 강하다. 따라서 자식복이 있었다. 그러나 일지(日支) 미토(未土)는 해묘미(亥卯未)가 목국(木局)을 이루어 남편복은 없었다. 이 사람은 남편과 일찍 사별하고 아들 하나를 키우며 살았는데, 아들이 효도하여 중년과 말년에는 복을 누리며 장수하였다.

4) 자식복 없는 여자 사주

```
년  월  일  시
庚  己  癸  甲        戊丁丙乙甲癸壬辛
辰  卯  卯  寅        寅丑子亥戌酉申未
```

 본명은 남편복도 없고 자식복도 없는 고약한 팔자이다. 인묘진(寅卯辰)이 방합(方合)하여 목(木)이 태왕하고, 목(木)이 기신(忌神)에 해당하는데 시주(時柱)에 갑인(甲寅)이 있다. 따라서 자식복이 없었다. 또 남편복도 없어 3번 결혼하여 3번 이혼했는데 가는 곳마다 자식을 하나씩 낳았다. 자식 3명은 약속이라도 한듯 하나같이 불효막심하였다. 주야로 모자간에 전쟁이 일어났고, 평생 무자식이 상팔자라는 노래를 부르고 다녔다.

3. 부모론(父母論)

■ 원 문
부모혹흥여혹체(父母或興與或替)
세월소관과비세(歲月所關果非細)

■ 직 역
 부모가 흥(興)하거나 혹은 체(替)한 것은 세월의 소관탓이다.

■ 한자풀이

或(혹 혹) 興(일 흥) 替(쇠퇴할 체) 非(아닐 비) 細(가늘 세)

■ 풀 이

부모운은 월주(月柱)를 보고, 육신(六神)으로는 인성(印星)으로 본다. 월주(月柱)에 용신(用神)이 들면 부모덕이 있으나 기신(忌神)이 들면 부모덕이 없다. 또 인성(印星)이 용신(用神)에 해당하면 부모덕이 있고, 기신(忌神)에 해당하면 부모덕이 없다. 따라서 부모가 부귀하거나 융흥하거나 빈천하거나 고독한 것은 년주(年柱)나 월주(月柱)와 관계가 있다.

1) 부모덕 있는 사주

```
  년  월  일  시
  甲  壬  癸  乙        癸甲乙丙丁戊己庚
  午  申  巳  卯        酉戌亥子丑寅卯辰
```

본명은 화(火)가 많고 신약(身弱)하니 금수(金水)운이 좋다. 월(月) 임수(壬水)가 용신(用神)이고, 신금(申金)은 희신(喜神)이다. 용신(用神)이 월주(月柱)에 들어 강하니 부모덕이 많았다. 부모는 자수성가하여 집안을 일으켰고, 이 사람도 부모덕에 호의호식하며 성장하여 유산을 많이 받았다. 초년 대운이 좋아도 부모덕이 있다.

2) 부모덕 없는 사주

```
년  월  일  시
丁  丙  癸  庚        乙甲癸壬辛庚己戊
巳  午  酉  申        巳辰卯寅丑子亥戌
```

년주(年柱)와 월주(月柱)에 기신(忌神)이 들면 부모덕이 없는데, 본명도 부모에게 물려받은 것은 가난뿐이었다. 그러나 열심히 노력하여 중년 이후부터는 발복하였다. 비록 부모덕은 없으나 아내덕과 자식덕이 있었고, 중년과 말년에는 수천 석의 재물을 축적하였다.

4. 형제론(兄弟論)

■ 원문

형제수폐여수여(兄弟誰廢與誰與)

제용재신간중경(提用財神看重輕)

■ 직역

형제는 수폐여수여(誰廢與誰與) 제용재신(提用財神)의 경중을 보라.

■ 한자풀이

誰(누구 수) 廢(폐할 폐) 與(줄 여) 看(볼 간) 輕(가벼울 경)

■ 풀 이

형제운은 사주의 위치보다 육신(六神)이 더 많이 좌우하는데, 비견(比肩)과 겁재(劫財)를 중심으로 본다. 비겁(比劫)이 용신(用神)이면 형제덕이 있고, 기신(忌神)이면 형제덕이 없다. 그리고 형제 중에 누가 잘되는가는 용신(用神)의 경중으로 판단한다.

1) 형제덕 있는 사주

년	월	일	시	
庚	壬	壬	壬	癸甲乙丙丁戊己庚
辰	午	午	寅	未申酉戌亥子丑寅

본명은 임수(壬水) 일주(日主)가 오(午)월에 태어나 불길이 강하니 물이 필요하다. 월(月) 임수(壬水) 비견(比肩)이 용신(用神)인데, 천간(天干)에 임수(壬水)가 3개나 투간(透干)하고 경금(庚金)이 도와주니 강하다. 따라서 형제간에 우애가 돈독하였다. 또 토생금(土生金) 금생수(金生水) 수생목(水生木) 목생화(木生火) 화생토(火生土)로 물 흐르듯이 쉬지 않고 돌아 길복이 많았다.

2) 형제덕 없는 사주

년	월	일	시									
丁	壬	癸	丁		辛	庚	己	戊	丁	丙	乙	甲
酉	子	亥	巳		亥	戌	酉	申	未	午	巳	辰

본명은 홍수가 난 것처럼 물이 넘치니 시간(時干) 정화(丁火)가
용신(用神)이고, 목(木)은 희신(喜神)이다. 비겁(比劫)은 기신(忌
神)에 해당하여 형제덕이 없다. 7형제였으나 우애가 없어 항상 대
립하였고, 부모가 돌아가시자 유산 때문에 칼부림이 나고 소송까지
벌어졌다.

2장. 빈부귀천론(貧富貴賤論)

1. 재부론(財富論)

■ 원문

하지기인부(何知其人富) 재기통문호(財氣通門戶)

■ 직역

기인(其人)의 부(富)를 하지(何知)에 재기(財氣)가 문호(門戶)를 통(通)함이니라.

■ 한자풀이

財(재물 재) 氣(기운 기) 通(통할 통) 門(문 문) 戶(지게 호)

■ 풀이

사람은 누구나 재산을 많이 갖고 싶어한다. 그러나 돈이 사람을 따라야지 사람이 돈을 따라간다고 되는 일은 아니다. 그럼 어떻게 부자와 가난을 예측할 수 있는가. 부자가 되려면 사주가 재기통문 (財氣通門)하여야 한다. 즉 재성(財星)의 기운이 문을 통과하였는 가를 보는 것이다.

1) 재기통문(財氣通門)한 사주

년	월	일	시							
戊	戊	戊	壬	己	庚	辛	壬	癸	甲	乙	丙
寅	午	申	子	未	申	酉	戌	亥	子	丑	寅

본명은 무토(戊土) 일주(日主)가 오(午)월에 태어나 신왕(身旺)하 다. 시간(時干) 임수(壬水)가 용신(用神)인데 자수(子水)와 신금 (申金)이 도와주니 강하다. 재성(財星)이 용신(用神)이며 강하여 재물이 많이 따르는데, 일지(日支)에 신금(申金) 식상(食傷)이 재 성(財星)을 생조(生助)하니 더 좋아졌다. 이 사람은 사주가 재기통 문(財氣通門)하여 부자가 되었다.

2) 재기통문(財氣通門)한 사주

년	월	일	시							
丁	壬	壬	丙	辛	庚	己	戊	丁	丙	乙	甲
酉	子	寅	午	亥	戌	酉	申	未	午	巳	辰

이 사주는 일주(日主)와 인성(印星)이 왕성하고, 식상(食傷)이 있고, 재성(財星)이 왕성하여 재기통문(財氣通門)하여 부자 사주이다. 임수(壬水) 일주(日主)가 자(子)월에 태어나 득령(得令)하였고, 년지(年支)에 유금(酉金)이 들어 신강(身强)하다. 시주(時柱) 병오(丙午)가 용신(用神)인데 재성(財星)이니 재물복이 많다. 일주(日柱) 비겁(比劫)이 비록 태왕하나, 일지(日支)에 인목(寅木) 식신(食神)이 들어 비겁(比劫)의 기운을 유출시켜 재성(財星)으로 돌리니 재기통문(財氣通門)한 사주가 된 것이다.

3) 재기통문(財氣通門)한 사주

년	월	일	시								
丁	丙	壬	辛		丁	戊	己	庚	辛	壬	癸	甲
酉	午	午	亥		未	申	酉	戌	亥	子	丑	寅

본명은 돈 많은 어느 과부의 사주이다. 임수(壬水) 일주(日主)가 오(午)월에 태어나 실령(失令)하여 신약(身弱)하나, 비겁(比劫)이 강하고, 신금(辛金)과 유금(酉金) 인성(印星)이 생조(生助)하고, 재성(財星)이 왕성하여 돈이 많았다. 그러나 일지(日支) 오화(午火)가 기신(忌神)에 해당하여 남편이 일찍 죽었다. 비록 남편복은 없으나 사주가 재기통문(財氣通門)하여 돈복은 있었던 것이다.

4) 재기통문(財氣通門)한 사주

```
년  월  일  시
己  庚  己  甲        己戊丁丙乙甲癸壬
巳  午  酉  子        巳辰卯寅丑子亥戌
```

본명은 식상(食傷)이 왕성하나 시지(時支) 재성(財星)이 유통시켜 재물복이 많았다. 기토(己土) 일주(日主)가 오(午)월에 태어나 득령(得令)하여 강하고, 월(月)에 경금(庚金)과 일지(日支)에 유금(酉金)이 들어 식상(食傷)이 왕하고, 시지(時支)에 자수(子水)가 들어 재성(財星)도 왕하다. 또 사화(巳火)와 오화(午火)가 기토(己土)를 생조(生助)하고, 기토(己土)가 경금(庚金)과 유금(酉金)을 생조(生助)하고, 금(金)이 다시 자수(子水)를 생조(生助)하고, 자수(子水)는 다시 갑목(甲木)을 생조(生助)하니 오행(五行)이 생생불식(生生不息)으로 조화를 잘 이루었다. 오복을 모두 갖춘 사주이다.

2 관귀론(官貴論)

■ 원문

하지기인귀(何知其人貴) 관성유리회(官星有理會)

■ 직 역

기인(其人)의 귀(貴)를 하지(何知)에 관성(官星)의 리(理)가 회
(會)함에 있다.

■ 한자풀이

何(어찌 하) 貴(귀할 귀) 官(벼슬 관) 星(별 성) 會(모일 회)

■ 풀 이

어떻게 그 사람이 귀한지를 알 수 있는가? 관성(官星)이 어떤 작
용을 하는가로 알 수 있다. 관살(官殺)은 관운과 직업운을 나타내
는데, 관살(官殺)이 용신(用神)인가 기신(忌神)인가에 따라 관운의
유무를 결정한다. 관살(官殺)이 용신(用神)이나 희신(喜神)이면 관
운이 있고, 기신(忌神)이나 구신(仇神)이면 관운이 없다. 사주가 관
성유리회(官星有理會)하면 고관이 된다.

1. 관운이 있는 사주

1) 신왕관왕(身旺官旺)하고 재생관(財生官)하면 관성유리회(官星有
　理會)하여 관운이 있다.

```
년  월  일  시
丙  己  壬  己        庚辛壬癸甲乙丙丁
辰  亥  午  酉        子丑寅卯辰巳午未
```

임수(壬水) 일주(日主)가 해(亥)월생이고, 시지(時支)에 유금(酉金)이 들어 신강(身强)하다. 월(月) 기토(己土) 정관(正官)은 병화(丙火)의 생조(生助)를 받고, 지지(地支)의 일지(日支) 오화(午火)에 통근(通根)하여 강하다. 신왕(身旺)한데 관성(官星)도 왕하고, 또 재성(財星)이 관성(官星)을 생조(生助)하니 관성유리회(官星有理會)하여 관운이 있다. 일찍 등과하여 현령(縣令)이 되었다. 일지(日支) 오화(午火)는 희신(喜神)이라 아내복과 재물복이 많았다.

2) 신약관왕(身弱官旺)하고 인성(印星)이 관인상생(官印相生)하면 관성유리회(官星有理會)하여 관운이 있다.

년	월	일	시								
己	辛	癸	壬	庚	己	戊	丁	丙	乙	甲	癸
未	未	酉	戌	午	巳	辰	卯	寅	丑	子	亥

본명은 계수(癸水) 일주(日主)가 미(未)월에 태어나 실령(失令)하여 신약(身弱)하다. 지지(地支)에 미토(未土)가 2개나 들고 술(戌)시생이라 관살(官殺)이 태왕하다. 그러나 월(月) 신금(辛金)과 일지(日支) 유금(酉金)이 관인상생(官印相生)을 시킨다. 신약(身弱) 사주가 관살(官殺)이 강한데 인성(印星)이 들어 관인상생(官印相生)하면 관성유리회(官星有理會)하여 관운이 있다. 따라서 본명은 관찰사라는 높은 지위에 올랐다.

3) 관살(官殺)이 태왕한 비겁(比劫)을 억제하면 관성유리회(官星有理
會)하여 관운이 있다.

년 월 일 시
丙 辛 甲 庚   壬癸甲乙丙丁戊己
寅 卯 申 午   辰巳午未申酉戌亥

본명은 갑목(甲木) 일주(日主)가 묘(卯)월에 태어나 득령(得令)하
였고, 인묘진(寅卯辰)이 방합(方合)하여 비겁(比劫)이 태왕하다. 그
러나 시간(時干) 경금(庚金)과 월(月) 신금(辛金)이 비겁(比劫)을
억제하여 중화되었다. 시간(時干) 경금(庚金)이 용신(用神)인데, 일
지(日支) 신금(申金)에 의지하여 강하니 관성유리회(官星有理會)
하였다. 이 사람은 초년에 등과하여 미관말직에 머물다가 신(申)과
유(酉) 대운이 용신(用神)운이라 대길하여 고관이 되었다.

4) 재극인(財剋印) 재생관(財生官)하면 관성유리회(官星有理會)하여
관운이 있다.

년 월 일 시
癸 甲 戊 丙   癸壬辛庚己戊丁丙
酉 子 午 辰   亥戌酉申未午巳辰

본명은 년간(年干) 계수(癸水)와 월지(月支) 자수(子水)가 일지
(日支)의 오화(午火) 인성(印星)을 파극(破剋)하고, 월(月)에 갑목
(甲木) 관살(官殺)이 투간(透干)하였다. 재성(財星)은 관살(官殺)
을 생조(生助)하고, 관살(官殺)은 일지(日支) 인수(印授)를 생조
(生助)하여 화가 복으로 변했다. 이처럼 재극인(財剋印)하는데 관
살(官殺)이 중간에 들어 재생관(財生官)하면 흉변길이 되고, 관성
유리회(官星有理會)하여 관운이 있어 군수를 지냈다. 수(水)는 질
병이고 목(木)은 약이다.

5) 관살(官殺)과 재성(財星)이 지지(地支)에 들면 관성유리회(官星有理會)하여 관운이 있다.

년	월	일	시							
庚	己	戊	辛	甲	乙	丙	丁	戊	己	庚	辛
子	卯	午	酉	辰	巳	午	未	申	酉	戌	亥

본명은 무토(戊土) 일주(日主)가 묘(卯)월에 태어나 관살(官殺)이
강하고, 년지(年支)에 재성(財星)이 들고, 일지(日支)에 오화(午火)
가 들어 약한 일주(日主)를 보호하니 아내운과 재물운과 관운이
좋았다. 관살(官殺)과 재성(財星)이 모두 지지(地支)에 들고 인성
(印星)이 관인상생(官印相生)을 잘 시키면 관성유리회(官星有理
會)하여 관운이 있다. 이 사람은 장관의 자리까지 올랐다.

6) 인성(印星)과 관살(官殺)이 같이 투간(透干)하면 관성유리회(官星
有理會)하여 관운이 있다.


```
년  월  일  시
丁  己  庚  丁        戊丁丙乙甲癸壬辛
丑  酉  寅  亥        申未午巳辰卯寅丑
```

 이 사주는 월(月) 기토(己土)는 인수(印授)이고, 시간(時干) 정화
(丁火)는 정관(正官)이다. 인성(印星)과 관살(官殺)이 동시에 투간
(透干)하면 관성유리회(官星有理會)하여 어사가 되었다. 시간(時
干) 정화(丁火)가 용신(用神)인데 일지(日支) 인목(寅木)에 의지하
여 강하다. 어떤 사주든 용신(用神)이 강하면 길복이 많다. 따라서
벼슬도 높았고 재물도 매우 많았다.

2 관록의 등급

1) 최상급은 왕·대통령·수상에 해당하는 사주를 말한다.


```
년  월  일  시
甲  戊  戊  丁        己庚辛壬癸甲乙丙
午  辰  申  巳        巳午未申酉戌亥子
```

이 사주는 청나라 강희(康熙) 황제의 명이다. 무토(戊土) 일주(日主)가 진(辰)월에 태어나 득령(得令)하여 강하고, 년간(年干) 갑목(甲木)은 진토(辰土)에 통근(通根)하여 강하니 관운이 좋았다. 일지(日支) 신금(申金)은 진토(辰土)와 삼합(三合)하여 강하니 후토(厚土)를 설기(洩氣)한다. 화(火)와 수(水)가 조화를 잘 이루어 조후(調候)가 완전하다. 이처럼 배합이 잘 되어 최상급 사주가 되어 평생 부귀영화를 누린 것이다.

```
년  월  일  시
辛  丁  庚  丙      丙乙甲癸壬辛庚己
卯  酉  午  子      申未午巳辰卯寅丑
```

이 사주는 청나라 건륭(乾隆) 황제의 명조이다. 지지(地支)에 자오묘유(子午卯酉)가 모두 있으니 조화를 잘 이루었고, 경금(庚金) 일주(日主)가 유(酉)월에 태어나 득령(得令)하여 신강(身强)하다. 월(月) 정화(丁火)와 시간(時干) 병화(丙火)는 묘(卯)와 오(午)에 의지하여 강하고, 시지(時支) 자수(子水)가 강한 불길을 견제하니 최상격 사주가 되었다. 이처럼 최상격을 타고 났기 때문에 재임기간 동안 특별한 문제가 없었고, 문제가 생겨도 곧 수습이 되었다. 그러나 사주가 흉한 사람이 왕이나 황제 자리에 앉으면 문제가 많이 생기고 도중하차 하기도 한다.

2) 상급은 장관·고급관리·도지사 등에 해당한다.

```
년  월  일  시
戊  癸  甲  丙     甲癸壬辛庚己戊丁
子  亥  午  寅     子亥戌酉申未午巳
```

이 사주는 관찰사의 명조이다. 갑목(甲木) 일주(日主)가 해(亥)월에 태어나 신강(身强)하다. 용신(用神)은 시간(時干)의 병화(丙火) 식신(食神)인데 오화(午火)와 인목(寅木)에 의지하여 강하다. 비록 수(水)가 많지만 화(火)도 부족하지 않다. 오(午)에 병정(丙丁)이 들고 인(寅)에 병화(丙火)가 들어 조후(調候)하는데 문제가 없다. 이 사람은 관운이 있어 관찰사가 되었고, 아내복이 있었다. 그러나 색을 좋아하여 첩을 많이 두었다.

3) 중급은 군수나 구청장에 해당한다.

```
년  월  일  시
丙  丙  庚  庚     丁戊己庚辛壬癸甲
寅  申  子  辰     酉戌亥子丑寅卯辰
```

이 사주는 지방 군수의 명조이다. 경금(庚金) 일주(日主)가 신(申)월에 태어나 신강(身强)하다. 용신(用神)은 년간(年干)과 월

(月)에 투출(透出)한 병화(丙火)이고, 목(木)은 희신(喜神)이다. 목화(木火)운이 길하고 금수(金水)운은 불리하다. 이 사람은 사주의 격은 좋지만 대운이 금수(金水)운으로 흘러 지방 군수에 머물렀다. 이처럼 사주가 아무리 좋아도 대운이 따라주지 않으면 타고난 복을 다 찾아 먹지 못한다.

4) 중하급은 면장이나 동장에 해당한다.

년	월	일	시								
丁	癸	丙	壬		壬	辛	庚	己	戊	丁	丙	乙
酉	卯	寅	辰		寅	丑	子	亥	戌	酉	申	未

이 사주는 시골 면장의 명조이다. 병화(丙火) 일주(日主)가 묘(卯)월에 태어나 신강(身强)하다. 그러나 인성(印星)이 많아 관성(官星)이 오히려 인성(印星)을 도와 관인상생(官印相生)이 되니 관성(官星) 역할을 제대로 못하여 시골 면장에 머물고 만 것이다. 그러나 이 사람은 면장을 그만두고 사업가로 성공하였다. 년지(年支) 유금(酉金)이 정재(正財)인데 정재(正財)가 용신(用神)의 사명을 잘하여 돈을 많이 번 것이다.

5) 하급은 미관말직에 해당한다.

```
년  월  일  시
辛  甲  己  乙        乙丙丁戊己庚辛壬
巳  午  未  丑        未申酉戌亥子丑寅
```

본명에서 용신(用神)은 시지(時支)의 축(丑) 중의 계수(癸水)이
다. 월(月) 갑목(甲木)은 정관(正官)이나 갑기합토(甲己合土)하여
정관(正官) 역할을 못하고, 시간(時干) 을목(乙木)은 편관(偏官)인
데 축토(丑土)에 의지하나 미약하여 말단공무원에 머물렀다.

3. 사법관 사주

1) 삼형(三刑)이 있고 용신(用神)이 강하면 사법관 사주이다.

```
년  월  일  시
甲  己  丙  壬        庚辛壬癸甲乙丙丁
寅  巳  申  辰        午未申酉戌亥子丑
```

이 사주는 지지(地支)에 인사신(寅巳申) 삼형(三刑)이 있다. 병화
(丙火) 일주(日主)가 사(巳)월에 태어나 득령(得令)하여 신강(身
强)하다. 용신(用神)은 시간(時干) 임수(壬水)인데 일지(日支)에

신금(申金)이 들고 신진(申辰)이 합하여 강하다. 따라서 검사가 되었으며 유능하였다.

```
년  월  일  시
庚  己  辛  丙        庚辛壬癸甲乙丙丁
戌  丑  卯  申        寅卯辰巳午未申酉
```

이 사주는 지지(地支)에 축술미(丑戌未) 삼형(三刑)이 들었다. 신금(辛金) 일주(日主)가 축(丑)월에 태어나 득령(得令)하여 신강(身强)하다. 용신(用神)은 시간(時干) 병화(丙火)인데 일지(日支) 묘목(卯木)에 통근(通根)하여 강하다. 따라서 법관이 되었다. 사주에 삼형(三刑)이 들고 용신(用神)이 강하면 사법관이 된다. 그러나 삼형(三刑)이 들어도 용신(用神)이 허약하면 사법관이 될 수 없다.

2) 양인(羊刃)이 들고 용신(用神)이 강하면 사법관 사주이다.

```
년  월  일  시
戊  甲  丙  己        乙丙丁戊己庚辛壬
申  子  午  亥        丑寅卯辰巳午未申
```

양인(羊刃)은 형벌을 맡은 별인데 강열하며 황폭하고 성급하다. 병화(丙火) 일주(日主)가 지지(地支) 어디든 오화(午火)가 들면 양인(羊刃)이 된다. 이 사주는 병화(丙火) 일주(日主)가 자(子)월에 태어나 실령(失令)하여 신약(身弱)하다. 일지(日支)에 오화(午火)가 들어 양인(羊刃)에 해당하고, 용신(用神)은 일간(日干) 병화(丙火)인데 강하다. 따라서 법관이 되었다. 사주에 양인(羊刃)이 들고, 그 양인(羊刃)이 용신(用神)에 해당하면 많은 사람을 제압한다.

년	월	일	시								
辛	辛	甲	辛		庚	己	戊	丁	丙	乙	甲	癸
卯	卯	辰	未		寅	丑	子	亥	戌	酉	申	未

갑목(甲木) 일주(日主)가 지지(地支)에 묘(卯)가 있으면 양인(羊刃)이 된다. 이 사주는 양인(羊刃)이 2개나 들어 사주가 강열하며 성급하다. 그러나 천간(天干)에 신금(辛金)이 3개나 들고 용신(用神)에 해당하니 길하다. 신금(辛金) 용신(用神)은 지지(地支) 진토(辰土)와 미토(未土)에 의지하여 강하다. 따라서 법관이 되었다. 그러나 용신(用神)이 여러 개여서 우왕좌왕하였다. 용신(用神)은 사람의 정신에 해당하는데, 용신(用神)이 여러 개라는 것은 정신이 여러 곳으로 분산되는 것과 같아 우왕좌왕하게 된다. 따라서 용신(用神)은 천간(天干)에 1개만 있는 것이 가장 좋다.

3) 편관(偏官)이 있고 용신(用神)이 강하면 사법관 사주이다.

```
년  월  일  시
丙  乙  戊  甲       丙丁戊己庚辛壬癸
申  未  辰  寅       申酉戌亥子丑寅卯
```

이 사주는 무토(戊土) 일주(日主)가 미(未)월에 태어나 득령(得令)하여 신강(身强)하다. 용신(用神)은 시간(時干) 갑목(甲木)인데 편관(偏官)에 해당하니 관운이 좋다. 갑목(甲木) 용신(用神)은 시지(時支) 인목(寅木)에 통근(通根)하여 강하다. 또 일지(日支) 진토(辰土)가 내조하니 관운이 좋다. 어떤 사주든 편관(偏官)이 있고 용신(用神)이 강하면 사법관으로 성공한다. 이 사람은 젊은 나이에 고시에 합격하여 판사가 되었다.

```
년  월  일  시
戊  甲  丙  壬       乙丙丁戊己庚辛壬
午  寅  申  辰       卯辰巳午未申酉戌
```

병화(丙火) 일주(日主)가 인(寅)월에 태어나 득령(得令)하여 신강(身强)하다. 시간(時干) 임수(壬水)가 용신(用神)인데 일지(日支) 신금(申金)에 통근(通根)하여 강하다. 또 임수(壬水)는 육신으로는 편관(偏官)에 해당하니 관운이 좋다. 이 사람은 검사가 되었다.

4. 문관 사주

1) 신강(身强)하고 재생관(財生官)하면 문관 사주이다.

```
년  월  일  시
乙  癸  戊  壬        壬辛庚己戊丁丙乙
亥  未  午  戌        午巳辰卯寅丑子亥
```

이 사주는 무토(戊土) 일주(日主)가 미(未)월에 태어나 득령(得令)하여 신강(身强)하다. 년간(年干) 을목(乙木)은 정관(正官)인데 월(月) 계수(癸水)와 년지(年支) 해수(亥水)가 관성(官星)을 생조(生助)한다. 을목(乙木) 정관(正官)이 용신(用神)이니 정직하고 진실하여 문관이 되어 행정을 잘 다스렸다.

2) 신약(身弱)하고 관인상생(官印相生)하면 문관 사주이다.

```
년  월  일  시
己  丙  己  丁        乙甲癸壬辛庚己戊
卯  寅  巳  卯        丑子亥戌酉申未午
```

기토(己土) 일주(日主)가 인(寅)월에 태어나 실령(失令)하여 신약(身弱)하다. 년지(年支)와 시지(時支)에 묘목(卯木)이 들었으니 목

(木)이 태왕하다. 그러나 월(月)에 병화(丙火)가 들고, 일지(日支)에 사화(巳火)가 들고, 시간(時干)에 정화(丁火)가 들어 태강한 관살(官殺)을 인성(印星)이 유통시킨다. 신약(身弱)하고 인성(印星)이 관인상생(官印相生)한다. 이 사람은 관찰사로 이름을 날렸다.

3) 인왕(印旺)하고 재극인(財剋印)하면 문관 사주이다.

년	월	일	시								
甲	戊	辛	己		己	庚	辛	壬	癸	甲	乙	丙
寅	辰	酉	丑		巳	午	未	申	酉	戌	亥	子

신금(辛金) 일주(日主)가 진(辰)월에 태어나 득령(得令)하여 신강(身强)하다. 월주(月柱)가 무진(戊辰)이고 시주(時柱)가 기축(己丑)이니 인성(印星)이 태왕하나, 년주(年柱) 갑인(甲寅)이 억제하여 사주가 맑아졌다. 즉 인성(印星)이 왕한데 재성(財星)이 파극(破剋)하면 중화되어 좋다. 이 사람은 등과하여 어사가 되었다.

4) 정신기(精神氣)가 충만하면 문관 사주이다.

년	월	일	시								
癸	辛	壬	乙		庚	己	戊	丁	丙	乙	甲	癸
丑	酉	寅	巳		申	未	午	巳	辰	卯	寅	丑

이 사주에서 정(精)에 해당하는 신유(辛酉)는 인성(印星)인데 월주(月柱)에 있으니 강하고, 신(神)에 해당하는 을목(乙木)과 인목(寅木)과 사화(巳火)는 재관식(財官食)인데 역시 강하고, 기(氣)에 해당하는 일주(日主)의 임수(壬水)와 계수(癸水)와 축토(丑土)는 비겁(比劫)인데 왕하니 정신기(精神氣)가 모두 충만하다. 이 사람은 이처럼 정신기(精神氣)가 충만하여 문관으로 성공하였다.

5) 관살(官殺)이 용신(用神)이면서 맑으면 문관 사주이다.

년	월	일	시							
壬	戊	癸	戊	己	庚	辛	壬	癸	甲	乙	丙
寅	申	酉	午	酉	戌	亥	子	丑	寅	卯	辰

이 사주는 계수(癸水) 일주(日主)가 신(申)월에 태어나 득령(得令)하여 신강(身强)하다. 시간(時干) 무토(戊土)가 용신(用神)인데 시지(時支) 오화(午火)에 통근(通根)하여 강하다. 관살(官殺)이 용신(用神)이고 맑으니 좋다. 다만 대운이 금수(金水)운으로 흘러 불리하다. 이 사람은 고관은 되지 못하고 지방 군수를 지냈다.

5. 무관 사주

1) 상관(傷官)이 용신(用神)이고 강하면 무관 사주이다.

```
년  월  일  시
庚  丁  甲  丁        戊己庚辛壬癸甲乙
申  亥  午  卯        子丑寅卯辰巳午未
```

이 사주는 갑목(甲木) 일주(日主)가 해(亥)월에 태어나 득령(得令)하여 신강(身强)하다. 월(月)과 시간(時干) 정화(丁火)가 상관(傷官)인데, 일지(日支) 오화(午火)와 시지(時支) 묘목(卯木)에 통근(通根)하여 왕성하다. 상관(傷官)이 왕성하고 용신(用神)에 해당한다. 따라서 일찍 무과에 등과하여 장수가 되었다.

2) 편관(偏官)이 왕성하고 용신(用神)이 강하면 무관 사주이다.

```
년  월  일  시
乙  壬  丙  壬        辛庚己戊丁丙乙甲
卯  午  申  辰        巳辰卯寅丑子亥戌
```

본명은 월(月)과 시간(時干) 임수(壬水)가 용신(用神)이며 편관(偏官)에 해당하니 무관의 기운이 강하고, 임수(壬水) 용신(用神)

은 일지(日支) 신금(申金)에 통근(通根)하여 강하다. 이 사람은 일찍 무과에 합격하여 변방을 지키는 장군이 되었다.

3) 상충(相沖)이 많고 용신(用神)이 강하면 무관 사주이다.

년	월	일	시
壬	戊	癸	癸
寅	申	巳	亥

己庚辛壬癸甲乙丙
酉戌亥子丑寅卯辰

이 사주는 인신(寅申)이 상충(相沖)하고 사해(巳亥)가 상충(相沖)하여 지지(地支)가 전쟁터 같다. 따라서 일찍 무관이 되어 전쟁터를 누비며 유능한 장군이 되었다.

4) 금(金)이 많고 용신(用神)이 강하면 무관 사주이다.

년	월	일	시
乙	乙	庚	丁
酉	酉	寅	丑

甲癸壬辛庚己戊丁
申未午巳辰卯寅丑

본명은 경금(庚金) 일주(日主)가 유(酉)년 유(酉)월에 태어나 금(金)이 태왕하다. 시간(時干) 정화(丁火)가 용신(用神)인데 일지(日支) 인목(寅木)에 통근(通根)하여 강하다. 금(金)은 살기(殺氣)

를 나타내는데 금(金)이 강하다. 따라서 무관사주로 장군이 되어 부귀영화를 누렸다.

5) 금(金)과 화(火)가 모두 강하면 무관 사주이다.

년	월	일	시								
丙	丁	辛	丁	戊	己	庚	辛	壬	癸	甲	乙
寅	酉	卯	酉	戌	亥	子	丑	寅	卯	辰	巳

이 사주는 신금(辛金) 일주(日主)가 유(酉)월에 태어나 득령(得令)하여 신강(身强)하다. 년간(年干) 병화(丙火)와 월(月) 정화(丁火)가 용신(用神)이고, 목(木)은 희신(喜神)이다. 금(金)과 화(火)가 모두 강하면 무관 팔자인데 이 사람도 장군이 되었다.

3. 빈궁천박론(貧窮賤薄論)

■ 원 문

하지기인빈재신반불진(何知其人貧財神反不眞)

하지기인천관성환불견何知其人賤官星還不見)

■ 직 역

기인(其人)의 빈(貧)을 하지(何知)에 재신(財神)이 반대로 불진

(不眞)이며 기인(其人)의 천(賤)을 하지(何知)오. 관성(官星)의 환
(還)이 불견(不見)이다.

■ 한자풀이

其(그 기) 貧(가난할 빈) 反(반대 반) 不(아닐 불) 眞(참 진)
知(알 지) 人(사람 인) 賤(천할 천) 還(돌아올 환) 見(볼 견)

■ 풀 이

어떻게 그 사람이 가난한 것을 알 수 있는가? 재성(財星)이 참되
지 않는데 있다. 즉 재성(財星)이 기신(忌神) 작용을 하는 것이다.
어떻게 그 사람의 천박함을 알 수 있는가? 관성(官星)이 오히려 나
타남이 없는 것이다. 즉 재성(財星)이 흉작용을 하거나 부족하면
가난하다. 또 관살(官殺)이 흉작용을 하거나 부족해도 천박하다.

1) 재다신약(財多身弱)하고 용신(用神)이 미약하면 빈천하다.

년　월　일　시
丙　戊　甲　甲　　　己庚辛壬癸甲乙丙
申　戌　戌　戌　　　亥子丑寅卯辰巳午

이 사주는 갑목(甲木) 일주(日主)가 술(戌)월에 태어나 실령(失
令)하여 신약(身弱)하고, 식신(食神)이 너무 많으니 재다신약(財多
身弱)이다. 용신(用神)은 시간(時干) 갑목(甲木)인데 지지(地支)에

통근(通根)하지 못하여 미약하다. 따라서 평생 가난하였다.

```
년  월  일  시
戊  辛  丙  丙        壬癸甲乙丙丁戊己
戌  酉  申  申        戌亥子丑寅卯辰巳
```

본명은 병화(丙火) 일주(日主)가 유(酉)월에 태어나 실령(失令)하
여 신약(身弱)하나, 재성(財星)은 태왕하여 재다신약(財多身弱)하
다. 병화(丙火)는 양화(陽火)이며 태양이니 종격(從格)이 아니라
정격(正格)인데 너무 신약(身弱)하다. 지지(地支)에 통근(通根)하
지 못하면 뿌리 없는 나무처럼 항상 불안하다. 따라서 빈천하였다.

2) 관다신약(官多身弱)하고 용신(用神)이 미약하면 빈천하다.

```
년  월  일  시
癸  丁  辛  丁        丙乙甲癸壬辛庚己
巳  巳  巳  酉        辰卯寅丑子亥戌酉
```

본명은 신금(辛金) 일주(日主)가 사(巳)월에 태어나 신약(身弱)한
데, 년지(年支)와 일지(日支)에 사화(巳火)가 들어 관살(官殺)은
태왕하다. 용신(用神)은 년간(年干) 계수(癸水)이나 정계(丁癸)가
상충(相沖)하여 미약하니, 시지(時支) 유금(酉金)을 취용한다. 그러

나 많은 화(火)가 유금(酉金)을 파극(破剋)하여 용신(用神)이 미약
하다. 따라서 가난하였다.

```
년  월  일  시
癸  乙  己  辛        甲癸壬辛庚己戊丁
亥  卯  卯  未        寅丑子亥戌酉申未
```

본명은 관살(官殺)은 태왕하고 일주(日主)는 미약하다. 해묘미(亥
卯未)가 삼합(三合)하여 목국(木局)으로 변하니 관살(官殺)이 태왕
하다. 기토(己土) 일주(日主)는 시지(時支) 미토(未土)에 의지하나
미약하다. 기토(己土)는 일주(日主)이면서 용신(用神)이다. 관살(官
殺)은 태왕한데 용신(用神)은 미약하니 빈천한 신세가 되었다.

3) 식다신약(食多身弱)하고 용신(用神)이 미약하면 빈천하다.

```
년  월  일  시
壬  丙  甲  庚        丁戊己庚辛壬癸甲
寅  午  戌  午        未申酉戌亥子丑寅
```

본명은 갑목(甲木) 일주(日主)가 오(午)월에 태어나 실령(失令)하
여 신약(身弱)하고, 인오술(寅午戌)이 삼합(三合)하여 화국(火局)
을 이루니 식상(食傷)은 태왕하다. 식상(食傷)이 태왕하고 신약(身

弱)하면 가난하다. 용신(用神)은 년간(年干) 임수(壬水)이나 통근
(通根)하지 못하여 미약하다. 따라서 평생 가난하게 살았다.

```
  년  월  일  시
  戊  己  丙  丁      庚辛壬癸甲乙丙丁
  戌  未  辰  酉      申酉戌亥子丑寅卯
```

본명은 일주(日主)는 허약한데 식상(食傷)이 너무 많다. 월령(月
令)이 미(未)월이니 미(未)에 정화(丁火)가 암장(暗藏)되어 병화
(丙火)를 생조(生助)하니 종격(從格)이 아니라 정격(正格)이다. 그
러나 많은 식상(食傷)이 심하게 설기(洩氣)하니 병화(丙火) 일주
(日主)가 태약하다. 식다신약(食多身弱)하고 용신(用神)이 미약하
여 평생 빈천하였다.

4) 인비태왕(印比太旺)하고 무재(無財)면 빈천하다.

```
  년  월  일  시
  丁  己  庚  丙      戊丁丙乙甲癸壬辛
  巳  酉  申  戌      申未午巳辰卯寅丑
```

이 사주는 경금(庚金) 일주(日主)가 유(酉)월에 태어나 득령(得
令)하였고, 지지(地支)에서 신유술(申酉戌)이 방합(方合)하여 금

(金)이 태왕하다. 또 월(月)에 기토(己土)가 들고, 시지(時支)에 술토(戌土)가 들어 인성(印星)도 태왕하다. 인성(印星)과 비겁(比劫)이 태왕한데 재성(財星)이 하나도 없으니 인물도 좋고 체구도 강건했으나 빈 그릇처럼 재물이 하나도 없었다.

```
년  월  일  시
丁  丙  戊  戊        乙甲癸壬辛庚己戊
酉  午  戌  午        巳辰卯寅丑子亥戌
```

본명은 인성(印星)과 비겁(比劫)이 태왕하다. 종왕격(從旺格)에 가까운데 년지(年支)에 유금(酉金)이 들어 정격(正格)이다. 유금(酉金)이 용신(用神)인데 많은 화(火)가 파극(破剋)하여 미약하고, 재성(財星)이 하나도 없으니 빈천하였다.

5) 재관(財官) 용신(用神)이 합되어 기신(忌神)으로 변하면 빈천하다.

```
년  월  일  시
辛  丙  壬  庚        乙甲癸壬辛庚己戊
巳  申  子  子        未午巳辰卯寅丑子
```

본명은 임수(壬水) 일주(日主)가 신(申)월에 태어나 득령(得令)하여 신강(身强)하다. 월(月) 병화(丙火)가 용신(用神)인데 병신(丙

辛)이 합수(合水)하여 기신(忌神)으로 변하였다. 따라서 항상 돈에 쪼들리며 빈천하게 살았다.

년	월	일	시								
癸	戊	戊	戊	己	庚	辛	壬	癸	甲	乙	丙
亥	午	午	午	未	申	酉	戌	亥	子	丑	寅

본명은 년간(年干) 계수(癸水)가 용신(用神)인데 무계(戊癸)가 합하여 화(火)로 변하니 기신(忌神)이 되었다. 많은 비겁(比劫)이 재성(財星)을 파극(破剋)하고, 또 많은 인성(印星) 화(火)가 작은 물을 말린다. 따라서 길운이 들면 재물을 조금 모으다가도 오래 가지 못하고 파산하였다. 평생 기복이 많았고 빈천하였다.

3장. 길복론(吉福論)

■ 원문

하지기인길희신위보필(何知其人吉喜神爲輔弼)

■ 직 역

기인(其人)의 길(吉)을 하지(何知)에 희신(喜神)의 보필을 본다.

■ 한자풀이

吉(길할 길) 喜(기쁠 희) 爲(위할 위) 輔(도울 보) 弼(다할 필)

■ 풀 이

어떻게 그 사람의 길과 복을 아는가? 그것은 희신(喜神)의 보필을 살펴야 한다. 복에는 여러 가지가 있다. 건강복·지식복·부모복·아내복·남편복·자식복·재물복·명예복·인복·관운복·직업복·식복·재능복 등 사람을 행복하게 하는 것은 모두 복이다. 어떤

복이 있는가는 용신(用神)이 어디에 있는가를 보고, 어느 육신이 용신(用神)인가를 살피면 알 수 있다.

1) 건강복 있는 사주

```
년  월  일  시
甲  丁  戊  辛        戊 己 庚 辛 壬 癸 甲 乙
子  卯  午  酉        辰 巳 午 未 申 酉 戌 亥
```

본명은 오행(五行)이 골고루 있고 생생불식(生生不息)하여 평생 감기 한 번 걸리지 않았다. 년지(年支) 자수(子水)가 갑묘(甲卯)를 생하고, 목(木)은 정오(丁午)를 생하고, 화(火)는 무토(戊土)를 생하고, 토(土)는 신유(辛酉)를 생한다. 사주가 물 흐르듯 순조로우니 평생 약국과 병원을 모를 정도로 건강하였다.

2) 지식복 있는 남자 사주

```
년  월  일  시
戊  戊  己  壬        己 庚 辛 壬 癸 甲 乙 丙
午  午  酉  申        未 申 酉 戌 亥 子 丑 寅
```

본명은 기토(己土) 일주(日主)가 오(午)월에 태어나 신강(身强)하고, 식상(食傷)이 아름답다. 화기(火氣)가 많아 신강(身强)하니 용신(用神)은 시간(時干) 임수(壬水)이고, 금(金)은 희신(喜神)이다. 시주(時柱)에 용신(用神)이 들고 식상(食傷)이 희신(喜神)이니 자식복이 많다. 자식을 여럿 두었는데 모두 총명하여 하나를 들으면 열을 아는 수재였다. 시주(時柱)가 길하고 식상(食傷)이 길신이면 지식복이 많으나, 식상(食傷)이 기신(忌神)이면 지식은 있으나 사악한 곳에 쓰기 쉽다.

3) 부모복 있는 사주

년	월	일	시								
甲	丁	辛	戊		戊	己	庚	辛	壬	癸	甲	乙
申	卯	酉	戌		辰	巳	午	未	申	酉	戌	亥

부모궁은 월주(月柱)로 보고, 육신(六神)에서는 인성(印星)으로 본다. 본명은 신금(辛金) 일주(日主)가 묘(卯)월에 태어나 실령(失令)했으나 인성(印星)과 비겁(比劫)이 많아 신강(身强)하다. 비겁(比劫)이 많아 신강(身强)하니 관살(官殺)이 필요하다. 따라서 월(月) 정화(丁火)가 용신(用神)이고, 묘목(卯木)은 희신(喜神)이다. 이 사람은 부모덕이 많았고, 유산도 많이 받았다.

4) 처첩복 있는 사주

년	월	일	시								
丁	己	庚	丙	戊	丁	丙	乙	甲	癸	壬	辛
酉	酉	寅	子	申	未	午	巳	辰	卯	寅	丑

아내궁은 일지(日支)로 보고, 육신에서는 재성(財星)으로 본다. 정재(正財)는 본부인이고 편재(偏財)는 첩이다. 본명은 일지(日支) 인목(寅木)이 용신(用神)이니 아내복이 많았고, 인목(寅木)이 재성(財星)이라 아내가 아름답고 재물복도 많고 현모양처였다.

5) 남편복 있는 사주

년	월	일	시								
乙	己	甲	辛	庚	辛	壬	癸	甲	乙	丙	丁
亥	卯	申	未	辰	巳	午	未	申	酉	戌	亥

남편복은 일지(日支)를 보고, 육신에서는 관살(官殺)로 본다. 정관(正官)은 본남편이고 편관(偏官)은 내연남이다. 본명은 갑목(甲木) 일주(日主)가 묘(卯)월에 태어나 득령(得令)하였고, 해묘미(亥卯未)가 삼합(三合)하여 목(木)이 태왕하니 신강(身强)하다. 시간(時干) 신금(辛金)이 용신(用神)이고, 토(土)는 희신(喜神)이다. 일지

(日支)에 신금(申金)이 있고 용신(用神)이니 남편복이 많았다.

6) 아랫사람복 있는 사주

년	월	일	시								
癸	癸	甲	丙	壬	辛	庚	己	戊	丁	丙	乙
酉	亥	午	寅	戌	酉	申	未	午	巳	辰	卯

아랫사람은 시주(時柱)로 보고, 육신에서는 식상(食傷)으로 본다.
아랫사람과 자식복은 같이 본다. 본명은 갑목(甲木) 일주(日主)가
해(亥)월에 태어나 득령(得令)하여 신강(身强)하다. 조후(調候)하
려면 불이 필요하니 시간(時干) 병화(丙火)가 용신(用神)이고, 목
(木)은 희신(喜神)이다. 따라서 부하복이 많았고 충성스러웠다.

7) 자식복 있는 여자 사주

년	월	일	시								
己	乙	癸	丁	丙	丁	戊	己	庚	辛	壬	癸
丑	亥	酉	巳	子	丑	寅	卯	辰	巳	午	未

본명은 계수(癸水) 일주(日主)가 해(亥)월에 태어나 신강(身强)하
다. 조후(調候)하려면 불이 필요하다. 병화(丙火)가 용신(用神)이면

좋으나 없으니 정화(丁火)를 쓴다. 이 사람은 남편복은 없어 일찍 사별했으나, 시주(時柱)에 정사(丁巳)가 들어 아들이 효도하였다.

8) 재물복이 있는 사주

```
년  월  일  시
戊  戊  戊  癸        己庚辛壬癸甲乙丙
辰  午  申  亥        未申酉戌亥子丑寅
```

재물복은 비겁(比劫)과 재성(財星)으로 본다. 비겁(比劫)이 강한데 재성(財星)도 왕하면 재물복이 있다. 재성(財星)은 재물이고, 비겁(比劫)은 재물을 담는 그릇이기 때문이다. 본명은 무토(戊土) 일주(日主)가 오(午)월에 태어나 득령(得令)하여 신강(身强)하다. 시간(時干) 계수(癸水)가 용신(用神)인데 재성(財星)이며 왕성하고, 일지(日支)의 식신(食神) 신금(申金)이 생해주니 재물복이 많았다.

9) 명예복 있는 사주

```
년  월  일  시
己  丙  甲  丁        乙甲癸壬辛庚己戊
酉  子  子  卯        亥戌酉申未午巳辰
```

명예운은 식상(食傷)으로 본다. 식신(食神)이나 상관(傷官)이 길 작용을 하면 명예운이 따른다. 본명은 갑목(甲木) 일주(日主)가 자(子)월에 태어나 득령(得令)하였다. 월(月) 병화(丙火)가 용신(用神)이고, 시간(時干) 정화(丁火)가 희신(喜神)이니 명예복이 있다.

10) 인복 있는 사주

년	월	일	시									
甲	庚	壬	庚		辛	壬	癸	甲	乙	丙	丁	戊
午	午	申	戌		未	申	酉	戌	亥	子	丑	寅

인복은 여러 가지로 본다. 인성(印星)이 용신(用神)이면 상사나 선배나 부모 등 윗사람의 복이 있고, 식상(食傷)이나 재성(財星)이 용신(用神)이면 부하나 후배나 자녀 등 아랫사람의 복이 있고, 비겁(比劫)이 용신(用神)이면 동료나 친구복이 있고, 관살(官殺)이 용신(用神)이면 귀인복이 있다. 남자가 재성(財星)이 길하면 여자복이 있고, 여자가 관살(官殺)이 용신(用神)이면 남자복이 있다. 이 사람은 인성(印星)이 용신(用神)이라 상사와 선배복이 있었다.

11) 국록복 있는 사주

```
년  월  일  시
辛  癸  丁  丙      壬辛庚己戊丁丙乙
丑  巳  未  午      辰卯寅丑子亥戌酉
```

관살(官殺)이 용신(用神)이면 국록을 먹는다. 본명은 정화(丁火)
일주(日主)가 사(巳)월에 태어나 득령(得令)하여 신강(身强)하고,
지지(地支)에서 사오미(巳午未)가 방합(方合)하여 화(火)가 태왕하
다. 월(月) 계수(癸水)가 용신(用神)인데 편관(偏官)이니 등과하여
국록을 먹었다.

12) 의식주복 있는 사주

```
년  월  일  시
癸  丁  戊  庚      丙乙甲癸壬辛庚己
未  巳  子  申      辰卯寅丑子亥戌酉
```

식신(食神)이 용신(用神)이면 대개 의식주복이 있다. 본명은 무토
(戊土) 일주(日主)가 사(巳)월에 태어나 신강(身强)하다. 일지(日
支) 자수(子水)가 용신(用神)이고, 시주(時柱) 경신(庚申)은 식신
(食神)이다. 식신(食神)이 희신(喜神)이니 의식주복이 많았다.

13) 재능복 있는 사주

```
년  월  일  시
庚  丁  甲  丁        戊己庚辛壬癸甲乙
子  亥  寅  卯        子丑寅卯辰巳午未
```

재능복은 월지(月支)로 본다. 월지(月支)가 인신사해(寅申巳亥) 역마(驛馬)이면서 생지(生地)이면 영업이나 이동의 재능이 있고, 월지(月支)가 자오묘유(子午卯酉) 도화(桃花)의 왕지(旺地)에 해당하면 남을 주관하며 관리하는 재능이 있고, 월지(月支)가 진술축미(辰戌丑未)의 고지(庫地)에 해당하면 연구와 창작의 재능이 있다. 그리고 육신으로는 상관(傷官)이 용신(用神)이면 재능복이 있다고 본다. 본명은 갑목(甲木) 일주(日主)가 수(水)가 넘치니 조후(調候)하려면 불이 필요하다. 따라서 시간(時干) 정화(丁火)가 용신(用神)인데 상관(傷官)이니 다재다능하였다.

14) 인연복 있는 사주

```
년  월  일  시
戊  甲  己  甲        乙丙丁戊己庚辛壬
午  子  未  子        丑寅卯辰巳午未申
```

사주에서 일간(日干)은 나 자신인데, 일간(日干)과 합하여 용신(用神)으로 변하면 좋은 인연을 만나고, 기신(忌神)으로 변하면 악연을 만난다. 본명은 기토(己土) 일주(日主)가 자(子)월에 태어나 실령(失令)했으니 신약(身弱)하다. 용신(用神)은 년간(年干) 무토(戊土)와 일간(日干) 기토(己土)이다. 그런데 갑기합토(甲己合土)하여 용신(用神)으로 변하니 인연복이 좋았다.

4장. 흉화론(凶禍論)

■ 원 문

하지기인흉기신전전공(何知其人凶忌神輾轉攻)

■ 직 역

기인(其人)의 흉(凶)을 하지(何知)에 기신(忌神)의 전전(輾轉)이 공(攻)이다.

■ 한자풀이

凶(흉할 흉) 忌(꺼릴 기) 輾(구를 전) 轉(구를 전) 攻(칠 공)

■ 풀 이

어떻게 그 사람의 흉과 재앙을 아는가? 그것은 기신(忌神)의 동태를 살피면 알 수 있다. 기신(忌神)이 어디에 있는지를 살피고, 어느 육신이 기신(忌神)인가를 살피면 그 사람의 흉화를 알 수 있다. 기신(忌神)이 강하면 흉이 많고, 약하면 흉이 적다. 또 기신(忌神)이 투간(透干)하면 흉이 드러나 보이고, 암장(暗藏)되면 겉으로는 멀쩡해 보이나 속으로 골병이 든다.

1) 질병이 많은 사주

년	월	일	시	
癸	辛	庚	戊	壬癸甲乙丙丁戊己
卯	酉	申	寅	戌亥子丑寅卯辰巳

이 사주는 묘유(卯酉)가 상충(相沖)하고 인신(寅申)이 상충(相沖)하니 지지(地支)가 전쟁터 같다. 호흡기와 골격·간담에 질병이 들어 평생 투병하며 고생하다 젊은 나이에 병사하였다. 그리고 일지(日支) 신금(申金)은 기신(忌神)이니 남편복도 없었다.

2) 단명 사주

년	월	일	시	
癸	癸	戊	庚	壬辛庚己戊丁丙乙
巳	亥	寅	申	戌酉申未午巳辰卯

본명은 재성(財星)은 태왕한데 무토(戊土) 일주(日主)는 태약하니

재다신약(財多身弱)인데, 일지(日支)에 인목(寅木)이 들어 약한 일주(日主)를 파극(破剋)하니 십중구사와 같은 어려움이 따랐다. 즉 극루교가(剋漏交加)이다. 년지(年支) 사화(巳火)가 생조(生助)하지만 사해(巳亥)가 상충(相沖)하여 생조(生助)가 제대로 되지 않는다. 이 사람은 19세 젊은 나이에 세상을 떠났다.

3) 고아 사주

년	월	일	시								
壬	壬	甲	乙	癸	甲	乙	丙	丁	戊	己	庚
申	子	戌	丑	丑	寅	卯	辰	巳	午	未	申

본명은 인성(印星)이 태왕하니 어머니가 여럿임을 암시한다. 어려서 고아가 되어 고생하다가 양자로 갔다. 년지(年支)에 신금(申金) 편관(偏官)이 들었지만 인성(印星)이 많은 신강(身强) 사주에서는 관살(官殺)이 오히려 기신(忌神) 작용을 한다.

4) 홀아비 사주

년	월	일	시								
辛	丁	庚	丙	丙	乙	甲	癸	壬	辛	庚	己
未	酉	申	戌	申	未	午	巳	辰	卯	寅	丑

재성(財星)이 없고 일지(日支)에 기신(忌神)이 있으면 홀아비 사주이다. 경금(庚金) 일주(日主)가 유(酉)월에 태어나 득령(得令)하여 신강(身强)하나 재성(財星)이 하나도 없으니 여자가 없다. 또 일지(日支) 신금(申金)은 기신(忌神)에 해당하니 재혼에도 실패한 후 홀아비 신세를 면하지 못했다.

5) 과부 사주

년	월	일	시								
丁	壬	壬	庚	癸	甲	乙	丙	丁	戊	己	庚
巳	子	子	子	丑	寅	卯	辰	巳	午	未	申

여명에서는 관살(官殺)이 남편이고 일지(日支)는 남편궁이다. 따라서 사주에 관살(官殺)이 없으면 남자가 없고, 또 일지(日支)에 기신(忌神)이 들면 과부가 된다. 본명은 임수(壬水) 일주(日主)가 자(子)월에 태어나 득령(得令)하여 수(水)가 태왕하고, 년주(年柱) 정사(丁巳)가 군비쟁재(群比爭財)를 일으켰다. 또 일지(日支) 자수(子水)는 기신(忌神)이니 과부팔자이다. 이 사람은 남편에게 버림받고 눈물로 세월을 보냈다.

6) 자식 없는 남자 사주

년	월	일	시								
癸	癸	癸	癸		壬	辛	庚	己	戊	丁	丙	乙
巳	亥	巳	亥		戌	酉	申	未	午	巳	辰	卯

시주(時柱)는 자식궁인데 기신(忌神)이 들면 자식복이 없고, 식상(食傷)이 없으면 자식이 없다. 본명은 시주(時柱) 계해(癸亥)가 기신(忌神)이고, 식상(食傷)도 없으니 자식이 없었다. 자신에게 자식복이 없어도 자식복이 좋은 여자를 만나면 자식을 둘 수 있다.

7) 자식 없는 여자 사주

년	월	일	시								
癸	乙	壬	辛		丙	丁	戊	己	庚	辛	壬	癸
未	丑	子	丑		寅	卯	辰	巳	午	未	申	酉

이 사주는 물판이며 차갑다. 지지(地支)에서 해자축(亥子丑)이 방합(方合)하여 신강(身强)하다. 조후(調候)하려면 화(火)가 용신(用神)이고, 시주(時柱) 신축(辛丑)은 기신(忌神)이다. 또 자식에 해당하는 식상(食傷)이 미약하다. 자식운이 없는데 월(月)에 하나 있는 을목(乙木)이 뿌리가 냉하니 임신이 되지 않아 자식이 없었다.

8) 걸인 사주

```
년  월  일  시
癸  癸  壬  庚        壬辛庚己戊丁丙乙
卯  亥  子  戌        戌酉申未午巳辰卯
```

재물은 재성(財星)의 길흉에 따라 좌우된다. 본명은 임수(壬水) 일주(日主)가 해(亥)월에 태어나 비겁(比劫)이 태왕하나 재성(財星)은 미약하다. 시지(時支)에 술토(戌土)가 들고, 술(戌)에 정화(丁火)가 들었지만 너무 미약하다. 이 사람은 부모에게 물려받은 재산을 지키지 못하고 거지가 되었다.

9) 유명무실 사주

```
년  월  일  시
戊  丁  戊  乙        戊己庚辛壬癸甲乙
寅  巳  午  卯        午未申酉戌亥子丑
```

사주에서 식상(食傷)은 인기를 나타내니, 식상(食傷)이 용신(用神)이면 인기가 많다. 본명은 무토(戊土) 일주(日主)가 사(巳)월에 태어나 득령(得令)하였고, 지지(地支)에서 사오미(巳午未)가 삼합(三合)하여 화(火)가 태왕하다. 왕성한 화(火)를 억제하여 중화시키려면 수(水)가 있어야 하는데 하나도 없다. 그리고 인기운을 나타내는 식상(食傷)도 하나 없으니 유명무실한 사주가 되었다. 따라서 소리만 요란할 뿐 재운도 관운도 부귀도 전혀 없어 어디를 가도 환영받지 못했다.

10) 친구가 없는 사주

년	월	일	시								
癸	癸	甲	癸		壬	辛	庚	己	戊	丁	丙	乙
酉	亥	子	酉		戌	酉	申	未	午	巳	辰	卯

친구는 비겁(比劫)으로 보는데, 본명은 비겁(比劫)이 하나도 없다. 이 사람은 평생 친구가 하나도 없었다. 조실부모하고 양부모 슬하에서 성장하였고, 결혼도 하지 못하여 자식도 없었다. 고독하게 살다가 한많은 인생을 마감하였고, 죽어서는 무덤도 없었다.

11) 관운 없는 사주

년	월	일	시								
丙	甲	丙	甲		乙	丙	丁	戊	己	庚	辛	壬
辰	午	戌	午		未	申	酉	戌	亥	子	丑	寅

관운은 관살(官殺)의 길흉에 따라 좌우된다. 본명은 관살(官殺)이 하나도 없으니 관운이 없다. 병화(丙火) 일주(日主)가 오(午)월에 태어나 득령(得令)하여 화(火)가 넘친다. 년지(年支)에 진토(辰土)가 들고, 진(辰)에 계수(癸水)가 있지만 불이 너무 강하여 계수(癸水)가 나타날 수가 없다. 과거를 몇 차례 보았으나 모두 떨어졌다.

12) 의식주복 없는 사주

년	월	일	시								
丁	丙	戊	甲	乙	甲	癸	壬	辛	庚	己	戊
卯	午	午	寅	巳	辰	卯	寅	丑	子	亥	戌

의식주는 식신(食神)의 길흉작용에 따라 좌우된다. 이 사주는 신강(身強)한데 재성(財星)과 식신(食神)이 없고, 인성(印星)이 태왕한데 또 관살(官殺)운을 만나니 사주가 혼탁하다. 식상(食傷)과 재성(財星)이 없으니 의식주복이 없어 항상 궁핍하게 살았다.

13) 재능 없는 사주

년	월	일	시								
壬	辛	壬	戊	壬	癸	甲	乙	丙	丁	戊	己
戌	亥	申	申	子	丑	寅	卯	辰	巳	午	未

재능운은 월지(月支)와 식상(食傷)의 작용으로 본다. 본명은 월지(月支)가 해수(亥水)이니 생지(生地)이며 기신(忌神)이니 재능이 없다. 또 임수(壬水) 일주(日主)가 해(亥)월에 태어나 득령(得令)하여 신강(身强)하다. 식상(食傷)과 재성(財星)이 필요한데 없으니 특별한 재능이 없었다. 시간(時干)의 편관(偏官)이 용신(用神)이지만 강한 인성(印星)이 설기(洩氣)하여 무력하다. 이 사람은 특별한 재능도 재물도 없어 아주 박복한 삶을 살았다.

14) 악연을 만나는 사주

년	월	일	시								
己	丁	壬	丁		丙	乙	甲	癸	壬	辛	庚	己
亥	卯	子	未		寅	丑	子	亥	戌	酉	申	未

사주에 합이 있는데 그 결과가 기신(忌神)으로 변하면 악연을 만난다. 본명은 신약(身弱)하니 금수(金水)운이 길하고 목화(木火)운은 흉하다. 그런데 천간(天干)에서 정임합목(丁壬合木)하여 기신(忌神)으로 변하고, 지지(地支)에서는 해묘미(亥卯未)가 삼합(三合)하여 목국(木局)으로 변하니 기신(忌神)이다. 따라서 가는 곳마다 악연을 만나 고통이 많았다.

5장. 장수론(長壽論)

■ 원 문

하지기인수성정원기후(何知其人壽性定元氣厚)

■ 직 역

기인(其人)이 장수(長壽)를 하지(何知)에 성정(性定)의 원기(元氣)가 후(厚)하다.

■ 한자풀이

壽(목숨 수) 性(성품 성) 定(정할 정) 元(으뜸 원) 厚(두터울 후)

■ 풀 이

어떻게 그 사람의 수명을 아는가? 그것은 성품의 안정됨과 원기의 후덕함에 있다. 신강(身强) 사주는 용신(用神)이 건강해야 장수한다. 일간(日干)을 중심으로 강약을 보는 것은 육체의 건강을 보는 것이고, 용신(用神)의 강약을 보는 것은 정신의 건강을 보는 것이다. 일간(日干)이 지나치게 왕하거나 약하면 질병이 따른다. 반드시 중화되어야 육체가 건강하고, 용신(用神)은 강하면 강할수록 정신과 운이 좋다.

1) 오행(五行)을 골고루 갖추고 균형을 이루면 장수한다.

년	월	일	시							
甲	丁	戊	辛	戊	己	庚	辛	壬	癸	甲 乙
子	卯	午	酉	辰	巳	午	未	申	酉	戌 亥

본명은 목화토금수(木火土金水)를 모두 갖추어 사주가 균형을 잘 이루었다. 즉 년지(年支) 자수(子水)는 갑목(甲木)과 묘목(卯木)을 생하고, 목(木)은 정화(丁火)와 오화(午火)를 생하고, 화(火)는 일간(日干) 무토(戊土)를 생하고, 무토(戊土)는 신유금(辛酉金)을 생하니 생생불식(生生不息)이다. 따라서 건강하게 장수하였다.

2) 상충(相沖)이나 상극(相剋)이 없으면 장수한다.

년	월	일	시							
乙	癸	戊	癸	壬	辛	庚	己	戊	丁	丙 乙
巳	未	申	亥	午	巳	辰	卯	寅	丑	子 亥

이 사주는 대부분 상생과 합으로 구성되었다. 즉 무계(戊癸)가 합하여 화(火)가 되고, 사오(巳午)가 방합(方合)하고, 미(未)와 신(申)이 상생하고, 신(申)과 해(亥)도 상생한다. 사주에 상충(相沖)과 상극(相剋)이 전혀 없다. 따라서 건강하게 장수하였다.

3) 합(合)하여 용신(用神)으로 변하면 장수한다.

년	월	일	시								
甲	丙	乙	庚	丁	戊	己	庚	辛	壬	癸	甲
寅	寅	酉	辰	卯	辰	巳	午	未	申	酉	戌

본명은 을목(乙木) 일주(日主)가 인(寅)월에 태어나 신강(身强)하다. 용신(用神)은 시간(時干) 경금(庚金)인데 을경(乙庚)이 합하여 금(金)으로 변하고, 지지(地支)의 진유(辰酉)가 합하여 금(金)으로 변하였다. 이렇게 합하여 용신(用神)으로 변하면 장수한다. 이 사람은 평생 건강하게 살았다.

4) 기신(忌神)을 상충(相沖)으로 제거하면 장수한다.

년	월	일	시								
辛	辛	庚	甲	庚	己	戊	丁	丙	乙	甲	癸
卯	卯	寅	申	寅	丑	子	亥	戌	酉	申	未

본명은 경금(庚金) 일주(日主)가 묘(卯)월에 태어나 신약(身弱)하다. 용신(用神)은 금(金)이고, 토(土)는 희신(喜神)이다. 비록 목(木)이 강하나 금(金)도 만만치 않다. 금(金)이 목(木)을 상충(相冲)시켜 목(木)을 제거하니 좋아졌다. 건강하게 장수하였다.

5) 일주(日主)가 왕성하고 용신(用神)이 강하면 장수한다.

년	월	일	시									
丙	甲	戊	壬		乙	丙	丁	戊	己	庚	辛	壬
寅	午	申	子		未	申	酉	戌	亥	子	丑	寅

무토(戊土) 일주(日主)가 오(午)월에 태어나 득령(得令)하여 왕성하다. 화(火)가 많아 신강(身强)하니 물이 필요하다. 시간(時干) 임수(壬水)가 용신(用神)이고, 금(金)은 희신(喜神)이다. 임수(壬水) 용신(用神)은 일지(日支) 신금(申金)과 시지(時支) 자수(子水)에 통근(通根)하여 매우 강하다. 어떤 사주든 일주(日主)가 왕성하고 용신(用神)이 강하면 장수한다. 건강하게 100세까지 장수하였다.

6) 신강(身强)하고 재관(財官)이 강하면 장수한다.

년	월	일	시									
丁	丙	丙	壬		丁	戊	己	庚	辛	壬	癸	甲
卯	午	申	辰		未	申	酉	戌	亥	子	丑	寅

본명은 병화(丙火) 일주(日主)가 오(午)월에 태어나 득령(得令)하여 신강(身强)하다. 용신(用神)은 시간(時干) 임수(壬水) 편관(偏官)인데, 일지(日支)의 신금(申金) 재성(財星)에 통근(通根)하여 강하고, 또 신진(申辰)이 반합(半合)하여 용신(用神)을 도우니 더 강하다. 신강(身强)하고 재관(財官)이 강하면 장수한다. 이 사람은 평생 건강하게 살았으며 장수하였다.

7) 신왕(身旺)하고 식상(食傷)이 강하면 장수한다.

년	월	일	시								
戊	己	戊	庚	庚	辛	壬	癸	甲	乙	丙	丁
午	未	申	申	申	酉	戌	亥	子	丑	寅	卯

무토(戊土) 일주(日主)가 미(未)월에 태어나 득령(得令)하여 신강(身强)하다. 그러나 식신(食神)에 해당하는 경신금(庚辛金)이 왕성하여 중화되었다. 신왕(身旺)하고 식상(食傷)이 강하면 장수한다. 이 사람은 평생 약이라고는 먹어보지 않았고 건강하게 장수하였다.

8) 신약(身弱)하나 관인상생(官印相生)하면 장수한다.

년	월	일	시								
己	乙	丙	己	甲	癸	壬	辛	庚	己	戊	丁
亥	亥	寅	亥	戌	酉	申	未	午	巳	辰	卯

본명은 관인상생(官印相生)이 잘되었다. 병화(丙火) 일주(日主)가
해(亥)월에 태어나 실령(失令)하여 신약(身弱)하나, 월(月) 을목
(乙木)과 일지(日支) 인목(寅木)이 많은 물을 유통시켜 상생시킨
다. 즉 신약(身弱)하나 왕성한 관살(官殺)이 인성(印星)을 상생하
고, 인성(印星)이 일주(日主)를 상생하면 장수한다. 이 사람은 건강
하게 장수하였다.

9) 대운이 길하면 장수한다.

```
년  월  일  시
戊  戊  壬  辛        己庚辛壬癸甲乙丙
午  午  申  亥        未申酉戌亥子丑寅
```

이 사주는 격도 좋지만 대운이 용신(用神)운인 금수(金水)운으로
흘러 대길이다. 대부분 대운이 용신(用神)운으로 흐르면 장수한다.
이 사람도 아름다운 처첩들을 거느리고 부귀영화를 누리며, 건강하
게 장수하였다.

6장. 단명흉사론(短命凶死論)

■ 원 문

하지기인요기탁신고료(何知其人夭氣濁神枯了)

■ 직 역

기인(其人)이 요(夭)를 하지(何知)에 기(氣)가 탁(濁)에 신(神)의 고(枯)가 료(了)하다.

■ 한자풀이

氣(기운 기) 夭(요절할 요) 濁(흐릴 탁) 枯(마를 고) 了(마칠 료)

■ 풀 이

어떻게 그 사람의 수명을 아는가? 그것은 기(氣)가 혼탁하고 정신이 메마르면 요절한다. 일주(日主)가 태약하거나 용신(用神)이 태약하거나 상충(相沖)이나 상극(相剋)이 많으면 단명한다.

1. 단명론(短命論)

1) 일주(日主)가 태약하면 단명한다.

```
년 월 일 시
壬 壬 丁 辛        癸 甲 乙 丙 丁 戊 己 庚
午 子 酉 亥        丑 寅 卯 辰 巳 午 未 申
```

본명은 정화(丁火) 일주(日主)가 태약하다. 년지(年支)에 오화(午火)가 통근(通根)했으나 거리가 멀고, 또 오화(午火)는 임수(壬水)와 자수(子水)에게 파극(破剋)당하여 일간(日干)을 생조(生助)하기는커녕 자기 한 몸도 지키기 어렵다. 따라서 정화(丁火) 일주(日主)는 사고무친이 되어 15세에 단명하였다.

2) 용신(用神)이 미약하면 단명한다.

```
년 월 일 시
庚 甲 庚 庚        癸 壬 辛 庚 己 戊 丁 丙
申 申 戌 辰        未 午 巳 辰 卯 寅 丑 子
```

본명은 월(月) 갑목(甲木)이 용신(用神)인데, 신(申) 임수(壬水)가 있고 진(辰) 계수(癸水)에 의지하여 미약하나마 통근(通根)되었다.

그러나 갑목(甲木) 용신(用神)은 경금(庚金)이 좌우에서 상충(相沖)하니 미약하다. 용신(用神)은 사람의 정신과 같은데 미약하니 14세 경술(庚戌)년에 죽었다.

3) 지지(地支)에 상충(相沖)이 많으면 단명한다.

```
  년  월  일  시
  壬  壬  癸  乙        癸甲乙丙丁戊己庚
  午  子  酉  卯        丑寅卯辰巳午未申
```

본명은 지지(地支)가 자오(子午)가 상충(相沖)하고 묘유(卯酉)가 상충(相沖)하니 전쟁터와 같다. 년지(年支) 오화(午火)가 용신(用神)이지만 임수(壬水)와 자수(子水)가 파극(破剋)하여 태약하다. 이 사람은 18세 임자(壬子)년에 꽃다운 나이에 죽었다.

4) 용신(用神)이 합(合)되어 기신(忌神)으로 변하면 단명한다.

```
  년  월  일  시
  壬  戊  庚  乙        丁丙乙甲癸壬辛庚
  寅  申  申  酉        未午巳辰卯寅丑子
```

본명은 토(土)와 금(金)이 강하여 시간(時干) 을목(乙木)이 용신

(用神)이다. 그러나 을경(乙庚)이 합하여 금(金)으로 변하니 사라진 셈이고, 또 년지(年支) 인목(寅木)은 인신(寅申)이 상충(相沖)하여 매우 미약하다. 이 사람은 15세에 단명하였다. 어떤 사주라도 용신(用神)이 합되어 기신(忌神)으로 변하면 단명한다.

5) 일간(日干)이 태왕한데 제극(制剋)과 설기(洩氣)가 없으면 단명한다.

년	월	일	시								
丙	癸	戊	己		甲	乙	丙	丁	戊	己	庚	辛
寅	巳	午	未		午	未	申	酉	戌	亥	子	丑

본명은 무토(戊土) 일간(日干)이 태왕한데 설기(洩氣)시키는 식상(食傷)이 없고, 월(月) 계수(癸水)는 정재(正財)이나 지지(地支)에 통근(通根)하지 않아 쓸모 없고, 년지(年支) 인목(寅木)은 화(火)에 설기(洩氣)되어 편관(偏官)의 사명을 못한다. 따라서 10세에 단명하였다. 일간(日干)이 태왕한데 파극(破剋)하는 재관(財官)이 무력하거나 설기(洩氣)시키는 식상(食傷)이 전혀 없으면 단명한다.

6) 인성(印星)이 용신(用神)인데 재성(財星)이 태왕하면 단명한다.

년	월	일	시								
壬	壬	戊	壬		辛	庚	己	戊	丁	丙	乙	甲
午	子	子	子		亥	戌	酉	申	未	午	巳	辰

본명의 용신(用神)은 년지(年支) 오화(午火)인데, 파극(破剋)하는 기신(忌神) 수(水) 즉 재성(財星)이 태왕하다. 따라서 12세에 단명하였다. 이처럼 인성(印星)이 용신(用神)인데 인성(印星)을 파극(破剋)하는 재성(財星)이 태왕하면 단명한다. 어떤 사주든 용신(用神)을 파극(破剋)하는 기신(忌神)이 태왕하면 단명하기 쉽다.

7) 비겁(比劫)이 용신(用神)인데 관살(官殺)이 태왕하면 단명한다.

년	월	일	시
己	丙	丙	己
亥	子	子	亥

丁 戊 己 庚 辛 壬 癸 甲
丑 寅 卯 辰 巳 午 未 申

신약(身弱)하니 월(月) 병화(丙火)가 용신(用神)인데, 지지(地支)에 통근(通根)되지 않아 대흉하다. 병화(丙火) 용신(用神)을 파극(破剋)하는 자수(子水) 기신(忌神)이 너무 많아 수극화(水剋火)하여 파극(破剋)하니 18세에 단명하였다. 비겁(比劫)이 용신(用神)인데 용신(用神)을 파극(破剋)하는 관살(官殺)이 태왕하면 단명한다.

8) 신약(身弱)에 식상(食傷)이 중첩하면 단명한다.

년	월	일	시
丁	丙	甲	庚
卯	午	午	午

乙 甲 癸 壬 辛 庚 己 戊
巳 辰 卯 寅 丑 子 亥 戌

본명은 갑목(甲木) 일주(日主)가 신약(身弱)한데 식상(食傷)에 해당하는 화(火)가 태왕하여 설기(洩氣)가 너무 심하다. 그리고 시간(時干) 경금(庚金)은 갑경상충(甲庚相沖)을 한다. 따라서 갑목(甲木) 일주(日主)는 고립무원이 되어 11세에 단명하였다. 신약(身弱)한데 식상(食傷)이 중첩되면 단명한다.

9) 화(火)만 태왕하여 열조(熱燥)하면 단명한다.

년	월	일	시								
戊	戊	戊	乙	己	庚	辛	壬	癸	甲	乙	丙
午	午	寅	卯	未	申	酉	戌	亥	子	丑	寅

길복이 많으려면 음양(陰陽)이 조화되어야 하고, 다음은 오행(五行)이 골고루 있어야 한다. 본명은 양(陽)에 해당하는 갑을병정무(甲乙丙丁戊)만 태왕하고, 음(陰)에 해당하는 기병신임계(己庚辛壬癸)는 전혀 없다. 즉 조후(調候)되지 않아 문제가 많다. 이 사람은 19세에 단명하였다. 사주가 화(火)만 태왕하여 열조하면 단명한다.

10) 수(水)만 태왕하여 한습(寒濕)하면 단명한다.

년	월	일	시								
庚	戊	壬	辛	丁	丙	乙	甲	癸	壬	辛	庚
子	子	辰	亥	亥	戌	酉	申	未	午	巳	辰

본명은 앞 사주와 반대로 열조한 기운은 미약하고, 한습한 기운만 태왕하다. 사주에 화(火)가 하나도 없는 것이 문제이다. 수(水)만 태왕하여 한습하면 단명한다. 따라서 17세에 단명하였다.

11) 초년 대운이 흉하면 단명한다.

```
년  월  일  시
丙  癸  丙  丙        甲乙丙丁戊己
午  巳  午  申        午未申酉戌亥
```

월(月) 계수(癸水)가 용신(用神)이고, 금(金)은 희신(喜神)이다. 화(火)는 기신(忌神)인데 오(午) 대운 병오(丙午)년인 9세에 죽었다. 격이 불리하고 용신(用神)이 허약하며 초년운이 흉하여 단명한 것이다. 그러나 초년운은 자신보다 부모운에 많은 영향을 받는다.

2. 흉사론(凶死論)

1) 수(水)가 많으면 익사한다.

```
년  월  일  시
壬  壬  丙  戊        癸甲乙丙丁戊己庚
子  子  午  子        丑寅卯辰巳午未申
```

사람은 누구나 오래 살다가 편안하게 죽기를 원할 것이다. 그러나 사주가 고약하면 죽음도 마음대로 할 수 없다. 본명은 사주에 물이 너무 많아 마치 홍수가 난 것 같다. 진(辰) 대운 임신(壬申)년에 신자진(申子辰) 수국(水局)을 이루어 바다에 빠져 죽었다. 사주에 수(水)가 많은데 막기 못하면 물에 빠져 죽는다.

2) 화(火)가 많으면 불에 타 죽는다.

년	월	일	시								
戊	己	庚	辛		戊	丁	丙	乙	甲	癸	壬	辛
午	未	午	巳		午	巳	辰	卯	寅	丑	子	亥

본명은 화(火)가 넘친다. 사오미(巳午未)가 방합(方合)하여 화국(火局)을 이루니 경금(庚金)이 녹아내릴 지경인데, 수(水)가 하나도 없으니 흉하다. 병(丙) 대운 갑오(甲午)년에 집에 불이 나 타죽었다. 사주에 화(火)가 많기 때문이다.

3) 역마(驛馬)가 기신(忌神)에 해당하면 객사한다.

년	월	일	시								
庚	辛	癸	丁		壬	癸	甲	乙	丙	丁	戊	己
寅	巳	巳	巳		午	未	申	酉	戌	亥	子	丑

지지(地支)의 인신사해(寅申巳亥)는 역마(驛馬)에 해당한다. 역마 (驛馬)는 이동이나 여행을 다스리는 별인데 기신(忌神)에 해당하면 여행이나 멀리가서 죽는다. 이 사람도 여행길에 산적을 만나 죽었다. 사주에 역마(驛馬)가 많고 기신(忌神)에 해당하면 객사한다.

4) 양인(羊刃)이 많으면 칼에 죽는다.

년	월	일	시							
丙	辛	甲	丁	庚	己	戊	丁	丙	乙	甲	癸
子	卯	寅	卯	寅	丑	子	亥	戌	酉	申	未

이 사주는 갑목(甲木) 일주(日主)가 묘(卯)월에 태어나 득령(得令)하여 신강(身强)한데, 일지(日支)에 인목(寅木)이 있고, 묘(卯)시에 태어나 목(木)이 태왕하다. 묘(卯)가 양인(羊刃)인데 해(亥)대운 을미(乙未)년에 해묘미(亥卯未)가 삼합(三合)하여 목국(木局)을 이루니 대흉하다. 이 사람은 거래인과 시비하다 집단구타와 칼에 맞아 죽었다. 양인(羊刃)은 흉폭하거나 투쟁하는 별로 사주에 양인(羊刃)이 많고 기신(忌神)에 해당하면 흉사한다.

5) 편관(偏官)이 많으면 흉사한다.

년	월	일	시								
戊	庚	甲	庚	辛	壬	癸	甲	乙	丙	丁	戊
寅	申	申	午	酉	戌	亥	子	丑	寅	卯	辰

갑목(甲木) 일주(日主)가 신(申)월에 태어나 실령(失令)하여 신약(身弱)하다. 편관(偏官)은 강한데 관인상생(官印相生)시킬 인성(印星)이 전혀 없으니 편관(偏官)이 매우 위태롭다. 이 사람은 싸움판에 끼어 들었다가 칼에 맞아 죽었다. 사주에 편관(偏官)이 많고 기신(忌神)에 해당하면 흉사한다.

6) 도화(桃花)가 많으면 색정으로 흉사한다.

년	월	일	시								
己	丙	丁	己	乙	甲	癸	壬	辛	庚	己	戊
卯	子	酉	酉	亥	戌	酉	申	未	午	巳	辰

사주에서 자오묘유(子午卯酉)는 도화(桃花)에 해당하는데, 도화(桃花)는 주로 색정이나 불륜 등을 나타내는 별이다. 사주에 도화(桃花)가 많고 기신(忌神)에 해당하면 색정이나 불륜으로 흉사한다. 이 사주는 지지(地支)가 모두 도화(桃花)로 구성되었다. 이 사

람은 어려서부터 색을 좋아했는데, 유부녀와 관계를 맺다가 그녀의 남편에게 맞아 죽었다.

7) 괴강(魁罡)이 많으면 흉사한다.

년	월	일	시
丙	戊	庚	庚
午	戌	戌	辰

己庚辛壬癸甲乙丙
亥子丑寅卯辰巳午

무술(戊戌)·무진(戊辰)·경술(庚戌)·경진(庚辰)·임진(壬辰)·임술(壬戌)은 모두 괴강(魁罡)에 해당한다. 사주에 괴강(魁罡)이 많고 기신(忌神)에 해당하면 흉사한다. 본명은 무술(戊戌)월 경술(庚戌)일 경진(庚辰)시생이라 괴강(魁罡)이 3개나 된다. 괴강(魁罡)은 강폭한 별인데 3개의 괴강(魁罡)이 모두 기신(忌神)에 해당한다. 이 사람은 역모에 관련되어 사형당하였다.

8) 상충(相沖)이 많으면 흉사한다.

년	월	일	시
甲	庚	丙	戊
子	午	午	子

己戊丁丙乙甲癸壬
巳辰卯寅丑子亥戌

본명은 갑경(甲庚)이 상충(相沖)하고 자오(子午)가 2번씩이나 상충(相沖)하여 사주가 전쟁판이다. 따라서 병인(丙寅) 대운 갑오(甲午)년에 건달들과 시비를 벌이다 칼에 맞아 비명횡사하였다. 사주에 상충(相沖)이 많고 기신(忌神)이 강하면 흉사한다.

7장. 성정론(性情論)

1. 오기(五氣)의 성정

■ 원 문

오기불려성정정화(五氣不戾性情情和)

탁란편고성괴정역(濁亂偏孤性乖情逆)

■ 직 역

  오기(五氣)가 불려(不戾)하면 성정이 정화(情和)하고 탁(濁)하고 난(亂)하고 편고(偏孤)하면 성정이 어그러지고 역행(逆行)한다.

■ 한자풀이

戾(어그러질 려) 性(성품 성) 情(뜻 정) 和(화할 화) 濁(흐릴 탁) 亂(어리러울 난) 偏(치우칠 편) 枯(마를 고) 乖(어그러질 괴)

■ 풀이

사주에서 오행(五行)이 치우치지 않으면 중화를 이루어 길복이 따르고, 상충(相沖)이나 상극(相剋) 등으로 혼탁하고 난잡하고 편고하면 어그러지며 역행하고 편견적인 심성이 된다. 오행(五行)의 성격을 구체적으로 논하면 다음과 같다. 중화란 조화를 잘 이루어 어느 한쪽으로 치우침이 없는 상태를 말한다. 중화되면 대부분 인자하고 정의감이 있고 예절이 바르고 지혜가 있고 신의가 있고 길복이 많다. 그러나 너무 많거나 너무 부족하면 성격에 결함이 생긴다. 즉 인자하지 못하며 정의감이 없고 예절이 바르지 못하며 지혜가 없고 신의가 없다.

1. 목성(木星)의 성격

중화 : 목성(木星)이 중화를 이루면 인자하며 관대하고 불쌍한 사
람을 보면 측은지심이 있다. 그리고 겸손하며 양보하는 미
덕이 있다.

태과 : 목성(木星)이 너무 많아 태과하면 시기와 질투심이 많고 인
자하지 못하며 만용이 많다. 자만심이 많고 방자하여 사람
들과 불화한다.

불급 : 목성(木星)이 부족하여 불급하면 변덕이 심하고 소심하다.
또 부정한 생각을 많이 품으며 친구를 이간하는 소인배다.

2. 화성(火星)의 성격

중화 : 화성(火星)이 중화를 이루면 착하며 예의범절을 중시하고
　　　성격이 민속하다. 명랑하며 사교적이고, 밖으로 꾸미는 것을
　　　좋아한다.
태과 : 화성(火星)이 많아 태과하면 조급하며 혈기가 많다. 혹독하
　　　며 잔인하여 원성을 많이 듣고, 한 입으로 두 말을 하는 경
　　　우가 많다.
불급 : 화성(火星)이 부족하여 불급하면 예의범절이 부족하고 사
　　　악한 지혜가 많다. 재능이 많으나 악용하며 결단력이 부족
　　　하다.

3. 토성(土星)의 성격

중화 : 토성(土星)이 중화되면 신의가 있으며 중후하고 충효정신
　　　이 강하며 약속을 중시한다. 신용이 있고 정직하며 관대하
　　　고 포용심이 많다.
태과 : 토성(土星)이 태과하면 고집불통이며 사리에 총명하지 못
　　　하고 고지식하며 편견이 많다. 성격이 급하며 혈기도 많다.
불급 : 토성(土星)이 부족하여 불급하면 신의가 부족하며 약속을
　　　잘 지키지 않는다. 또 처사가 부당하며 인색하고 매사 불신
　　　적이다.

4. 금성(金星)의 성격

중화 : 금성(金星)이 중화를 이루면 성격이 좋고 정의감이 강하며
　　　 용감하다. 위엄이 있고 결단력이 있다. 명예를 중시하며 의
　　　 리가 강하다.
태과 : 금성(金星)이 많아 태과하면 성격에 문제가 많다. 특히 과
　　　 욕을 부리며 살기가 넘친다. 살생을 좋아하며 잔인하고 만
　　　 용을 부리며 무모하다.
불급 : 금성(金星)이 부족하여 불급하면 정의감이 부족하여 의리
　　　 가 없다. 무슨 일이나 결단력이 부족하고 시비를 잘 걸며
　　　 협잡심이 많다.

5. 수성(水星)의 성격

중화 : 수성(水星)이 중화를 이루면 총명하며 지혜가 많다. 사리판
　　　 단이 정확하고 지덕을 겸비한다.
태과 : 수성(水星)이 많아 태과하면 성격이 흉악하다. 재능이 많으
　　　 나 사악하며 간사하다. 호색적이며 불륜하고 식자우환의 경
　　　 우도 많다.
불급 : 수성(水星)이 부족하여 불급하면 지혜와 용기가 부족하여
　　　 발전이 없으니 어려운 일을 반복한다.

2 화(火)의 성정

■ 원문

화열이성조자우금수지격(火烈而性燥者遇金水之激)

■ 직역

화(火)는 열(烈)하여 성(性)이 조(燥)한 자는 금수(金水)를 우(遇)하면 격동(激動)한다.

■ 한자풀이

烈(매울 열) 燥(마를 조) 遇(만날 우) 金(쇠 금) 激(격동할 격)

■ 풀이

화(火)가 맹렬하여 성정이 조급할 때는 금수(金水) 기운을 만나야 격동한다. 사주는 조후(調候)가 중요하다. 조후(調候)란 수(水)와 화(火)의 조화를 말한다. 수화(水火)가 조화되지 않으면 다른 것이 아무리 아름다워도 별로 길하지 못하다.

1. 화(火)가 중화된 사주

1) 주변 사람들에게 칭찬받은 사주

년	월	일	시								
甲	己	丙	壬	庚	辛	壬	癸	甲	乙	丙	丁
寅	巳	子	辰	午	未	申	酉	戌	亥	子	丑

본명은 병화(丙火) 일주(日主)가 사(巳)월에 태어나 득령(得令)하여 신강(身强)하다. 그리고 일지(日支)에 자수(子水)가 들고, 시지(時支)에 진토(辰土)가 들어 수화(水火)가 조화를 이루었다. 전체적으로 사주가 균형이 잘 잡혀 있고, 임수(壬水) 용신(用神)이 강하여 길복이 많았다. 화(火)가 중화되어 예의를 중시하며 성격이 원만하여 매사 명랑하고, 외적으로 화려하게 꾸미는 것을 좋아하였다. 주변 사람들과도 잘 화합하여 어디를 가도 칭송이 자자했다.

2) 예의바르고 명랑한 사주

년	월	일	시								
癸	甲	丁	戊		癸	壬	辛	庚	己	戊	丁	丙
酉	子	卯	申		亥	戌	酉	申	未	午	巳	辰

본명은 정화(丁火) 일주(日主)가 자(子)월에 태어나 실령(失令)했으나, 월(月) 갑목(甲木)과 일지(日支) 묘목(卯木)이 있어 관인상생(官印相生)이 잘 되어 중화되었다. 따라서 예의를 중시하며 민속하고 착한 성품을 지녔다. 항상 명랑하며 외적으로 화려하게 꾸미는 것을 좋아하였다. 용신(用神)은 월(月) 갑목(甲木)인데 재관(財官)이 비록 강하나 인수(印授)가 중간에서 잘 유통시켜 흉이 길로 변하여 길복이 많았다.

2. 화(火)가 태과한 사주

1) 성격이 조급하며 혈기가 넘치는 사주

```
년  월  일  시
丙  甲  丙  丙        乙丙丁戊己庚辛壬
寅  午  戌  申        未申酉戌亥子丑寅
```

본명은 병화(丙火) 일주(日主)가 오(午)월에 태어났고, 지지(地支)에 인오술(寅午戌)이 삼합(三合)하여 화국(火局)을 이루니 화(火)가 태과하다. 따라서 성격이 조급하며 혈기가 넘치고, 때로는 혹독하며 잔인하고 일구이언을 하는 결함이 있었다. 화(火)가 태왕하니 수(水)가 필요하여 시지(時支)의 신(申) 임수(壬水)가 용신(用神)이다. 이 사람은 용신(用神)이 암장(暗藏)되어 자신의 능력을 발휘하지 못했다.

2) 항상 주변사람들과 부딪치는 사주

```
년  월  일  시
丁  丙  丁  乙        乙甲癸壬辛庚己戊
酉  午  未  巳        巳辰卯寅丑子亥戌
```

본명은 정화(丁火) 일주(日主)가 오(午)월에 태어났고, 지지(地支)에 사오미(巳午未)가 방합(方合)하여 화국(火局)을 이루니 화(火)는 태왕한 기신(忌神)이 되었다. 많은 불길을 제압하려면 물이 필요한데 수(水)가 하나도 없다. 따라서 년지(年支) 유금(酉金)이 용신(用神)이고, 토(土)는 희신(喜神)이다. 이 사람은 화(火)가 태왕한데 제압하지 못하니 성격에 결함이 많았다. 성격이 조급하여 주변사람들과 항상 부딪쳤고, 혈기가 넘쳐 문제를 일으켰다.

3. 화(火)가 불급한 사주

1) 예의가 없고 결단이 부족한 사주

년	월	일	시								
壬	壬	丙	丁		癸	甲	乙	丙	丁	戊	己	庚
申	子	辰	酉		丑	寅	卯	辰	巳	午	未	申

본명은 지지(地支)에 신자진(申子辰)이 삼합(三合)하여 수국(水局)을 이루었다. 병화(丙火) 일주(日主)는 지지(地支)에 통근(通根)하지 못하여 시간(時干) 정화(丁火)에만 의지할 뿐이다. 따라서 독립심과 예의가 부족하고, 종종 간교하며 사악한 지혜를 부리고 결단이 부족하였다.

2) 간교하고 사악하며 아첨하는 사주

년	월	일	시								
辛	庚	丁	辛		己 戊 丁 丙 乙 甲 癸 壬
巳	子	亥	丑		亥 戌 酉 申 未 午 巳 辰

본명은 정화(丁火) 일주(日主)가 자(子)월에 태어나 실령(失令)하여 신약(身弱)하다. 지지(地支)에는 해자축(亥子丑)이 방합(方合)하여 수(水)가 태왕하다. 정화(丁火) 일주(日主)는 년지(年支) 사화(巳火)에 의지하나 많은 수(水)가 파극(破剋)하여 사화(巳火)가 미약하다. 따라서 예의범절이 부족하여 주변사람들에게 자주 비난을 받았고, 또 간교하고 사악하여 아첨하기를 좋아하였다. 무슨 일을 당하면 결단을 내리지 못하여 우왕좌왕하였다.

3. 수(水)의 성정

■ 원 문
수분이성유자전금목지신(水奔而性柔者全金木之神)

■ 직 역
수(水)가 분(奔)에 성(性)이 유(柔)한 자는 금목(金木)의 신(神)이 전(全)하기 때문이다.

■ 한자풀이

水(물 수) 奔(달릴 분) 柔(부드러울 유) 全(온전 전) 木(나무 목)

■ 풀 이

 수(水)가 많아 분주하면서도 성품이 유순한 것은 금(金)과 목(木)
이 온전하기 때문이다. 수(水)는 천간(天干)에서는 임계(壬癸)이고,
지지(地支)에서는 해자축(亥子丑)이다. 수(水)의 본성은 지혜이고,
색상으로는 흑, 방위로는 북방, 계절로는 겨울, 하루로는 밤에 해당
한다. 수(水)가 중화되면 총명하며 지혜가 있고 사리판단이 정확하
며 지덕을 겸비한다. 그러나 너무 많거나 부족하면 사악한 지혜가
많고, 불륜을 저지르고, 지혜와 용기도 부족하다.

1. 수(水)가 중화된 사주

1) 총명하며 지혜가 많고 지덕을 겸비한 사주

년	월	일	시								
丙	庚	壬	丙	辛	壬	癸	甲	乙	丙	丁	戊
申	子	寅	午	丑	寅	卯	辰	巳	午	未	申

 본명은 임수(壬水) 일주(日主)가 자(子)월에 태어나 득령(得令)하
여 신강(身强)하다. 그러나 일지(日支) 인목(寅木)이 왕성한 수

(水)를 유출시켜 시주(時柱)의 병오(丙午)로 돌리니, 임수(壬水) 일주(日主)가 비록 신강(身强)해도 중화되었다. 따라서 총명하며 지혜가 많고 판단력이 정확하고 지덕을 겸비하였다. 용신(用神)은 시간(時干) 병화(丙火)이고, 목(木)은 희신(喜神)이다.

2) 포용력이 많은 사주

년	월	일	시								
己	壬	癸	丁	辛	庚	己	戊	丁	丙	乙	甲
酉	申	卯	巳	未	午	巳	辰	卯	寅	丑	子

본명은 계수(癸水) 일주(日主)가 신(申)월에 태어나 득령(得令)하여 신강(身强)하다. 그러나 시주(時柱) 정사(丁巳)가 강하고 일지(日支) 묘목(卯木)이 유통시켜 계수(癸水) 일주(日主)가 중화되었다. 따라서 지혜가 있고 판단력이 정확하며 포용심이 많았다.

2. 수(水)가 태과한 사주

1) 사악한 지혜가 많고 호색적인 사주

년	월	일	시								
辛	庚	壬	庚	辛	壬	癸	甲	乙	丙	丁	戊
卯	子	子	子	丑	寅	卯	辰	巳	午	未	申

본명은 수(水)가 넘치는데 제압할 재관(財官)이 없다. 년지(年支) 묘목(卯木)이 설기(洩氣)시키지만 중화를 이루기에는 역부족이다. 따라서 간교하며 사악한 지혜가 많았고, 호색적이며 불륜하였다. 또 매사에 편견적이며 사람들과 잘 화합하지 못했다.

2) 식자우환 사주

년	월	일	시								
丁	壬	癸	壬		辛	庚	己	戊	丁	丙	乙	甲
亥	子	未	子		亥	戌	酉	申	未	午	巳	辰

본명은 수(水)는 태왕하고 화(火)는 미약하여 홍수가 난 격이다. 제방하려면 토(土)가 필요한데 일지(日支)에 미토(未土) 하나밖에 없으니 역부족이다. 또 자(子)월에 태어나 사주가 춥다. 따라서 조후(調候)해야 하나 년간(年干) 정화(丁火)는 태양이 아니라 달이니 힘들다. 따라서 사악한 지혜가 많았고 호색적이며 불륜하여 아는 것이 병이 되는 식자우환이었다.

3. 수(水)가 불급한 사주

1) 지혜와 용기가 부족한 사주

```
년  월  일  시
壬  丙  壬  丁        丁戊己庚辛壬癸甲
辰  午  寅  未        未申酉戌亥子丑寅
```

본명은 임수(壬水) 일주(日主)가 오(午)월에 태어나 실령(失令)하여 신약(身弱)하다. 지지(地支)에는 화(火)가 넘치는데 불을 끌 물이 부족하다. 년지(年支)에 진토(辰土)가 있지만 역부족이다. 따라서 지혜가 부족하고 용기도 부족하여 일을 할 때마다 망설였다.

2) 발전하지 못하고 제자리 걸음만 하는 사주

```
년  월  일  시
戊  丁  癸  戊        丙乙甲癸壬辛庚己
申  巳  未  午        辰卯寅丑子亥戌酉
```

본명은 계수(癸水) 일주(日主)가 사(巳)월에 태어나 실령(失令)하여 신약(身弱)하다. 년지(年支) 신금(申金)이 금생수(金生水)하여 종격(從格)도 될 수 없으니 태약한 신약(身弱) 사주이다. 지지(地

支)에서는 사오미(巳午未)가 방합(方合)하여 불길이 태왕한데 불을 끌 물이 없다. 따라서 머리가 우둔하며 지혜가 없어 매사 발전하지 못하고 제자리 걸음만 하였다.

4. 목(木)의 성정

■ 원 문

목분남이연겁(木奔南而軟怯)

■ 직 역

목(木)이 남(南)으로 분(奔)하니 연(軟)하여 겁(怯)을 낸다.

■ 한자풀이

奔(달릴 분) 南(남녘 남) 而(말이을 이) 軟(연할 연) 怯(겁낼 겁)

■ 풀 이

목(木)이 남으로 달리니 연약하여 겁을 낸다. 목(木)의 성질은 인자하고, 색상은 청색, 기운은 생기, 방위는 동방, 계절은 봄, 하루에서는 아침에 해당한다. 목성(木星)이 중화되면 인자하고 관대하며 측은지심이 있고, 겸손하며 양보심이 있다. 그러나 목(木)이 너무 많거나 부족하면 시기질투심이 많고, 인자하지 못하며 부정한 마음을 품고 친구를 이간시킨다.

1. 목(木)이 중화된 사주

1) 성품이 인자하며 관대한 사주

```
년  월  일  시
戊  癸  甲  戊        甲乙丙丁戊己庚辛
申  亥  午  辰        子丑寅卯辰巳午未
```

본명은 갑목(甲木) 일주(日主)가 해(亥)월에 태어나 득령(得令)하여 신강(身强)하다. 시간(時干) 무토(戊土)가 용신(用神)이고, 일지(日支) 오화(午火)는 희신(喜神)이다. 신강(身强)하면서 용신(用神)이 강하여 인자하고 관대하며 동정심이 많고, 겸손하며 양보하는 미덕을 지닌 군자지풍의 훌륭한 인물이었다.

2) 동정심이 많아 어려운 사람을 잘 도와주는 사주

```
년  월  일  시
戊  戊  乙  丙        丁丙乙甲癸壬辛庚
申  午  亥  子        巳辰卯寅丑子亥戌
```

본명은 을목(乙木) 일주(日主)가 오(午)월에 태어나 실령(失令)하여 신약(身弱)하다. 그러나 일지(日支)에 해수(亥水)가 들고, 시지

(時支)의 자수(子水)가 생조(生助)하여 을목(乙木) 일주(日主)가 강하다. 용신(用神)은 일지(日支) 해수(亥水)이다. 따라서 인자하며 관대하고 동정심이 많아 어려운 사람을 잘 도와주었고, 매사에 겸손하며 도리에 성실한 좋은 사람이었다.

2. 목(木)이 태과한 사주

1) 남이 잘되는 것을 못보는 사주

년	월	일	시								
戊	乙	甲	甲		丙	丁	戊	己	庚	辛	壬	癸
戊	卯	寅	子		辰	巳	午	未	申	酉	戌	亥

본명은 목(木)이 너무 많다. 년주(年柱)에 무술(戊戌)이 없었으면 종강격(從强格)이 될 뻔 했다. 목(木)이 태과하나 제압할 힘이 없으니 목(木)이 날뛴다. 따라서 인자하지 못하며 시기와 질투심이 많아 남이 잘되는 것을 못보고, 변덕이 심하였다. 어디를 가도 말썽을 일으켜 문제가 많은 소인배였다.

2) 사촌이 땅을 사면 배가 아픈 사주

년	월	일	시								
癸	甲	乙	乙		癸	壬	辛	庚	己	戊	丁	丙
卯	寅	卯	酉		丑	子	亥	戌	酉	申	未	午

본명도 목기(木氣)가 태과하다. 천지가 나무판이지만 제압할 힘이라곤 시지(時支) 유금(酉金)뿐이다. 그러나 묘유상충(卯酉相沖)하여 부실하여 무용지물이 되었다. 따라서 성격상 결함이 많았다. 질투심이 많아 사촌이 논을 사면 배가 아픈 소인배였다. 인정도 없고 의리는 눈을 씻고 찾아봐도 없었다. 또 신용도 없고 예절도 없는 천박한 사람이었다.

3. 목(木)이 불급한 사주

1) 변덕이 죽 끓듯하는 사주

년	월	일	시							
庚	癸	甲	己	甲	乙	丙	丁	戊	己	庚	辛
午	未	午	巳	申	酉	戌	亥	子	丑	寅	卯

본명은 지지(地支)에서 사오미(巳午未)가 방합(方合)하여 화(火)는 태왕한데 수(水)는 부족하고, 갑목(甲木)은 심하게 설기(洩氣) 당하여 매우 허약하다. 다행히 월(月) 계수(癸水)가 생조(生助)하여 명맥은 이어가지만 목(木)이 너무 부족하여 성격에 결함이 많았다. 변덕이 심하였고, 항상 부정한 마음을 품었고, 친구를 이간하는 못된 성격의 소유자였다.

2) 친구사이를 갈라놓는 사주

```
년  월  일  시
乙  乙  乙  丙        甲癸壬辛庚己戊丁
巳  酉  酉  戌        申未午巳辰卯寅丑
```

본명도 을목(乙木) 일주(日主)는 허약한데 설기(洩氣)와 파극(破剋)하는 기운이 너무 많아 극루교가(剋漏交加)가 되었다. 따라서 성격에 결함이 많았다. 항상 중심을 잡지 못하여 우왕좌왕하였고, 조석으로 변덕을 부려 주변사람들은 불안하게 하였고, 친구를 잘 이간시키는 사람이었다.

5. 금(金)의 성정

■ 원 문
금견수이유통(金見水而流通)

■ 직 역
금(金)이 수(水)를 견(見)하면 유통한다.

■ 한자풀이
見(볼 견) 水(물 수) 流(흐를 유) 通(통할 통)

■ 풀이

금(金)이 수(水)를 만나면 유통한다. 금(金)의 성질은 의리가 강하고, 기운은 살기를 띤다. 색상은 흰색, 방향은 서방, 계절로는 가을, 하루로는 저녁에 해당한다. 사주에 금(金)이 많으면 살기가 있고, 금(金)이 중화되면 정의감이 강하고 용감하다. 또 거동에 위엄이 있고 결단력이 있으며 명예를 중시한다. 그러나 금(金)이 너무 많거나 부족하면 욕심이 많고, 살생을 좋아하는 잔인한 면이 있고, 만용을 부리며 무모하고, 정의감과 결단력이 부족하다.

1. 금(金)이 중화된 사주

1) 정의감이 강하고 용감한 사주

년	월	일	시								
戊	辛	庚	己	壬	癸	甲	乙	丙	丁	戊	己
午	酉	子	卯	戌	亥	子	丑	寅	卯	辰	巳

본명은 경금(庚金) 일주(日主)가 유(酉)월에 태어나 득령(得令)하여 신강(身强)하다. 용신(用神)은 시지(時支) 묘목(卯木)인데 자수(子水)가 생조(生助)하여 강하다. 경금(庚金) 일주(日主)가 중화되어 정의감이 강하고 용감하였다. 또 위엄이 있으며 결단력이 있고, 명예를 중시하며 도리에 성실한 훌륭한 사람이었다.

2) 위엄 있고 결단력 있는 사주

```
년 월 일 시
丁 癸 辛 丙        壬辛庚己戊丁丙乙
卯 卯 酉 申        寅丑子亥戌酉申未
```

　본명은 신금(辛金) 일주(日主)가 묘(卯)월에 태어나 실령(失令)하여 신약(身弱)하다. 그러나 일지(日支)에 유금(酉金)이 들고, 시지(時支)에 신금(申金)이 들어 중화되었다. 따라서 정의심이 강하며 용감하고, 위엄이 있으며 결단력이 있고, 명예를 중시하는 훌륭한 인격자이었다.

2. 금(金)이 태과한 사주

1) 잔인하고 만용적이며 무모한 행동을 하는 사주

```
년 월 일 시
庚 乙 庚 甲        丙丁戊己庚辛壬癸
寅 酉 申 申        戌亥子丑寅卯辰巳
```

　본명은 경금(庚金) 일주(日主)가 유(酉)월에 태어나 득령(得令)하여 신강(身强)하다. 일지(日支)와 시지(時支)에 신금(申金)이 들어 경금(庚金)이 태왕한데, 억제할 재관(財官)이 부족하여 성격에 문제가 생겼다. 따라서 욕심이 많으며 살기가 넘쳐 잔인한 면이 있고, 매사에 만용을 부리며 무모한 행동을 하였다.

2) 주변 사람들을 불안하게 하는 사주

년	월	일	시								
癸	庚	辛	庚		己	戊	丁	丙	乙	甲	癸	壬
巳	申	酉	寅		未	午	巳	辰	卯	寅	丑	子

본명은 금(金)이 장악하였다. 년지(年支)에 사화(巳火)가 들고, 시지(時支)에 인목(寅木)이 있지만 강한 금(金)이 파극(破剋)하여 미약하다. 따라서 매사에 과욕을 부리며 잔인한 면이 많고, 능력은 없으면서 만용과 무모한 생각으로 주위 사람들을 불안하게 만들었다.

3. 금(金)이 불급한 사주

1) 정의가 없고 부화뇌동하는 사주

년	월	일	시								
丙	癸	庚	癸		甲	乙	丙	丁	戊	己	庚	辛
戌	巳	午	未		午	未	申	酉	戌	亥	子	丑

본명은 경금(庚金) 일주(日主)가 사(巳)월에 태어나 실령(失令)하여 신약(身弱)한데, 지지(地支)에서 사오미(巳午未)가 방합(方合)하여 화국(火局)을 이루니 경금(庚金)이 더 약하다. 따라서 정의감이 부족하여 부화뇌동하고, 결단력이 부족하여 작은 일에도 우왕좌왕하며, 작심삼일하는 소인배였다. 신약(身弱) 사주에서는 인성(印星)과 비겁(比劫)만이 좋다. 이 사람은 경금(庚金)이 태약하여 능력이 없었던 것이다.

2) 정의가 없고 자신감이 없는 사주

년	월	일	시									
己	丙	辛	庚		乙	甲	癸	壬	辛	庚	己	戊
巳	寅	卯	寅		丑	子	亥	戌	酉	申	未	午

본명은 일주(日主)는 약한데 재성(財星)이 많아 재다신약(財多身弱) 사주가 되었다. 다행히 시간(時干)에 경금(庚金)이 들고, 년간(年干)에 기토(己土)가 있지만 지지(地支)가 무근(無根)하여 경금(庚金) 용신(用神)이 무력하다. 따라서 정의감이 부족하며 자신감이 없고, 결단력이 부족하며 항상 시비에 휘말려 구설수에 오르내렸다. 용신(用神)은 그 사람의 능력을 말한다. 즉 용신(用神)이 강하면 능력이 많고, 용신(用神)이 약하면 능력이 부족하다.

6. 최요자서 (最拗者西)

■ 원문

최요자서수환남(最拗者西水還南)

■ 직 역

최(最)를 요(拗)하는 자는 서수(西水)가 남(南)으로 환(還)함이다.

■ 한자풀이

最(가장 최) 拗(겪일 요) 還(돌아올 환) 南(남녘 남)

■ 풀 이

가장 조심해야 할 것은 서방의 수(水)가 남방으로 돌아갈 때이다. 즉 임수(壬水)나 계수(癸水) 일주(日主)가 신(申)월이나 유(酉)월에 태어났는데 사주에 금(金)과 수(水)가 태왕하면, 화(火)를 만나면 군비쟁재(群比爭財)가 되거나 큰 사고가 생긴다. 이런 경우에는 왕신(旺神)을 상충(相沖)하는 것보다 식상(食傷)으로 설기(洩氣)하여 운을 풀어나가야 좋다.

1) 군비쟁재(群比爭財) 사주

년	월	일	시								
己	壬	壬	庚	癸	甲	乙	丙	丁	戊	己	庚
巳	申	子	子	酉	戌	亥	子	丑	寅	卯	辰

임수(壬水) 일주(日主)가 신(申)월생이고 사주에 수(水)가 태왕하다. 년지(年支) 사화(巳火)는 많은 비겁(比劫)이 파극(破剋)하고 있다. 목(木)이 하나라도 들었으면 수생목(水生木) 목생화(木生火)하여 군비쟁재(群比爭財)를 면하고 좋은 사주가 되었을 것이다. 그러나 목(木)이 하나도 없으니 수극화(水剋火)하여 대흉하였다.

2) 평생 빌어먹은 걸인 사주

년	월	일	시							
壬	壬	壬	丙	癸	壬	辛	庚	己	戊	丁	丙
子	子	子	午	亥	戌	酉	申	未	午	巳	辰

본명은 연해자평(淵海子平)에서 예를 든 어느 걸인의 사주이다. 많은 비겁(比劫)이 재성(財星)을 파극(破剋)하고, 역시 목(木)이 하나도 없으니 군비쟁재(群比爭財)를 당하였다. 따라서 걸인이 되어 평생 빌어먹고 살았다.

7. 지강자 (至剛者)

■ 원문
지강자동화전북(至剛者東火轉北)

■ 직 역

지극히 강한 자는 동방의 화(火)가 북으로 전(轉)하는 것이다.

■ 한자풀이

至(이를 지) 剛(굳셀 강) 東(동녘 동) 轉(구를 전) 北(북녘 북)

■ 풀 이

지극히 강한 성정은 동방의 화(火)가 북쪽으로 향해 가는 것이다. 병화(丙火)나 정화(丁火) 일주(日主)가 인(寅)월이나 묘(卯)월에 태어나고 화(火)가 태왕할 때는 화(火)를 억제하는 수(水)를 만나면 크게 반발한다. 따라서 화(火)를 설기(洩氣)하는 토(土)가 용신(用神)이면 유리하다. 성격이 난폭한 사람은 무력으로 제압하는 것보다 달래는 것이 낫듯이 사주도 마찬가지다.

1) 화(火)가 태왕한데 수(水)를 만난 경우

년	월	일	시								
丁	丙	丙	甲	丁	戊	己	庚	辛	壬	癸	甲
巳	午	子	午	未	申	酉	戌	亥	子	丑	寅

본명은 병화(丙火) 일주(日主)가 오(午)월에 태어나 화(火)가 태왕하다. 일지(日支)에 자수(子水)가 있지만 왕신(旺神)을 상충(相沖)하여 군비쟁관(群比爭官)이 되었다. 즉 많은 비겁(比劫)이 약한

관살(官殺)을 파극(破剋)하여 자(子) 대운에 크게 실패하였다.

2) 화(火)가 태왕한데 금(金)을 만난 경우

년	월	일	시								
丁	甲	丙	丙	癸	壬	辛	庚	己	戊	丁	丙
巳	午	午	申	巳	辰	卯	寅	丑	子	亥	戌

본명도 앞 사주와 비슷하다. 화(火)가 태왕한데 시지(時支)에 금(金)이 하나 들었다. 태왕한 화(火) 때문에 신금(申金)이 맥을 못추고 고전한다. 이런 사주는 목화토금수(木火土金水)가 모두 기신(忌神)이라고 생각하면 된다.

3) 화(火)가 태왕한데 토(土)를 만난 경우

년	월	일	시								
戊	丁	丙	癸	戊	己	庚	辛	壬	癸	甲	乙
午	巳	辰	巳	午	未	申	酉	戌	亥	子	丑

본명도 화(火)가 태왕하지만 일지(日支)에 진토(辰土)가 들어 설기(洩氣)하니 사주가 좋아졌다. 시간(時干)에 계수(癸水)가 있지만 많은 비겁(比劫)이 파극(破剋)하여 군비쟁관(群比爭官)에 걸렸다.

따라서 일지(日支) 진토(辰土)가 유리하다. 토금(土金)운에 길복이 따랐고, 수(水)운에는 흉하였다. 왕신(旺神)은 제압하는 것보다 식상(食傷)으로 설기(洩氣)하는 것이 더 안전하고 길복이 많다.

8. 순생지 (順生之)

■ 원 문

순생지기우격신이항(順生之機遇擊神而抗)

■ 직 역

순(順)하게 생(生)하는 기(機)가 격(擊)하는 신(神)을 만나면 항(抗)한다.

■ 한자풀이

順(순할 순) 機(기틀 기) 遇(만날 우) 擊(칠 격) 抗(막을 항)

■ 풀 이

순리에 따라야 유리할 것은 순리에 따라야 생존하고, 거역해야 유리할 운이면 거역해야 좋다. 약육강식이란 말이 있다. 약자는 강자의 먹이가 된다는 뜻이다. 종격(從格)으로 가야 할 사주는 종(從)해야 길하고, 정격(正格)으로 가야 할 사주는 정격(正格)이 되어야 길하다.

1) 종격(從格)이 되어 유리한 경우

년	월	일	시								
壬	壬	丁	庚	癸	甲	乙	丙	丁	戊	己	庚
子	子	亥	子	丑	寅	卯	辰	巳	午	未	申

본명은 정화(丁火) 일주(日主)가 자(子)월에 태어나 무근(無根)이다. 사주가 온통 물바다를 이루었으니 종관살격(從官殺格)이다. 따라서 재관(財官)운이 길하고, 인비(印比)운은 흉하다. 이처럼 종격(從格)이 되려면 완전한 종격(從格)이 되어야 좋다.

2) 종격(從格)이 되어 불리한 경우

년	월	일	시								
壬	壬	丙	戊	辛	庚	己	戊	丁	丙	乙	甲
子	子	辰	子	亥	戌	酉	申	未	午	巳	辰

본명은 병화(丙火) 일주(日主)가 자(子)월에 태어나 실령(失令)하여 신약(身弱)한데, 지지(地支)에 통근(通根)이 없어 종관살격(從官殺格)이 되었다. 그러나 시간(時干)에 무토(戊土)가 들고, 일지(日支)에 진토(辰土)가 들어 식상(食傷)과 관살(官殺)의 싸움이 벌어졌다. 따라서 종격(從格)이 되어 오히려 불리하게 되었다.

3) 정격(正格)이 되어 유리한 경우

```
년  월  일  시
戊  癸  壬  丙        甲乙丙丁戊己庚辛
申  亥  寅  午        子丑寅卯辰巳午未
```

본명은 임수(壬水) 일주(日主)가 해(亥)월에 태어나 득령(得令)하여 신강(身强)하고, 일지(日支)에 인목(寅木)이 왕한 수(水)를 설기(洩氣)하여 시주(時柱) 병화(丙火)에게 돌리니 길복이 많다. 따라서 건강하게 장수하고, 부부가 해로하며, 재물은 산처럼 많았다.

4) 정격(正格)이 되어 불리한 경우

```
년  월  일  시
壬  壬  丙  丙        癸壬辛庚己戊丁丙
申  子  子  申        亥戌酉申未午巳辰
```

본명은 병화(丙火) 일주(日主)가 자(子)월에 태어나 실령(失令)하여 신약(身弱)한데, 시간(時干)에 비견(比肩)이 있으나 지지(地支)에 통근(通根)하지 못하여 정격(正格)이나 흉한 사주가 되었다. 따라서 관재구설로 몇 차례 감옥에 들어갔고, 또 불치의 병에 걸렸으며, 아내가 달아나 가정이 파탄나는 등 재난이 끝없이 밀려왔다.

9. 역생지서 (逆生之序)

■ 원문

역생지서견한신이광(逆生之序見閑神而狂)

■ 직역

역(逆)으로 생(生)하는 서(序)에는 한신(閑神)을 견(見)하면 광(狂)한다.

■ 한자풀이

逆(거스릴 역) 序(차례 서) 閑(한가할 한)

神(신령 신) 狂(미칠 광)

■ 풀이

운이 거꾸로 흐를 때 한신(閑神)을 보면 발광한다. 예를 들어 갑목(甲木) 일주(日主)가 오(午)월생인데 사주에 화(火)가 태왕하여 종격(從格)이 되었으면 화(火)를 만나는 것은 길하나, 일주(日主)를 생조(生助)하는 수(水)를 만나면 흉하다. 이런 경우에는 차라리 한신(閑神)을 만나는 것이 유리하다.

1) 목화종아격(木火從兒格) 사주

년	월	일	시							
丁	丙	甲	己	丁	戊	己	庚	辛	壬	癸	甲
未	午	午	巳	未	申	酉	戌	亥	子	丑	寅

본명은 갑목(甲木) 일주(日主)가 오(午)월에 태어나 실령(失令)하여 태왕한 불길을 잡기 어렵다. 그리고 갑목(甲木) 일주(日主)는 지지(地支)에 통근(通根)이 하나도 없으니 종아격(從兒格)이 되었다. 화(火)운은 길하나 대운에서 인수(印授)운을 만나면 대흉하다.

2) 목화종아격(木火從兒格) 사주

년	월	일	시								
壬	丙	甲	己		乙	甲	癸	壬	辛	庚	己	戊
午	午	午	巳		巳	辰	卯	寅	丑	子	亥	戌

본명도 갑목(甲木) 일주(日主)가 지지(地支)에 무근(無根)인데 화(火)는 태왕하여 종아격(從兒格)이다. 문제는 년간(年干)에 임수(壬水)가 투간(透干)했으나 무근(無根)하고 병화(丙火)와 오화(午火)가 파극(破剋)하여 무력한 것이다. 종아격(從兒格)이 인성(印星)이 있으면 더 흉하다. 차라리 임수(壬水)가 없는 것만 못하다.

10. 양명우금 (陽明遇金)

■ 원문

양명우금울이다번(陽明遇金鬱而多煩)

■ 직 역

 양명(陽明)이 금(金)을 우(遇)하면 울(鬱)이 다(多)하게 번(煩)하다.

■ 한자풀이

明(밝을 명) 遇(만날 우) 鬱(막힐 울) 多(많을 다) 煩(번뇌 번)

■ 풀 이

 양명(陽明)의 국(局)에서 금(金)을 만나면 우울하며 번뇌가 따른다. 천간(天干)에서는 병화(丙火)가 밝은 별이고, 지지(地支)에서는 인오술사(寅午戌巳)가 밝은 국(局)이다. 그런데 화국(火局)이 태왕한데 금(金)을 만나면 화극금(火剋金)하여 상충(相沖)되므로 흉하다. 즉 화(火)가 많은데 금(金)을 만나면 상충(相沖)하여 마음이 우울해지고 고민과 번뇌가 생긴다.

1) 우울하며 번뇌가 사라지지 않은 사주

년	월	일	시							
丙	甲	丙	庚	乙	丙	丁	戊	己	庚	辛	壬
申	午	午	寅	未	申	酉	戌	亥	子	丑	寅

 본명은 화(火)가 태왕하다. 지지(地支)에서 인오(寅午)가 반합(半合)하여 화국(火局)을 이루었고, 천간(天干)에는 병화(丙火)가 2개나 투간(透干)하여 화(火)가 너무 강하다. 시간(時干)에 경금(庚

金)이 투간(透干)했으나 년지(年支) 신금(申金)과 거리가 너무 멀다. 태왕한 화(火)가 용신(用神) 경금(庚金)을 파극(破剋)하니 흉하다. 따라서 항상 마음이 우울하며 고민과 번뇌가 따랐다.

2) 항상 번뇌하는 사주

년	월	일	시							
丙	甲	丙	甲	癸	壬	辛	庚	己	戊	丁	丙
午	午	申	午	巳	辰	卯	寅	丑	子	亥	戌

본명도 화(火)는 태왕한데 불길을 잡을 물이 없다. 신(申)에 임수(壬水)가 있지만 어렵다. 일지(日支) 신금(申金)이 용신(用神)이나 태왕한 불길 앞에서 속수무책으로 당하고만 있다. 따라서 평생 근심이 사라지지 않고 번뇌 속에서 살았다.

11. 음탁장화 (陰濁藏火)

■ 원문

음탁장화포이다체(陰濁藏火包而多滯)

■ 직 역

음(陰)하고 탁(濁)하고 화기(火氣)가 장(藏)하면 포(包)하고 다체(多滯)이다.

■ 한자풀이

陰(그늘 음) 濁(흐릴 탁) 藏(감출 장) 包(감쌀 포) 滯(막힐 체)

■ 풀 이

음기(陰氣)로 혼탁한데 화(火)가 암장(暗藏)되면 답답함이 많다. 음기(陰氣)는 해자축(亥子丑)인데 병화(丙火)가 들고 천간(天干)에 투간(透干)하면 좋으나 화(火)가 암장(暗藏)되면 답답해진다. 지지(地支)에 해자축(亥子丑)이 많을 때는 화(火)가 투간(透干)하면 조후(調候)되어 길하다. 그러나 화(火)가 암장(暗藏)되면 생각만 있고 실천하기 어려운 처지에 놓인다.

1) 병화(丙火)가 투간(透干)한 경우

년	월	일	시								
己	丙	丙	丙	丁	戊	己	庚	辛	壬	癸	甲
丑	子	寅	申	丑	寅	卯	辰	巳	午	未	申

본명은 자(子)월에 태어났는데 년지(年支)에 축토(丑土)가 들고, 시지(時支)에 신금(申金)이 들어 지지(地支)가 음기(陰氣)로 혼탁하고 한습하다. 그러나 천간(天干)에 병화(丙火)가 3개나 투간(透干)하여 조후(調候)를 잘 시키고 중화를 이루어 길복이 많은 사주가 되었다. 남편복도 많고 재물복도 많아 부귀영화를 다 누렸다.

2) 병화(丙火)가 암장(暗藏)된 경우

```
년   월   일   시
壬   壬   壬   庚        癸甲乙丙丁戊己庚
辰   子   寅   子        丑寅卯辰巳午未申
```

본명은 자(子)월생이며 지지(地支)가 혼탁하고 한습하다. 그런데 천간(天干)에는 임수(壬水)가 3개나 있으니 항상 비가 내리는 형상이다. 당장 화(火)가 필요한데 일지(日支) 인(寅)에 병화(丙火)가 암장(暗藏)되었을 뿐이다. 음기(陰氣)로 혼탁한데 화(火)가 암장(暗藏)되면 막히고 답답함이 많다. 따라서 평생 올바른 직업을 갖지 못하고 형제들에게 의존하며 답답하게 살았다.

12. 양인국전(陽刃局戰)

■ 원문
양인국전즉령위약즉파사(陽刃局戰則逞威弱則怕事)

■ 직역
양인(羊刃)의 국(局)에 전(戰)이 일어난 즉 위(威)가 강하고 약(弱)한 즉 사(事)를 파(怕)한다.

■ 한자풀이

刃(칼날 인) 局(판 국) 逞(굳셀 영) 威(위엄 위) 怕(두려울 파)

■ 풀 이

  양인(羊刃)에 전쟁이 일어나면 위풍을 떨치고, 약하면 일을 두려 워한다. 갑(甲)일에는 묘(卯), 병(丙)일이나 무(戊)일에는 오(午), 경(庚)일에는 유(酉), 임(壬)일에는 자(子)가 양인(羊刃)이다. 양인 (羊刃)은 형벌·살기·성급 등을 나타내는 별이다. 양인(羊刃)이 기신(忌神)에 해당하면 대흉하지만 용신(用神)에 해당하면 대부대 귀하다.

1) 양인(羊刃)이 기신(忌神)에 해당하는 경우

년	월	일	시								
壬	丙	丙	庚	丁	戊	己	庚	辛	壬	癸	甲
戌	午	午	寅	未	申	酉	戌	亥	子	丑	寅

  본명은 병화(丙火) 일주(日主)이니 오화(午火)가 양인(羊刃)이다. 지지(地支)에 양인(羊刃)이 2개나 들고, 또 인오술(寅午戌)이 삼합 (三合)하여 양인(羊刃)의 기세가 하늘을 찌를 듯하고, 양인(羊刃) 이 기신(忌神)에 해당하여 문제가 많았다. 평생 투쟁으로 감옥에 들어가고, 교통사고를 당하여 다리불구가 되고, 호흡기 질병으로

고통을 당하고, 아내가 도망가는 등 파란만장한 인생을 보냈다.

2) 양인(羊刃)이 용신(用神)에 해당하는 경우

년	월	일	시
壬	丙	壬	丁
申	午	子	未

乙甲癸壬辛庚己戊
巳辰卯寅丑子亥戌

본명은 임수(壬水) 일주(日主)이니 자(子)가 양인(羊刃)이다. 일지(日支) 양인(羊刃)이 용신(用神) 역할을 하니 오복을 모두 구비하였다. 남편은 관대하며 애처가이고, 재물은 산처럼 많으며, 자식들은 효도하였다. 몸도 건강하고 장수하였다. 이처럼 오복을 갖춘 것은 양인(羊刃)이 용신(用神)에 해당하기 때문이다.

13. 상관격(傷官格)

■ 원문
상관격청즉겸화탁즉강맹(傷官格清則謙和濁則剛猛)

■ 직역
상관격(傷官格)은 청(清)한 즉 겸(謙)하고 화(和)하며 탁(濁)한 즉 강(剛)하고 맹(猛)하다.

■ 한자풀이

傷(상처 상) 淸(맑을 청) 謙(겸손할 겸)

剛(굳셀 강) 猛(사나울 맹)

■ 풀이

상관격(傷官格)은 사주가 청명하면 겸손하며 화평하나, 혼탁하면 강폭하며 맹렬하다. 인성(印星)이 길작용을 하면 대개 길복이 많으나, 인성(印星)이 많이 생조(生助)하면 흉화가 많다.

1) 금수식상격(金水食傷格)은 인성(印星)과 관살(官殺)을 만나야 좋다.

년	월	일	시								
乙	戊	庚	庚	己	庚	辛	壬	癸	甲	乙	丙
亥	子	午	辰	丑	寅	卯	辰	巳	午	未	申

금수식상격(金水食傷格)은 경신금(庚辛金)일생이 해자축(亥子丑)월에 태어나면 성립된다. 해자축(亥子丑)월은 차가운 기운이 많으므로 관살(官殺) 즉 병정화(丙丁火)를 만나야 조후(調候)되고, 또 인성(印星)을 만나야 신약(身弱)을 면하기 때문이다.

2) 목화식상격(木火食傷格)은 인성(印星)과 재성(財星)을 만나야 좋다.

```
년  월  일  시
壬  丙  甲  甲        丁戊己庚辛壬癸甲
午  午  戌  子        未申酉戌亥子丑寅
```

목화식상격(木火食傷格)은 갑을(甲乙)일생이 사오미(巳午未)월에 태어나면 성립된다. 화(火)가 넘치니 조후(調候)하려면 인성(印星) 수(水)가 필요하다. 그리고 재성(財星)을 만나야 재물이 많다.

3) 토금식상격(土金食傷格)은 인성(印星)과 관성(官星)을 만나야 좋다.

```
년  월  일  시
癸  庚  戊  戊        辛壬癸甲乙丙丁戊
酉  申  寅  午        酉戌亥子丑寅卯辰
```

토금식상격(土金食傷格)은 무기(戊己)일생이 신유(申酉)월에 태어나면 성립된다. 이런 사주는 습기가 많으므로 인성(印星)인 화(火)를 만나야 조후(調候)되고, 관살(官殺)인 목(木)을 만나야 중화된다.

4) 수목식상격(水木食傷格)은 인성(印星)과 관성(官星)을 만나야 좋다.

```
년  월  일  시
甲  丁  壬  己        戊己庚辛壬癸甲乙
寅  卯  午  酉        辰巳午未申酉戌亥
```

수목식상격(水木食傷格)은 임계(壬癸)일생이 인묘(寅卯)월에 태어나면 성립된다. 설기(洩氣)가 심하니 인성(印星)운을 만나야 신약(身弱)을 면하고, 또 관성(官星)을 만나야 용신(用神)이 강해진다.

5) 식상용인격(食傷食傷用印格) 사주

```
년  월  일  시
丁  丙  甲  壬        丁戊己庚辛壬癸甲
巳  午  辰  申        未申酉戌亥子丑寅
```

사주에 식상(食傷)이 많아 신약(身弱)하면 인성(印星)운을 만나야 좋아진다. 이런 유형을 식상용인격(食傷食傷用印格) 사주라고 한다. 시간(時干) 임수(壬水)가 용신(用神)이고, 금(金)은 희신(喜神)이다. 목(木)은 화기(火氣)를 생해주니 오히려 불리하다.

6) 식상생재격(食傷生財格) 사주

년 월 일 시

丁 丙 戊 壬   丁 戊 己 庚 辛 壬 癸 甲

未 午 申 子   未 申 酉 戌 亥 子 丑 寅

신강(身强) 사주에 재성(財星)이 들고, 식상(食傷)이 재성(財星)을 생조(生助)하면 재물복이 매우 많다. 이런 유형을 식상생재격(食傷生財格) 사주라고 한다. 임수(壬水)가 용신(用神)이고, 일지(日支) 금(金)은 희신(喜神)이다. 용신(用神)과 희신(喜神)이 강하여 큰 부자가 되었다.

7) 식상용식상격(食傷用食傷格) 사주

년 월 일 시

丁 丙 戊 庚   丁 戊 己 庚 辛 壬 癸 甲

未 午 戌 申   未 申 酉 戌 亥 子 丑 寅

인성(印星)과 비겁(比劫)이 중첩되어 태왕하면 식상(食傷)으로 설기(洩氣)해야 한다. 이런 것을 식상용식상격(食傷用食傷格)이라 한다. 사주에 화기(火氣)와 토기(土氣)가 너무 많아 탁한 것 같지만 시주(時柱)에 경신(庚申)이 들어 설기(洩氣)하니 사주가 맑아졌다.

14. 용신다자(用神多者)

■ 원 문

용신다자정성불상(用神多者情性不常)

■ 직 역

용신(用神)이 다자(多者)는 성정이 불상(不常)이다.

■ 한자풀이

用(쓸 용) 神(신령 신) 情(뜻 정) 性(성품 성) 常(항상 상)

■ 풀 이

부실한 용신(用神)이 많으면 평상심이 없어 우왕좌왕한다. 용신(用神)은 사람의 마음과 같다. 마음이 하나로 모아져야 무슨 일이든 잘 처리할 수 있듯이 사주도 강건한 용신(用神)이 하나 있는 것이 가장 좋다. 부실한 용신(用神)이 여러 개 있으면 문제가 많아 결단력이 없고 우왕좌왕하며 작심삼일이 된다.

1) 항상 우왕좌왕하는 사주

년	월	일	시							
乙	乙	乙	乙	丙	丁	戊	己	庚	辛	壬 癸
酉	酉	酉	酉	戌	亥	子	丑	寅	卯	辰 巳

본명은 천간(天干)은 모두 을목(乙木)이고, 지지(地支)는 모두 유금(酉金)이다. 신약(身弱)하니 목(木)이 용신(用神)인데, 목(木)이 4개나 되니 용신(用神)이 많다. 따라서 정신이 항상 분산되어 집중하지 못했다. 무슨 일을 당하면 우왕좌왕하고, 새로운 계획을 세워도 작심삼일이었다. 용신(用神)이 여러 개 있다는 것은 정신이 하나로 통일되지 않았다는 뜻이다. 따라서 경에 이르기를 용신다자(用神多者)는 항상 우왕좌왕한다고 하였다.

2) 마음이 항상 사방팔방으로 흩어지는 사주

년	월	일	시							
庚	乙	乙	庚	丙	丁	戊	己	庚	辛	壬	癸
辰	酉	酉	辰	戌	亥	子	丑	寅	卯	辰	巳

본명의 용신(用神)은 을목(乙木)인데, 천간(天干)에 2개가 들고 지지(地支)에는 두 곳의 진(辰)에 2개가 들었으니 을목(乙木)이 모두 4개이다. 용신(用神)이 많으나 을경합금(乙庚合金)하여 모두 합거(合去)되어 부실하다. 따라서 매사 작심삼일이었고, 무슨 일을 당하면 우왕좌왕하였다. 즉 마음이 분산되었기 때문이다.

15. 시지독자 (時支獨者)

■ 원 문
시지독자호두사미(時支獨者虎頭蛇尾)

■ 직 역
시지(時支)가 고독한 자는 두(頭)는 호(虎)이나 미(尾)는 사(蛇)이다.

■ 한자풀이
獨(홀로 독) 虎(범 호) 頭(머리 두) 蛇(뱀 사) 尾(꼬리 미)

■ 풀 이
시지(時支)가 고독하면 머리는 호랑이나 꼬리는 뱀이다. 즉 시작은 좋으나 끝이 좋지 않는 용두사미격이 된다. 사주에 나타나는 길흉은 대운을 따르지만, 원국을 보고도 짐작할 수 있다. 즉 년주(年柱)에 용신(用神)이 들면 조부모의 음덕이 많고, 초년에 발복한다. 월주(月柱)에 용신(用神)이 들면 부모덕이 있고, 청년시절에 발복한다. 일주(日柱)에 용신(用神)이 들면 배우자복이 있고, 중년에 발복한다. 시주(時柱)에 용신(用神)이 있으면 자식복이 있고, 말년에 발복한다. 만일 기신(忌神)이 들면 해당하는 시절에 고전한다. 예를 들어 시주(時柱)에 기신(忌神)이 있으면 말년이 불행하다.

1) 말년에 몸 하나 의지할 곳 없는 사주

년	월	일	시									
丙	辛	癸	乙		壬	癸	甲	乙	丙	丁	戊	己
戌	卯	卯	卯		辰	巳	午	未	申	酉	戌	亥

본명은 계수(癸水) 일주(日主)가 묘(卯)월에 태어나 실령(失令)하여 신약(身弱)하다. 목(木)이 태왕하여 설기(洩氣)가 매우 심하니 흉한 사주가 되었다. 목(木)은 기신(忌神)인데 시주(時柱)에 을묘(乙卯)가 들어 말년이 불행함을 암시한다. 따라서 초년과 청년기에는 부모덕에 호의호식하며 제법 이름을 날리더니, 중년과 말년에는 사업이 실패하여 거지가 되었고, 처자식도 모두 떠나갔다. 말년은 자기 몸 하나도 의지할 곳이 없어 유리걸식하다가 굶어죽었다.

2) 노년에 문전걸식하며 천박한 사주

년	월	일	시									
丙	丙	戊	辛		乙	甲	癸	壬	辛	庚	己	戊
午	申	申	酉		未	午	巳	辰	卯	寅	丑	子

본명도 금(金)이 기신(忌神)인데 지지(地支)가 대개 금(金)으로 이루어져 흉한 사주가 되었다. 특히 시주(時柱)가 신유(辛酉)이니

시간(時干)과 시지(時支)가 기신(忌神)에 해당하여 말년이 불행할 것을 암시한다. 초년과 청년기에는 부모의 유산으로 부유하게 살았으나, 중년에 시작한 사업이 실패하면서 집안이 기울었고, 말년에는 더 어려워져 의식주조차 해결하지 못하고 문전걸식을 하며 천박하게 보냈다.

6장. 질병론(疾病論)

1. 오행화자 (五行和者)

■ 원 문

오행화자일세무재(五行和者一世無災)

■ 직 역

오행(五行)이 화합한 자는 일세(一世)에 무재(無災)이다.

■ 한자풀이

行(갈 행) 者(놈 자) 世(인간 세) 無(없을 무) 災(재앙 재)

■ 풀 이

오행(五行)이 조화를 이룬 사람은 평생 질병의 재앙이 없다. 즉 오행(五行)을 모두 갖추거나, 신강(身强)하면서 재관식(財官食)이 강하거나, 신약(身弱)하면서 관인상생(官印相生)이 잘되면 평생 큰 질병에 걸리지 않고 건강하다. 사주가 오행(五行)을 모두 갖추거나, 생생불식(生生不息)하거나, 주류무체(周流無滯)이면 평생 부귀영화를 누린다.

1) 평생 무병장수한 사주

```
년  월  일  시
戊  戊  己  壬        己庚辛壬癸甲乙丙
寅  午  酉  申        未申酉戌亥子丑寅
```

본명은 지지(地支)가 목생화(木生火) 화생토(火生土) 토생금(土生金) 금생수(金生水)하여 사주가 모두 상생으로 구성되었다. 즉 년지(年支) 인목(寅木)이 월지(月支) 오화(午火)를 생하고, 화(火)는 다시 무기토(戊己土)를 생하고, 토(土)는 다시 신유금(申酉金)을 생하고, 금(金)은 시간(時干) 임수(壬水)를 생한다. 오행(五行)을 모두 갖추어 무병장수하였다.

2) 평생 감기 한 번 안 걸린 건강한 사주

```
년  월  일  시
壬  戊  壬  丙        己庚辛壬癸甲乙丙
子  申  寅  午        酉戌亥子丑寅卯辰
```

본명은 임수(壬水) 일주(日主)가 신(申)월에 태어나 득령(得令)하여 신강(身强)하다. 용신(用神)은 시간(時干) 병화(丙火)이고, 목(木)은 희신(喜神)이다. 목화(木火)운이 길하고, 금수(金水)운은 흉하다. 병화(丙火) 용신(用神)은 일지(日支) 인목(寅木)과 시지(時支) 오화(午火)에 통근(通根)하여 강하다. 따라서 평생 감기 한 번 걸리지 않고 건강하게 살았다.

3) 약국을 모를 정도로 건강한 사주

년	월	일	시									
戊	庚	己	丁	辛	壬	癸	甲	乙	丙	丁	戊	己
子	申	巳	卯	酉	戌	亥	子	丑	寅	卯	辰	巳

본명은 기토(己土) 일주(日主)가 신(申)월에 태어나 실령(失令)하여 신약(身弱)한데, 정사(丁巳)가 잘 부조(扶助)하여 무병장수하였다. 신약(身弱)한데 인성(印星)이 잘 부조(扶助)하면 건강하게 장수한다. 본명은 시지(時支) 묘목(卯木)에서 시작하여 목생화(木生火) 화생토(火生土) 토생금(土生金) 금생수(金生水)로 생생불식(生生不息)하여 평생 약국을 모를 정도로 건강하게 산 것이다.

2. 혈기난자(血氣亂者)

■ 원문
혈기난자평생다병(血氣亂者平生多病)

■ 직역
혈기(血氣)가 난(亂)한 자는 평생 다병(多病)이다.

■ 한자풀이
血(피 혈) 氣(기운 기) 亂(어지러울 난) 多(많을 다) 病(병 병)

■ 풀이
사주에 혈기가 중화되지 못하고, 오행(五行)이 난잡하면 평생 질병이 많다. 즉 오행(五行)이 불순하여 서로 배척하거나, 기신(忌神)이 심장(深藏)하거나, 상하나 좌우로 상극(相剋)하면 전쟁이 많다.

1) 오행(五行)이 상배(相背)한 경우

년	월	일	시							
壬	丙	丙	丁	丁	戊	己	庚	辛	壬	癸 甲
寅	午	戌	酉	未	申	酉	戌	亥	子	丑 寅

본명은 병화(丙火) 일주(日主)가 오(午)월에 태어나 득령(得令)하

여 신강(身强)하고, 인오술(寅午戌)이 화국(火局)을 이루니 불길이 태왕하다. 화(火)를 억제하려면 년간(年干) 임수(壬水)가 용신(用神)인데, 희신(喜神)인 시지(時支) 유금(酉金)과 너무 멀리 있다. 본명은 오행(五行)이 불순하고 서로 배척하니 평생 심장·혈액 등의 만성질병에 시달렸고, 피부와 요도기에도 병을 달고 살았다.

```
년  월  일  시
庚  乙  乙  乙        丙丁戊己庚辛壬癸
申  酉  丑  酉        戌亥子丑寅卯辰巳
```

본명은 을목(乙木)이 3개 있지만 약하고, 금기(金氣)가 태왕하다. 많은 금기(金氣)가 약한 목기(木氣)를 금극목(金剋木)하니 우환이 그칠 날이 없었다. 선천적으로 대장과 폐가 나빴고, 또 후천적으로는 간담과 신경에도 질병이 따랐다. 일주(日主)와 용신(用神)이 약한데 기신(忌神)에 해당하는 관살(官殺)이 태왕하기 때문이었다.

2) 기신(忌神)이 심장(深藏)한 경우

```
년  월  일  시
庚  壬  壬  丙        癸甲乙丙丁戊己庚
午  午  午  午        未申酉戌亥子丑寅
```

본명은 임수(壬水) 일주(日主)가 오(午)월에 태어나 실령(失令)하여 신약(身弱)하다. 월(月)에 비견(比肩)이 있지만 태왕한 불길 때문에 미약하고, 년간(年干) 경금(庚金)에 겨우 의지하고 있다. 지지(地支)가 화(火) 일색이니 기신(忌神)이 심장(深藏)하다. 따라서 평생 호흡기 질환으로 고생하였다.

```
년  월  일  시
甲  丁  丁  辛      戊 己 庚 辛 壬 癸 甲 乙
子  丑  丑  丑      寅 卯 辰 巳 午 未 申 酉
```

본명은 정화(丁火) 일주(日主)가 허약한데, 기신(忌神)인 수기(水氣)가 지지(地支) 전체를 차지하여 강하다. 따라서 평생 약을 달고 살았다. 일주(日主)와 용신(用神)은 허약한데 기신(忌神)이 강하게 심장(深藏)하였기 때문이다. 그러나 년간(年干)에 갑목(甲木)이 들어 수명은 길었다.

3) 상하좌우로 상극(相剋)한 경우

```
년  월  일  시
庚  甲  己  庚      乙 丙 丁 戊 己 庚 辛 壬
午  申  亥  午      酉 戌 亥 子 丑 寅 卯 辰
```

본명은 갑경(甲庚)이 상충(相沖)하고, 경오(庚午)가 상극(相剋)하고, 해오(亥午)가 상극(相剋)하고 있다. 지지(地支)와 천간(天干)이 모두 상극(相剋)이다. 또 좌우로도 서로 싸우니 사주가 온통 전쟁터와 같다. 따라서 평생 여러 가지 질병으로 고생하였다.

년	월	일	시							
乙	己	己	丁	庚	辛	壬	癸	甲	乙	丙	丁
酉	卯	酉	卯	辰	巳	午	未	申	酉	戌	亥

본명도 지지(地支)에 묘유상충(卯酉相沖)이 2번이나 있으니 병마가 많이 따를 것을 암시한다. 어려서 다리를 다쳐 목발을 짚고 다니고, 또 소화기와 호흡기 질병으로 고생을 많았다.

3. 기신(忌神)과 질병(疾病)

■ 원문

기신입오장이병흉(忌神入五臟而病凶)
객신유육경이재소(客神游六經而災小)

■ 직역

기신(忌神)이 입(入)하면 오장(五臟)에 질병의 흉이고, 객신(客神)이 육경(六經)에 유(游)하면 재(災)는 소(小)이다.

■ 한자풀이

忌(꺼릴 기) 入(들 입) 臟(오장 장) 病(병 병) 凶(흉할 흉)

客(손 객) 游(수영할 유) 經(날 경) 災(재앙 재) 小(작을 소)

■ 풀 이

기신(忌神)이 오장에 있으면 그 질병은 선천적인 만성질병으로 흉하고, 대운이나 년운에서 들어오면 후천적인 질병이라 가볍다. 질병은 너무 많거나 부족하면 생긴다. 즉 기신(忌神)이 곧 병이다. 기신(忌神) 때문에 오는 것은 선천적인 병이니 고질병이며 난치병이고, 기신(忌神)과 상극(相剋)되어 생긴 것은 후천적인 병으로 뿌리가 없다. 따라서 치료만 잘하면 가볍게 나을 수 있다. 모든 병은 마음에서 비롯되는 것이니 항상 마음을 잘 수양하여 청정일심으로 살아간다면 병마는 침범하지 못할 것이다.

1) 목성(木星)이 태과한 경우

```
년  월  일  시
辛  庚  己  丁        辛 壬 癸 甲 乙 丙 丁 戊
未  寅  卯  卯        卯 辰 巳 午 未 申 酉 戌
```

본명은 기토(己土) 일주(日主)가 인(寅)월에 태어나 실령(失令)하여 신약(身弱)하다. 용신(用神)은 시간(時干) 정화(丁火)이다. 이

사람은 목(木)이 너무 많아 평생 위산과다로 고생하였다. 사주에
목(木)이 태과하면 간담·신경·정신·두면 등에 질병이 따른다.

2) 목성(木星)이 불급한 경우

년	월	일	시								
戊	庚	己	癸		辛	壬	癸	甲	乙	丙	丁	戊
寅	申	酉	酉		酉	戌	亥	子	丑	寅	卯	辰

본명은 기토(己土) 일주(日主)가 신(申)월에 태어나 실령(失令)하
여 신약(身弱)하다. 년지(年支) 인목(寅木)은 인신(寅申)이 상충
(相沖)하여 허약하다. 따라서 간과 눈에 질병이 따랐다. 사주에 목
(木)이 부족하면 간·담·신경·정신·두면 등에 질병이 따른다

3) 화성(火星)이 태과한 경우

년	월	일	시								
丁	丙	己	壬		丁	戊	己	庚	辛	壬	癸	甲
巳	午	未	申		未	申	酉	戌	亥	子	丑	寅

본명은 기토(己土) 일주(日主)가 오(午)월에 태어나 득령(得令)하
였고, 사오미(巳午未)가 화국(火局)을 이루어 화(火)가 태왕하다.

사주에 화(火)가 태과하면 심장·소장·안목·혈액 등에 질병이 따른다. 이 사람은 심장병을 앓았다.

4) 화성(火星)이 불급한 경우

년	월	일	시
辛	庚	己	癸
丑	子	巳	酉

辛壬癸甲乙丙丁戊
丑寅卯辰巳午未申

본명은 기토(己土) 일주(日主)가 자(子)월에 태어나 실령(失令)하여 신약(身弱)하다. 금수(金水)는 태왕하고 화(火)는 미약하다. 일지(日支)에 사화(巳火)가 있지만 사유축합금(巳酉丑合金)하여 금(金)으로 변하였다. 사주에 화(火)가 부족하면 심장·소장·안목 혈액 등에 질병이 따른다. 이 사람은 화(火)가 부족하여 심장병과 안목에 병을 앓았다.

5) 토성(土星)이 태과한 경우

년	월	일	시
壬	丁	己	戊
申	未	巳	辰

戊己庚辛壬癸甲乙
申酉戌亥子丑寅卯

본명은 기토(己土) 일주(日主)가 미(未)월에 태어나 득령(得令)하여 신강(身强)하고, 또 무진(戊辰)시생이니 토(土)가 태왕하다. 사주에 토(土)가 태과하면 위장·비장·복부·피부 등에 질병이 따른다. 본명은 사주에 토(土)가 태과하여 위장병과 피부병을 앓았다.

6) 토성(土星)이 불급한 경우

년	월	일	시								
辛	庚	己	甲	辛	壬	癸	甲	乙	丙	丁	戊
未	子	卯	子	丑	寅	卯	辰	巳	午	未	申

본명은 기토(己土) 일주(日主)가 자(子)월에 태어나 실령(失令)하여 신약(身弱)하다. 용신(用神)은 년지(年支) 미토(未土)이고, 화(火)는 희신(喜神)이다. 사주에 토(土)가 부족하면 위장·비장·복부·피부 등에 질병이 따른다. 본명은 토(土)가 부족하여 비장과 복부 질병을 앓았다.

7) 금성(金星)이 태과한 경우

년	월	일	시								
戊	辛	庚	戊	辛	壬	癸	甲	乙	丙	丁	戊
申	酉	戌	寅	戌	亥	子	丑	寅	卯	辰	巳

본명은 경금(庚金) 일주(日主)가 유(酉)월에 태어나 득령(得令)하여 신강(身强)하고, 신유술(申酉戌)이 방합(方合)을 이루니 금(金)이 태왕하다. 사주에 금(金)이 태과하면 호흡·대장·근골·사지 등에 질병이 따른다. 본명은 사주에 금(金)이 태과하여 호흡기와 대장에 질병을 앓았다.

8) 금성(金星)이 불급한 경우

년	월	일	시								
丙	庚	辛	庚		辛	壬	癸	甲	乙	丙	丁	戊
寅	寅	卯	寅		丑	寅	卯	辰	巳	午	未	申

본명은 신금(辛金) 일주(日主)가 인(寅)월에 태어나 실령(失令)하여 신약(身弱)하다. 목(木)이 태왕하니 용신(用神)은 월(月) 경금(庚金)이다. 사주에 금(金)이 부족하면 호흡·대장·근골·사지 등에 질병이 따른다. 본명은 사주에 금(金)이 부족하여 관절과 사지에 질병을 앓았다.

9) 수성(水星)이 태과한 경우

년	월	일	시								
戊	甲	辛	庚		乙	丙	丁	戊	己	庚	辛	壬
子	子	丑	寅		丑	寅	卯	辰	巳	午	未	申

본명은 신금(辛金) 일주(日主)가 자(子)월에 태어나 실령(失令)하여 신약(身弱)하다. 수(水)가 태왕하니 년간(年干) 무토(戊土)가 용신(用神)이다. 사주에 수(水)가 태과하면 신장·방광·성기·하체 등에 질병이 따른다. 본명은 사주에 수(水)가 태과하여 신장과 방광에 질병을 앓았다.

10) 수성(水星)이 불급한 경우

년	월	일	시								
庚	壬	己	乙		癸	甲	乙	丙	丁	戊	己	庚
午	午	未	亥		未	申	酉	戌	亥	子	丑	寅

본명은 기토(己土) 일주(日主)가 오(午)월에 태어나 득령(得令)하여 화(火)가 많으니 신강(身强)하다. 많은 불길을 억제하려면 월(月) 임수(壬水)가 용신(用神)이다. 사주에 수(水)가 부족하면 신장·방광·성기·하체 등에 질병이 따른다. 본명은 사주에 수(水)가 부족하여 성기와 하체에 질병을 앓았다.

4. 간지(干支)와 질병(疾病)

천간과 질병

甲	乙	丙	丁	戊
머리, 담	항문, 간	어깨, 소장	가슴, 심장	위장, 갈비
己	庚	辛	壬	癸
복부, 비장	대장, 배꼽	다리, 폐	신경, 방광	발, 신장

지지와 질병

寅	卯	辰	巳	午	未
머리	얼굴, 눈, 간, 손	피부, 위장	치아, 소장	얼굴, 정혈	팔, 비장
申	酉	戌	亥	子	丑
항문, 대장, 맹장	입, 기관지	다리, 위장	성기, 방광	귀, 담	아랫배, 소화기

5. 목불수수(木不受水)

■ 원문

목불수수자혈병(木不受水者血病)

■ 직역

목(木)이 수(水)를 불수(不受)하면 혈액의 질병이 된다.

■ 한자풀이

不(아닐 부) 受(받을 수) 者(놈 자) 血(피 혈) 病(질병 병)

■ 풀 이

목일간(木日干)이 신약(身弱)한데 수(水)가 부족하면 혈액에 질병이 따른다. 즉 목일주(木日主)가 사오미(巳午未)나 신유술(申酉戌)월에 태어나고, 신약(身弱)한데 수(水)가 없으면 혈액·신장·방광 요도 등에 질병이 따른다.

1) 목일간(木日干)이 수(水)가 부족한 경우

년	월	일	시							
戊	戊	甲	丙	己	庚	辛	壬	癸	甲	乙	丙
午	午	戌	寅	未	申	酉	戌	亥	子	丑	寅

본명은 갑목(甲木) 일주(日主)가 오(午)월에 태어나 실령(失令)하여 신약(身弱)하다. 사주에 화(火)가 너무 많아 갑목(甲木)이 말라 죽기 직전이니 수(水)가 필요한데 없다. 따라서 혈액·심장·피부 등에 큰 질병이 생겨 고생하였다.

2) 목일간(木日干)이 수(水)가 부족한 경우

년	월	일	시							
戊	辛	乙	甲	庚	己	戊	丁	丙	乙	甲	癸
寅	酉	酉	申	申	未	午	巳	辰	卯	寅	丑

본명은 을목(乙木) 일주(日主)가 신약(身弱)하다. 수(水)를 만나야 관인상생(官印相生)이 되는데 하나도 없다. 따라서 혈액·호흡기·간담·담 등에 질병이 생겼다.

6. 토불수화(土不受火)

■ 원 문

토불수화자기상(土不受火者氣傷)

■ 직 역

토(土)가 화(火)를 불수(不受)하면 기(氣)를 상(傷)한다.

■ 한자풀이

土(흙 토) 火(불 화) 氣(기운 기) 傷(상처 상)

■ 풀 이

토일주(土日主)가 신유술(申酉戌)이나 해자축(亥子丑)월에 태어나고, 신약(身弱)한데 화(火)가 없으면 기운이 상하고 질병과 심장·소장 등에 질병이 따른다.

1) 대장과 호흡기 질병이 있는 사주

년	월	일	시								
戊	辛	戊	壬		壬	癸	甲	乙	丙	丁	戊	己
戌	酉	申	子		戌	亥	子	丑	寅	卯	辰	巳

본명은 무토(戊土) 일주(日主)가 유(酉)월에 태어나고, 지지(地支)에서 신유술(申酉戌)이 방합(方合)하여 금국(金局)을 이루어 설기(洩氣)가 너무 심하다. 화(火)가 있어야 화극금(火剋金)으로 태왕한 금(金)을 억제하고, 신약(身弱)한 무토(戊土)를 생조(生助)하는데 없다. 따라서 대장과 호흡기 등에 질병이 따랐다.

2) 신장·방광·하체에 질병 있는 사주

년	월	일	시								
辛	庚	己	甲	己	戊	丁	丙	乙	甲	癸	壬
亥	子	丑	戌	亥	戌	酉	申	未	午	巳	辰

본명은 기토(己土) 일주(日主)가 자(子)월에 태어나 실령(失令)하여 신약(身弱)하다. 지지(地支)에서는 해자축(亥子丑)이 방합(方合)하여 수국(水局)을 이루니 수(水)가 태왕하다. 태약한 기토(己土) 일주(日主)는 화(火)를 만나야 하는데 없으니 흉한 사주가 되었다. 따라서 기운을 상하는 일이 자주 일어나고, 신장·방광·하체 등에 질병이 생겨 고생하였다. 본명은 시지(時支)에 술토(戌土)가 들고, 일지(日支)에 축토(丑土)가 들어 종격(從格)이 아니라 정격(正格)이다.

7. 금수상관(金水傷官)

■ 원 문

금수상관한즉냉수열즉담화(金水傷官寒則冷嗽熱則痰火)

■ 직 역

금수상관격(金水傷官格)이 한(寒)한 즉 냉(冷)한 수(嗽)가 있고 열(熱)이 많은 즉 담(痰)의 화(火)가 있다.

■ 한자풀이

寒(찰 한) 冷(찰 냉) 嗽(기침 수) 熱(더울 열) 痰(가래 담)

■ 풀 이

본명은 경신금(庚辛金) 일주(日主)가 해자축(亥子丑)월에 태어나 금수상관격(金水傷官格)이 되었다. 화(火)가 부족하여 명조가 차가우면 수다화식(水多火熄)에 의한 질병이 나타나 신장·방광·하체에 질병이 따른다. 그리고 화(火)가 부족한 질병도 생겨 냉한 기침이 많고, 열이 많은 명조이면 가래가 많다.

1) 항상 냉기침을 많이 하는 사주

년	월	일	시								
戊	癸	庚	甲		甲	乙	丙	丁	戊	己	庚 辛
子	亥	子	申		子	丑	寅	卯	辰	巳	午 未

본명은 경금(庚金) 일주(日主)가 해(亥)월에 태어나 지지(地支)가
온통 수(水)로 이루어져 설기(洩氣)가 매우 심하다. 또 기운이 너
무 차가우니 화(火)를 만나야 하는데 사주에 화(火)가 부족하니 항
상 냉한 기침이 많았다. 그리고 수(水)가 넘치니 신장·방광·요도
하체 등에도 질병이 생겼다. 본명에서는 인성(印星) 토(土)와 관성
(官星) 화(火)를 만나야 운이 좋아진다.

2) 냉기침과 요도기 질병으로 고생이 많은 사주

년	월	일	시								
壬	壬	辛	戊	辛	庚	己	戊	丁	丙	乙	甲
辰	子	丑	子	亥	戌	酉	申	未	午	巳	辰

본명은 신금(辛金) 일주(日主)가 자(子)월에 태어나 수(水)가 너
무 많다. 설기(洩氣)가 심하고 차가우니 역시 인성(印星) 토(土)와
관성(官星) 화(火)를 만나야 운이 좋아진다. 그러나 사주에 화(火)
가 부족하여 항상 냉한 기침과 요도기 질병으로 고생하였다.

8. 화토인수(火土印綬)

■ 원문

화토인수열즉풍담조즉피양(火土印綬熱則風痰燥則皮痒)

■ 직 역

화토인수격(火土印授格))이 열(熱)한 즉 풍담(風痰)이고, 조(燥)한 즉 피(皮)의 양(痒)이다.

■ 한자풀이

綬(인끈 수) 風(바람 풍) 燥(마를 조) 皮(가죽 피) 痒(병앓을 양)

■ 풀 이

무기(戊己) 일주(日主)가 사오미(巳午未)월에 태어나 화토인수격(火土印授格)이 되었다. 사주에 열기가 많고 수(水)가 부족하면 심장·소장·풍질의 질병이 생기고, 사주가 너무 건조하면 피부병이 생긴다. 어떤 사주든 오행(五行)이 골고루 들어 균형을 이루고 중화되면 무병장수하나 그렇지 않으면 질병이 따른다.

1) 심장·소장·풍질로 고생한 사주

년	월	일	시								
丙	甲	戊	戊		乙	丙	丁	戊	己	庚	辛	壬
申	午	寅	午		未	申	酉	戌	亥	子	丑	寅

본명은 무토(戊土) 일주(日主)가 오(午)월에 태어나 화토인수격(火土印授格)이 되었다. 사주에 화(火)가 너무 많고 수(水)가 부족하니 심장·소장·풍질의 질병이 생겼고, 사주가 너무 건조하여 피

부병으로 고생하였다. 본명은 년지(年支)에 신금(申金)이 들어 신(申) 임수(壬水)가 용신(用神)이고, 금(金)은 희신(喜神)이다. 용신(用神)이 암장(暗藏)되어 안전하기는 하나 능력을 발휘할 수 없으니 평생 반복이 무상할 뿐 발복하지 못했다.

2) 사주가 너무 건조하여 피부병으로 고생한 사주

년	월	일	시								
丁	丁	己	己		丙	乙	甲	癸	壬	辛	庚	己
卯	未	巳	巳		午	巳	辰	卯	寅	丑	子	亥

본명은 기토(己土) 일주(日主)가 미(未)월에 태어나 화토인수격(火土印授格)이 되었다. 사주에 열기가 너무 많은데 수(水)는 하나도 없으니 심장·소장·풍질의 질병이 생겼고, 사주가 너무 건조하여 피부병으로 고생하였다.

9. 논담다목 (論痰多木)

■ 원 문
논담다목화생독울화금(論痰多木火生毒鬱火金)

■ 직 역
담(痰)을 논함에는 목화(木火)가 다(多)함이고, 울(鬱)한 독(毒)은 화금(火金)이 상충(相沖)함이다.

■ 한자풀이

論(논할 논) 痰(가래 담) 多(많을 다) 毒(독 독) 鬱(막힐 울)

■ 풀 이

간장과 담증은 목화(木火)가 태과한 것이 원인이다. 그리고 독한 기운이 겹칠 때는 화(火)와 금(金)이 대립하며 상충(相沖)하기 때문이다. 목(木)이 태과하면 먼저는 간담에 질병이 들고, 다음은 목극토(木剋土)하여 위장이나 소화기관에 질병이 따른다. 화(火)가 태과하면 먼저는 심장이나 소장에 질병이 생기고, 다음은 화극금(火剋金)하니 호흡기나 대장에도 질병이 따른다.

1) 목성(木星)이 태과한 경우

년	월	일	시								
戊	乙	己	甲		丙	丁	戊	己	庚	辛	壬	癸
寅	卯	卯	戌		辰	巳	午	未	申	酉	戌	亥

본명은 기토(己土) 일주(日主)가 묘(卯)월에 태어나 실령(失令)하여 신약(身弱)하다. 지지(地支)에 목(木)이 태왕한데 관인상생(官印相生)을 시킬 화(火)가 없고, 또 식상(食傷)이 없으니 제살(制殺)도 하지 못한다. 사주에 목(木)이 태과하여 먼저는 간담에 질병이 들어 고생하였고, 목극토(木剋土)하여 위장과 소화기관에 질병이 생겨 고생을 많이 하였다.

2) 화금(火金)이 상충(相沖)한 경우

년	월	일	시
辛	甲	甲	庚
未	午	戌	午

癸壬辛庚己戊丁丙
巳辰卯寅丑子亥戌

본명은 갑목(甲木) 일주(日主)가 오(午)월에 태어나 설기(洩氣)가
심하니 신약(身弱)하다. 지지(地支)에 화(火)가 태과하여 질병이
되었는데 수(水)는 하나도 없다. 화(火)가 태과하니 먼저 심장과
소장에 질병이 생겼고, 다음은 화극금(火剋金)하여 호흡기와 대장
에도 질병이 생겼다. 본명은 신약(身弱)한데 인성(印星)이 없고 관
살(官殺)은 강하며 식상(食傷)이 태과하여 극루교가(剋漏交加)가
되어 극빈하게 살았다.

9. 금수고상 (金水枯傷)

■ 원 문
금수고상이신경허(金水枯傷而腎經虛)

■ 직 역
금수(金水)가 고(枯)하고 상(傷)하면 신경이 허(虛)함이다.

■ 한자풀이

枯(마를 고) 而(말이을 이) 腎(콩팥 신) 虛(빌 허)

■ 풀 이

 목(木)이 태과하고 금(金)이 부족하면 목다금결(木多金缺)이라 한다. 먼저는 간담에 질병이 생기고, 다음은 호흡기·대장·골격에 질병이 따른다. 그리고 화(火)가 태과하고 수(水)가 고갈되면 화다수갈(火多水渴)이라 한다. 먼저는 심장과 혈액과 소장에 질병이 생기고, 다음은 신장·방광·요도기관에 질병이 생긴다.

1) 목다금결(木多金缺)의 경우

```
년  월  일  시
甲  丁  庚  己        戊己庚辛壬癸甲乙
戌  卯  寅  卯        辰巳午未申酉戌亥
```

 본명은 경금(庚金) 일주(日主)가 묘(卯)월에 태어나 실령(失令)하여 신약(身弱)하고, 목(木)이 방합(方合)하여 태과하다. 즉 목(木)이 태과하고 금(金)이 부족한 사주이다. 따라서 목다금결(木多金缺)이 되어 먼저는 간담에 질병이 생겨 고생하였고, 다음은 호흡기·대장·골격에 질병이 생겨 고생하였다.

2) 화다수갈(火多水渴)의 경우

```
년  월  일  시
壬  丙  壬  丙        乙甲癸壬辛庚己戊
寅  午  戌  午        巳辰卯寅丑子亥戌
```

본명은 임수(壬水) 일주(日主)가 년간(年干)에 임수(壬水)가 있을
뿐 지지(地支)에는 뿌리가 없다. 따라서 화(火)가 태과하고 수(水)
가 고갈되어 화다수갈(火多水渴)이 되었다. 먼저 심장과 혈액과 소
장에 질병이 생겼고, 다음에 신장·방광·요도 계통에 질병이 생겨
고생하였다.

11. 토목상승(土木相勝)

■ 원문

토목상승이비위설(土木相勝而脾胃洩)

■ 직역

토목(土木)이 상충(相沖)하여 승(勝)하면 비위(脾胃)에 병(病)이
나 설(洩)한다.

■ 한자풀이

相(서로 상) 勝(이길 승) 脾(비장 비) 胃(밥통 위) 洩(샐 설)

■ 풀 이

사주에 목(木)이 태과하면 목극토(木剋土)하여 비장과 위장이 허약하여 질병이 따른다. 즉 목기(木氣)는 산미(酸味)를 많이 만드는데 태과하면 위산과다로 위장이 상한다.

1) 간담과 위산과다로 오래 앓은 사주

```
년  월  일  시
甲  丁  戊  乙        戊己庚辛壬癸甲乙
辰  卯  寅  卯        辰巳午未申酉戌亥
```

본명은 무토(戊土) 일주(日主)가 묘(卯)월에 태어나 신약(身弱)하다. 지지(地支)는 목(木)이 태왕하나 토(土)는 허약하다. 목(木)이 태과하면 목극토(木剋土)하여 비장과 위장이 허약하여 질병이 따른다. 이 사람은 간담과 특히 소화기에 위산과다로 오래 앓았다.

2) 비장과 위장이 허약한 사주

```
년  월  일  시
癸  甲  己  戊        癸壬辛庚己戊丁丙
卯  寅  酉  辰        丑子亥戌酉申未午
```

본명은 기토(己土) 일주(日主)가 인(寅)월에 태어나 실령(失令)하였고, 목(木)이 방합(方合)을 이루어 태왕하다. 목(木)이 태과하면 목극토(木剋土)하여 비장과 위장이 허약하여 질병이 따른다. 그러나 이 사람은 일지(日支) 유금(酉金)이 금극목(金剋木)하여 소화기관에 질병이 생겼으나 심하지는 않았다.

7장. 출신론(出身論)

1. 외외과제 (巍巍科第)

■ 원 문

외외과제매등륜(巍巍科第邁等倫)

일개원기암리존(一個元氣暗裏存)

■ 직 역

과(科)의 제(第)의 외외(巍巍)의 등륜(等倫)에는 일개(一個)의 암(暗)한 리(裏)의 원기(元氣)가 있다.

■ 한자풀이

巍(높을 외) 科(과정 과) 第(차례 제) 邁(갈 매) 倫(인륜 륜)

個(낱 개) 元(으뜸 원) 機(기틀 기) 暗(어두울 암) 裏(속 리)

■ 풀 이

과거시험에서 우열을 정하는데는 사주에서 드러나지 않는 하나의 원기가 있다. 즉 선조의 공덕이나 혈통의 길흉이다. 그리고 후천적으로 환경을 말한다. 도시에 사는지, 농촌에 사는지, 어촌에 사는지, 산촌에 사는지에 따라 다르게 나타난다. 그리고 이름에 따라서도 많이 좌우된다. 특히 혈통의 길흉은 대단히 중요한 영향을 미친다. 따라서 사주를 정확하게 보려면 본인과 부모는 물론 조부모까지 3대의 사주를 함께 살펴야 한다. 사주가 같은 사람 5명을 간명해보니 살아가는 모습이 각각 달랐다(1920년 음력1월 28일 자(子)시생의 건명).

1) 좋은 혈통 출신

년	월	일	시
庚	己	乙	丙
申	卯	亥	子

庚辛壬癸甲乙丙丁
辰巳午未申酉戌亥

본명은 조부모와 부모가 적선공덕을 많이 쌓은 집안의 자손이다. 따라서 두뇌가 총명하여 관직에 들어가 출세가도를 달리며 고관이 되어 권력과 재복을 모두 누렸고, 건강하며 아내덕이 많아 좋은 배우자를 만났다. 처가가 명문대가라 그 덕으로 만사가 순성하였다.

2) 나쁜 혈통 출신

```
년  월  일  시
庚  己  乙  丙        庚辛壬癸甲乙丙丁
申  卯  亥  子        辰巳午未申酉戌亥
```

본명은 부모와 조상이 적선한 것이 별로 없는 집안의 자손이다. 따라서 몸은 건강했으나 미관말직에 머물다가 그만두고 자영업을 했지만 실패하였다. 즉 앞 사주와 같지만 조상의 적선음덕 여하에 따라 많은 차이가 있었다. 사주가 같다고 하여 같은 화복을 받는 것은 아니다.

3) 도시 출신

```
년  월  일  시
庚  己  乙  丙        庚辛壬癸甲乙丙丁
申  卯  亥  子        辰巳午未申酉戌亥
```

본명은 기토(己土) 일주(日主)가 묘(卯)월에 태어나 득령(得令)하여 신강(身强)하다. 용신(用神)은 년간(年干) 경금(庚金)인데 투간(透干)하고 년지(年支) 신금(申金)에 통근(通根)하여 강하다. 따라서 관운이 잘 따라주었다. 이 사람은 고관 부모의 도움으로 자신도 등과하여 벼슬을 하였다. 부모의 내조로 우수한 성적으로 등용되어 출세길이 빨랐던 것이다.

4) 농촌 출신

년	월	일	시								
庚	己	乙	丙	庚	辛	壬	癸	甲	乙	丙	丁
申	卯	亥	子	辰	巳	午	未	申	酉	戌	亥

본명도 위의 사주와 같다. 이 사람은 부농의 아들로 태어나 지방에서 잠시 공무원을 하다가 그만두고 마을을 지키는 촌장을 지내며 부자로 살았다. 부모 유산을 받아 농업을 지켜나갔기 때문이다.

5) 어촌 출신

년	월	일	시								
庚	己	乙	丙	庚	辛	壬	癸	甲	乙	丙	丁
申	卯	亥	子	辰	巳	午	未	申	酉	戌	亥

본명도 위의 사주와 같다. 이 사람은 조상과 부모가 어부인지라 부모에게 고기잡이 배를 여러 척 물려받았고, 어촌에서 상당한 재력과 권세를 지닌 부자로 살았다. 이처럼 같은 사주라도 출신과 부

모의 배경에 따라 지위나 부귀영화가 달라진다.

2. 청득정시 (淸得淨時)

■ 원 문

청득정시황방객(淸得淨時黃榜客)

수존탁기역중식(雖存濁氣亦中式)

■ 직 역

 청정(淸淨)을 득(得)한 황(黃)의 방객(榜客)이 비록 탁기(濁氣)가
있어도 역시 중식(中式)이 있다.

■ 한자풀이

淸(맑을 청) 淨(깨끗할 정) 黃(누를 황) 榜(매 방) 客(손 객)

雖(비록 수) 濁(흐릴 탁) 氣(기운 기) 亦(역시 역) 式(법 식)

■ 풀 이

 정신기(精神氣)가 충만하여 청정한 기운을 얻은 귀한 집안의 사
람은 비록 사주에 탁기가 1~2개 있어도 별문제 없이 과거에 합격
한다. 사주의 길흉화복은 용신(用神)의 강약과 대운에 따라 많이
좌우된다. 상격 사주를 타고난 사람은 흉한 신살(神殺)이 있어도
크게 영향받지 않는다.

1) 용신(用神)이 강하면 신살은 큰 문제가 아니다.

```
년  월  일  시
庚  己  乙  丙        庚 辛 壬 癸 甲 乙 丙 丁
戌  卯  酉  子        辰 巳 午 未 申 酉 戌 亥
```

본명은 을목(乙木) 일주(日主)가 묘(卯)월에 태어나 득령(得令)하여 신강(身强)하다. 용신(用神)은 년간(年干) 경금(庚金)이고, 토(土)는 희신(喜神)이다. 경금(庚金) 용신(用神)은 투간(透干)하고 년지(年支) 술토(戌土)와 일지(日支) 유금(酉金)에 통근(通根)하여 강하다. 지지(地支)에 묘유상충(卯酉相沖)이 들어 약간 탁하지만 용신(用神)이 강하니 별로 문제되지 않아 고관을 지냈다.

2) 일찍 등과하여 높은 지위에 올랐다.

```
년  월  일  시
丙  丙  庚  庚        乙 甲 癸 壬 辛 庚 己 戊
子  申  寅  辰        未 午 巳 辰 卯 寅 丑 子
```

본명은 경금(庚金) 일주(日主)가 신(申)월에 태어나 득령(得令)하여 신강(身强)하다. 월(月) 병화(丙火)가 용신(用神)이고, 목(木)은 희신(喜神)이다. 병화(丙火) 용신(用神)은 일지(日支) 인목(寅木)

에 통근(通根)하여 강하다. 인신(寅申)이 상충(相沖)하여 약간 탁하지만 별로 문제되지 않는다. 이 사람은 일찍 등과하여 높은 자리까지 올랐다.

3. 수재불시 (秀才不是)

■ 원 문

수재불시진범자(秀才不是塵凡者)

청기환혐관불기(淸氣還嫌官不起)

■ 직 역

수재(秀才)는 진(塵)의 범(凡)자라도 불시(不是)나 청기(淸氣)가 관(官)이 불기(不起)함을 환(還)을 혐(嫌)하는 것이다.

■ 한자풀이

秀(빼어날 수) 才(재수 재) 是(옳을 시) 塵(티끌 진)

凡(무릇 범) 淸(맑을 청) 還(돌아올 환) 嫌(싫어할 혐)

官(벼슬 관) 起(일어날기)

■ 풀 이

두뇌가 뛰어난 수재의 사주를 타고났어도 관운이 없으면 벼슬길에 나서지 못하고, 관운이 있어도 대운이 따라주지 않으면 높이 오르지 못한다. 물론 본인의 노력도 중요하지만 운이 빈부귀천의 대부분을 좌우한다. 노력으로 만사가 다 성사된다면 공자나 주자와 같은 성인들이 왜 왕이 되지 못했겠는가. 머리가 좋은 것과 빈부귀천은 별개이다.

1) 관운이 없는 사주

년	월	일	시								
戊	丁	丙	庚	戊	己	庚	辛	壬	癸	甲	乙
戌	巳	申	寅	午	未	申	酉	戌	亥	子	丑

본명은 병화(丙火) 일주(日主)가 사(巳)월에 태어나 득령(得令)하여 신강(身强)하다. 관성(官星)이 없으니 시간(時干) 경금(庚金)이 용신(用神)이고, 토(土)는 희신(喜神)이다. 편재(偏財)가 용신(用神)이니 재물은 많으나, 관성(官星)이 없으니 벼슬길에는 나가지 못했다. 나중에 돈으로 벼슬을 사 잠시 관직에 머물기는 하였다. 일지(日支) 신(申)에 임수(壬水)가 들어 잠시나마 감투를 쓴 것이다.

2) 무록지격(無祿之格) 사주

년	월	일	시								
丁	丙	戊	甲	乙	甲	癸	壬	辛	庚	己	戊
卯	午	午	寅	巳	辰	卯	寅	丑	子	亥	戌

인성(印星)이 많은 신강(身强) 사주는 관살(官殺)이 관인상생(官印相生)하여 기신(忌神)이 된다. 본명은 무토(戊土) 일주(日主)가 오(午)월에 태어나 득령(得令)하여 신강(身强)하다. 인성(印星)이 많아 신강(身强)해졌는데 관성(官星)이 오히려 흉작용을 한다. 따라서 인물은 훌륭했지만 직업도 없고 관직도 없고 재물도 없는 백수건달이었다.

4. 이로공명(異路功名)

■ 원 문
이로공명막설경(異路功名莫說輕)
일간득기우재성(日干得氣遇財星)

■ 직 역
이로(異路)의 공명(功名)을 설(說)함에는 경(輕)하게 막(莫)하라. 일간(日干)이 득기(得氣)하고 재성(財星)을 우(遇)함이다.

■ 한자풀이
異(다를 이) 路(길 노) 功(공로 공) 說(말씀 설) 輕(가벼울 경)
干(방패 간) 得(얻을 득) 遇(만날 우) 財(재물 재) 星(별 성)

■ 풀 이
벼슬을 하려면 정당하게 과거에 합격해야 한다. 그러나 과거도 보지 않고 돈으로 벼슬을 사서 공명을 얻는 것은 비도덕적인 행위이다. 그러나 관직을 사는 것도 일주(日柱)가 강하고 재관(財官)운이 들어야 가능하니 가볍게 말하지 말아야 한다.

1) 매관도 용신(用神)이 강하고 재관(財官)이 들어야 한다.

년	월	일	시								
戊	己	戊	壬	庚	辛	壬	癸	甲	乙	丙	丁
午	未	申	子	申	酉	戌	亥	子	丑	寅	卯

본명은 무토(戊土) 일주(日主)가 미(未)월에 태어나 득령(得令)하여 신강(身强)하다. 시간(時干) 임수(壬水)가 용신(用神)이고, 금(金)은 희신이다. 임수(壬水) 용신(用神)은 시지(時支) 자수(子水)와 일지(日支) 신금(申金)이 통근(通根)하여 강하다. 따라서 재물을 많이 축적하였다. 갑자(甲子) 대운에는 많은 돈을 나라에 바치고 군수(郡守)의 벼슬을 얻었다. 비록 사주에 관운이 없어도 재운이 워낙 좋아 벼슬을 얻은 것이다. 요즘식으로 말하면 정치자금을 내고 자리를 하나 얻은 것과 같다.

2) 용신(用神)이 강건해야 부귀영화를 누린다.

년	월	일	시								
癸	乙	甲	戊	甲	癸	壬	辛	庚	己	戊	丁
卯	卯	午	辰	寅	丑	子	亥	戌	酉	申	未

본명은 갑목(甲木) 일주(日主)가 묘(卯)월에 태어나 득령(得令)하
여 신강(身强)하다. 시간(時干) 무토(戊土)가 용신(用神)이고, 화
(火)는 희신(喜神)이다. 무토(戊土) 용신(用神)은 일지(日支) 오화
(午火)와 시지(時支) 진토(辰土)에 통근(通根)하여 강하다. 따라서
수만 석의 재산을 축적하였다. 경술(庚戌) 대운에 나라에 많은 재
산을 바치고 지방 감사자리를 얻었다. 좋은 사주가 되려면 사주의
핵심인 용신(用神)이 어디에 있든 강건해야 한다.

8장. 지위론(地位論)

1. 대각훈명 (臺閣勳名)

■ 원 문

대각훈명백세전(臺閣勳名百世傳)

천연청기현기권(天然淸氣顯機權)

■ 직 역

대(臺)의 각(閣)에서 훈명(勳名)을 백세(百世)에 전(傳)함은 천연
(天然)의 청기(淸氣)가 기(機)에 권(權)이 현(顯)해야 한다.

■ 한자풀이

臺(기반 대) 閣(집 각) 勳(공 훈) 百(일백 백)

傳(전할 전) 然(그러할 연) 淸(맑을 청) 機(기틀 기)

顯(나타날 현) 權(권세 권)

■ 풀 이

왕이 거처하며 나라의 상징인 대궐에서 벼슬을 하면서 부귀영화를 누리려면 사주에 용신(用神)이 투간(透干)해야 하고, 그 투간(透干)한 용신(用神)은 지지(地支)에 잘 통근(通根)되어야 하고, 마지막으로 대운의 흐름이 좋아야 한다. 복이 없는 사람은 아무리 부귀영화를 원해도 얻을 수 없다. 운에 없는 복을 억지로 얻으려고 하면 오히려 큰 재앙을 당한다. 분외물탐(分外勿貪). 분수 밖의 것을 탐하지 말라는 말이다.

1) 재관(財官)운이 좋은 사주

```
년  월  일  시
丙  辛  乙  庚        壬癸甲乙丙丁戊己
寅  卯  丑  辰        辰巳午未申酉戌亥
```

본명은 을목(乙木) 일주(日主)가 묘(卯)월에 태어났고, 년지(年支)에 인목(寅木)이 들고 진(辰)시에 해당하니 신강(身强)하다. 시간(時干)의 정관(正官) 경금(庚金)이 용신(用神)이고, 토(土)는 희신(喜神)이다. 경금(庚金) 용신(用神)은 시지(時支) 진토(辰土)와 일지(日支) 축토(丑土)에 통근(通根)하여 강하다. 따라서 일찍 등과하여 승승장구하다 신유(申酉) 대운에는 고관이 되었다. 유운득복(有運得福). 운이 있으면 복을 얻는 법이다.

2) 재관(財官)운이 나쁜 사주

년	월	일	시
戊	辛	乙	乙
申	酉	卯	酉

壬癸甲乙丙丁戊己
戌亥子丑寅卯辰巳

 본명은 을목(乙木) 일주(日主)가 유(酉)월에 태어나 실령(失令)하여 신약(身弱)하다. 인성(印星)과 비겁(比劫)만 좋고, 재성(財星)·관성(官星)·식상(食傷)은 모두 흉하다. 이 사람은 평생 큰 재물이나 관직을 얻지 못하고 세상을 원망하며 살았다. 관살(官殺)이 기신(忌神)에 해당하고, 시간(時干) 을목(乙木)이 용신(用神)인데 유금(酉金)에게 절각(折脚)되었다. 그리고 일지(日支) 묘목(卯木)도 묘유(卯酉)가 상충(相沖)하여 용신(用神)이 부실하여 파극(破剋)당하니 아무리 노력해도 부귀영화를 얻을 수 없었던 것이다. 또 신약(身弱)하여 재물과 관직을 담을 그릇이 없으니 복이 와도 받을 수가 없다. 무운불득(無運不得). 즉 운이 없으면 복을 얻지 못한다.

2 병권헌부(兵權憲府)

■ 원 문

병권헌부심판태(兵權憲府幷蘭台)

인살신청기세회(刃殺神淸氣勢恢)

■ 직 역

병권(兵權)을 잡고 헌부(憲府)의 심판대에 오른 사람은 양인(羊刃)과 관살(官殺)이 청기(淸氣)를 득세(得勢)가 회(恢)해야 한다.

■ 한자풀이

兵(군사 병) 憲(법 헌) 審(살필 심) 判(판단 판) 台(별 태)
刃(칼날 인) 殺(죽일 살) 神(신령 신) 勢(기세 세) 恢(넓을 회)

■ 풀 이

병권을 잡고 수만의 병력을 통솔하거나, 옳고 그름을 판단하는 법관이 되려면 우선 용신(用神)이 강하고, 다음에는 살기(殺氣)가 들어야 한다. 살기(殺氣)란 양인(羊刃)이나 편관(偏官)이 들고 정신기(精神氣)가 충만한 것을 말한다. 이런 요건을 갖춘 사주는 사람의 생사를 관장하는 무관이나 법관이 될 수 있다.

1) 판사 사주

년 월 일 시
甲 庚 丙 壬　　　　辛 壬 癸 甲 乙 丙 丁 戊
寅 午 申 辰　　　　未 申 酉 戌 亥 子 丑 寅

본명은 병화(丙火) 일주(日主)가 오(午)월에 태어나 득령(得令)하여 신강(身强)하다. 용신(用神)은 시간(時干) 임수(壬水)이고, 금

(金)은 희신(喜神)이다. 용신(用神)이 강하니 큰 인물임을 짐작할 수 있다. 용신(用神) 임수(壬水)는 편관(偏官)이며 신금(申金)에 통근(通根)하여 강하고, 갑경상충(甲庚相沖)하여 살기가 있다. 따라서 이 사람은 판사가 되었다.

2) 검사 사주

년	월	일	시								
壬	戊	庚	丙		己	庚	辛	壬	癸	甲	乙	丙
辰	申	寅	戌		酉	戌	亥	子	丑	寅	卯	辰

경금(庚金) 일주(日主)가 신(申)월에 태어나 득령(得令)하여 신강(身强)하다. 용신(用神)은 시간(時干) 병화(丙火)이고, 목(木)은 희신(喜神)이다. 병화(丙火) 용신(用神)은 일지(日支) 인목(寅木)에 통근(通根)하여 강하다. 편관(偏官)이 용신(用神)이고, 인신(寅申)이 상충(相沖)하여 살기가 있다. 검사가 되어 공을 많이 세웠다.

3) 무관 사주

년	월	일	시								
甲	癸	癸	戊		甲	乙	丙	丁	戊	己	庚	辛	壬
申	酉	未	午		戌	亥	子	丑	寅	卯	辰	巳

본명은 계수(癸水) 일주(日主)가 유(酉)월에 태어나 득령(得令)하여 신강(身强)하다. 시간(時干)의 무토(戊土) 편관(偏官)이 용신(用神)인데, 일지(日支)에 미토(未土)가 들고 오(午)시생이니 왕성하다. 편관(偏官)이 용신(用神)이며 왕성하고 길하여 일찍 무과에 급제하여 전선을 누비다가 유명한 장군이 되었다.

3. 분번사목(分藩司牧)

■ 원 문
분번사목재관화(分藩司牧財官和)
격청순신기다(格淸順神氣多)

■ 직 역
분번사목(分藩司牧)도 재관(財官)이 화(和)해야 하고 격(格)이 청순(淸順)하고 신기(神氣)가 많아야 한다.

■ 한자풀이
分(나눌 분) 藩(덮을 번) 司(맡을 사) 牧(칠 목) 和(화할 화)
格(격식 격) 局(판 국) 淸(맑을 청) 純(순박할 순) 氣(기운 기)

■ 풀 이
지방의 장관에 해당하는 관찰사나 군수도 용신(用神)이 강하고 재관(財官)이 잘 조화를 이루어야 할 수 있다. 그리고 격이 청순하고 맑아 용신(用神)이 강해야 하고, 대운이 용신(用神)운을 잘 따라주어야 한다.

1) 조후법(調候法)으로 용신(用神)을 찾아야 할 사주

```
년   월   일   시
丙   庚   辛   戊          辛 壬 癸 甲 乙 丙 丁 戊
子   寅   巳   子          卯 辰 巳 午 未 申 酉 戌
```

본명은 억부법(抑扶法)이 아니라 조후법(調候法)으로 용신(用神)을 찾아야 한다. 조후(調候)로 보면 자(子)년 자(子)시이며 인(寅)월이라 사주가 차가우니 병화(丙火)가 필요하다. 따라서 년간(年干)의 병화(丙火) 정관(正官)이 용신(用神)이다. 정관(正官)이 용신(用神)이니 관운이 잘 따라주어 일찍 등과하여 승승장구하다가 황당(黃堂) 벼슬에 올랐다.

2) 관운은 없어도 벼슬을 산 사주

```
년   월   일   시
丁   乙   癸   壬          甲 癸 壬 辛 庚 己 戊 丁
丑   巳   酉   子          辰 卯 寅 丑 子 亥 戌 酉
```

본명은 계수(癸水) 일주(日主)가 사(巳)월에 태어나 비록 실령(失令)했으나 비겁(比劫)과 인성(印星)운이 강하여 신강(身强)하다. 년간(年干)의 정화(丁火) 편재(偏財)가 용신(用神)이라 재물을 많이 축적하였다. 관운은 없지만 재물이 많아 돈으로 관직을 샀다. 비록 재물로 벼슬을 샀지만 관직이 빛을 본 것이다.

4. 편시제사 (便是諸司)

■ 원 문
편시제사병수령(便是諸司幷首領)
야종청탁분형영(也從淸濁分形影)

■ 직 역
편시제사(便是諸司)도 병수령(幷首領)이나 청탁(淸濁)을 종(從)하여 형영(形影)을 분별해야 한다.

■ 한자풀이
便(편할 편) 諸(모두 제) 幷(어우를 병)
首(머리 수) 領(옷깃 령) 也(어조사 야) 從(좇을 종)
濁(흐릴 탁) 形(모양 형) 影(그림자 영)

■ 풀 이
일주(日主)가 강하고 재성(財星)과 관성(官星)의 작용이 유력하면 관운이 있다. 그러나 사주의 청탁에 따라 고관이 될 상격인지, 종사가 될 중격인지, 병졸이 될 하격인지가 결정된다.

1) 최상격 사주

```
년  월  일  시
甲  戊  戊  丁        己庚辛壬癸甲乙丙
午  辰  申  巳        巳午未申酉戌亥子
```

본명은 무토(戊土) 일주(日主)가 진(辰)월에 태어나 득령(得令)하여 강하다. 년간(年干) 갑목(甲木)은 진토(辰土)에 통근(通根)하여 강하니 관운이 좋고, 일지(日支) 신금(申金)은 진토(辰土)와 삼합(三合)하여 강하니 후토(厚土)를 설기(洩氣)하는 공이 있다. 청나라 강희(康熙) 황제의 사주인데, 이처럼 최상격 사주를 타고났기 때문에 재임기간 중 특별한 환난이나 문제가 없었고, 또 문제가 생겨도 쉽게 수습되었던 것이다. 사주가 흉한 사람이 왕이나 황제의 자리에 앉으면 문제가 많이 생기고 도중에 하차하기도 한다.

2) 상격 사주

```
년  월  일  시
戊  癸  癸  戊        甲癸壬辛庚己戊丁
申  亥  卯  午        子亥戌酉申未午巳
```

본명은 계수(癸水) 일주(日主)가 해(亥)월에 태어나 신강(身强)하다. 용신(用神)은 시간(時干)의 무토(戊土) 정관(正官)인데 오화(午火)에 의지하여 강하니 관찰사가 되었다. 비록 수(水)가 많지만 화(火)도 부족하지 않다. 년간(年干) 무토(戊土)는 신금(申金)을 생하고, 금(金)은 계해수(癸亥水)를 생하고, 수(水)는 묘목(卯木)을 생하고, 목(木)은 오화(午火)를 생하고, 화(火)는 다시 용신(用神) 무토(戊土)를 생하여 주류무체(周流無滯)가 되었다.

3) 중격 사주

년	월	일	시							
丙	丁	庚	乙	戊	己	庚	辛	壬	癸	甲乙
午	酉	寅	酉	戌	亥	子	丑	寅	卯	辰巳

본명은 경금(庚金) 일주(日主)가 유(酉)월에 태어나 신강(身强)하다. 용신(用神)은 년간(年干)에 투간(透干)한 병화(丙火)이고, 목(木)은 희신(喜神)이다. 목화(木火)운이 좋고, 금수(金水)운은 불리하다. 그러나 용신(用神)의 뿌리인 일지(日支)에 인목(寅木)이 유금(酉金)에게 파극(破剋)되어 고관이 되지 못하고 지방 현령(縣令)에 머물렀다.

4) 중하격 사주

```
년  월  일  시
丁  癸  甲  戊       壬辛庚己戊丁丙乙
酉  卯  寅  辰       寅丑子亥戌酉申未
```

본명은 갑목(甲木) 일주(日主)가 묘(卯)월에 태어나 신강(身强)하다. 용신(用神)은 년지(年支) 유금(酉金)인데 묘유상충(相沖)으로 파극(破剋)되었다. 따라서 관성(官星) 역할을 제대로 못하니 시골 면장에 머물렀다. 그 뒤 개인사업을 하여 사업가로 성공하였다.

5) 하격 사주

```
년  월  일  시
丙  甲  甲  己       乙丙丁戊己庚辛壬
午  午  戌  巳       未申酉戌亥子丑寅
```

본명은 월(月) 갑목(甲木)이 용신(用神)이다. 식상(食傷)이 많아 인수(印授)가 필요한데 없으니 등과는 했으나 승진하지 못하였다. 갑목(甲木) 용신(用神)은 지지(地支)에 통근(通根)되지 않아 말라 죽은 나무가 되어 미관말직을 벗어나지 못한 것이다.

| 제VI부 |

여명과 소아편

1장. 여명론(女命論)

1. 논부논자 (論夫論子)

■ 원 문

논부논자요안상(論夫論子要安詳)

기정평화부도장(氣靜平和婦道章)

삼기이덕허호어(三奇二德虛好語)

함지역마반추상(咸池驛馬半推詳)

■ 직 역

　부(夫)와 자(子)를 논함에는 안상(安詳)을 요(要)하며 기(氣)가
정(靜)하며 평화하며 부도(婦道)의 장(章)이다. 삼기(三奇)와 이덕
(二德)은 허(虛)한 호어(好語)이고, 함지(咸池)와 역마(驛馬)는 반
(半)만 추상(推想)하라.

■ 한자풀이

論(논할 논) 夫(지아비 부) 要(요구할 요)

安(편안할 안) 詳(자세할상) 靜(고요할 정) 平(평평할 평)

婦(부인 부) 道(길 도) 章(글문 장) 奇(기이할 기) 德(덕 덕)

虛(빌 허) 好(좋을 호) 語(말씀 어) 咸(다 함) 池(연못 지)

驛(역참 역) 半(반 반) 推(추진할 추)

■ 풀 이

　여명에서 남편운과 자식운을 논할 때는 남명과 마찬가지로 일주(日主)가 강하여 사주가 안정되고 재관(財官)이 유력하며 용신(用神)이 강하면 귀부인의 명조로 본다. 이단의 사상에서 말하는 삼기(三奇)와 이덕(二德)은 모두 허황된 말이다. 또 당사주(唐四柱)에서 말하는 신살(神殺), 즉 함지(咸池)와 역마(驛馬)와 도화(桃花) 등은 모두 절반만 참고하라.

1) 남편복 많은 귀부인 사주

년	월	일	시
丁	癸	乙	庚
亥	卯	酉	辰

甲乙丙丁戊己庚辛

辰巳午未申酉戌亥

본명은 을목(乙木) 일주(日主)가 묘(卯)월에 태어나 득령(得令)하여 신강(身强)하다. 시간(時干) 경금(庚金)이 용신(用神)이고, 토(土)는 희신(喜神)이다. 경금(庚金) 용신(用神)은 일지(日支) 유금(酉金)과 시지(時支) 진토(辰土)에 통근(通根)하여 강하다. 따라서 좋은 남편을 만나 부부금실이 좋았다. 남편이 고관대작이라 덕분에 귀부인이 되었고, 재물도 충만하였다. 일주(日主)가 을유(乙酉)이니 얼굴은 양귀비 같았고, 재관(財官)이 충만하니 오복을 모두 누렸다.

2) 타고난 복은 반드시 받는다.

년	월	일	시								
庚	甲	辛	丁	癸	壬	辛	庚	己	戊	丁	丙
寅	申	卯	酉	未	午	巳	辰	卯	寅	丑	子

본명은 신금(辛金) 일주(日主)가 신(申)월에 태어나 득령(得令)하여 신강(身强)하다. 시간(時干) 정화(丁火)가 용신(用神)이고, 목(木)은 희신(喜神)이다. 정화(丁火) 용신(用神)은 년지(年支) 인목(寅木)과 일지(日支) 묘목(卯木)에 통근(通根)하여 강하다. 지지(地支)에서 인신(寅申)이 상충(相沖)하고 묘유(卯酉)가 상충(相沖)하여 약간 불리한 것 같으나 중화가 잘되어 좋은 명조가 되었다. 따라서 빼어난 미인이었고 고관대작의 남편을 만나 부귀영화를 누렸다. 사람은 누구나 타고난 복대로 사는 법이고, 타고난 복은 남이 빼앗아가지 못한다.

2 여명의 길흉

1) 여명에서 일지(日支)와 관성(官星)은 남편성이다.

```
년  월  일  시
辛  甲  丁  癸        乙丙丁戊己庚辛壬
亥  午  酉  卯        未申酉戌亥子丑寅
```

본명은 시간(時干) 계수(癸水)가 용신(用神)인데 일지(日支) 유금
(酉金)과 년지(年支) 해수(亥水)에 통근(通根)하여 강하다. 계수
(癸水) 용신(用神)은 편관(偏官)에 해당하니 남편복이 많았다. 일
지(日支)가 용신(用神)이고 관살(官殺)이 용신(用神)이니 남편은
고관이며 재물도 많았고 애처가였다. 여명에서 일지(日支)와 관성
(官星)은 남편에 해당하는데, 정관(正官)은 본남편이고 편관(偏官)
은 내연남이다. 따라서 먼저 일지(日支)와 관성(官星)의 길흉을 봐
야 귀천을 알 수 있다.

```
년  월  일  시
壬  壬  丁  庚        辛庚己戊丁丙乙甲
午  子  酉  子        亥戌酉申未午巳辰
```

본명은 남편성인 일지(日支) 유금(酉金)이 기신(忌神)이고, 관살

(官殺)이 많고 혼잡하니 남편복이 없었다. 남편은 바람둥이에다 가정을 돌보지 않고 밖으로만 나도는 백수건달이었다. 관살(官殺)이 기신(忌神)에 해당하기 때문이다.

2) 사주의 청기와 탁기를 살펴야 한다.

년	월	일	시								
壬	癸	乙	丙		壬	辛	庚	己	戊	丁	丙	乙
寅	卯	巳	戌		寅	丑	子	亥	戌	酉	申	未

본명은 임계수(壬癸水)가 목(木)을 생하고, 목(木)은 다시 화(火)를 생하고, 화(火)는 토(土)를 생하니 생생불식(生生不息)이다. 목(木)이 비록 왕하나 병화(丙火)와 사화(巳火)가 설기(洩氣)시켜 사주가 맑아졌다. 따라서 하나를 들으면 둘을 아는 지혜가 있었다. 사주에 청기가 많은지 탁기가 많은지를 보고 그 사람의 지혜로움과 우매함을 알 수 있다.

년	월	일	시								
丙	甲	戊	乙		癸	壬	辛	庚	己	戊	丁	丙
寅	午	午	卯		巳	辰	卯	寅	丑	子	亥	戌

본명은 화(火)가 너무 왕강하다. 시주(時柱)에 을묘(乙卯)가 있지

만 인성(印星)이 많아 신강(身强)한 사주에서는 관살(官殺)이 기신(忌神) 작용을 한다. 따라서 사주가 혼탁해져 머리가 우둔하여 공부를 못했고, 지혜가 부족하니 어디를 가도 멍청하다는 소리를 들으며 천대받았다.

3) 사주의 유정과 무정을 살펴야 한다.

년	월	일	시								
己	乙	乙	壬	丙	丁	戊	己	庚	辛	壬	癸
亥	亥	亥	午	子	丑	寅	卯	辰	巳	午	未

본명은 시지(時支) 오화(午火)가 용신(用神)이고, 년간(年干) 기토(己土)는 희신(喜神)이다. 이처럼 용신(用神)과 희신(喜神)이 멀리 있으니 서로 도움이 되지 않아 음란하며 사악하였다. 사주가 무정하면 음란하며 사악하고 시기와 질투심이 많다. 용신(用神)과 희신(喜神)이 상부상조하지 않으면 무정한 사주가 된다. 사주가 무정하고 수(水)가 많으면 음란하며 사악하다.

년	월	일	시								
戊	乙	癸	壬	甲	癸	壬	辛	庚	己	戊	丁
午	卯	卯	子	寅	丑	子	亥	戌	酉	申	未

본명은 목(木)이 많아 설기(洩氣)가 심하다. 금(金)으로 금극목(金剋木)해야 사주가 좋아지는데 금(金)이 없으니 무정한 사주가 되었다. 신약(身弱)한데 재관(財官)과 식상(食傷)이 강하니 극루교가(剋漏交加)가 되었다. 따라서 시기와 질투가 많았다.

4) 오행(五行)이 이치에 맞게 잘 들어 있는지 살펴야 한다.

년	월	일	시								
庚	己	丙	癸	戊	丁	丙	乙	甲	癸	壬	辛
辰	卯	申	巳	寅	丑	子	亥	戌	酉	申	未

본명은 병화(丙火) 일주(日主)가 묘(卯)월에 태어나 득령(得令)하여 신강(身强)하다. 목(木)이 많아 신강(身强)해졌으니 년간(年干) 경금(庚金)이 용신(用神)이고, 토(土)는 희신(喜神)이다. 경금(庚金) 용신(用神)은 진토(辰土)와 신금(申金)에 의지하여 강하다. 더구나 일지(日支)에 신금(申金)이 들어 남편복이 많다. 이 사람이 정숙하며 순결하고 언행이 단정하며 고상하고 우아한 것은 모두 오행(五行)이 이치에 맞게 잘 들어 있기 때문이다.

년	월	일	시								
甲	己	丙	壬	戊	丁	丙	乙	甲	癸	壬	辛
寅	巳	申	辰	辰	卯	寅	丑	子	亥	戌	酉

본명은 신강(身强)하며 재관(財官)이 아름답다. 시간(時干) 임수(壬水)가 용신(用神)인데 일지(日支) 신금(申金)에 통근(通根)하고, 신진(申辰)이 반합수(半合水)하여 더 강해졌다. 따라서 정숙하며 순결하고 언행이 단정하며 고상하고 우아하였다.

5) 신살은 절반 정도만 참고한다.

```
년  월  일  시
癸  甲  乙  甲        乙丙丁戊己庚辛壬
酉  子  亥  申        丑寅卯辰巳午未申
```

본명에서 진용신(眞用神)은 화(火)이고, 토(土)는 희신(喜神)이다. 그러나 사주에 화(火)와 토(土)가 없으니 년지(年支) 유금(酉金)을 용신(用神)으로 삼으나 유금(酉金)은 금생수(金生水)하여 기신(忌神) 수(水)를 생해주니 용신(用神)이 무용지물이 되었다. 인성(印星)이 많은 신강(身强) 사주는 관살(官殺)이 해롭다. 을목(乙木) 일주(日主)의 자(子)와 신(申)은 천을귀인(天乙貴人)이지만 용신(用神)이 쓸모가 없으니 빈천하게 살았다. 이것만 보아도 신살은 아무 근거도 없이 꾸며낸 말이라는 것을 알 수 있다.

```
년  월  일  시
丙  己  戊  壬        戊丁丙乙甲癸壬辛
申  亥  申  子        戌酉申未午巳辰卯
```

본명은 무토(戊土) 일주(日主)가 해(亥)월에 태어나 실령(失令)하여 신약(身弱)하다. 화토(火土)운은 길하고, 금수(金水)운은 흉하다. 무토(戊土) 일주(日主)의 지지(地支) 신(申)은 암록성(暗祿星)이 된다. 그러나 일지(日支) 신금(申金)이 기신(忌神)에 해당하여 남편과 일찍 이별하고 혼자 고통스럽게 살았다. 암록성(暗祿星)이란 보이지 않는 가운데 복록이 온다는 별인데, 복은 고사하고 남편과 이별했으니 당사주(唐四柱)에서 유래한 신살은 아무 근거도 없는 허황된 말임을 알 수 있다.

6) 신살은 후대 사람들이 잘못 만든 이론이다.

년	월	일	시							
戊	辛	丁	壬	庚	己	戊	丁	丙	乙	甲	癸
申	酉	巳	寅	申	未	午	巳	辰	卯	寅	丑

도화(桃花)나 역마(驛馬)나 고신(孤神)도 역시 후대 사람들이 만든 잘못된 말이다. 년지(年支)가 신(申)인데 다른 지지(地支)에 유(酉)가 있으면 도화(桃花)가 된다. 도화(桃花)는 색정이 발동하여 바람둥이가 되는 별이다. 그러나 이 사람은 미인이며 정숙하고 순결하였다. 또 관대한 남편을 만나 부부금실이 좋았으며 백년해로하였다. 신약(身弱) 사주이니 목화(木火)가 길하다. 일지(日支)의 사화(巳火)가 용신(用神)이고 목(木)은 희신(喜神)인데, 용신(用神)

과 희신(喜神)이 강하여 부귀영화를 누린 것이다. 정통명리학에는
신살이 없다. 따라서 정통역술을 공부하는 사람은 신살에 너무 정
신을 빼앗기지 말아야 한다.

```
년  월  일  시
丙  甲  壬  庚        癸壬辛庚己戊丁丙
午  午  申  子        巳辰卯寅丑子亥戌
```

년지(年支)가 오(午)인데 다른 지지(地支)에 신(申)이 있으면 역
마(驛馬)가 된다. 역마(驛馬)는 분주하며 무례하고 방자하다는 별
이다. 그러나 이 사람은 예의범절이 있었고 남편을 잘 섬기며 자녀
들에게는 좋은 어머니였다. 역마(驛馬)니 도화(桃花)니 하는 것은
하나도 해당하지 않았다.

7) 고부갈등의 유무를 살펴야 한다.

```
년  월  일  시
辛  庚  壬  己        辛壬癸甲乙丙丁戊
巳  子  子  酉        丑寅卯辰巳午未申
```

시부모에게 불효하는 것은 재성(財星)이 가볍고 겁재(劫財)가 중
하여 비극재(比剋財)하기 때문이다. 임수(壬水) 일주(日主)에서 사

화(巳火)는 편재(偏財)에 해당한다. 이 사람은 시부모께 불효를 많이 저질렀는데, 시부모에 해당하는 년지(年支) 사화(巳火)가 재성(財星)이며 가볍기 때문이었다. 그러나 임수(壬水) 일주(日主)를 중심으로 겁재(劫財)가 중하여 수극화(水剋火)하였다. 임수(壬水) 일주(日主)가 자(子)월에 태어나 득령(得令)했는데 수(水)가 너무 많으니 일주(日柱)가 태왕하다. 따라서 음란하며 무례하고, 시부모와 남편을 무시한 것이다.

```
년  월  일  시
丙  甲  丙  甲        癸壬辛庚己戊丁丙
寅  午  申  午        巳辰卯寅丑子亥戌
```

본명도 시부모께 불효를 많이 하였다. 일지(日支) 신금(申金)이 편재(偏財)인데 강한 화(火)가 파극(破剋)하여 무력하고, 병화(丙火) 일주(日主)는 오(午)월에 태어나 화(火)가 태왕하다. 따라서 남편을 무시하고 시부모를 업신여기는 악한 여자가 되었다.

8) 관성(官星)이 허약하고 일주(日主)가 태왕한가를 살핀다.

```
년  월  일  시
壬  癸  甲  甲        壬辛庚己戊丁丙乙
戌  卯  寅  子        寅丑子亥戌酉申未
```

본명은 갑목(甲木) 일주(日主)가 묘(卯)월에 태어나 득령(得令)하
였다. 인성(印星)과 비겁(比劫)은 태왕하고, 년지(年支)의 술(戌)
신금(辛金)은 정관(正官)인데 미약하다. 따라서 남편을 무시하며
하인처럼 부려 부부갈등이 많았다. 관성(官星)이 허약하고 일주(日
柱)가 태왕하면 남편을 무시한다.

```
년  월  일  시
壬  壬  庚  庚        辛庚己戊丁丙乙甲
午  子  申  辰        亥戌酉申未午巳辰
```

본명은 년지(年支) 오화(午火)가 용신(用神)인데, 자오(子午)가
상충(相沖)하여 임오(壬午)가 개두(蓋頭)되니 미약하다. 이 사람은
남편을 머슴처럼 부리며 자신은 색정을 채우기 위해 밖으로 돌았
다. 그리고 식신(食神) 상관(傷官)이 태왕하여 남편은 오래 살지
못하였다. 남자가 상관(傷官)이 많은 여자를 만나면 대개 단명한다.

9) 관성(官星)이 밝게 투간(透干)되었는지 살핀다.

```
년  월  일  시
癸  辛  庚  丙        壬癸甲乙丙丁戊己
未  酉  寅  子        戌亥子丑寅卯辰巳
```

본명은 경금(庚金) 일주(日主)가 유(酉)월에 태어나 득령(得令)하여 신강(身强)하다. 시간(時干) 병화(丙火)가 용신(用神)이고, 목(木)은 희신(喜神)이다. 남편을 나타내는 병화(丙火) 편관(偏官)이 용신(用神)이고, 일지(日支)는 남편궁인데 일지(日支) 인목(寅木)이 길하다. 이 사람은 현모양처로 남편을 잘 내조하여 상서(尙書)에 이르렀다. 남편을 출세시키는 것도 사주에 있다. 관성(官星)이 밝게 투간(透干)하고 용신(用神)이나 희신(喜神)에 해당하면 남편이 출세하며 성공한다.

년	월	일	시								
戊	甲	壬	己		癸	壬	辛	庚	己	戊	丁	丙
午	子	午	酉		亥	戌	酉	申	未	午	巳	辰

본명은 임수(壬水) 일주(日主)가 자(子)월에 태어나 신강(身强)하다. 용신(用神)은 년간(年干) 무토(戊土)이고, 화(火)는 희신(喜神)이다. 편관(偏官)이 용신(用神)에 해당하고, 일지(日支)에 오화(午火)가 들어 남편을 잘 섬기며 자식을 잘 키웠다. 이처럼 관성(官星)이 투간(透干)하고 용신(用神)이나 희신(喜神)에 해당하면 남편이 출세하고 성공한다. 이 사람의 남편은 고관대작이 되었다. 사람은 누구나 타고난 복대로 산다. 즉 유운득복(有運得福)이다.

10) 정신기(精神氣)가 충만한지 살핀다.

```
년  월  일  시
戊  戊  戊  壬        丁丙乙甲癸壬辛庚
寅  午  申  子        巳辰卯寅丑子亥戌
```

　본명은 무토(戊土) 일주(日主)가 오(午)월에 태어나 정(精)에 해당하는 오화(午火)가 강하고, 신(神)에 해당하는 임자(壬子)와 신금(申金)이 강하다. 또 기(氣)에 해당하는 무토(戊土)도 강하다. 이처럼 정신기(精神氣)가 충만하니 귀부인 대우를 받으며 부귀영화를 누렸다. 여명이 정신기(精神氣)가 충만하면 운로가 온유하며 순성하여 길복이 많다.

```
년  월  일  시
戊  甲  甲  戊        癸壬辛庚己戊丁丙
子  子  午  辰        亥戌酉申未午巳辰
```

　본명은 정(靜)에 해당하는 자수(子水)가 월지(月支)에 있으니 강하고, 신(神)에 해당하는 무진(戊辰)과 오화(午火)도 강하고, 갑목(甲木) 일주(日主)는 기(氣)에 해당하여 강하다. 이처럼 정신기(精神氣)가 모두 강하여 평생 부귀영화를 누렸다.

3. 극부지명(剋夫之命)

1) 관성(官星)이 약하고 일주(日主)가 강하고 상관(傷官)이 중한 사주

년	월	일	시								
癸	乙	甲	庚		丙	丁	戊	己	庚	辛	壬	癸
巳	卯	寅	午		辰	巳	午	未	申	酉	戌	亥

시간(時干) 경금(庚金)이 남편 편관(偏官)이다. 갑경(甲庚)이 상충(相沖)하고, 지지(地支)에 통근(通根)이 없고, 오화(午火)가 절각(折脚)되어 관성(官星)이 미약하니 남편이 해로울 것을 암시한다. 또 관성(官星)을 생조(生助)하는 재성(財星)이 없고, 갑목(甲木) 일주(日主)가 묘(卯)월에 태어나 강하고, 시지(時支)에 오화(午火)가 들고 년지(年支)에 사화(巳火)가 들어 상관(傷官)이 중하다. 따라서 남편을 극하여 결혼한지 3년만에 남편이 죽었다. 이런 여자를 만나면 누구든 단명을 면할 수 없다. 여명이 관성(官星)이 미약한데 일주(日主)가 강하고 상관(傷官)이 중하면 남편을 극한다.

2) 관성(官星)은 약하고 재성(財星)은 없는데 비겁(比劫)이 왕성한 사주

년	월	일	시								
丁	乙	丁	乙		丙	丁	戊	己	庚	辛	壬	癸
巳	巳	亥	巳		午	未	申	酉	戌	亥	子	丑

본명은 정화(丁火) 일주(日主)가 사(巳)월에 태어나 신강(身强)하다. 일지(日支) 해수(亥水)는 사해(巳亥)가 상충(相沖)하여 관성(官星)이 약하고, 재성(財星)이 없다. 태왕한 비겁(比劫)이 허약한 관살(官殺)을 파극(破剋)하니 남편을 극하는 사주가 되었다. 이 사람의 남편은 결혼 전에는 등과하여 잘 승진했는데, 결혼 후에는 운로가 막혀 승진도 못하고 불치병까지 들어 젊은 나이에 병사하였다. 남편을 극하는 여자를 만났기 때문이다. 여명이 관성(官星)이 약한데 재성(財星)이 없고 비겁(比劫)이 왕성하면 남편을 극한다.

3) 관성(官星)이 약하고 인성(印星)이 중하면 남편을 극한다.

년	월	일	시								
辛	戊	庚	庚		己	庚	辛	壬	癸	甲	乙	丙
巳	戌	戌	辰		亥	子	丑	寅	卯	辰	巳	午

본명은 년지(年支) 화(巳火)가 편관(偏官)인데 많은 토(土)가 설기(洩氣)하여 관성(官星)이 약하고 재성(財星)도 없다. 인성(印星)이 태왕한 신강(身强) 사주에서는 관살(官殺)이 관인상생(官印相生)하여 오히려 기신(忌神) 역할을 한다. 따라서 남편을 극하는 명이 되었다. 이 사람의 남편은 평생 한 번도 꿈을 펴지 못하고 백수 건달로 살았다. 여명이 관성(官星)이 미약한데 인성(印星)이 중하면 남편을 극한다.

4) 관성(官星)이 왕성한데 인성(印星)이 가벼우면 남편을 극한다.

```
년  월  일  시
丁  壬  丙  戊        癸甲乙丙丁戊己庚
未  子  子  子        丑寅卯辰巳午未申
```

병화(丙火) 일주(日主)가 자(子)월에 태어나 신약(身弱)하다. 관성(官星)이 태왕한데 인성(印星)은 미(未) 을목(乙木) 뿐이니 너무 가볍다. 관살(官殺)이 7개이니 남편이 7명이나 되는 사주이다. 이 사람은 결혼과 이혼을 반복했으나 남자들은 한결같이 단명하거나 사업에 실패하거나 불치병에 걸려 젊은 나이에 병사하였다. 여명이 관성(官星)이 왕성한데 인성(印星)이 가벼우면 남편을 극한다.

5) 식상(食傷)이 왕성하고 관성(官星)이 미약하다.

```
년  월  일  시
癸  壬  庚  丙        癸甲乙丙丁戊己庚
亥  戌  子  戌        亥子丑寅卯辰巳午
```

경금(庚金) 일주(日主)가 술(戌)월에 태어나 득령(得令)하여 신강(身强)하다. 시간(時干) 병화(丙火)는 지지(地支)에 무근(無根)하여 허약한데, 식상(食傷)이 태왕하여 관살(官殺)을 파극(破剋)하니 남편을 극하는 명이 되었다. 이 사람은 3번 결혼했으나 3번 모두 남편이 사고와 질병으로 죽었다. 이처럼 극부지명을 타고난 여자는 결혼하지 말고 독신으로 사는 것이 업장을 짓지 않는 길이다. 여명이 식상(食傷)이 왕성한데 관성(官星)이 미약하면 남편을 극한다.

4. 여명의 자녀운

1) 식상(食傷)이 용신(用神)에 해당하면 자식복이 있다.

년	월	일	시								
己	己	戊	壬	庚	辛	壬	癸	甲	乙	丙	丁
亥	巳	申	戌	午	未	申	酉	戌	亥	子	丑

자녀운은 시주(時柱)와 식상(食傷)으로 본다. 본명은 무토(戊土) 일주가 사(巳)월에 태어나 신강(身强)하다. 일지(日支) 식신(食神)이 용신(用神)이다. 여명에서는 식상(食傷)이 용신(用神)이면 자식복이 있다. 이 사람은 자식이 총명하며 효성이 있었다.

년	월	일	시								
甲	庚	庚	庚	己	戊	丁	丙	乙	甲	癸	壬
午	午	子	辰	巳	辰	卯	寅	丑	子	亥	戌

본명은 화(火)가 많으니 수(水)가 용신(用神)이다. 시주(時柱) 경진(庚辰)이 용신(用神)이고, 일지(日支) 자수(子水)는 식신(食神)이며 용신(用神)이니 자식복이 많았다. 식상(食傷)이 용신(用神)에 해당하면 자식복이 있다. 이 사람은 자식은 총명하고 성실하며 효심이 많았다.

2) 식상(食傷)이 기신(忌神)에 해당하면 자식복이 없다.

년	월	일	시								
丁	己	戊	壬		庚	辛	壬	癸	甲	乙	丙	丁
亥	酉	申	子		戌	亥	子	丑	寅	卯	辰	巳

본명은 신약(身弱)하니 재성(財星)과 관성(官星)과 식상(食傷)이 모두 흉하다. 시주(時柱) 임자(壬子)가 기신(忌神)이고, 일지(日支) 신금(申金)은 식신(食神)인데 기신(忌神)에 해당하니 자식이 불효가 심했다. 식상(食傷)이 기신(忌神)에 해당하면 자식복이 없다.

년	월	일	시								
壬	壬	庚	丙		辛	庚	己	戊	丁	丙	乙	甲
辰	子	子	子		亥	戌	酉	申	未	午	巳	辰

본명도 설기(洩氣)가 심하여 신약(身弱)하니 재성(財星)과 관성

(官星)과 식상(食傷)이 모두 흉하다. 사주에 식상(食傷)이 너무 많아 자식을 여럿 두었지만 한결같이 불효하였다. 식상(食傷)이 기신(忌神)에 해당하면 자식복이 없다.

3) 시주(時柱)가 용신(用神)에 해당하면 자식복이 있다.

년 월 일 시
辛 庚 壬 丙 　　　辛壬癸甲乙丙丁戊
酉 子 寅 午 　　　丑寅卯辰巳午未申

본명은 임수(壬水) 일주(日主)가 자(子)월에 태어나 신강(身强)하다. 시간(時干) 병화(丙火)가 용신(用神)이고, 일지(日支) 인목(寅木)은 희신(喜神)이다. 시주(時柱)가 용신(用神)에 해당하고, 식신(食神)이 용신(用神)이면 자식복이 있다. 이 사람은 아들 둘을 두었는데 모두 효성이 있었고, 등과하여 부모를 즐겁게 해주었다.

년 월 일 시
甲 丁 癸 庚 　　　丙乙甲癸壬辛庚己
寅 卯 未 申 　　　寅丑子亥戌酉申未

계수(癸水) 일주(日主)가 묘(卯)월에 태어나 신약(身弱) 하다. 시간(時干) 경금(庚金)이 용신(用神)이고, 일지(日支) 미토(未土)는 희신(喜神)이다. 역시 시주(時柱)가 용신(用神)이니 자식복이 있다. 이 사람은 자식을 넷 두었는데 모두 총명하며 효심이 많았다.

4) 시주(時柱)가 기신(忌神)에 해당하면 자식복이 없다.

년	월	일	시								
丁	丙	壬	丙	丁	戊	己	庚	辛	壬	癸	甲
卯	午	申	午	未	申	酉	戌	亥	子	丑	寅

본명은 신약(身弱)하니 용신(用神)은 일간(日干) 임수(壬水)이고, 시주(時柱) 병오(丙午)는 기신(忌神)이다. 시주(時柱)가 기신(忌神)에 해당하면 자식복이 없다. 이 사람은 하나 있는 아들이 불효하였다. 너무 과잉보호하며 키운 것이 자식을 망친 것이다.

년	월	일	시								
庚	戊	戊	壬	丁	丙	乙	甲	癸	壬	辛	庚
申	子	子	子	亥	戌	酉	申	未	午	巳	辰

본명은 신약(身弱)하고 시주(時柱) 임자(壬子)가 기신(忌神)이다. 시주(時柱)가 기신(忌神)에 해당하면 자식복이 없다. 이 사람의 남편은 자식 3명을 남겨두고 첩과 도망가 혼자 키우면서 고생을 많이 하였다. 그런데 어렵게 키운 자식들이 하나같이 불효하였다.

5. 자식이 없는 여명

1) 여명이 태왕한 인성(印星)이 식상(食傷)을 파극(破剋)하면 자식을 두지 못한다.

```
년  월  일  시
己  己  庚  丙        庚辛壬癸甲乙丙丁
亥  巳  戊  戊        午未申酉戌亥子丑
```

본명은 경금(庚金) 일주(日主)가 사(巳)월에 태어나 인성(印星)이 태왕하다. 년지(年支) 식상(食傷)이 자식인데 태왕한 인성(印星)이 파극(破剋)하였다. 이 사람은 명산대천을 찾아다니며 기도했으나 평생 자식을 얻지 못하였다.

2) 여명이 신약(身弱)한데 식상(食傷)이 태왕하면 자식이 없다.

```
년  월  일  시
壬  丙  甲  庚        乙甲癸壬辛庚己戊
戌  午  午  午        巳辰卯寅丑子亥戌
```

본명은 갑목(甲木) 일주(日主)가 오(午)월에 태어나 식상(食傷)이 태과하여 설기(洩氣)가 너무 심하다. 신약(身弱) 사주에 식상(食

傷)이 태왕하고 시주(時柱)가 흉하면 자식이 없다. 신강(身强)한데 식상(食傷)이 강하면 자식이 많을 수 있지만 신약(身弱)하면 감당하지 못하므로 자식이 없다.

3) 여명이 신약(身弱)한데 재성(財星)이 태왕하면 자식이 없다.

년	월	일	시								
丁	丙	壬	乙		丁	戊	己	庚	辛	壬	癸	甲
亥	午	午	巳		未	申	酉	戌	亥	子	丑	寅

본명은 임수(壬水) 일주(日主)가 오(午)월에 태어나 신약(身弱)한데 재성(財星)은 태왕하고, 시주(時柱)는 자녀궁인데 기신(忌神)에 해당한다. 신약(身弱)한데 재성(財星)이 태왕하고 시주(時柱)가 흉하면 자식이 없다. 따라서 재산은 조금 있었지만 자식은 없었다.

4) 여명이 신약(身弱)한데 관살(官殺)이 태왕하면 자식이 없다.

년	월	일	시								
壬	壬	丙	戊		辛	庚	己	戊	丁	丙	乙	甲
午	子	子	子		亥	戌	酉	申	未	午	巳	辰

본명은 병화(丙火) 일주(日主)가 자(子)월에 태어나 신약(身弱)한

데, 관살(官殺)은 태왕하고 시주(時柱)는 흉하다. 신약(身弱)한데 관살(官殺)이 태왕하고 시주(時柱)가 흉하면 자식이 없다. 이 사람은 3대 독자와 결혼했지만 자식을 낳지 못하여 남편이 첩을 얻어 후사를 잇자 안방을 내주고 사랑방으로 쫓겨났다.

5) 여명이 화(火)가 태왕하고 토(土)가 과열하면 자식이 없다.

년	월	일	시							
壬	丁	壬	丁	丙	乙	甲	癸	壬	辛	庚	己
戌	未	午	未	午	巳	辰	卯	寅	丑	子	亥

신약(身弱)한데 화(火)가 태왕하고 토(土)가 과열하면 자식이 없으니 수(水)와 화(火)가 조화를 이루어야 한다. 본명은 수(水)는 너무 부족하고 화(火)는 너무 많으니 균형을 잃어 자식이 없었다.

6) 여명이 지나치게 한습하면 자식이 없다.

년	월	일	시							
丁	癸	戊	癸	甲	乙	丙	丁	戊	己	庚	辛
未	丑	子	亥	寅	卯	辰	巳	午	未	申	酉

사주가 너무 한습하면 자식이 없는데, 본명은 축(丑)월에 태어났

고 지지(地支)에서는 해자축(亥子丑)이 방합(方合)하여 사주가 너무 차갑다. 여러 번 임신했으나 유산되어 결국 자식을 두지 못했다.

7) 여명이 수(水)가 태왕하고 화(火)가 없으면 자식이 없다.

```
년  월  일  시
壬  壬  戊  壬        辛庚己戊丁丙乙甲
戌  子  子  子        亥戌酉申未午巳辰
```

본명도 앞 사주와 비슷하다. 사주가 온통 물바다이니 자식이 생길수가 없다. 수(水)가 태왕하고 화(火)가 없으면 자식을 두지 못한다. 이 사람은 18세에 결혼하여 자식을 낳으려고 온갖 방법을 다 동원해 보았지만 결국 자식을 두지 못하였다.

6. 음란한 여명

1) 여명이 일주(日主)가 왕한데 관성(官星)이 약하고 재성(財星)이 없으면 음란하다.

```
년  월  일  시
丁  癸  甲  丙        甲乙丙丁戊己庚辛
酉  卯  子  寅        辰巳午未申酉戌亥
```

본명은 갑목(甲木) 일주(日主)가 묘(卯)월에 태어나 득령(得令)하여 일주(日柱)가 왕성하다. 년지(年支) 유금(酉金)이 정관(正官)인데 묘유(卯酉)가 상충(相沖)하여 관성(官星)이 미약하다. 그리고 관성(官星)을 도와줄 재성(財星)이 없다. 따라서 이 사람은 솟아오르는 성욕을 억제하지 못하여 홍등가로 들어가 매춘부가 되었다.

2) 여명이 일주(日主)가 왕한데 관성(官星)이 약하고 식상(食傷)이 중하면 음란하다.

년	월	일	시								
丙	辛	甲	庚		庚	己	戊	丁	丙	乙	甲
子	卯	午	午		寅	丑	子	亥	戌	酉	申

본명은 갑목(甲木) 일주(日主)가 묘(卯)월에 태어나 득령(得令)하였다. 월(月) 신금(辛金)은 병신합수(丙辛合水)하였고, 시간(時干) 경금(庚金)은 갑경상충(甲庚相沖)하여 관살(官殺)이 허약하다. 일지(日支)와 시지(時支)의 상관(傷官)은 강하여 관살(官殺)이 태약하다. 따라서 본명은 정조관념이 약하였고, 홍등가로 들어가 매춘부가 되었다.

3) 여명이 일주(日主)가 왕성한데 관성(官星)이 허약하고 일주(日主)
   가 다른 오행(五行)과 합거(合去)하면 음란하다.

```
년  월  일  시
辛  己  甲  己        庚 辛 壬 癸 甲 乙 丙 丁
卯  亥  寅  巳        子 丑 寅 卯 辰 巳 午 未
```

본명은 갑목(甲木) 일주(日主)가 해(亥)월에 태어나 득령(得令)하
여 일주(日主)가 왕성하다. 년간(年干) 신금(辛金)은 고립무원이라
관성(官星)이 허약하다. 그리고 갑목(甲木) 일주(日主)는 갑기합토
(甲己合土)하여 일주(日主)가 다른 오행(五行)과 합거(合去)하였
다. 따라서 홍등가로 들어가 매춘부가 되었다.

4) 여명이 일주(日主)가 왕성한데 관성(官星)이 허약하고 관성(官星)
   이 일주(日主)와 합하면 음란하다.

```
년  월  일  시
壬  癸  乙  庚        壬 辛 庚 己 戊 丁 丙 乙
寅  卯  亥  辰        寅 丑 子 亥 戌 酉 申 未
```

본명은 을목(乙木) 일주(日主)가 묘(卯)월에 태어나 신강(身强)하
다. 일주(日柱)는 왕성한데 시간(時干) 경금(庚金)은 허약하고, 지

지(地支)는 인묘진(寅卯辰)이 방합(方合)하여 목(木)이 태왕하고, 을경(乙庚)이 합을 하였다. 허약한 관성(官星)이 일주(日主)와 합하면 음란하다. 따라서 인물은 빼어났지만 남자 없이는 잠을 못자는 창녀가 되었다.

5) 여명이 일주(日主)가 왕성한데 관성(官星)이 허약하고 관성(官星)이 다른 오행(五行)과 합하면 음란하다.

```
년  월  일  시
丙  辛  乙  癸        庚 己 戊 丁 丙 乙 甲 癸
戌  卯  亥  未        寅 丑 子 亥 戌 酉 申 未
```

을목(乙木) 일주(日主)가 묘(卯)월에 태어나 득령(得令)하여 왕성하다. 월(月) 신금(辛金)이 용신(用神)인데 병신합수(丙辛合水)하여 겉으로는 얌전한 척하면서 속으로는 매우 음란하였다.

6) 여명이 신약(身弱)한데 식상(食傷)은 태왕하고 인성(印星)을 만나지 못하면 음란하다.

```
년  월  일  시
壬  壬  庚  丙        辛 庚 己 戊 丁 丙 乙 甲
申  子  子  子        亥 戌 酉 申 未 午 巳 辰
```

경금(庚金) 일주(日主)가 자(子)월에 태어나 설기(洩氣)가 심하니 신약(身弱)하고, 식상(食傷)이 태과한데 억제할 인성(印星)이 없다. 따라서 홍등가로 들어가 매춘부가 되었다.

7) 여명이 신강(身强)한데 재성(財星)이 없고 관성(官星)이 가벼우면 음란하다.

```
년  월  일  시
癸  庚  辛  丁      辛 壬 癸 甲 乙 丙 丁 戊
巳  申  亥  酉      酉 戌 亥 子 丑 寅 卯 辰
```

본명은 신금(辛金) 일주(日主)가 신(申)월에 태어나 강하다. 시간(時干) 정화(丁火)가 용신(用神)인데 년지(年支) 사화(巳火)와 멀리 떨어져 있으니 약하고, 뿌리인 재성(財星)이 없다. 따라서 남자 없이는 잠을 못 자는 매춘부가 되었다.

8) 여명이 신강(身强)한데 관성(官星)은 무근(無根)이고 일주(日主)가 합거(合去)하면 음란하다.

```
년  월  일  시
丙  丙  辛  壬      乙 甲 癸 壬 辛 庚 己 戊
子  申  酉  辰      未 午 巳 辰 卯 寅 丑 子
```

신금(辛金) 일주(日主)가 신(申)월에 태어나 득령(得令)하여 왕성하다. 월(月) 병화(丙火)가 용신(用神)인데 관성(官星)이며 무근(無根)이고, 병신합수(丙辛合水)하여 일주(日主)를 합거(合去)하였다. 따라서 성욕을 감당하지 못하여 사창가로 들어갔다.

9) 여명이 수(水)가 태왕한데 화(火)가 없으면 음란하다.

년	월	일	시							
辛	庚	戊	壬	辛	壬	癸	甲	乙	丙	丁	戊
亥	子	子	戌	丑	寅	卯	辰	巳	午	未	申

본명은 무토(戊土) 일주(日主)가 자(子)월에 태어나 지지(地支)가 온통 물바다이다. 이 사람은 창녀가 되었는데 어머니도 창녀였다.

10) 여명이 신약(身弱)한데 식상(食傷)이 중하고 인성(印星)이 가벼우면 음란하다.

년	월	일	시							
甲	丁	壬	辛	丙	乙	甲	癸	壬	辛	庚	己
戌	卯	寅	亥	寅	丑	子	亥	戌	酉	申	未

임수(壬水) 일주(日主)가 묘(卯)월에 태어나 설기(洩氣)가 심하여

신약(身弱)하다. 신약(身弱)하고 식상(食傷)은 중한데 시간(時干)의 신금(辛金) 인성(印星)은 가벼우니 주관이 없다. 시간(時干) 신금(辛金)이 용신(用神)인데 너무 약하다. 이 사람은 성욕이 너무 강하여 창녀가 되었다.

11) 여명이 신약(身弱)한데 재성(財星)이 태왕하고 비겁(比劫)이 미약하면 음란하다.

```
년  월  일  시
丁  壬  己  壬        癸甲乙丙丁戊己庚
巳  子  亥  申        丑寅卯辰巳午未申
```

본명은 기토(己土) 일주(日主)가 자(子)월에 태어나 신약(身弱)한데 재성(財星)은 태과하다. 그러나 재성(財星)을 억제할 비겁(比劫)이 약하다. 이 사람은 첫 결혼에 실패하고 자포자기하여 사창가로 들어가 창녀가 되었다.

12) 여명이 신약(身弱)한데 관살(官殺)이 태왕하고 인성(印星)이 미약하면 음란하다.

```
년  월  일  시
壬  壬  丙  丙        辛庚己戊丁丙乙甲
辰  子  子  申        亥戌酉申未午巳辰
```

본명은 병화(丙火) 일주(日主)가 자(子)월에 태어나 신약(身弱)한
데, 태왕한 관살(官殺)을 관인상생(官印相生)시킬 인성(印星)이 없
다. 따라서 창녀 어머니를 따라 어려서부터 창녀생활을 하였다.

7. 적천수(滴天髓)에 나타난 음란한 여명

1) 관성(官星)이 약하고 식상(食傷)이 중중한 사주

년	월	일	시						
戊	甲	壬	丁	癸	壬	辛	庚	己	戊	丁
申	寅	寅	未	丑	子	亥	戌	酉	申	未

임수(壬水) 일주(日主)가 인(寅)월에 태어나 갑목(甲木)이 투간
(透干)하여 식신격(食神格)이다. 년월(年月)에 식신(食神)과 관살
(官殺)이 함께 투간(透干)하여 식신제살(食神制殺)이 되었다. 그러
나 시간(時干)의 정화(丁火) 재성(財星)은 일간(日干)과 합되어 관
살(官殺)을 도울 마음이 없고, 월지(月支)와 일지(日支)의 식신(食
神) 때문에 오히려 제살(制殺)이 태과하니 재성(財星)으로 관성(官
星)을 부조(扶助)해야 한다. 그러나 년지(年支) 인성(印星)은 인신
(寅申)이 상충(相沖)하여 파극(破剋)되고, 대운도 흉하여 가정을
버리고 도망쳤다. 본명은 일지(日支) 인목(寅木)이 기신(忌神)이라
남편복이 없고, 부부간에 전쟁운이 많아 백년해로하지 못했다.

2) 관살(官殺)이 없고 설기(洩氣)가 심한 사주

년	월	일	시							
丁	乙	甲	丁	丙	丁	戊	己	庚	辛	壬
未	巳	午	卯	午	未	申	酉	戌	亥	子

본명은 갑목(甲木) 일주(日主)가 사(巳)월에 태어났고, 정화(丁火)가 년간(年干)과 시간(時干)에 투간(透干)하고, 일지(日支)에 오화(午火)가 있어 화(火)가 왕성하다. 그런데 년지(年支)마저 미토(未土)가 들어 사오미(巳午未)가 방합(方合)하니 화(火)가 태왕하다. 따라서 수(水)가 시급하게 필요하지만 없다. 남편에 해당하는 관살(官殺)은 사(巳) 경금(庚金)인데 암장(暗藏)되어 결혼한 지 얼마되지 않아 남편을 잃고 독수공방하는 신세가 되었다. 식상(食傷)이 왕성하여 미모는 아름다웠지만 정조관념이 약하여 음란하게 살았다. 화류계로 나갈 명조이다.

3) 관살(官殺)이 미약하고 식상(食傷)이 태과한 사주

년	월	일	시							
戊	己	丙	戊	戊	丁	丙	乙	甲	癸	壬
戌	未	辰	戌	午	巳	辰	卯	寅	丑	子

본명은 병화(丙火) 일주(日主)가 미(未)월에 태어났고, 원국에 식신(食神)과 상관(傷官)이 가득하니 불행을 암시한다. 식상(食傷)이 왕하여 총명하며 아름다웠으나, 진(辰)의 계수(癸水) 정관(正官)이 너무 약하여 많은 상관(傷官)이 파극(破剋)하여 남편이 일찍 횡사하였다. 그후 재혼했지만 2년만에 또 이별하고 음란하게 살다가, 을묘(乙卯) 대운에 목토(木土)가 상전하자 목을 매 자살하였다. 여명이 남편성인 관살(官殺)이 너무 약하거나 충극(沖剋)을 당하여 전혀 기운을 발하지 못하면 음란하고, 남편과 해로하지 못한다.

4) 정관(正官)이 암장(暗藏)된 사주

년	월	일	시						
戊	乙	戊	丙	甲	癸	壬	辛	庚	己	戊
午	丑	戌	辰	子	亥	戌	酉	申	未	午

본명은 무토(戊土) 일주(日主)가 축(丑)월에 태어나 왕성한 토(土)가 사주를 장악하였다. 월(月) 을목(乙木)은 정관(正官)인데 축(丑)월이라 뿌리가 차갑고 많은 토(土) 때문에 기운을 발하지 못한다. 정관(正官)이 기운을 발하지 못하니 남편 몰래 바람을 많이 피웠다. 즉 진(辰)에 을목(乙木)이 암장(暗藏)되어 기둥서방을 숨겨두고 음란하며 천박하게 산 것이다. 또 축(丑)월 진(辰)시생이니 수(水)가 많아 음란함이 대단하다. 이처럼 사람의 눈은 속일 수 있

을지 모르나 팔자는 속이지 못하는 법이다.

5) 관살(官殺)이 합한 사주

년	월	일	시							
己	丙	丁	庚	丁	戊	己	庚	辛	壬	癸
亥	寅	亥	戌	卯	辰	巳	午	未	申	酉

본명은 정화(丁火) 일주(日主)가 인(寅)월에 태어났고 병화(丙火)가 투간(透干)하였다. 해수(亥水)가 관성(官星)이며 남편인데, 인해합목(寅亥合木)이 2번이나 있으니 남편이 2명이나 되는 명조이다. 이 사람은 남편 한 사람으로 만족하지 못하고 다른 남자를 만나며 음란하고 천박하게 살았다. 본명은 시간(時干) 경금(庚金)이 용신(用神)이고, 술토(戌土)와 기토(己土)는 희신(喜神), 목(木)은 기신(忌神), 수(水)는 구신(仇神), 화(火)는 한신(閑神)이다.

6) 관살(官殺)이 상충(相沖) 당한 사주

년	월	일	시							
丁	癸	庚	丁	甲	乙	丙	丁	戊	己	庚
未	丑	子	亥	寅	卯	辰	巳	午	未	申

본명은 경금(庚金) 일주(日主)가 축(丑)월에 태어났고, 일지(日支)에 자수(子水)가 있고, 시지(時支)에 해수(亥水)가 있어 해자축(亥子丑) 방합(方合)을 이루니 한냉한 기운이 태왕하다. 년간(年干) 정화(丁火)가 용신(用神)이며 남편이니 남편복이 많아 보인다. 그러나 정계(丁癸)가 상충(相沖)하고, 시간(時干) 정화(丁火)는 무근(無根)이라 남편복이 없다. 이 사람은 아무 남자에게나 몸을 맡기며 음란하게 살았다. 정화(丁火)와 오화(午火)가 용신(用神)이고, 경신신유병사(庚申辛酉丙巳)는 희신(喜神), 자축인계갑(子丑寅癸甲)은 기신(忌神), 을묘진술임해(乙卯辰戌壬亥)는 한신(閑神)이다.

7) 정관(正官)이 상충(相沖) 당하고 수기(水氣)가 많은 사주

년	월	일	시							
丁	癸	庚	乙	甲	乙	丙	丁	戊	己	庚
丑	丑	子	酉	寅	卯	辰	巳	午	未	申

본명은 앞 사주와 비슷하다. 경금(庚金) 일주(日主)가 축(丑)월에 태어나 사주가 매우 차갑다. 년간(年干) 정화(丁火)가 남편인데 정계상충(丁癸相沖)을 당하여 남편 구실을 못하였다. 즉 남편이 있어도 없는 것과 같은 사주이다. 이 사람은 남편을 버리고 도망가 만나는 남자마다 불륜을 저지르며 음란하게 살았다. 관살(官殺)이 일주(日主)를 제어하지 못하니 고삐풀린 망아지처럼 산 것이다.

8) 관살(官殺)이 합거(合去)한 사주

년	월	일	시							
丁	壬	辛	丙	癸	甲	乙	丙	丁	戊	己
丑	子	巳	申	丑	寅	卯	辰	巳	午	未

본명은 신금(辛金) 일주(日主)가 자(子)월에 태어나 신약(身弱)하다. 년간(年干) 정화(丁火)는 정임합목(丁壬合木)하여 가버리고, 시간(時干) 병화(丙火)는 병신합수(丙辛合水)하여 가버렸다. 또 지지(地支)에서는 자축합토(子丑合土)하고 신사합수(申巳合水)하여 사주가 온통 합이다. 상관(傷官)이 왕성하니 양귀비처럼 뛰어난 미모를 지녀 좋은 선비와 결혼했지만 남편은 그녀의 성욕을 견디지 못하고 병이 들어 죽었다. 그후 많은 남자들과 음란하게 생활하여 가문과 명예를 더럽히고 목을 매어 자살하였다. 이 사주는 합이 많아 신세를 망친 것이다. 합이 많아도 그 결과가 용신(用神)에 해당하면 좋지만, 기신(忌神)으로 흐르면 나빠진다. 이 사주는 합이 모두 기신(忌神)으로 변하여 매우 음란하고 자살까지 한 것이다.

9) 관살(官殺)이 중중한데 일주(日主)도 강한 사주

년	월	일	시							
戊	戊	癸	戊	丁	丙	乙	甲	癸	壬	辛
子	午	酉	午	巳	辰	卯	寅	丑	子	亥

본명은 계수(癸水) 일주(日主)가 오(午)월에 태어나 신약(身弱)하다. 일지(日支)에 유금(酉金)이 자리하고, 년지(年支)에 자수(子水)가 있으니, 재물복이 많고 건강하며, 얼굴은 양귀비요 수명도 장수할 것으로 보인다. 그러나 문제는 천간(天干)에 무토(戊土)가 3개나 투간(透干)하여 무계(戊癸)가 3번이나 합하는 것이다. 이 사람은 남편에게만 마음을 두지 못하고 바람을 피웠고, 남편도 성생활을 너무 많이 요구하니 정력이 고갈되어 수명대로 못살고 죽었다. 남편이 죽자 많은 남자들을 집으로 불러들여 음란하게 세월을 보냈다. 그래도 사주의 격이 워낙 좋아 죽은 남편이 유산을 많이 남겨 호의호식하며 살았다.

10) 편관(偏官)이 상충(相沖)하고 미약한 사주

년	월	일	시							
乙	辛	乙	丙	壬	癸	甲	乙	丙	丁	戊
未	巳	亥	戌	午	未	申	酉	戌	亥	子

본명은 을목(乙木) 일주(日主)가 사(巳)월에 태어나 신약(身弱)한데, 일지(日支)에 해수(亥水)가 있어 좋은 사주가 되었다. 미모도 뛰어났고 글과 그림에도 조예가 깊었다. 그러나 월(月)에 투간(透干)한 신금(辛金)이 편관(偏官)이며 남편인데, 양쪽의 을목(乙木)과 월지(月支) 사화(巳火)가 파극(破剋)하니 남편이 백수건달이 되

었다. 더구나 병화(丙火)까지 투간(透干)하여 중년과 말년의 병정 (丙丁) 대운에 늦바람이 들어 음란하게 살았다.

8. 귀부인의 사주

1) 부귀영화는 용신(用神)의 강약에 달려 있다.

년	월	일	시							
丁	戊	癸	乙	己	庚	辛	壬	癸	甲	乙
巳	申	丑	卯	酉	戌	亥	子	丑	寅	卯

본명은 계수(癸水) 일주(日主)가 신(申)월에 태어났고, 일지(日支) 축토(丑土)가 부조(扶助)하니 신강(身强)하다. 관성(官星)과 식신(食神)이 좌록(坐祿)하였고, 인성(印星)도 당령(當令)하여 생조(生助)되니 길하다. 재성(財星)은 관성(官星)을 생하고, 인수(印授)를 손상시키지 않는다. 인성(印星)이 당령하여 일주(日主)를 돕고, 식신(食神)도 득지하여 일기상생하는 형상이고, 오행(五行)도 균형을 이루어 안상하고 순수하다. 따라서 남편은 고관이였고, 자식도 출세하여 2대에 걸쳐 일품 벼슬에 봉해졌다. 용신(用神)은 시간(時干) 을묘목(乙卯木)이고, 축토(丑土)는 희신(喜神), 정사(丁巳)는 한신(閑神), 신금(申金)은 기신(忌神)이다. 무토(戊土)는 구

신(仇神)이지만 별로 흉하지 않다. 시간(時干) 을목(乙木) 용신(用神)이 태왕하니 오복을 다 누린 것이다. 부귀영화를 누리는 척도는 용신(用神)의 강약에 있다. 용신(用神)이 강건하면 부귀영화가 많고, 허약하면 빈천함이 많다.

2) 흠이 하나도 없는 상격 사주

년	월	일	시							
己	癸	甲	丙	甲	乙	丙	丁	戊	己	庚
亥	酉	辰	寅	戌	亥	子	丑	寅	卯	辰

본명은 갑목(甲木) 일주(日主)가 유(酉)월에 태어나 신약(身弱)하다. 시지(時支) 인목(寅木)이 용신(用神)인데 강하다. 어떤 사주든 용신(用神)이 강하면 길복이 많다. 병화(丙火)와 진토(辰土)와 기토(己土)는 희신(喜神)이고, 계수(癸水)는 한신(閑神), 해수(亥水)는 구신(仇神), 유금(酉金)은 기신(忌神)이다. 이 사람은 용신(用神)과 희신(喜神)이 강하여 재물복이 많아 창고가 가득하였고, 남편복이 많아 남편이 고관이 되었고, 자식복이 많아 자식도 역시 고관이 되었고, 또 장수했으니 인간의 오복을 모두 누렸다. 어느 글자 하나도 아쉬움이 없이 절묘한 배합을 이루어 문제가 전혀 없는 상격의 명조이다. 이런 사주는 왕비나 고관대작의 아내가 된다. 사주가 물이 흐르듯이 생생불식(生生不息)하고 있다.

년	월	일	시	
辛	壬	丁	甲	癸甲乙丙丁戊己
酉	辰	巳	辰	巳午未申酉戌亥

본명은 정화(丁火) 일주(日主)가 진(辰)월에 태어났고, 일지(日支) 사화(巳火)가 부조(扶助)하여 신강(身强)하다. 월간(月干) 임수(壬水)가 용신(用神)이고, 년주(年柱) 신유금(辛酉金)이 희신(喜神), 진사화토(辰巳火土)는 기신(忌神), 갑목(甲木)은 한신(閑神)이다. 정화(丁火) 용신(用神)은 신유(辛酉)의 생조(生助)를 받아 왕성하니 귀부인의 명조임을 짐작할 수 있다. 더 좋은 것은 기신(忌神)인 진토(辰土)가 진유합금(辰酉合金)하여 희신(喜神)으로 변한 것이다. 어떤 사주든 합하여 용신(用神)이나 희신(喜神)으로 변하면 길복이 많다. 정관(正官)이 용신(用神)인데 왕성하니 남편은 부귀가 많아 재물이 매우 많았고, 자식도 일품 벼슬을 하였다. 사주가 충파(沖破)나 상극(相剋)이 전혀 없고, 마치 물이 흐르듯이 생생불식(生生不息)하고 있다.

3) 길복이 계속 이어진 사주

년	월	일	시	
己	癸	壬	甲	甲乙丙丁戊己庚
未	酉	寅	辰	戌亥子丑寅卯辰

본명은 임수(壬水) 일주(日主)가 유(酉)월에 태어나 득령(得令)하
여 신강(身强)하고 중화가 잘 되었다. 용신(用神)은 시간(時干) 갑
목(甲木)이고, 일지(日支) 인목(寅木)과 시지(時支) 진토(辰土)는
희신(喜神), 임계수(壬癸水)는 한신(閑神), 유금(酉金)은 기신(忌
神), 구신(仇神)은 없다.

갑목(甲木) 용신(用神)은 시간(時干)에 투간(透干)하고 진토(辰
土)에 통근(通根)하여 임계수(壬癸水)가 생조(生助)하니 강하다.
용신(用神)은 강할수록 부귀가 많다. 일지(日支)의 진토(辰土) 편
관(偏官)이 용신(用神)에 해당하니 남편이 출세하였고, 시주(時柱)
는 자식궁인데 용신(用神)이 자리하니 자식복도 많아 자식들이 모
두 능력이 뛰어나 이품의 벼슬을 하였다. 사주가 막힘이 별로 없고
순순하며 생생불식(生生不息)하니 길복이 계속 이어진 것이다.

4) 전형적인 현모양처의 사주

년	월	일	시						
庚	壬	乙	癸	辛	庚	己	戊	丁	丙	乙
辰	午	亥	未	巳	辰	卯	寅	丑	子	亥

본명은 을목(乙木) 일주(日主)가 오(午)월 미(未)시에 태어나 신
약(身弱)하다. 용신(用神)은 시간(時干) 계수(癸水)이고, 임해수(壬
亥水)도 모두 용신(用神)이다. 일주(日主)를 중심으로 용신(用神)

과 희신(喜神)이 옹위(擁衛)하니 귀부인의 명조이며 전형적인 현모양처의 명조이다. 오화(午火)는 기신(忌神), 미토(未土)는 구신(仇神), 진토(辰土)와 경금(庚金)은 한신(閑神)이다.

이 사주 역시 용신(用神)이 강하고 희신(喜神)이 도와주니 부귀영화가 많았다. 아들 셋이 모두 총명하여 출세하였다. 한 명은 어사가 되고, 둘은 등과하였다. 남편도 낭중(郎中)이라는 높은 벼슬을 지냈다. 남편과 자식이 모두 등과하여 2대에 걸쳐 벼슬을 한 것이다.

5) 아들 다섯이 모두 출세하고 23명의 손자를 둔 사주

년	월	일	시							
庚	戊	乙	壬	丁	丙	乙	甲	癸	壬	辛
辰	寅	酉	午	丑	子	亥	戌	酉	申	未

본명은 을목(乙木)이 초봄에 태어났으니 어린나무가 강한 금(金)을 만난 형상이다. 가장 좋은 것은 시지(時支) 오화(午火)가 제살(制殺)하며 일주(日主)를 위하는 것이다. 한냉한 목(木)이 태양을 향하니 관인(官印)이 쌍청하고, 인수(印授)가 불괴하니 사주가 순수하며 안정되고 온화하다. 남편은 2품 벼슬을 하였고, 아들은 다섯이 모두 출세하였고, 손자는 23명을 두었다. 평생 건강했으며 부부 간에는 서로 공경하며 사랑하였다. 80세 넘게 장수하다가 무병으로 임종을 맞았고, 그후 자손들도 모두 부귀영화를 누렸다.

6) 먼저 여덟 글자의 길흉을 설정해야 한다.

년	월	일	시							
丙	癸	丁	己		壬 辛 庚 己 戊 丁 丙
辰	巳	亥	酉		辰 卯 寅 丑 子 亥 戌

본명은 정화(丁火) 일주(日主)가 사(巳)월에 태어나 신강(身强)하다. 월(月) 계수(癸水)가 용신(用神)인데, 정계상충(丁癸相沖)하고 병화(丙火)가 파극(破剋)하여 허약하다. 일지(日支) 해수(亥水)가 통근(通根)했으나 홀로 투간(透干)한 계수(癸水)로서는 역부족이다. 따라서 결혼한 지 얼마되지 않아 파경을 만났다. 그래도 사유(巳酉)가 합하여 금국(金局)을 이루어 자식들은 성공하여 두 아들은 3품 벼슬을 하였다.

이 사주는 정계상충(丁癸相沖)으로 용신(用神)이 제거된 것이 가장 큰 결점이라고 할 수 있다. 오행(五行)의 길흉을 분석해보면 계수(癸水)는 용신(用神)이고, 유금(酉金)은 희신(喜神), 갑목(甲木)은 한신(閑神), 사화(巳火)는 기신(忌神), 진토(辰土)는 구신(仇神)이다. 어떤 사주든 정확하게 간명하려면 먼저 여덟 글자의 길흉을 설정해야 한다. 즉 용신(用神)·희신(喜神)·한신(閑神)·기신(忌神)·구신(仇神)을 정확하게 설정해야 올바르게 간명할 수 있다.

7) 남편운은 좋으나 자식이 무능한 사주

년	월	일	시							
丙	辛	癸	戊	庚	己	戊	丁	丙	乙	甲
寅	卯	酉	午	寅	丑	子	亥	戌	酉	申

본명은 계수(癸水) 일주(日主)가 묘(卯)월에 태어나 실령(失令)하여 신약(身弱)하다. 신약(身弱) 사주는 대개 비겁(比劫)과 인성(印星)운이 길하다. 월간(月干) 신금(辛金)이 용신(用神)인데 일지(日支) 유금(酉金)에 통근(通根)하여 강건하다. 인묘목(寅卯木)은 기신(忌神)이고, 병정(丙丁) 오화(午火)는 구신(仇神), 무토(戊土)는 한신(閑神)이다. 시간(時干)의 정관(正官) 무토(戊土)가 한신(閑神)이나, 일지(日支) 유금(酉金)이 용신(用神)에 해당하여 남편운이 길하다. 남편은 수석으로 장원급제하였다. 인묘목(寅卯木) 식상(食傷)은 기신(忌神)에 해당하고, 시주(時柱) 무오(戊午)는 한신(閑神)에 해당하여 비록 아들을 둘 두었지만 무능하여 출세하지 못하였다. 육친의 길흉은 육신의 길흉으로 논하지만 위치의 길흉으로도 논한다. 즉 년주(年柱)는 조상의 길흉을 논하고, 월주(月柱)는 부모형제의 길흉을 논하고, 일주(日柱)는 부부운을 논하고, 시주(時柱)는 자식의 길흉을 논한다.

8) 훌륭한 가정의 주부의 사주

년	월	일	시	
辛	辛	丙	癸	壬癸甲乙丙丁戊
酉	卯	子	巳	辰巳午未申酉戌

　본명은 병화(丙火) 일주(日主)가 묘(卯)월 사(巳)시에 태어나 득령(得令)하여 신강(身强)하다. 년월간(年月干) 신금(辛金)이 용신(用神)이고, 시간(時干) 계수(癸水)와 일지(日支) 자수(子水)는 용신(用神)을 보호하니 희신(喜神)이다. 그리고 묘목(卯木)은 기신(忌神)이고, 사화(巳火)는 구신(仇神)이다. 금수(金水)운은 길하고, 목화(木火)운은 흉하다. 병자(丙子) 일주(日柱)이니 외모가 뛰어났고, 근면하며 검소하여 베를 짜면서도 독서를 하였고, 요리도 잘하고, 부모와 어른을 잘 섬겼으며, 남편은 진사에 급제하였다. 특별하게 좋은 명조는 아니지만 중격 정도의 명조이다. 본명은 크게 자랑할 만한 것은 없지만 가정주부로서는 최고의 사주이다.

9) 남편은 미관말직이나 고관 자식을 둔 사주

년	월	일	시	
丁	癸	丙	丙	甲乙丙丁戊己庚
酉	卯	辰	申	辰巳午未申酉戌

본명은 병화(丙火) 일주(日主)가 묘(卯)월에 태어났고, 시간(時干)에 병화(丙火)가 투간(透干)하고, 년간(年干)에 정화(丁火)가 투간(透干)하고, 일지(日支)에 진토(辰土)가 자리하여 신강(身强)하다. 묘진(卯辰)이 방합(方合)하여 목(木)이 강하니 억제하여 중화를 이루어야 한다. 따라서 년지(年支) 유금(酉金)과 시지(時支) 신금(申金)이 용신(用神)이다. 남편에 해당하는 월(月) 계수(癸水)는 정관(正官)이며 희신(喜神)이나 정계(丁癸)가 상충(相沖)하여 허약하다. 따라서 남편은 비록 등과했으나 하위직에 머물렀다. 그러나 두 아들이 4품에 봉해졌다. 용신(用神)이 투간(透干)하지 못하고 희신(喜神)만 투간(透干)하여 남편보다 자식이 더 출세한 것이다. 그리고 재성(財星)이 용신(用神)이니 재물운이 매우 좋았다. 용신(用神)은 천간(天干)에 투간(透干)하고 충파(沖破)가 없어야 하고, 희신(喜神)이 지지(地支)에서 용신(用神)을 통근(通根)하며 부조(扶助)해야 하고, 또 한신(閑神)이나 기신(忌神)은 합되어 용신(用神)으로 변해야 부귀영화가 많이 따른다.

10) 시부모를 잘 공경한 사주

년	월	일	시							
癸	庚	戊	己	辛	壬	癸	甲	乙	丙	丁
丑	申	午	未	酉	戌	亥	子	丑	寅	卯

본명은 무토(戊土) 일주(日主)가 신(申)월에 태어나 실령(失令)했으나, 일지(日支)에 오화(午火)가 있고, 시지(時支) 미토(未土)가 부조(扶助)하여 강하다. 용신(用神)은 미(未) 을목(乙木)이고, 계수(癸水)는 희신(喜神), 오화(午火)는 한신(閑神), 경신금(庚申金)은 기신(忌神), 기토(己土)와 미토(未土)는 구신(仇神)이다.

무토(戊土) 일주(日主)이니 언행이 단정하며 대의를 알고, 천성이 관대하며 약속을 잘 지키고, 시부모를 잘 공경하였다. 을목(乙木) 용신(用神)은 정관(正官)인데 미(未)에 암장(暗藏)되어 약하다. 따라서 남편은 등과했으나 황당(黃堂)의 미관말직에 그쳤고, 가장의 도리를 다하지 못하였다. 아들을 넷 두었는데 인물이 수려하였다. 이 사주의 결점은 용신(用神)이 암장(暗藏)되어 약하고, 희신(喜神)인 계수(癸水)가 용신(用神)을 지켜주지 못한 것이다. 희신(喜神)은 항상 용신(用神)을 잘 지켜주어야 좋다. 품격으로 본다면 중격 정도이니 좋은 사주라고 할 수는 없다.

11) 별로 자랑 할만 것이 없는 평범한 사주

년	월	일	시							
癸	庚	戊	己	辛	壬	癸	甲	乙	丙	丁
未	申	戌	未	酉	戌	亥	子	丑	寅	卯

앞 사주와 술토(戌土)와 미토(未土) 두 글자만 다르다. 무토(戊

土) 일주(日主)가 신(申)월에 태어나 실령(失令)했으나, 무기미술
토(戊己未戌土)가 튼튼하여 신강(身强)하다. 용신(用神)은 미(未)
을목(乙木)이고, 수(水)는 희신(喜神), 금(金)은 기신(忌神), 토(土)
는 구신(仇神)이다. 이렇게 오행(五行)의 길흉을 분명하게 설정하
고 간명해야 정확한 판단을 내릴 수 있다.

　용신(用神)이 미약한데 희신(喜神) 계수(癸水)는 경신금(庚申金)
의 도움으로 강건하다. 대개 용신(用神)과 희신(喜神)이 모두 강건
하면 최상격이나 상격에 해당한다. 그러나 용신(用神)은 강한데 희
신(喜神)이 약하거나, 용신(用神)은 미약한데 희신(喜神)이 강건하
면 본인은 무능하지만 주변의 도움으로 성공한다. 그리고 용신(用
神)과 희신(喜神)이 모두 미약하면 빈천과 고난이 많은 하격이 된
다. 이 사주에서는 미(未) 을목(乙木)이 정관(正官)이며 남편이지
만 미약하니, 남편은 향방에 들어 현령(縣令)이라는 미관말직에 머
물렀고, 아들은 둘 두었지만 크게 이름을 세우지 못하였다. 본명 역
시 중하격 정도의 별로 자랑할만 것이 없는 평민의 사주이다.

13) 남편의 사랑을 많이 받은 사주

년	월	일	시							
己	辛	戊	壬	壬	癸	甲	乙	丙	丁	戊
巳	未	寅	子	申	酉	戌	亥	子	丑	寅

무토(戊土) 일주(日主)가 미(未)월에 태어나 득령(得令)하여 신강(身强)하다. 시간(時干) 임수(壬水)가 용신(用神)이고, 목(木)은 희신(喜神), 금(金)은 구신(仇神)이다. 수목(水木)운이 길하고, 화토(火土)운은 흉하다. 무토(戊土) 일주(日主)이니 천성이 후덕하며 효심이 돈독하다. 일지(日支) 인목(寅木)은 편관(偏官)이며 남편인데, 용신(用神)에 해당하여 남편복이 많았다. 남편은 고관대작이며 애처가였다. 남편의 사랑을 많이 받은 것도 용신(用神)이 강하기 때문이다. 용신(用神)이 약하거나 남편궁인 일지(日支)가 불리하면 불가하다. 시주(時柱) 임수(壬水)는 용신(用神)이니 자식복도 많아 모두 효심이 지극하였고 출세 성공하였다.

9. 품격

사람의 품격은 천층만층이지만 크게 최상격·상격·중상격·중격·중하격·하격·최하격의 7단계로 나누어 볼 수 있다. 정확하지는 않지만 참고하기 바란다.

1) 최상격 사주

년	월	일	시								
丙	辛	甲	辛	壬	癸	甲	乙	丙	丁	戊	己
寅	卯	戌	未	辰	巳	午	未	申	酉	戌	亥

본명은 갑목(甲木) 일주(日主)가 묘(卯)월에 태어나 신강(身强)하다. 시간(時干) 신금(辛金)이 용신(用神)인데, 일지(日支) 술토(戌土)와 시지(時支) 미토(未土)에 통근(通根)하여 강하다. 따라서 왕이 되었다. 최상격은 관직에서는 왕·대통령·수상 등이고, 무관으로는 참모총장·육군대장 등이고, 회사에서는 대기업 회장이다.

년	월	일	시								
丁	壬	壬	丙	辛	庚	己	戊	丁	丙	乙	甲
酉	子	寅	午	亥	戌	酉	申	未	午	巳	辰

본명은 임수(壬水) 일주(日主)가 자(子)월에 태어나 신강(身强)하다. 시간(時干) 병화(丙火)가 용신(用神)이고, 목(木)은 희신(喜神)이다. 병화(丙火) 용신(用神)은 일지(日支) 인목(寅木)과 시지(時支) 오화(午火)에 통근(通根)하여 강하다. 따라서 억만장자가 되었고 건강했으며 처첩이 양귀비 같은 미녀였고 자손도 번창하였다.

2) 상격 사주

년	월	일	시								
甲	丙	戊	辛	丁	戊	己	庚	辛	壬	癸	甲
子	寅	午	酉	卯	辰	巳	午	未	申	酉	戌

무토(戊土) 일주(日主)가 인(寅)월에 태어나 신약(身弱)하나 월(月)에 병화(丙火)가 들고 일지(日支)에 오화(午火)가 들어 강하다. 갑목(甲木)과 인목(寅木)은 관인상생(官印相生)하여 길하게 변하니 태평성대에 총리대신이 되어 부귀영화를 누렸다. 상격은 관직에서는 장관·국회의원·도지사·고급관리 등이 해당하고, 무관으로는 사단장급 이상이 해당하며, 회사에서는 중소기업의 사장이다.

년	월	일	시								
癸	乙	庚	庚		甲	癸	壬	辛	庚	己	戊	丁
亥	卯	辰	辰		寅	丑	子	亥	戌	酉	申	未

본명은 경금(庚金) 일주(日主)가 묘(卯)월에 태어나 실령(失令)하여 신약(身弱)하다. 그러나 시간(時干)에 경금(庚金)이 들고, 일지(日支)와 시지(時支)에 진토(辰土)가 들어 강하다. 따라서 억만장자가 되어 부귀영화를 누렸다. 시간(時干) 경금(庚金)이 용신(用神)인데 2개의 진토(辰土)에 통근(通根)하여 강하다. 용신(用神)이 강하니 평생 부귀가 따른 것이다.

3) 중상격 사주

년	월	일	시								
戊	癸	丙	丙		甲	乙	丙	丁	戊	己	庚	辛
子	亥	寅	申		子	丑	寅	卯	辰	巳	午	未

본명은 병화(丙火) 일주(日主)가 해(亥)월에 태어나 신약(身弱)하다. 시간(時干) 병화(丙火)가 용신(用神)이고, 목(木)은 희신(喜神)이다. 일지(日支) 인목(寅木)에 통근(通根)하여 길하나 인신(寅申)이 상충(相沖)하여 약간 결함이 있었다. 그래도 길명이라 군수를 지냈다. 중상격은 관직으로는 군수나 구청장, 무관은 대대장급 이상, 회사에서는 국장급 이상을 말한다.

```
년  월  일  시
癸  癸  丙  辛        壬辛庚己戊丁丙乙
酉  亥  寅  卯        戌酉申未午巳辰卯
```

본명은 병화(丙火) 일주(日主)가 해(亥)월에 태어나 신약(身弱)하나, 일지(日支)에 인목(寅木)과 시지(時支)에 묘목(卯木)이 통근(通根)하여 강하다. 따라서 사업가로 성공하여 큰 부자가 되었다. 월지(月支) 해수(亥水)는 관인상생(官印相生)하여 좋지만, 월(月) 계수(癸水)가 병화(丙火)를 바로 공격하여 관재구설이 많았다.

4) 중격 사주

```
년  월  일  시
壬  丙  戊  壬        丁戊己庚辛壬癸甲
申  午  午  戌        未申酉戌亥子丑寅
```

본명은 년간(年干) 임수(壬水)가 용신(用神)이고, 금(金)은 희신
(喜神)이다. 임수(壬水) 용신(用神)은 신금(申金)에 통근(通根)하
여 강하나, 화(火)가 너무 강하여 감당하기 어렵다. 따라서 두뇌는
총명했지만 농촌에서 면장에 머물렀다. 중격은 관직으로는 면장이
나 동장, 무관은 중대장급 이상, 회사에서는 부장 정도를 말한다.

년	월	일	시								
癸	甲	庚	乙		癸	壬	辛	庚	己	戊	丁	丙
丑	寅	午	酉		丑	子	亥	戌	酉	申	未	午

경금(庚金) 일주(日主)가 인(寅)월에 태어나 신약(身弱)하나 년지
(年支)에 축토(丑土)가 들고, 시지(時支) 유금(酉金)이 생조(生助)
하여 일주(日柱)가 강하다. 따라서 일찍 무과에 급제하였고, 변방에
서 대장을 호위하는 종사가 되어 고급무관으로 살았다.

5) 중하격 사주

년	월	일	시								
壬	庚	庚	庚		辛	壬	癸	甲	乙	丙	丁	戊
寅	戌	戌	辰		亥	子	丑	寅	卯	辰	巳	午

본명은 경금(庚金) 일주(日主)가 술(戌)월에 태어나 득령(得令)하

여 신강(身强)하나 관살(官殺)이 암장(暗藏)되었다. 따라서 높은 벼슬에는 오르지 못하고 변방에서 국경을 수비하는 하급 무관으로 살았다. 중하격은 관직으로는 이장이나 반장, 무관은 소대장급, 회사에서는 과장을 말한다.

```
년  월  일  시
癸  辛  辛  辛        壬 辛 庚 己 戊 丁 丙 乙
卯  酉  酉  卯        申 未 午 巳 辰 卯 寅 丑
```

본명은 신금(辛金) 일주(日主)가 유(酉)월에 태어나 득령(得令)하여 신강(身强)하다. 년지(年支)와 시지(時支) 묘목(卯木)이 용신(用神)이다. 관살(官殺)이 하나도 없으니 벼슬길에는 나가지 못하고 작은 상단에서 호위무사로 살았다.

6) 하격 사주

```
년  월  일  시
戊  庚  庚  庚        辛 壬 癸 甲 乙 丙 丁 戊
辰  申  子  辰        酉 戌 亥 子 丑 寅 卯 辰
```

본명은 경금(庚金) 일주(日主)가 신(申)월에 태어나 신강(身强)하다. 토(土)와 금(金)은 태왕한데 재관(財官)이 없고, 일지(日支) 식상(食傷)만 설기(洩氣)할 뿐이다. 따라서 관운과 재물복이 없어 부잣집의 집사로 살았다. 하격은 관운이 없는 서민이거나 말단 공무원, 무관은 졸병, 회사에서는 말단사원을 말한다.

년	월	일	시								
壬	壬	壬	庚		癸	甲	乙	丙	丁	戊	己	庚
申	子	寅	子		丑	寅	卯	辰	巳	午	未	申

본명은 임수(壬水) 일주(日主)가 자(子)월에 태어나 신강(身强)하나 재관(財官)이 하나도 없다. 따라서 관운이 없고 재운도 없어 부잣집 집사노릇을 하며 겨우 의식주만 해결하고 살았다. 이 사주는 비겁(比劫)이 태왕하니 재성(財星)이 들어와도 군비쟁재(群比爭財)를 당할까 염려된다.

7) 최하격 사주

년	월	일	시								
丙	甲	丙	甲		乙	丙	丁	戊	己	庚	辛	壬
子	午	午	午		未	申	酉	戌	亥	子	丑	寅

년지(年支) 자수(子水)가 용신(用神)인데 자오(子午)가 상충(相沖)하여 파극(破剋)되었다. 따라서 말을 못하는 벙어리였다. 많은

비겁(比劫)을 약한 관살(官殺)이 상충(相沖)하여 대흉한 사주가 된 것이다. 최하격은 관운이 없고 걸인·장애인·실업자 등을 말한다.

년 월 일 시	
壬 壬 壬 辛	辛 庚 己 戊 丁 丙 乙 甲
午 子 子 亥	亥 戌 酉 申 未 午 巳 辰

어느 거지 장애인의 사주이다. 이 사람은 태어나면서부터 앞을 보지 못하였다. 많은 비겁(比劫)이 하나의 재를 탐하니 군비쟁재(群比爭財)가 일어나 맹인이 되어 구걸하며 산 것이다. 만일 목(木)이 하나라도 있었으면 좋은 사주가 되었을 것이다. 오화(午火)는 화기(火氣)가 강하니 종격(從格)이 아니라 신강(身强) 사주이다. 정격(正格)인데 용신(用神)이 너무 약한 것이 문제가 된 것이다.

품격 구분표

	관직	무관	회사
최상격	왕, 대통령, 수상	총장, 대장	회장
상격	장관, 고급관리, 도지사	사단장	사장
중상격	군수, 구청장	대대장	국장
중격	면장, 동장	중대장	부장
중하격	이장, 반장	소대장	과장
하격	일반 서민	졸병	사원
최하격	걸인, 장애인	실업자	실업자

2장. 소아론(小兒論)

1. 논재논살 (論財論殺)

■ 원 문

논재 논살 논정신(論財論殺論精神)

사주화평이양성(四柱和平易養成)

기세유장무착상(氣勢攸長無斲喪)

살관수유불상신(煞關雖有不傷身)

■ 직 역

 재성(財星)을 논하고 관살(官殺)을 논하고 정신기(精神氣)를 논하
지만 사주가 화평(和平)하면 양성(養成)이 이(易)하다. 기세(氣勢)
가 유장(攸長)하고 착상(斲喪)이 없으면 비록 관살(官殺)이 있어도
상신(傷身)은 없다.

■ 한자풀이

論(말논할 논) 財(재물 재) 殺(죽일 살) 精(절밀 정) 神(신령 신)

四(녁 사) 柱(기둥 주) 易(쉬울 이) 養(기를 양) 成(이룰 성)

勢(기세 세) 攸(바 유) 無(없을 무) 斵(깍을 착) 喪(죽을 상)

煞(죽일 살) 關(빗장 관) 雖(비록 수) 傷(상처 상) 身(몸 신)

■ 풀 이

재물운이나 관살(官殺)운을 논하고, 정기(精氣)와 신기(神氣)를 논하지만 가장 중요한 요지는 어른처럼 사주가 중화되어 화평하면 기르기 쉽다. 즉 어린아이나 어른이나 간명하는 방법은 같다. 다만 어린시절에는 부모나 환경의 영향을 많이 받는 것이 특징이다. 따라서 주변의 환경을 많이 참고하여 간명해야 하고, 기세가 손상되지 않으면 비록 흉한 암시가 있어도 일신이 상해를 받지 않는다.

2. 적천수(滴天髓) 징의(徵義)

1) 환경의 길흉을 살펴야 한다.

환경의 길흉이란 지금 부모가 어떤 입장인가를 보는 것이다. 어린아이의 명은 늘 청기하고 귀하게 보여도 양육하기 어렵고, 혼탁하고 미워 보여도 양육하기 쉬우니, 비록 가문의 기운과도 많은 연관이 있지만 역시 근원의 심천을 보아야 한다.

2) 가문의 기세를 살펴야 한다.

가문의 기세란 현재 이 집안이 흥하는 가문인가 쇠하는 가문인가를 살피는 것이다. 잘 배양하여 양육하는 경우도 절반이 되고, 가문의 기세에 따라 흥하고 쇠하는 것도 역시 절반은 된다. 그래서 어린아이의 명조는 간명하기 어렵다.

3) 사주가 화평한지 편고한지를 살펴야 한다.

어린아이의 명도 어른의 명처럼 간명한다. 그래서 명을 논한다면 반드시 사주가 화평하고, 편고하지 않고, 충극이 없어야 하고, 월지(月支)에 통근(通根)하고, 기운은 시(時)에도 관통하는 것이 좋다.

4) 생화(生化)와 유통을 살펴야 한다.

사주에 관살(官殺)이 왕성하여 신약(身弱)하면 인성(印星)이 있어야 관인상생(官印相生)하여 길하고, 인성(印星)이 허약하면 관성(官星)이 있어야 하고, 관성(官星)이 쇠약하면 재성(財星)이 있어야 재생관(財生官)하여 길하고, 재성(財星)이 가벼우면 식상(食傷)이 있어야 하니, 생화(生化)의 정이 있고 유통이 일그러지지 않아야 한다.

5) 대운이 들기 전까지만 년운을 참고한다.

어린아이는 아직 대운에 들지 않는 시기가 있다. 그때는 년운에 의지하여 간명한다. 대운에 접어들면 대운과 년운을 참고하여 용신(用神)운인가 기신(忌神)운인가를 분별하여 간명한다.

6) 신살(神殺)은 무시한다.

신살은 여러 가지가 있지만 모두 거짓이고 망령된 것으로 믿을
바가 못되니 무시하는 것이 가장 좋다.

3. 임철초(任鐵樵) 선생 왈

1) 사주의 격과 용신(用神)의 강약을 살펴야 한다.

어린아이의 명도 어른의 명과 같이 사주의 격과 용신(用神)의 강
약을 살피는 것이 중요하다. 어린아이의 명을 간명하는데 청정하고
고귀하고 충효득자로 교육하기는 어렵고, 반대로 천박하고 무례하
고 개망난이로 양육하기는 쉽다. 그리고 가문의 기운과도 연관이
있으나, 더 중요한 것은 근원의 심천을 살피는 것이다.

2) 임신 중 부모의 마음 수양이 중요하다.

사주는 태중에 있을 때 부모가 마음 수양을 잘하는가 못하는가에
따라서 길복이 많게 만들어지기도 하고 흉화가 많게 만들어지기도
한다. 때문에 부모의 마음수양이 중요하다. 또 어린아이의 명은 마
치 과실수의 싹이 처음 움트는 것과 같으니 마땅히 배양의 식목되
어야 좋은 것은 더 말할 필요가 없다.

3) 과잉보호와 무관심은 모두 해롭다.

태어난 후라도 자식을 지나치게 보호하면 오히려 자식에게 해롭

다. 또 너무 무관심하여 음식을 가려 먹이지 않거나 한난의 기온이
고르지 않게 관리하면 몸에 저항력이 약해져 질병이 많으니 제대
로 자랄 수 없다.

4) 적선공덕을 많이 쌓아야 자녀가 건강하다.

적선의 공덕을 쌓지 않은 집안은 경사가 적은 법이니, 비록 어린
아이의 명이 청귀하고 순수해도 양육하기 어렵다. 어린시절은 자신
의 운보다 부모운을 더 따르기 때문이다. 또한 풍수로 보아 분묘의
방위가 음양(陰陽)이 맞지 않는다고 함부로 이장하거나 고치거나
손괴시키면 아이가 요절할 수도 있다.

5) 사주가 화평하며 편고하지 않고 충극(沖剋)이 없어야 한다.

어린아이의 명도 어른의 명과 같이 본다. 일주(日主)의 강약을 살
피고, 용신(用神)의 강약을 살펴 간명해야 한다. 어린아이의 명이라
고 특별히 다른 것은 없다. 다만 어린시절은 부모운을 많이 따르니
부모운을 참고할 뿐이다.

6) 생화극제(生和剋制)가 잘 되어야 길하다.

월지(月支)에 통근(通根)한 좋은 기운은 시(時)에도 통과해야 좋
다. 관살(官殺)이 왕하면 인성(印星)으로 관인상생(官印相生)하고,
인성(印星)이 약하면 관성(官星)이 있어야 한다. 만일 관성(官星)
이 쇠약하면 재성(財星)으로 재생관(財生官)하고, 또 재성(財星)이
가벼우면 식상(食傷)으로 식생재(食生財)해야 한다. 그래야 서로

생조(生助)하고 화합하여 유정하고 유통이 일그러지지 않는다.

7) 세운(歲運)이 용신(用神)을 생조(生助)하면 길하다.

용신(用神)이 투간(透干)하여 지지(地支)에 통근(通根)하면 길하고, 대운이 들기 전에 세운이 용신(用神)을 생조(生助)하면 길하다. 또 대운에 들었더라도 운의 흐름이 용신(用神)을 생조(生助)하면 자연스럽게 기를 수 있으나 이에 반하면 양육이 어렵다.

8) 신살(神殺)에 의지하지 말아야 한다.

어린아이와 관련된 신살은 매우 많으나 모두 잘못된 것이니, 모두 제거하여 장래의 오류를 끊어야 한다.

4. 실제 예문

1) 위장병으로 죽은 사주

년	월	일	시							
辛	癸	丙	丁	壬	辛	庚	己	戊	丁	丙
丑	巳	子	酉	辰	卯	寅	丑	子	亥	戌

본명은 병화(丙火) 일주(日主)가 사(巳)월에 태어나 비록 건록(建祿)을 얻었으나 목(木)의 생조(生助)가 없고, 천간(天干)에 재관

(財官)이 투간(透干)했는데 지지(地支)에서 사유축(巳酉丑)이 금국(金局)을 이루어 신약(身弱)하다. 따라서 목화(木火)운은 길하고, 금수(金水)운은 흉하다. 이 사람은 초년 임수(壬水) 대운의 신해(辛亥)년에 위장병으로 죽었다.

2) 조상의 유업을 지키지 못한 사주

년	월	일	시								
癸	己	丙	辛	戊	丁	丙	乙	甲	癸	壬	
丑	未	寅	卯	午	巳	辰	卯	寅	丑	子	

앞의 명조와 비슷한데 앞 사람은 재관(財官)이 태왕하여 일찍 죽었다. 그러나 이 명조는 장생(長生)에 앉아 있고, 또 여름이지만 재관(財官)이 용신(用神)이다. 병화(丙火) 일주(日主)가 미(未)월에 태어났고, 인묘(寅卯)가 통근(通根)하여 신강(身强)하다. 년간(年干) 계수(癸水)가 용신(用神)이고, 금(金)은 희신(喜神), 화(火)는 기신(忌神), 목(木)은 구신(仇神)이다. 정관(正官)이 용신(用神)이니 관운이 있고, 년주(年柱) 계축(癸丑)이 용신(用神)이니 초년에는 호의호식하며 자랐다. 그러나 대운이 목화(木火)운으로 흘러 발복하지 못하고, 조상이 물려준 유업도 지키지 못했다. 관성(官星)이 용신(用神)이니 지지(地支)에서는 해자축(亥子丑)과 천간(天干)에서는 임계(壬癸)가 길하다. 그리고 사오(巳午)운과 병정(丙丁)운은

기신(忌神)과 구신(仇神)에 해당하니 흉하다. 따라서 형제덕이 없고 친구운도 불리하고, 신용을 잃고 성공하지 못한다. 그리고 신유(申酉)운과 경신(庚辛)운은 편재(偏財)와 정재(正財)운인데 평운이니 반길반흉이다. 때문에 재물운은 보통이고 아내운도 보통이다.

3) 열병으로 죽은 사주

년	월	일	시							
庚	壬	丙	己		癸	甲	乙	丙	丁	戊	己
戌	午	寅	亥		未	申	酉	戌	亥	子	丑

본명은 병화(丙火) 일주(日主)가 오(午)월에 태어나 신강(身强)하고, 인오술(寅午戌)이 화국(火局)을 이루어 태왕하다. 월(月) 임수(壬水)가 편관(偏官)이며 용신(用神)이고, 금(金)은 희신(喜神), 화(火)는 기신(忌神), 목(木)은 구신(仇神)이다.

본명은 초년 18세 정사(丁巳)년에 열병으로 죽었다. 만일 죽지 않고 고비를 잘 넘겼으면 대운이 금수(金水)운으로 달리니 성공했을 것이다. 운을 보면 해자(亥子)와 임계(壬癸) 즉 편관(偏官)과 정관(正官)이며 용신(用神)이니 조부모운·관운·직업운·승진운이 모두 길하다. 인묘(寅卯)와 갑을(甲乙)은 편인(偏印)과 인수(印授)로 부모운에 해당하는데 반길반흉이니 구신(仇神)에 가깝다. 사오(巳午)와 병정(丙丁)은 비견(比肩)과 겁재(劫財)인데 기신(忌神)에 해당하니 형제와 친구운이 불리하다. 신유(申酉)와 경신(庚辛)은 편재(偏財)와 정재(正財)인데 반길반흉이니 재물운은 보통이다.

4) 용신(用神)이 없는 사주

년	월	일	시						
壬	戊	壬	戊	己	庚	辛	壬	癸	甲	乙
申	申	申	申	酉	戌	亥	子	丑	寅	卯

본명은 임수(壬水) 일주(日主)가 신(申)월인 초가을에 태어나 지지(地支)는 모두 신금(申金) 장생(長生)이고, 또 천간(天干)에 임수(壬水)가 2개 있으니 태왕하다. 금(金)이 너무 많아 억제하려면 화(火)가 필요한데 없고, 또 목(木)도 반드시 필요한데 없다. 중요한 것은 하나도 없고 필요없는 것만 가득한 셈이니 용신(用神)이 없는 사주이다. 사주에 용신(用神)이 없으면 기르기 어렵고 명예와 부귀도 다 헛되다. 과연 3세인 갑술(甲戌)년에 죽었다.

5) 천연두로 죽은 사주

년	월	일	시						
壬	甲	壬	戊	乙	丙	丁	戊	己	庚	辛
申	辰	申	申	巳	午	未	申	酉	戌	亥

본명은 어려서 천연두로 죽었다. 임수(壬水) 일주(日主)가 진(辰) 월에 태어났고, 신금(申金)이 3개나 있어 신진(申辰)이 합하여 신 강(身强)하다. 금(金)이 많아 신강(身强) 사주가 되었으니 금(金) 을 억제하려면 화(火)가 필요한데 없다. 역시 용신(用神)이 없는 사주이니 생명을 이어갈 수 없어 어릴 때 죽었다. 용신(用神)은 그 사람에게 생명의 신이다. 일주(日主)가 몸이면 용신(用神)은 정신 인데, 용신(用神)이 없으니 정신이 없는 것과 같다. 본명은 용신(用 神)이 없으니 요절한 것이다.

6) 수명장수한 사주

년	월	일	시							
癸	壬	丁	壬	辛	庚	己	戊	丁	丙	乙
丑	戌	亥	寅	酉	申	未	午	巳	辰	卯

본명은 정화(丁火) 일주(日主)가 술(戌)월에 태어났고 수(水)가 많으니 신약(身弱)하다. 목(木)이 용신(用神)이고, 조후(調候)하려 면 화(火)가 희신(喜神)이다. 목화(木火)운은 길하고, 금수(金水)운 은 흉하다. 정임(丁壬)이 합목(合木)하여 더 이롭고, 인해(寅亥)가 합목(合木)하여 더 길하다. 합되어 용신(用神)으로 변하면 좋은 운 이 더 좋아지나, 기신(忌神)으로 변하면 더 흉해진다. 이 사주는 합 된 것이 모두 용신(用神)으로 변하여 길하다. 미(未) 대운 이후로

목화(木火)운으로 흐르니 부귀영화를 누리며 장수하였다.

7) 요절한 사주

년	월	일	시						
壬	甲	丁	己	乙	丙	丁	戊	己	庚 辛
戌	辰	酉	酉	巳	午	未	申	酉	戌 亥

　본명은 정화(丁火) 일주(日主)가 진(辰)월에 태어났고, 진유합금(辰酉合金)하고 또 유술(酉戌)이 방합(方合)하여 금(金)이 태왕하니 신약(身弱)하다. 용신(用神)은 월간(月干) 갑목(甲木)인데, 갑목(甲木)의 뿌리인 진토(辰土)가 진술상충(辰戌相沖)하여 흉하다. 목화(木火)는 길하고, 토금수(土金水)는 흉하다. 따라서 어린시절인 계유(癸酉)년에 죽었다. 천간(天干)이 상생으로 구성되어 어린시절만 잘 넘겼으면 성년이 되어서는 부귀영화를 누렸을 것이다. 어린시절은 부모의 정성과 기도가 많이 필요하다.

음파메세지(氣) 성명학

신비한 동양철학 51

새로운 시대에 맞는 새로운 성명학

지금까지의 모든 성명학은 모순의 극치를 이루고 있다. 이제 새로운 시대에 맞는 음파메세지(氣) 성명학이 탄생했으니 차근차근 읽어보고 복을 계속 부르는 이름을 지어 사랑하는 자녀가 행복하고 아름다운 삶을 살아갈 수 있도록 하는데 도움이 되었으면 한다.

· 청암 박재현 저

정법사주

신비한 동양철학 49

독학과 강의용 겸용의 책

이 책은 사주추명학을 연구하고자 하는 분들에게 심오한 주역의 이해를 돕고자 하는 의도에서 시작되었다. 음양오행의 상생상극에서부터 육친법과 신살법을 기초로 하여 격국과 용신 그리고 유년판단법을 활용하여 운명판단에 첩경이 될 수 있도록 했고, 추리응용과 운명감정의 실례를 하나 하나 들어가면서 독학과 강의용 겸용으로 엮었다.

· 원각 김구현 저

동양철학전문출판 삼한

기문둔갑옥경

신비한 동양철학 32

가장 권위있고 우수한 학문 !

우리나라의 기문역사는 장구하지만 상세한 문헌은 전무한 상태라 이 책을 발간하기로 했다. 기문둔갑은 천문지리는 물론 인사명리 등 제반사에 관한 길흉을 판단함에 있어서 가장 우수한 학문이며 병법과 법술방면으로도 특징과 장점이 있다. 초학자는 포국편을 열심히 익혀 설국을 자유자재로 할 수 있도록 하고 개인의 이익보다는 보국안민에 일조하기 바란다.

· 도관 박흥식 저

정본·관상과 손금

신비한 동양철학 42

바로 알고 사람을 사귑시다

이 책은 관상과 손금은 인생을 행복으로 이끌기 위해 있다는 관점에서 다루었다. 그야말로 관상과 손금의 혁명이라고 할 수 있을 것이다. 여러분도 관상과 손금을 통한 예지력으로 인생의 참주인이 되기 바란다. 용기를 불어넣어 주고 행복을 찾게 하는 것이 참다운 관상과 손금술이다. 이 책으로 미래의 좋은 예지력을 한번쯤 발휘해 보기 바란다. 이 책이 일상사에 고민하는 분들에게 해결방법을 제시해 줄 것이다.

· 지창룡 감수

조화원약 평주

신비한 동양철학 35

명리학의 정통교본!

이 책은 자평진전, 난강망, 명리정종, 적천수 등과 함께 명리학의 교본에 해당하는 것으로 중국 청나라 때 나온 난강망이라는 책을 서낙오 선생께서 설명을 붙인 것이다. 기존의 많은 책들이 격국과 용신으로 감정하는 것과는 달리 십간십이지와 음양오행을 각각 자연의 이치와 춘하추동의 사계절의 흐름에 대입하여 인간의 길흉화복을 알 수 있게 했다.

· 동하 정지호 편역

龍의 穴·풍수지리 실기 100선

신비한 동양철학 30

실전에서 실감나게 적용하는 풍수지리의 길잡이!

이 책은 풍수지리 문헌인 조선조 고무엽(古務葉) 태구승(泰九升) 부집필(父輯筆)로 된 만두산법(巒頭山法), 채성우의 명산론(明山論), 금랑경(錦囊經) 등을 알기 쉬운 주제로 간추려 풍수지리의 길잡이가 되고자 했다. 그리고 인간의 뿌리와 한 사람의 고유한 이름의 중요성을 풍수지리와 연관하여 살펴보아야 하기 때문에 씨족의 시조와 본관, 작명론(作名論)을 같이 편집했다.

· 호산 윤재우 저

동양철학전문출판 삼한

천직·사주팔자로 찾은 나의 직업

신비한 동양철학 34

역경없이 탄탄하게 성공할 수 있는 방법!

잘 되겠지 하는 막연한 생각으로 의욕만 갖고 도전하는 것과 나에게 맞는 직종은 무엇이고 때는 언제인가를 알고 도전하는 것은 근본적으로 다르고, 결과 또한 다르다. 더구나 요즈음은 I.M.F.시대라 하여 모든 사람들이 정신까지 위축되어 생기를 잃어가고 있다. 이런 때 의욕만으로 팔자에도 없는 사업을 시작했다고 하자, 결과는 불을 보듯 뻔하다. 그러므로 이런 때일수록 침착과 냉정을 찾아 내 그릇부터 알고, 생활에 대처하는 지혜로움을 발휘해야 한다.

· 백우 김봉준 저

통변술해법

신비한 동양철학 ㉑

가닥가닥 풀어내는 역학의 비법!

이 책은 역학에 대해 다 알면서도 밖으로 표출되지 않아 어려움을 겪는 사람들을 위한 실습서다. 특히 틀에 박힌 교과서적인 역술의 고정관념에서 벗어나, 한차원 높게 공부할 수 있도록 원리통달을 설명하는데 중점을 두었다. 실명감정과 이론강의라는 두 단락으로 나누어 역학의 진리를 설명했기 때문에 누구나 쉽게 이해할 수 있다. 역학계의 대가 김봉준 선생의 역서 「알기쉬운 해설·말하는 역학」의 후편이다.

· 백우 김봉준 저

신비한 동양철학 시리즈는 계속됩니다

주역육효 해설방법 上·下

신비한 동양철학 38

한 번만 읽으면 주역을 활용할 수 있는 책!

이 책은 주역을 해설한 것으로, 될 수 있는 한 여러 가지 사설을 덧붙이지 않고 주역을 공부하고 활용하는데 필요한 요건만을 기록했다. 따라서 주역의 근원이나 하도낙서, 음양오행에 대해서도 많은 설명을 자제했다. 다만 누구나 이 책을 한 번 읽어서 주역을 이해하고 활용할 수 있도록 하는데 중점을 두었다.

· 원공선사 저

사주명리학의 핵심

신비한 동양철학 ⑲

맥을 잡아야 모든 것이 보인다!

이 책은 잡다한 설명을 배제하고 명리학자들에게 도움이 될 비법만을 모아 엮었기 때문에 초심자가 이해하기에는 다소 어려운 부분도 있겠지만 기초를 튼튼히 한 다음 정독한다면 충분히 이해할 것이다. 신살만 늘어놓으며 감정하는 사이비가 되지말기를 바란다.

· 도관 박흥식 저

동양철학전문출판 삼한

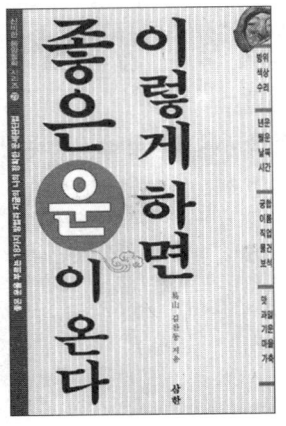

이렇게 하면 좋은 운이 온다

신비한 동양철학 ㉗

한 가정에 한 권씩 놓아두고 볼만한 책!

좋은 운을 부르는 방법은 방위·색상·수리·년운·월운·날짜·시간·궁합·이름·직업·물건·보석·맛·과일·기운·마을·가축·성격 등을 정확하게 파악하여 자신에게 길한 것은 취하고 흉한 것은 피하면 된다. 간혹 예외인 경우가 있지만 극소수에 불과하고 대부분은 적중하기 때문에 좋은 효과를 본다. 이 책의 저자는 신학대학을 졸업하고 역학계에 입문했다는 특별한 이력을 갖고 있기 때문에 더 많은 화제가 되고 있다.

· 역산 김찬동 저

말하는 역학

신비한 동양철학 ⑪

신수를 묻는 사람 앞에서 말문이 술술 열린다!

이 책은 그토록 어렵다는 사주통변술을 이해하기 쉽고 흥미롭게 고담과 덕담을 곁들여 사실적인 인물을 궁금해 하는 사람에게 생동감있게 통변하고 있다. 길흉작용을 어떻게 표현하느냐에 따라 상담자의 정곡을 찔러 핵심을 끄집어내고 여기에 대한 정답을 내려주는 것이 통변술이다. 역학계의 대가 김봉준 선생의 역작이다.

· 백우 김봉준 저

술술 읽다보면 통달하는 사주학

신비한 동양철학 ㉗

술술 읽다보면 나도 어느새 도사 !

당신은 당신 마음대로 모든 일이 이루어지던가. 지금까지 누구의 명령을 받지 않고 내 맘대로 살아왔다고, 운명 따위는 믿지도 않고 매달리지 않는다고, 이렇게 말하는 사람들이 많다. 그러나 그것은 우주법칙을 모르기 때문에 하는 소리다.

· 조철현 저

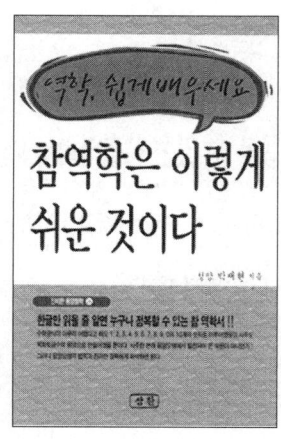

참역학은 이렇게 쉬운 것이다

신비한 동양철학 ㉔

음양오행의 이론으로 이루어진 참역학서 !

수학공식이 아무리 어렵다고 해도 1, 2, 3, 4, 5, 6, 7, 8, 9, 0의 10개의 숫자로 이루어졌듯이, 사주도 음양과 목, 화, 토, 금, 수의 오행으로 이루어졌을 뿐이다. 그러니 용신과 격국이라는 무거운 짐을 벗어버리고 음양오행의 법칙과 진리만 정확하게 파악하면 된다. 사주는 단지 음양오행의 변화일 뿐이고, 용신과 격국은 사주를 감정하는 한가지 방법에 지나지 않는다.

· 청암 박재현 저

나의 천운 운세찾기

신비한 동양철학 ⑫

놀랍다는 몽골정통 토정비결 !

이 책은 역학계의 대가 김봉준 선생이 놀랍다는 몽공토정비결을 연구·분석하여 우리의 인습 및 체질에 맞게 엮은 것이다. 운의 흐름을 알리고자 호운과 쇠운을 강조했으며, 현재의 나를 조명해보고 판단할 수 있도록 했다. 모쪼록 생활서나 안내서로 활용하기 바란다.

· 백우 김봉준 저

쉽게푼 역학

신비한 동양철학 ❷

쉽게 배워서 적용할 수 있는 생활역학서 !

이 책에서는 좀더 많은 사람들이 역학의 근본인 우주의 오묘한 진리와 법칙을 깨달아 보다 나은 삶을 영위하는데 도움이 될 수 있도록 가장 쉬운 언어와 가장 쉬운 방법으로 풀이했다. 역학계의 대가 김봉준 선생의 역작이다.

· 백우 김봉준 저

역산성명학

신비한 동양철학 ㉕

이름은 제2의 자신이다 !

이름에는 각각 고유의 뜻과 기운이 있어서 그 기운이 성격을 만들고 그 성격이 운명을 만든다. 나쁜 이름은 부르면 부를수록 불행을 부르고 좋은 이름은 부르면 부를수록 행복을 부른다. 만일 이름이 거지 같다면 아무리 운세를 잘 만나도 밥을 좀더 많이 얻어 먹을 수 있을 뿐이다. 이 책의 저자는 신학대학을 졸업하고 역학계에 입문했다는 특별한 이력을 갖고 있기 때문에 더 많은 화제가 되고 있다.

· 역산 김찬동 저

작명해명

신비한 동양철학 ㉖

누구나 쉽게 배워서 활용할 수 있는 체계적인 작명법 !

일반적인 성명학으로는 알 수 없는 한자이름, 한글이름, 영문이름, 예명, 회사명, 상호, 상품명 등의 작명방법을 여러 사례를 들어 체계적으로 분석하여 누구나 쉽게 배워서 활용할 수 있도록 서술했다.

· 도관 박홍식 저

관상오행

신비한 동양철학 ⑳

한국인의 특성에 맞는 관상법 !

좋은 관상인 것 같으나 실제로는 나쁘거나 좋은 관상이 아닌데도 잘 사는 사람이 왕왕있어 관상법 연구에 흥미를 잃는 경우가 있다. 이것은 중국의 관상법만을 익히고, 우리의 독특한 환경적인 특징을 소홀히 다루었기 때문이다. 이에 우리 한국인에게 알맞는 관상법을 연구하여 누구나 관상을 쉽게 알아보고 해석할 수 있도록 자세하게 풀어놓았다.

• 송파 정상기 저

물상활용비법

신비한 동양철학 31

물상을 활용하여 오행의 흐름을 파악한다 !

이 책은 물상을 통하여 오행의 흐름을 파악하고, 운명을 감정하는 방법을 연구한 책이다. 추명학의 해법을 연구하고 은명을 추리하여 오행에서 분류되는 물질의 운명 줄거리를 물상의 기물로 나들이 하는 활용법을 주제로 했다. 팔자풀이 및 운명해설에 관한 명리감정법의 체계를 세우는데 목적을 두고 초점을 맞추었다.

• 해주 이학성 저

운세십진법 · 本大路

신비한 동양철학 ①

운명을 알고 대처하는 것은 현대인의 지혜다!

타고난 운명은 분명히 있다. 그러니 자신의 운명을 알고 대처한다면 비록 운명을 바꿀 수는 없지만 충분히 향상시킬 수 있다. 이것이 사주학을 알아야 하는 이유다. 이 책에서는 자신이 타고난 숙명과 앞으로 펼쳐질 운명행로를 찾을 수 있도록 운명의 기초를 초연하게 설명하고 있다.

· 백우 김봉준 저

국운 · 나라의 운세

신비한 동양철학 ㉒

역으로 풀어본 우리나라의 운명과 방향!

아무리 서구사상의 파고가 높다하기로 오천년을 한결같이 가꾸며 살아온 백두의 혼이 와르르 무너지는 지경에 왔어도 누구하나 입을 열어 말하는 사람이 없으니 답답하다. IMF라는 특수한 상황에서 불확실한 내일에 대한 해답을 이 책은 명쾌하게 제시하고 있다.

· 백우 김봉준

동양철학전문출판 삼한

명인재

신비한 동양철학 43

신기한 사주판단 비법 !

살(殺)의 활용방법을 완벽하게 제시하는 책!

이 책은 오행보다는 주로 살을 이용하는 비법이다. 시중에 나온 책들을 보면 살에 대해 설명은 많이 하면서도 실제 응용에서는 무시하고 있다. 이것은 살을 알면서도 응용할 줄 모르기 때문이다. 그러나 이 책에서는 살의 활용방법을 완전히 터득해, 어떤 살과 어떤 살이 합하면 어떻게 작용하는지를 자세하게 설명하고 있다.

· 원공선사 지음

사주학의 방정식

신비한 동양철학 18

가장 간편하고 실질적인 역서 !

이 책은 종전의 어려웠던 사주풀이의 응용과 한문을 쉬운 방법으로 터득할 수 있게 하는데 목적을 두었고, 역학의 내용이 어떤 것이며 무엇이 어디에 속하는지를 알고자 하는데 있다.

· 김용오 저

원토정비결

신비한 동양철학 53

반쪽으로만 전해오는 토정비결의 완전한 해설판

지금 시중에 나와 있는 토정비결에 대한 책들을 보면 옛날부터 내려오는 완전한 비결이 아니라 반쪽의 책이다. 그러나 반쪽이라고 말하는 사람이 없다. 그것은 주역의 원리를 모르기 때문이다. 따라서 늦은 감이 없지 않으나 앞으로의 수많은 세월을 생각하면서 완전한 해설본을 내놓기로 한 것이다.

· 원공선사 저

내가 보고 내가 바꾸는 DIY사주

신비한 동양철학 40

내가 보고 내가 바꾸는 사주비결 !

이 책은 기존의 책들과는 달리 한 사람의 사주를 체계적으로 도표화시켜 한 눈에 파악할 수 있고, DIY라는 책 제목에서 말하듯이 개운하는 방법을 제시하고 있다. 초심자는 물론 전문가도 자신의 이론을 새롭게 재조명해 볼 수 있는 케이스 스터디 북이다.

· 석오 전 광 지음

남사고의 마지막 예언

신비한 동양철학 29

이 책으로 격암유록에 대한 논란이 끝나기 바란다

감히 이 책을 21세기의 성경이라고 말한다. 〈격암유록〉은 섭리가 우리민족에게 준 위대한 복음서이며, 선물이며, 꿈이며, 인류의 희망이다. 이 책에서는 〈격암유록〉이 전하고자 하는 바를 주제별로 정리하여 문답식으로 풀어갔다. 이 책으로 〈격암유록〉에 대한 논란은 끝나기 바란다.

· 석정 박순용 저

진짜부적 가짜부적

신비한 동양철학 7

부적의 실체와 정확한 제작방법

인쇄부적에서 가짜부적에 이르기까지 많게는 몇백만원에 팔리고 있다는 보도를 종종 듣는다. 그러나 부적은 정확한 제작방법에 따라 자신의 용도에 맞게 스스로 만들어 사용하면 훨씬 더 좋은 효과를 얻을 수 있다. 이 책은 중국에서 정통부적을 연구한 국내유일의 동양오술학자가 밝힌 부적의 실체와 정확한 제작방법을 소개하고 있다.

· 오상익 저

한눈에 보는 손금

신비한 동양철학 52

논리정연하며 바로미터적인 지침서

이 책은 수상학의 연원을 초월해서 동서합일의 이론으로 집필했다. 그야말로 완벽하리만치 논리정연한 수상학을 정리한 것이다. 그래서 운명적, 철학적, 동양적, 심리학적인 면을 예증과 방편에 이르기까지 아주 상세하게 기술했다. 이 책은 수상학이라기 보다 한 인간의 바로미터적인 지침서 역할을 해줄 것이다. 독자 여러분의 꾸준한 연구와 더불어 인생성공의 지침서가 될 수 있을 것이다.

· 정도명 저

만세력 | 사륙배판 · 신국판
사륙판 · 포켓판

신비한 동양철학 45

찾기 쉬운 만세력

이 책은 완벽한 만세력으로 만세력 보는 방법을 자세하게 설명했다. 그리고 역학에 대한 기본적인 내용과 결혼하기 좋은 나이 · 좋은 날 · 좋은 시간, 아들 · 딸 태아감별법, 이사하기 좋은 날 · 좋은 방향 등을 부록으로 실었다.

· 백우 김봉준 저

동양철학전문출판 삼한

수명비결

신비한 동양철학 14

주민등록번호 13자로 숙명의 정체를 밝힌다

우리는 지금 무수히 많은 숫자의 거미줄에 매달려 허우적거리며 살아가고 있다. 1분 · 1초가 생사를 가름하고, 1등 · 2등이 인생을 좌우하며, 1급 · 2급이 신분을 구분하는 세상이다. 이 책은 수명리학으로 13자의 주민등록번호로 명예, 재산, 건강, 수명, 애정, 자녀운 등을 미리 읽어본다.

· 장충한 저

운명으로 본 나의 질병과 건강상태

신비한 동양철학 9

타고난 건강상태와 질병에 대한 대비책

이 책은 국내 유일의 동양오술학자가 사주학과 더불어 정통명리학의 양대산맥을 이루는 자미두수 이론으로 임상실험을 거쳐 작성한 표준자료다. 따라서 명리학을 응용한 최초의 완벽한 의학서로 질병을 예방하고 치료하는데 활용한다면 최고의 의사가 될 것이다. 또한 예방의학적인 차원에서 건강을 유지하는데 훌륭한 지침서로 현대의학의 새로운 장을 여는 계기가 될 것이다.

· 오상익 저

오행상극설과 진화론

신비한 동양철학 5

인간과 인생을 떠난 천리란 있을 수 없다

과학이 현대를 설정하여 설명하고 있으나 원리는 동양
철학에도 있기에 그 양면을 밝히고자 노력했다. 우주에
서 일어나는 모든 일을 과학으로 설명될 수는 없다.
비과학적이라고 하기보다는 과학이 따라오지 못한다고
설명하는 것이 더 솔직하고 옳은 표현일 것이다. 특히
과학분야에 종사하는 신의사가 저술했다는데 더 큰 화
제가 되고 있다.

· 김태진 저

사주학의 활용법

신비한 동양철학 17

가장 실질적인 역학서

우리가 생소한 지방을 여행할 때 제대로 된 지도가 있
다면 편리하고 큰 도움이 되듯이 역학이란 이와같은
인생의 길잡이다. 예측불허의 인생을 살아가는데 올바
른 안내자나 그 무엇이 있다면 그 이상 마음 든든하고
큰 재산은 없을 것이다.

· 학선 류래웅 저

동양철학전문출판 삼한

쉽게 푼 주역

신비한 동양철학 10

귀신도 탄복한다는 주역을 쉽고 재미있게 풀어놓은 책

주역이라는 말 한마디면 귀신도 기겁을 하고 놀라 자
빠진다는데, 운수와 일진이 문제가 될까. 8×8=64괘라
는 주역을 한 괘에 23개씩의 회답으로 해설하여 1472괘
의 신비한 해답을 수록했다. 당신이 당면한 문제라면
무엇이든 해결할 수 있는 열쇠가 이 한 권의 책 속에
있다.

· 정도명 저

핵심 관상과 손금

신비한 동양철학 54

사람을 볼 줄 아는 안목과 지혜를 알려주는 책

오늘과 내일을 예측할 수 없을만큼 복잡하게 펼쳐지는
현실에서 살아남기 위해서는 사람을 볼줄 아는 안목과
지혜가 필요하다. 시중에 관상학에 대한 책들이 많이
나와있지만 너무 형이상학적이라 전문가도 이해하기
어렵다. 이 책에서는 누구라도 쉽게 보고 이해할 수 있
도록 핵심만을 파악해서 설명했다.

· 백우 김봉준 저

진짜궁합 가짜궁합

신비한 동양철학 8

남녀궁합의 새로운 충격

중국에서 연구한 국내유일의 동양오술학자가 우리나라 역술가들의 궁합법이 잘못되었다는 것을 학술적으로 분석·비평하고, 전적과 사례연구를 통하여 궁합의 실체와 타당성을 분석했다. 합리적인「자미두수궁합법」과「남녀궁합」및 출생시간을 몰라 궁합을 못보는 사람들을 위하여「지문으로 보는 궁합법」등을 공개한다.

· 오상익 저

좋은꿈 나쁜꿈

신비한 동양철학 15

그날과 앞날의 모든 답이 여기 있다

개꿈이란 없다. 꿈은 반드시 미래를 예언한다. 이 책은 프로이드의 정신분석학적인 입장이 아닌 미래판단의 근거에 입각한 예언적인 해몽학이다. 여러 형태의 꿈을 체계적으로 정리했으니 올바른 해몽법으로 앞날을 지혜롭게 대처해 보자. 모쪼록 각 가정에서 한 권씩 두고 이용하면 생활하는데 많은 도움이 될 것이다.

· 학선 류래웅 저

완벽 만세력

신비한 동양철학 58

착각하기 쉬운 썸머타임 2도 인쇄

시중에 많은 종류의 만세력이 나와있지만 이 책은 단순한 만세력이 아니라 완벽한 만세경전으로 만세력 보는 법 등을 실었기 때문에 처음 대하는 사람이라도 쉽게 볼 수 있도록 편집되었다. 또한 부록편에는 사주명리학, 신살종합해설, 결혼과 이사택일 및 이사방향, 길흉보는 법, 우주천기와 한국의 역사 등을 수록했다.

· 백우 김봉준 저

周易·토정비결

신비한 동양철학 40

토정비결의 놀라운 비결

지금 시중에 나와 있는 토정비결에 대한 책들을 보면 옛날부터 내려오는 완전한 비결이 아니라 반쪽의 책이다. 그러나 반쪽이라고 말하는 사람이 없다. 그것은 주역의 원리를 모르기 때문이다. 따라서 늦은 감이 없지 않으나 앞으로의 수많은 세월을 생각하면서 완전한 해설본을 내놓기로 했다.

· 원공선사 저

현장 지리풍수

신비한 동양철학 48

현장감을 살린 지리풍수법

풍수를 업으로 삼는 사람들이 진(眞)과 가(假)를 분별할 줄 모르면서 24산의 포태사묘의 법을 익히고는 많은 법을 알았다고 자부하며 뽐내고 있다. 그리고는 재물에 눈이 어두워 불길한 산을 길하다 하고, 선하지 못한 물(水)을 선하다 하면서 죄를 범하고 있다. 이는 분수 밖의 것을 망녕되게 바라기 때문이다. 마음 가짐을 바로하고 고대 원전에 공력을 바치면서 산간을 실사하며 적공을 쏟으면 정교롭고 세밀한 경지를 얻을 수 있을 것이다.

· 전항수 · 주관장 편저

완벽 사주와 관상

신비한 동양철학 55

사주와 관상의 핵심을 한 권에

자연과 인간, 음양(陰陽)오행과 인간, 사계와 절후, 인상(人相)과 자연, 신(神)들의 이야기 등등 우리들의 삶과 관계되는 사실적 관계로만 역(易)을 설명해 누구나 쉽게 이해할 수 있도록 썼으며 특히 역(易)에 대한 관심과 흥미를 갖게 하고자 인상학(人相學)을 추록했다. 여기에 추록된 인상학(人相學)은 시중에서 흔하게 볼 수 있는 상법(相法)이 아니라 생활상법(生活相法) 즉 삶의 지식과 상식을 드리고자 했으니 생활에 유익함이 있기를 바란다.

· 김봉준 · 유오준 공저

해몽 · 해몽법

신비한 동양철학 50

해몽법을 알기 쉽게 설명한 책

인생은 꿈이 예지한 시간적 한계에서 점점 소멸되어 가는 현존물이기 때문에 반드시 꿈의 뜻을 따라야 한다. 이것은 꿈을 먹고 살아가는 인간 즉 태몽의 끝장면인 죽음을 향해 달려가고 있는 인간이기 때문이다. 꿈은 우리의 삶을 이끌어가는 이정표와도 같기에 똑바로 가도록 노력해야 한다.

· 김종일 저

역점

신비한 동양철학 57

우리나라 전통 행운찾기

주역을 무조건 미신으로 치부해버리는 생각은 버려야 한다. 주역이 점치는 책에만 불과했다면 벌써 그 존재가 없어졌을 것이다. 그러나 오랫동안 많은 학자가 연구를 계속해왔고, 그 속에서 자연과학과 형이상학적인 우주론과 인생론을 밝혀, 정치·경제·사회 등 여러 방면에서 인간의 생활에 응용해왔고, 삶의 지침서로써 그 역할을 했다. 이 책은 한 번만 읽으면 누구나 역점가가 될 수 있으니 생활에 도움이 되길 바란다.

· 문명상 편저

명리학연구

신비한 동양철학 59

체계적인 명확한 이론

이 책은 명리학 연구에 핵심적인 내용만을 모아 하나의 독립된 장을 만들었다. 명리학은 분야가 넓어 공부를 하다보면 주변에 머무르는 경우가 많아, 주요 내용을 잃고 헤매는 경우가 많다. 그러므로 뼈대를 잡는 것이 중요한데, 여기서는 「17장. 명리대요」에 핵심 내용만을 모아 학문의 체계를 잡는데 용이하게 하였다.

· 권중주 저

쉽게 푼 풍수

신비한 동양철학 60

현장에서 활용하는 풍수지리법

산도는 매우 광범위하고, 현장에서 알아보기 힘들다. 더구나 지금은 수목이 울창해 소조산 정상에 올라가도 나무에 가려 국세를 파악하는데 애를 먹는다. 그러므로 사진을 첨부하니 많은 도움이 되길 바란다. 물론 결록에 있고 산도가 눈에 익은 것은 혈 사진과 함께 소개하니 참고하기 바란다. 이 책을 열심히 정독하면서 답산하면 혈을 알아보고 용산도 할 수 있을 것이다.

· 전항수 · 주장관 편저

올바른 작명법

신비한 동양철학 61

세상의 부모들에게 가장 소중한 것이 무엇이냐고 물으면 누구든 자녀라고 할 것이다. 그런데 왜 평생을 좌우할 이름을 함부로 짓는가. 이름이 얼마나 소중한지를. 이름의 오행작용이 사람의 일생을 어떻게 좌우하는지를 모르기 때문이다. 세상만물은 음양오행의 영향을 받지 않는 것이 없다. 봄이 가면 여름이 오고, 여름이 가면 가을이 오고, 가을이 가면 겨울이 오고, 겨울이 가면 봄이 오는 것 또한 음양오행의 원리다.

• 이정재 저

신수대전

신비한 동양철학 62

흉함을 피하고 길함을 부르는 방법

신수를 보는 방법은 여러 가지가 있는데 대부분이 주역과 사주추명학에 근거를 둔다. 수많은 학설 중에서 몇 가지를 보면 사주명리, 자미두수, 관상, 점성학, 구성학, 육효, 토정비결, 매화역수, 대정수, 초씨역림, 황극책수, 하락리수, 범위수, 월영도, 현무발서, 철판신수, 육임신과, 기문둔갑, 태을신수 등이다. 역학에 정통한 고사가 아니면 제대로 추단하기 어려운데 엉터리 술사들이 넘쳐난다. 그래서 누구나 자신의 신수를 볼 수 있도록 몇 가지를 정리했다.

• 도관 박흥식

음택양택

신비한 동양철학 63

현세의 운·내세의 운

이 책에서는 음양택명당의 조건이나 기타 여러 가지를 설명하여 산 자와 죽은 자의 행복한 집을 만들 수 있도록 했다. 특히 죽은 자의 집인 음택명당은 자리를 옳게 잡으면 꾸준히 생기를 발하여 흥하나, 그렇지 않으면 큰 피해를 당하니 돈보다도 행·불행의 근원인 음양택명당에 관심을 기울여야 한다.

· 전항수 · 주장관 지음

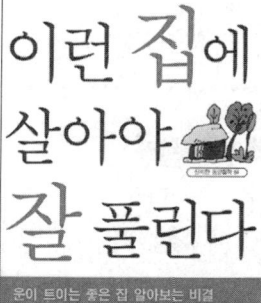

이런 집에 살아야 잘 풀린다

신비한 동양철학 64

운이 트이는 좋은 집 알아보는 비결

힘든 상황에서 내 가족이 지혜롭게 대처하고 건강을 지켜주는, 한마디로 운이 트이는 집은 모두의 꿈일 것이다. 가족이 평온하게 생활할 수 있는 집, 나가서는 발전을 가져다 줄 수 있는 그런 집이 있다면 얼마나 좋을까? 그런 소망에 한 걸음이라도 가까워지려면 막연하게 운만 기대해서는 안 된다. '호랑이를 잡으려면 호랑이 굴로 들어가라' 는 속담이 있듯이 좋은 집을 가지려면 그만한 노력이 있어야 한다.

· 강현술 · 박흥식 감수

사주에 모든 길이 있다

신비한 동양철학 65

사주를 간명하는데 조금이라도 도움이 되었으면 하는
바람에서 이 책을 쓰게 되었다. 간명의 근간인 오행의
왕쇠강약을 세분해서 설명했다. 그리고 대운과 세운,
세운과 월운의 연관성과, 십신과 여러 살이 운명에 미
치는 암시와, 십이운성으로 세운을 판단하는 방법을 설
명했다.

· 정담 선사 편저

사주학

신비한 동양철학 66

5대 원서의 핵심과 실용

이 책은 사주학을 체계적으로 공부하려는 학도들을 위
해 꼭 알아야 할 내용과 용어를 수록하는데 중점을 두
었다. 이 학문을 공부하려고 찾아온 사람들에게 여러
가지 질문을 던져보면 거의 기초지식이 시원치 않다.
그런 상태로 사주를 읽으려니 제대로 될 리가 없다. 이
책으로 용어와 제반지식을 터득하면 빠른 시일에 소기
의 목적을 이룰 수 있을 것이다.

· 글갈 정대엽 저

주역 기본원리

신비한 동양철학 67

주역의 기본원리를 통달할 수 있는 책

이 책에서는 기본괘와 변화와 기본괘가 어떤 괘로 변했을 경우 일어날 수 있는 내용들을 설명하여 주역의 변화에 대한 이해를 돕는데 주력하였다. 그러나 그런 내용을 구분할 수 있는 방법을 전부 다 설명할 수는 없기에 뒷장에 간단하게 설명하였고, 다른 책들과 설명의 차이점도 기록하였으니 참작하여 본다면 조금이나마 도움이 될 것이다.

· 원공선사 편저

사주특강

신비한 동양철학 68

자평진전과 적천수의 재해석

이 책은 『자평진전(子平眞詮)』과 『적천수(滴天髓)』를 근간으로 명리학(命理學)의 폭넓은 가치를 인식하고, 실전에서 유용한 기반을 다지는데 중점을 두고 썼다. 일찍이 『자평진전(子平眞詮)』을 교과서로 삼고, 『적천수(滴天髓)』로 보완하라는 서낙오(徐樂吾)의 말에 깊이 공감한다.

청월 박상의 편저

복을 부르는방법

신비한 동양철학 69

나쁜 운을 좋은 운으로 바꾸는 비결

개운하는 방법은 여러 가지가 있으나, 이 책의 비법은 축원문을 독송하는 것이다. 독송이란 소리내 읽는다는 뜻이다. 사람의 말에는 기운이 있는데, 이 기운은 자신에게 돌아온다. 좋은 말을 하면 좋은 기운이 돌아오고, 나쁜 말을 하면 나쁜 기운이 돌아온다. 이 책은 누구나 어디서나 쉽게 비용을 들이지 않고 좋은 운을 부를 수 있는 방법을 실었다.

· 역산 김찬동 편저

인터뷰 사주학

신비한 동양철학 70

쉽고 재미있는 인터뷰 사주학

얼마전까지만 해도 사주학을 취급하는 사람들은 미신을 다루는 부류로 취급되었다. 그러나 지금은 하루가 다르게 이 학문을 공부하는 사람들이 폭증하고 있는 것으로 보인다. 젊은 층에서 사주카페니 사주방이니 사주동아리니 하는 것들이 만들어지고 그 모임이 활발하게 움직이고 있다는 점이 그것을 증명해준다. 그뿐 아니라 대학원에는 역학교수들이 점차로 증가하고 있다.

· 글갈 정대엽 편저

육효대전

신비한 동양철학 37

정확한 해설과 다양한 활용법

동양의 고전 중에서도 가장 대표적인 것이 주역이다. 주역은 옛사람들이 자연의 법칙을 거울삼아 인간이 생활을 영위해 나가는 처세에 관한 지혜를 무한히 내포하고, 피흉추길하는 얼과 슬기가 함축된 점서)인 동시에 수양·과학서요 철학·종교서라고 할 수 있다.

· 도관 박흥식 편저

사람을 보는 지혜

신비한 동양철학 73

관상학의 초보에서 완성까지

현자는 하늘이 준 명을 알고 있기에 부귀에 연연하지 않는다. 사람은 마음을 다스리는 심명이 있다. 마음의 명은 자신만이 소통하는 유일한 우주의 무형의 에너지이기 때문에 잠시도 잊으면 안된다. 관상학은 사람의 상으로 이런 마음을 살피는 학문이니 잘 이해하여 보다 나은 삶을 삶을 영위할 수 있도록 노력해야 한다.

· 이부길 편저

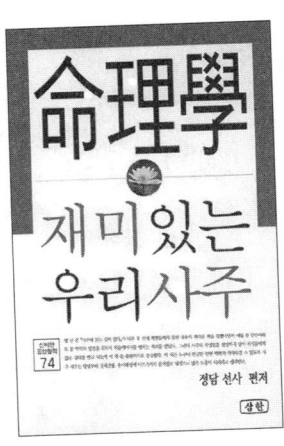

명리학 | 재미있는 우리사주

신비한 동양철학 74

사주 세우는 방법부터 용어해설 까지!!

몇 년 전 『사주에 모든 길이 있다』가 나온 후 선배 제현들께서 알찬 내용의 책다운 책을 접했다면서 매월 한 번만이라도 참 역학의 발전을 위하여 학술세미나를 열자는 제의를 받았다. 그러나 사주의 작성법을 설명하지 않아 독자들에게 많은 질타를 받고 뒤늦게 이 책을 출판하기로 결심했다. 이 책은 한글만 알면 누구나 역학과 가까워질 수 있도록 사주 세우는 방법부터 실제 간명, 용어해설에 이르기까지 분야별로 엮었다.

· 정담 선사 편저

성명학 | 바로 이 이름

신비한 동양철학 75

사주의 운기와 조화를 고려한 이름짓기

사람은 누구나 타고난 운명, 즉 숙명이라는 것이 있다. 숙명인 사주팔자는 선천운이고, 성명은 후천운이 되는 것으로 이름을 지을 때는 타고난 운기와의 조화를 고려함이 중요하다. 따라서 역학에 대한 깊은 이해가 선행되어야 함은 지극히 당연한 일이다. 부연하면 작명의 근본은 타고난 사주에 운기를 종합적으로 분석하여 부족한 점을 보강하고 결점을 개선한다는 큰 뜻이 있다고 할 수 있다.

· 정담 선사 편저

운을 잡으세요 | 改運秘法

신비한 동양철학 76

염력강화로 삶의 문제를 해결한다!

염력(念力)이 강한 사람은 운명을 개척하며 행복하게 살고, 염력이 약한 사람은 운명의 노예가 되어 불행하게 살아간다. 때문에 행복과 불행은 누가 주는 것이 아니라 자기 자신이 만든다고 할 수 있다. 한 마디로 말해 의지의 힘, 즉 염력이 운명을 바꾸는 것이다. 이 책에서는 이러한 염력을 강화시켜 삶에서 일어나는 문제를 해결하는 방법을 알려준다. 누구나 가벼운 마음으로 읽고 실천한다면 반드시 목적을 이룰 수 있을 것이다.

• 역산 김찬동 편저

작명정론

신비한 동양철학 77

이름으로 보는 역대 대통령이 나오는 이치

사주팔자가 네 기둥으로 세워진 집이라면 이름은 그 집을 대표하는 문패라고 할 수 있다. 사람은 태어나면서 사주를 통해 운을 타고나고 이름이 주어진 순간부터 명(命)이 작용한다. 사주와 이름이 곧 운명을 결정한다는 것이다. 따라서 이름을 지을 때는 사주의 격에 맞추어야 한다. 사주 그릇이 작은 사람이 원대한 뜻의 이름을 쓰면 감당하지 못할 시련을 자초하게 되고 오히려 이름값을 못할 수 있다. 즉 분수에 맞는 이름으로 작명해야 하기 때문에 사주의 올바른 분석이 필요하다.

• 청월 박상의 편저

동양철학전문출판 삼한

원심수기 통증예방 관리비법

신비한 동양철학 78

쉽게 배워 적용할 수 있는 통증관리법

이 책을 세상에 내놓는 것은 우리 전통 민중의술도 세상의 그 어떤 의술에 못지 않게 아주 훌륭한 치료술이 있고 그 전통이 수백 년, 또는 수천 년을 내려오면서 전해지고 있는데 현재 사회를 보면 무조건 외국에서 들어온 것만이 최고라고 하는 식으로 하여 우리의 전통 민중의술을 뿌리째 버리려고 하는데 문제가 있는 것 같기에 우리것을 지키고자 하는데 그 첫째의 목적이 있다 할 수 있을 것이다.

· 원공 선사 저

사주비기

신비한 동양철학 79

역학으로 보는 대통령이 나오는 이치 !!

이 책에서는 고서의 이론을 근간으로 하여 근대의 사주들을 임상하여, 적중도에 의구심이 가는 이론들은 과감하게 탈피하고 통용될 수 있는 이론만을 수용했다. 따라서 기존 역학서의 아쉬운 부분들을 충족시키며 일반인도 열정만 있으면 누구나 자신의 운명을 감정하고 피흉취길할 수 있는 생활지침서로 활용할 수 있을 것이다.

청월 박상의 편저

찾기 쉬운 명당

신비한 동양철학 44

풍수지리의 모든 것 !

이 책은 가능하면 쉽게 풀려고 노력했고, 실전에 도움이 되도록 했다. 특히 풍수지리에서 방향측정에 필수인 패철(佩鐵)사용과 나경(羅經) 9층을 각 층별로 간추려 설명했다. 그리고 이 책에 수록된 도설, 즉 오성도, 명산도, 명당 형세도 내거수 명당도, 지각(枝脚)형세도, 용의 과협출맥도, 사대혈형(穴形) 와겸유돌(窩鉗乳突) 형세도 등은 국립중앙도서관에 소장된 문헌자료인 만산도단, 만산영도, 이석당 은민산도의 원본을 참조했다.

· 호산 윤재우 저

명리입문

신비한 동양철학 41

명리학의 필독서 !

이 책은 자연의 기후변화에 의한 운명법 외에 명리학도들이 궁금해 했던 인생의 제반사들에 대해서도 상세하게 기술했다. 따라서 초보자부터 심도있게 공부한 사람들까지 세심히 읽고 숙독해야 하는 책이다. 특히 격국이나 용신뿐 아니라 십신에 대한 자세한 설명, 조후 용신에 대한 보충설명, 인간의 제반사에 대해서는 독보적인 해설이 들어 있다. 초보자들에게는 더할 수 없이 훌륭한 길잡이가 될 것이다.

· 동하 정지호 편역

원심수기 통증예방 관리비법

신비한 동양철학 78

쉽게 배워 적용할 수 있는 통증관리법

이 책을 세상에 내놓는 것은 우리 전통 민중의술도 세상의 그 어떤 의술에 못지 않게 아주 훌륭한 치료술이 있고 그 전통이 수백 년, 또는 수천 년을 내려오면서 전해지고 있는데 현재 사회를 보면 무조건 외국에서 들어온 것만이 최고라고 하는 식으로 하여 우리의 전통 민중의술을 뿌리째 버리려고 하는데 문제가 있는 것 같기에 우리것을 지키고자 하는데 그 첫째의 목적이 있다 할 수 있을 것이다.

· 원공 선사 저

사주비기

신비한 동양철학 79

역학으로 보는 대통령이 나오는 이치 !!

이 책에서는 고서의 이론을 근간으로 근대의 사주들을 임상하여, 적중도에 의구심이 가는 이론들은 과감하게 탈피하고 통용될 수 있는 이론만을 수용했다. 따라서 기존 역학서의 아쉬운 부분들을 충족시키며 일반인도 열정만 있으면 누구나 자신의 운명을 감정하고 피흉취길할 수 있는 생활지침서로 활용할 수 있을 것이다.

청월 박상의 편저

사주대성

신비한 동양철학 33

초보에서 완성까지

이 책은 과거 현재 미래를 모두 알 수 있는 비결을 실었다. 그러나 모두 터득한다는 것은 어려울 것이다. 역학은 수천 년간 동방의 석학들에 의해 갈고 닦은 철학이요 학문이며, 정신문화로서 영과학적인 상수문화로서 자랑할만한 위대한 학문이다.

· 도관 박흥식 저

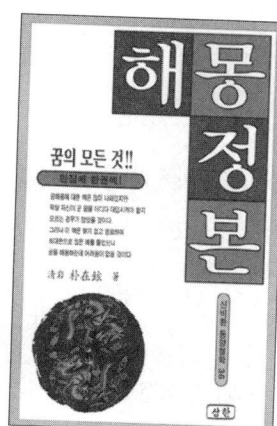

해몽정본

신비한 동양철학 36

꿈의 모든 것 !

막상 꿈해몽을 하려고 하면 내가 꾼 꿈을 어디다 대입시켜야 할지 모를 경우가 많았을 것이다. 그러나 이 책은 찾기 쉽고, 명료하며, 최대한으로 많은 갖가지 예를 들었으니 꿈해몽을 하는데 어려움이 없을 것이다.

· 청암 박재현 저

동양철학전문출판 삼한

육효점 정론

신비한 동양철학 80

육효학의 정수!

이 책은 주역의 원전소개와 상수역법의 꽃으로 발전한 경방학을 같이 실어 독자들의 호기심을 충족시키는데 중점을 두었습니다. 주역의 원전으로 인화의 처세술을 터득하고, 어떤 사안의 답은 육효법을 탐독하여 찾으시기 바랍니다.

· 효명 최인영 편역

작명 백과사전

신비한 동양철학 81

36가지 이름짓는 방법과 선후천 역상법 수록

이름은 나를 대표하는 생명체이므로 몸은 세상을 떠날지라도 영원히 남는다. 성명운의 유도력은 후천적으로 가공 인수되는 후존적 수기로써 조성 운화되는 작용력이 있다. 선천수기의 운기력이 50%이면 후천수기도의 운기력도50%이다. 이와 같이 성명운의 작용은 운로에 불가결한조건일 뿐 아니라, 선천명운의 범위에서 기능을 충분히 할 수 있다.

· 임삼업 편저 | 송충석 감수